U1004028

Series 13

民族史研究

ETHNIC HISTORY STUDIES 第十三辑

◎彭 勇／主编

中央民族大学出版社
China Minzu University Press

图书在版编目（CIP）数据

民族史研究·第十三辑/彭勇主编．—北京：中央民族大学出版社，2017.2

ISBN 978-7-5660-1297-5

Ⅰ.①民…　Ⅱ.①彭…　Ⅲ.①中华民族—民族历史—文集
Ⅳ.①K28-53

中国版本图书馆 CIP 数据核字（2016）第 314495 号

民族史研究·第十三辑

主　　编　彭　勇
责任编辑　黄修义
封面设计　布拉格
出 版 者　中央民族大学出版社
　　　　　北京市海淀区中关村南大街 27 号　邮编：100081
　　　　　电话：68472815（发行部）传真：68932751（发行部）
　　　　　　　　68932218（总编室）　　　68932447（办公室）
发 行 者　全国各地新华书店
印 刷 厂　北京宏伟双华印刷有限公司
开　　本　880×1230（毫米）　1/32　印张：16.5
字　　数　430 千字
版　　次　2017 年 2 月第 1 版　2017 年 2 月第 1 次印刷
书　　号　ISBN 978-7-5660-1297-5
定　　价　60.00 元

版权所有　翻印必究

前　言

《民族史研究》是中央民族大学历史文化学院主办的历史学类专业学术文集，突出民族史研究的特色，本书为第十三辑。为参与国家“一带一路”战略的发展，发挥高校智库的作用，历史文化学院充分发挥本院的民族史、中国史的传统优势，积极建设有特色的世界历史学科，在国家民委和学校领导的大力支持下，从2015年开始，获准历史学实验班（中国与周边国家关系史）本科专业招生，以期培养服务国家和社会的高层次研究和应用型专业人才。本辑设“中国与周边国家关系史”专题，就是为了更好地推进相关学科的研究和教学工作。

第一部分“‘中国与周边国家关系史’专题研究”共收入论文11篇，内容涵盖不同历史时期的中国与周边国家关系的历史。其中，关于唐代2篇。陈楠教授关注的是唐代中印关系史，《唐梵新路与西域求法高僧》据汉藏相关文献记载，对唐蕃和亲、唐梵新路开通及沿此路西行的求法高僧等相关史事做了系统研究；李鸿宾教授的《疆域·空间：唐朝权力博弈的场所》关注长城地带农耕与游牧带的南北互动、中亚乃至整个欧亚大陆与唐朝的关系网络。关于明代有5篇。刘祥学教授的《论医药与明朝的民族政策》分析了东南亚国家向明廷进贡医药过程中体现的关系；彭勇教授从明代边疆观念出发，剖析了应对周边国家或民族事务的原则和方法；姚胜副研究员的《明代土鲁番与西域其他部族关系述略》关注了复杂的明代西北的内外局势；段晋媛的《越南史籍中的嘉靖征安南事件》从历史文献的角度，关注了中越关系史的书写变化；李好《李朝赴华钦问起居使小考》研究了中国与朝鲜李朝关系史中为人忽视的“赴华钦问起居使”问题。关于清代的文章有3篇，韩国学者柳时仙研究了清前期中朝关系史，王帅研究了清中期的中朝、中俄、中日关系史和陈彦宾研究了晚清中、俄、蒙三国关系史。崔丽娜副教授《斯多葛学派芝诺的“世界国家”思想》认为，芝诺在希腊化时代提出的“世界国家”思想，突破了古希腊人传统的城邦至上观念、蛮族观念和奴隶制观念，抛弃了人与人之间在出身、种族和阶级方面的区分，以德行为唯一标准，以实现世界和谐为最终目标。

上述11篇论文的作者，或是长期从事民族史、中国史研究的知名教授，或是训练有素的中青年学者，内容涉及唐代以来中国与周边各个国家和地区的关系，包括政治、经济、军事、文化、社会、民族等领域，论文有扎实的论证，也有深入的思考，新意颇多。

第二部分“民族史专题研究”收入论文13篇，这些论文秉承《民族史研究》的传承，围绕不同历史时期的不同民族、不同民族地区的相关问题展开研究，包括民族政策、民族事务、民族关系、民族司法、民族生活、民族文化和民族思想等民族史研究的各方面，涉及蒙古、回、藏、满、壮、朝鲜等民族，以及西北、西南各地少数民族，涉及的范围广、内容丰富。这些论文在传统文献、民族语言文献或田野调查方面下了很大功夫，既有很高的学术价值，也有积极的现实意义。

第三部分“综述与书评”收入论文5篇，目的在于梳理学术史、介绍重要论著，以反映学人的思考或展望，如本院蒋爱花老师及其研读团队重读了日本著名历史学家、“京都学派”创始人之一内藤湖南的名著《中国史通论》，针对该书中的史实错误或理解偏差予以考证。本辑的最后一篇《〈苗防备览〉

与湘西苗疆研究》（作者为吉首大学讲师、中山大学人类学吴晓美博士）把学界对《苗防备览》的研究分三部分，关注多学科交叉，如“边政学”、西方社会学、民族学与人类学的传入背景，定位于制度史和民族史研究的史料分析，指出《苗防备览》作为当下应用型研究的背景材料和资源对象的重要价值，这样的述评有很高的学术价值。

《民族史研究》同样欢迎高水平的历史类（中国史、世界史、考古学等）佳作，如《元人乔篑成生平交游及题跋轶文考》《〈皇明名臣经济录〉的地位价值刍议》和《崧泽文化命名的学术史考察》。

彭　勇

2016 年 9 月 6 日

目　　录

第一部分　"中国与周边国家关系史"专题研究

第二部分　民族史专题研究

第三部分　综述与书评

第一部分

“中国与周边国家关系史”专题研究

唐梵新路与西域求法高僧

中央民族大学历史文化学院 陈 楠

摘 要：自文成公主入蕃，开启唐蕃关系新篇章，而后有了一条通往印度的捷径——吐蕃泥婆罗路。循吐蕃泥婆罗路西行求法的高僧们，是唐代西域求法高僧群体中重要组成部分，他们为唐代中印文化交流史做出了重要贡献。他们的生平业绩，由于正史乏载等诸多因素长期无人问津。文成公主资助唐朝僧人玄照法师往返天竺更是唐蕃交往关系的一段有趣佳话，但由于汉藏史籍文献乏载等原因，几乎湮没无闻。本文据汉藏相关文献记载，对唐蕃和亲、唐梵新路开通及沿此路西行的求法高僧等相关史事做系统的梳理考述。

关键词：唐蕃和亲；吐蕃泥婆罗路；西域求法高僧

一、文成公主入蕃及大小昭寺建立

吐蕃政权兴建于7世纪初叶，松赞干布赞普与唐文成公主和亲是唐蕃关系的开篇大戏。其后二百余年间与唐朝在政治、经济、文化等诸多方面交往密切，双方在佛教方面的交往关系正是唐蕃之间文化交流中最主要的方面。

汉地佛教最早传入吐蕃是在641年，也就是唐文成公主与吐蕃赞普松赞干布和亲的这一年。文成公主自幼长在皇宫内，受过良好的教育，她知书识礼、博学多才，具有很高的文化修养。另外，在唐朝朝野上下崇奉佛法的特定氛围中，她还笃信佛教，研读了许多佛教经典，并兼通卜筮之学。在文成公主丰富的妆奁中除了大量贵重的首饰衣服外，还有大量的各类书籍，诸如各类佛经、儒家经典，以及史书和名家诗集等。另外，还有一件最重要的，就是一尊释迦牟尼12岁等身像，藏史称“觉卧释迦牟尼佛”(jo boshvakya mu ne)。关于此佛像来历及其历史背景笔者曾撰专文探讨，兹从略。①

觉卧佛像入蕃之时，吐蕃尚无现佛教庙宇殿堂之类的所在，为安放供养佛像，文成公主特别修建了一处佛教殿堂。据载，文成公主行至“热木齐”（ramoche，意为大牝羊山）地方时，“车轮陷入沙洲之中，力士拉噶与鲁噶虽尽力挽之，亦不能出。乃于觉阿像之四方，竖立四柱，悬以绫幔而作供祀焉”②。又相传该地下有龙神宫殿，若迎觉阿像安住其上，即能镇伏之。于是，在此地建成一座汉式佛教殿堂，名之为“甲达热木齐”（Rgya stag ramoche)，“甲达”二字有不同写法，“Rgya stag”或“rgyartag”，前者意为虎纹，以此寺初建之时屋顶斑斓如虎纹；后者意为“汉建”，因文成公主招内地工匠修建而得名。但通常史称“热木齐”，清代文献又译作“老木即”“喇木契”等，后来才通称为“小昭寺”（或小昭寺）。

此时的吐蕃本无佛教寺庙，为了安置供养文成公主带来的释迦牟尼佛像，松赞干布特地建了一座寺庙，称小昭寺。在文成公主入蕃之前，松赞干布还迎娶了尼泊尔的墀尊公主，尼泊尔本是佛教发祥之地，举国崇信佛法，墀尊公主入蕃时也携带一尊释迦牟尼佛像。为了安置供养墀尊所带的佛像，松赞干布也建了一寺庙，称为大昭寺。据藏文史书《贤者喜宴》及《王统世系明鉴》

---

① 陈楠：《拉萨大昭寺觉卧佛像考》，载《中国藏学》2012年第2期。

② 索南坚赞著，刘立千译：《西藏王统记》，拉萨：西藏人民出版社，1985年，第74页。

等记载，大昭寺是尼泊尔公主请来的尼泊尔匠人建造的，小昭寺则是由文成公主请内地工匠建造的。但建造过程中，曾请文成公主勘察地形，设法镇伏恶鬼。所以，这两座寺庙的建筑思想与后世所建的佛教寺院不同，它们更多地体现了内地自古相传的堪舆之说，加上青藏高原的土著宗教本教的思想观念。

吐蕃直到8世纪下半叶才真正具足僧伽组织，有了藏族人受戒出家之事。据藏文史书记载，从7世纪中叶开始，在吐蕃的逻娑城（今拉萨）就经常有天竺僧人、尼泊尔僧人和汉地僧人等活动，并说他们和吐蕃吞米桑布扎（thon-mi san-bho-ta）为首的一些人曾经合作翻译过一些佛经。但是，所说的这些佛经久已不存，更谈不上对吐蕃社会有什么影响。由此，甚至有些学者表示怀疑，认为“诸译典今无一存，所传如何莫从推晓”①。据藏文史书《贤者喜宴》记载，松赞干布所请四邻译经高僧中就有一位来自汉地，名为玛哈德瓦且（maha-deva-che），又译作“大寿天和尚”②。虽然目前尚不能找到关于松赞干布时期译经及译师的其他史料，但我们也没有理由怀疑《贤者喜宴》中清楚详细的记录。

在吐蕃活动的最早的汉地僧人应是与文成公主一道入蕃的。据藏文史书记载，在文成公主入蕃途中，“在吉祥平安之地铺下坐垫，于白绸帐幕中，将释迦牟尼佛像安放在宝座中的彩缎软垫上，以饮食及五种供物祭奉，文成公主弹起白银镶饰的多弦琴和琵琶，并吟咏歌唱，以‘圣体高洁隽美’等辞礼赞颂佛。敬献神佛之余物则赐予十六名女侍者及其他诸人。是时，有些人祭祀和礼佛，另些人则欢乐嬉戏、载歌载舞，纵情娱乐”③。从这段史料记载可知，文成公主每天都要举行瞻拜礼佛的法活动，即使

---

① 吕澄：《西藏佛学原理》，台北：老古出版社，1978年，第21页。

② 巴卧·祖拉陈瓦：《贤者喜宴》（mkhas-pavidgav-ston），北京：民族出版社，藏文铅印本，第182页。

③ 《贤者喜宴》（版本同前），第190页。

在出行途中也不间断。而随身携带的佛像是需由专门的香灯师负责照管的。入吐蕃建小昭寺之后，里面供奉由文成公主带去的释迦牟尼佛像，同时也有替公主供佛的汉僧住在寺内，专司供佛之事。类似的香灯师是专为文成公主奉佛服务的，在当时的吐蕃社会不会有什么大的影响。

在修建小昭寺同时，墀尊公主也为安放其所携释迦牟尼 8 岁等身像即“觉卧不动金刚像”（jo bo mi bskyodrdorje）修建了一座佛教殿堂，此殿堂由文成公主选定地址，由尼泊尔工匠修建。殿址所在是沼泽湿地，名曰“卧塘湖”（vo thang gimtsho），相传雪域西藏孤地形如仰卧一女魔（srinmoganrkyal du vgyelba），而卧塘湖则是女魔之心脏，为恶趣（ngan song）之门，只有修建佛殿才得镇伏之。于是以羊驮土，填湖造寺，名之坚曰“逻娑祖拉康”（rasagtsug lag khang），直译就是“羊土寺”。但这只是简称，据佛教史籍称，佛殿造形的设计充分考虑到了本教师、密咒师和广大臣民的愿望，建成不同的样式。所以，四喜（天、龙、人、夜叉者皆大欢喜）及幻化，故全名为“逻娑噶希赤囊祖拉康”（rasadgavbzhivphrulsnanggigtsug lag khang），意译为“拉萨四喜幻化寺”①。通常简称“祖拉康”，汉译则作“大昭寺”（或大招寺）。

觉卧佛像先安放在热木齐，据说在芒松芒赞时，因担心汉地军队来袭“于是将释迦牟尼佛像放在神变寺南边的有镜门中去了，并把这门用泥封起来，在泥封的壁上绘画了一尊文殊菩萨像”②。及至金城公主入蕃后，想拜谒姑祖母所携之释迦牟尼佛像，遂至热木齐，已不见觉卧佛像踪影，后在祖拉康找到了，“那时公主才将安置在黑暗中住了三代王朝的释迦牟尼佛像，从

---

① 恰白·次旦平措等著，陈庆英等译：《西藏通史——松石宝串》，拉萨：西藏古籍出版社，2004 年，第 96 页。

② 第五世达赖喇嘛著，郭和卿译：《西藏王臣记》，北京：民族出版社，1983 年，第 46 页。

神变寺的南面有镜门取出而安在正中佛殿里，虔诚供养”①。此后，觉卧释迦牟尼像是安放在大昭寺或小昭寺供养，诸佛教史籍说法并不统一，后因法难时一度移至芒域地方，一般认为从芒域迎回后即安放于大昭寺供养。② 至后弘期以后，更是成为藏地主供佛像，延续至今。

二、通往印度的捷径——唐梵新路

佛教起源于印度，公元前后经西域东传至中土。其后中国佛教徒并不满足于西域僧人的译传，为了探寻佛法究竟，3 世纪中叶，魏晋僧人朱世行因《小品般若》艰涩难解，毅然西渡流沙，抵达于阗，求得梵本《大品般若经》③，从而开启中外佛教交流史上西域求法运动的序幕。自东晋法显和尚成功西行之后，越来越多的中国僧人踏上西行求法之路，至唐代达到高潮。纵观佛教发展及中印文化交流史，与佛教经典翻译相关联的是中国人的西行求法，这是绵延几百年之久的中国人虚心吸纳佛教的积极、主动的活动，其意义和作用同样巨大而深远。

关于西行路线，有海路和陆路之分。据《佛祖统记》记载：“东土往天竺有三道焉，由西域度葱岭入铁门者路最险远，玄奘法师诸人所经也；泛南海达诃陵至耽么立底者，路差远，净三藏所由也；《西域记》云：‘自吐蕃至东女国、尼婆罗、弗粟特、毗离邪为中印度，唐梵相去万里，此为最近而少险阻’，且云：‘比来国命率由此也。’”④

---

① 第五世达赖喇嘛著，郭和卿译：《西藏王臣记》，北京：民族出版社，1983 年，第 47 页。

② 按藏文史籍《拔协》《西藏王统记》等记载，觉卧释迦牟尼佛像后仍在热木齐（小昭寺）供养；五世达赖《西藏王臣记》记载从芒域迎回后安放于大昭寺供养。

③ （梁）僧祐：《出三藏记集》卷 13《朱世行传》。

④ （宋）志磐：《佛祖统记》卷 32，《大正藏》卷 49。

最早记载这条通道的是唐代高僧道宣所著的佛教史书《释迦方志》，此书撰成于650年（唐高宗永徽元年），全书分二卷，其卷上《遗迹篇》之内容占全书的2/3，记述由唐朝赴印度（陆路）有东、中、北三条路线，称“吐蕃泥婆罗道”为“东道”，并比较详细地记载了这条道路的里程与路线：

自汉至唐往印度者，其道众多，未可言尽。如后所记，且依大唐往年使者，则有三道。……其东道者从河州，西北度大河，上曼天岭，减四百里至鄯州。又西减百里，至鄯城镇，古州地也。又西南减百里，至故承风戍，是隋互市地也。又西减二百里至清海。海中有小山，海周七百余里，海西南至吐谷浑衙帐。又西南至国界名白兰羌，北界至积鱼城，西北至多弥国。又西南至苏毗国。又西南至敢国。又南少东至吐蕃国。又西南至小羊同国。又西南度呾苍法关，吐蕃南界也。又东少南度末上加三鼻关，东南入谷，经十三飞梯，十九栈道，又东南或西南，绿葛攀藤，野行四十余日，至北印度尼婆罗国（此国去吐蕃约九千里）。①

上述这条新开通的唐梵之路即所谓“东道”又可以分为南北两部分：北段，由唐都长安至吐蕃逻些（逻娑）；南段，由吐蕃逻些至泥婆罗。前者即所谓唐蕃古道，文成公主入蕃大抵循此路线，此后唐蕃使者及各色人等往来频繁，所行路线大同小异。《释迦方志》中所言白兰羌、多弥、苏毗等均为青藏高原古部族政权名称，在7世纪初叶后陆续为吐蕃所并。此段路线，为唐蕃关系史研究之重要内容，向为学界所重，相关地理问题曾引起广泛讨论，限于篇幅，兹不详赘。②

---

① （唐）道宣：《释迦方志》卷上，《大正藏》卷51；参见王邦维：《大唐西域求法高僧传校注》，北京：中华书局，1988年。

② 可参见日本学者佐滕长《唐代青海拉萨间的道程》，佐藤长著《西藏历史地理研究》一书中第二章第三节；李文实：《西陲古地与藏羌文化》，西宁：青海人民出版社，2001年。

逻些至泥婆逻的南段路线，过去鲜有论及，是一件轰动性的考古新发现引发了世人的关注与讨论。1990 年 6 月，西藏自治区文物普查队在吉隆县（skyid-rong）阿瓦呷英山嘴鲁玛满久小溪摩崖上，发现了一通额题为《大唐天竺使出铭》摩崖石刻碑，该碑记载了唐高宗显庆三年（658）唐代王玄策使团通往印度的史事。这一重大发现为唐代中印交通中“吐蕃—泥婆罗道”的路线及王玄策使团出使印度等问题提供了最为可信的实物资料。二十余年来，业内一些学者对此碑刻的内容及相关问题做过认真及卓有成效的研究。[①]

综合相关研究成果，此道南段路线已较为清晰：从吐蕃首府逻些出发，沿雅鲁藏布江溯江西上，抵吐蕃西南之小羊同（《大唐天竺使出铭》中称“小杨童”）；过吐蕃国西南之涌泉，霍巍先生考订，其有可能为今西藏西南部著名的间歇泉“搭格架喷泉”；[②] 再西行至“萨塔”，今西藏日喀则地区萨嘎县（sa-dgav）；[③] 所谓“呾仓法关”应为今吉隆县治所在“宗嘎”（rdzong-dgav），按“宗嘎”在元代曾称“答仓宗嘎”，[④] 对应藏文应为“stag-tshrdzong-dgav”，因而“呾苍法”应为藏文“stag-

① 霍巍等：《西藏吉隆县境内发现〈大唐天竺使出铭〉摩崖石碑》，载《中国文物报》1994 年 4 月 10 日；西藏文管会普查队：《西藏吉隆县境内发现〈大唐天竺使出铭〉》，载《考古》1994 年第 7 期；霍巍：《〈大唐天竺使出铭〉再探》，载《中国藏学》2001 年第 1 期；林梅村：《〈大唐天竺使出铭〉校释》，《汉唐西域与中国文明》，文物出版社，1998 年；孙修身：《王玄策事迹钩沉》，乌鲁木齐：新疆人民出版社，1998 年；陆庆夫：《关于王玄策史迹研究的几点商榷》，载《敦煌研究》1995 年第 4 期等。

② 霍巍：《〈大唐天竺使出铭〉再探》，载《中国藏学》2001 年第 1 期。

③ 萨嘎（sa-dgav）：县名，在西藏自治区西南部，意为可爱的地方，曾为萨噶宗，1960 年设萨噶县，1964 年分别划入吉隆、仲巴、昂仁三县，1965 年复设萨噶县，1976 年改为萨嘎县。参见国家测绘局地名研究所编：《西藏地名》，北京：中国藏学出版社，1995 年，第 427—428 页。

④ 国家测绘局地名研究所编：《西藏地名》，中国藏学出版社，1996 年，第 580 页。

tsh-pa”对音，而此地正是《大唐天竺使出铭》发现之地，与《释迦方志》记载亦相吻合。①

从“呾苍法关”前行至“末上加三鼻关”，有学者认为此所在“约可比定为中尼边境的传统界桥热索桥”②。出此关后“东南入谷，经十三飞梯，十九栈道”，此谷即是吉隆藏布（skyid-ronggtsang-po）峡谷。吉隆藏布（吉隆河）源于吉隆县中部，自北向南流入尼泊尔境内后称特耳苏里河，因而沿河谷可达泥婆罗境内。按《大唐西域求法高僧传》中《玄照法师传》记载，玄照第二次西行时，“崎岖栈道之侧，曳半影而斜通，摇泊绳桥之下，没全躯以傍渡。遭吐蕃贼，脱首得全；遇匈奴寇，仅存余命。行至北印度……”③ 文中“崎岖栈道”等语当是指这段吉隆至特耳苏里河的河谷之地。

关于吐蕃泥婆罗道里程问题，也要稍作讨论。《释迦方志》言泥婆罗“去吐蕃约九千里”，王邦维先生对此数字表示怀疑，认为“此数太大。据《旧唐书》卷196上《吐蕃传》，吐蕃至长安不过八千唐里”。④ 据藏文史籍记载，“自圣域金刚座（rdo-rje-gdan），据说经百由旬（yojana），有具祥萨迦大寺（dpal-sa-skyavi-chos-grva-chen-po）”⑤。“圣域金刚座”即是指释迦牟尼证觉成道之所，亦称为菩提道场或大觉寺，在印度菩提伽耶城（Bodhi Gayā），从印度菩提道场至位于后藏的萨迦大寺，距离一百由旬左右，一由旬“约合一十二公里许”（参见《安多政教

① 按道宣《释迦方志》“呾苍法关”，或有本作“答苍去关”，王邦维：《大唐西藏求法高僧传校注》第28页作“答苍去关”，误。

② 霍巍：《〈大唐天竺使出铭〉再探》，载《中国藏学》2001年第1期。

③ （唐）义净：《大唐西域求法高僧传》卷上，引自《大正藏》卷51，参见王邦维：《大唐西域求法高僧传校注》，中华书局，1988年。

④ 王邦维：《大唐西域求法高僧传校注》，北京：中华书局，1988年，第28页。

⑤ 智观巴·贡却乎丹巴绕吉著，吴均等译：《安多政教史》，兰州：甘肃民族出版社，1989年，第3页。

史》注释)，则总计约1200公里，而从萨迦到逻些（拉萨）距离为593公里①，则从菩提伽耶到逻些是3600里左右，去除菩提伽耶至泥婆逻距离，则从逻些至泥婆罗，按今天里数计算，不足3000里。

综上所述，“最近而少险阻”的一条陆路，即从唐代的长安或洛阳，经过今西藏、尼泊尔到印度的道路，称为“吐蕃泥婆罗道”。这条便捷的唐梵古道在唐代以前未见记载。这条古道的开通应与上文提到的吐蕃赞普松赞干布两次联姻有直接关系：639年（贞观十三年），松赞干布与泥婆罗赤尊公主联姻，逻些至泥婆罗国道由此开通；两年后的641年（贞观十五年），松赞干布与唐文成公主联姻，逻些至唐都长安道由此开通。所谓“开通”，主要不是指道路的修建，而是部族与邦国间建立相互信任的睦邻友好关系，不仅撤除人为的关隘阻障，还会为双方或多方往来使者人员提供便利及帮助。

三、沿此路西行印度的求法高僧

此路开通后几十年间，使唐与印度交往关系较以前方便快捷，因而不论是朝廷使者出使印度，还是唐朝僧人前往西域求法留学，都达到了一个前所未有的高潮。关于王玄策几次出使天竺事，已有许多研究讨论，而通过此路往来于唐梵之间的求法僧人，并未引起更多关注，本文对此稍作考述。

---

① 国家测绘局地名研究所编：《西藏地名》，北京：中国藏学出版社，1995年，第429页。

笔者考证，据义净《大唐西域求法高僧传》记载①，取吐蕃泥婆罗道西域求法的唐朝僧人至少有10人（咸亨之后大多取海路，亦有人西行路线未有明确记载），依次考述如下：

1. 玄照法师

玄照法师，太州仙掌（今陕西华阴）人，梵名般迦舍末底（Prakāśamati，意译昭慧）。② 自幼出家，于贞观年中在大兴善寺师从玄证法师学习梵文。玄照于贞观年间西行求法，“至吐蕃国，蒙文成公主送往北天（竺）”③。先后在摩诃菩提（大觉寺）、那烂陀寺师从胜光法师、宝师子大德等学习。后“往琼伽河北，受国王苫部供养。住信者等寺复历三年”；后来因为唐使王玄策向朝廷举荐，时间约在麟德元年（664），唐高宗降旨召他东归返唐。归途中，“路次泥婆罗，国王发遣，送至吐蕃，重见文成公主，深致礼遇，资给归唐”。

玄照法师第一次西行求法，往返过程两次得到身为吐蕃王妃的文成公主的资助，如此重要的史事，汉藏文文献中均未见载，几乎湮没无闻。

麟德二年正月，玄照归抵洛阳，在洛阳逗留短暂的几个月。唐高宗召见他并命他去迎请羯湿弥罗（今克什米尔）的长年婆罗门卢迦溢多，玄照再次踏上西行之路。此次与他同行的还有师鞭与慧伦两位僧人，奉旨充任玄照的侍者。此后，玄照为寻长年

---

① 义净（635—713）唐代高僧，旅行家，中国佛教四大译经家之一。俗姓张，祖籍范阳，生于齐州（今山东历城）。唐高宗咸亨二年（671）由海路往印度求法。历时二十余年，游历三十余国，于证圣元年（695）带梵本佛教经典约四百部回到洛阳。武则天亲迎之。旋即从事译经，先后在长安、洛阳主持译经事。曾先后译出《金光明最胜王经》等共61部，239卷。在从印度归途中，著成《南海寄归内法传》4卷和《大唐西域求法高僧传》2卷。

② 按唐时佛教出家僧人，特别是学习梵文、西行求法的僧人一般都会另取一个梵文名字，以方便交流。

③（唐）义净：《大唐西域求法高僧传》卷上，《大正藏》卷51；参见王邦维：《大唐西域求法高僧传校注》，中华书局，1988年。

草药在天竺辗转多地，后意欲返归唐朝时，由于局势变化，吐蕃泥婆罗路已不复畅通，最终滞留中天竺，在菴摩罗跋国“遘疾而卒，春秋六十余矣”。关于玄照事迹，笔者拟另撰专文详考，兹从略。

2. 道希法师

道希法师，齐州（今山东济南）人，梵名室利提婆(Śrīdeva，意译吉祥天)。幼年出家，此人极有可能是长安大慈恩寺玄奘法师弟子。① 他西行印度过程很曲折，幸好在吐谷浑遇到了刚从印度返唐的新罗僧人玄太法师，玄太又陪他一起取道吐蕃，经泥婆罗前往印度。先后在那烂陀、大觉寺、俱尸那等佛教圣地游学瞻礼，后在菴摩罗跋国病逝，时年50多岁。道希法师是唐代西域求法高僧中较为重要的人物，史传中记载此人有文采，擅长草书和隶书。他曾将唐朝所译新旧佛教经论四百余卷带到那烂陀寺。义净在史传中尊称他为“希公”。按义净至那烂陀寺是在唐上元元年（674），在中印度各地巡礼途中，曾到过菴摩罗跋国，但并未见到道希法师，仅是凭吊希公曾经的住房，十分伤感，还题了一首七言绝句：“百苦忘劳独进影，四恩在念契流通；如何未尽传灯志，溘然于此遇途穷。”②

① 按据《大唐西域求法高僧传》卷上《大乘灯禅师传》记载，大乘灯禅师(Mahāyānapradīpa)爱州（今越南）人，义净史传中称其为“灯公”。自幼随父母乘船至杜和罗钵底国（Dvārapatī，其地在今泰国湄南河一带），后来随唐朝使者郯绪一同来唐都长安，于大慈恩寺三藏玄奘法师处受具足戒。后又取道越南从海路到师子国(斯里兰卡)，经南印度，前往东印度的耽摩立底国（Tāmralipti)。该地即今印度西孟加拉邦的塔姆卢克（Tamluk）附近，是古代东印度重要港口，东晋法显、唐代义净都曾在此经过停留。大乘灯禅师在此处遭遇海盗，仅以身免，在该地滞留十二年，后幸遇义净法师，相随至中印度，先后在那烂陀、大觉寺、毗舍离、俱尸那等地瞻礼巡游。在菴摩罗跋见到道希所住旧房，忍不住潸然泪下，十分伤感地说：“昔在长安，同游法席，今于他国，但遇空筵。”道希法师与大乘灯法师年纪相仿，在长安交往密切，笔者由此推断，很有可能同出玄奘师门。

② （唐）义净：《大唐西域求法高僧传》卷上，《大正藏》卷51；参见王邦维：《大唐西域求法高僧传校注》，北京：中华书局，1988年。

3. 师鞭法师

此人亦是齐州人士，与道希为同乡。史传关于他的记载颇为简略，只是知道他是在玄照法师在麟德二年（665）奉旨西行时，以侍者身份与玄照法师一同前往印度。史传记载此人“善禁咒，闲梵语”，他跟随玄照法师为寻找长年药辗转印度多地，历时十载有余，后因道路不通，归唐无望，滞留菴摩罗跋国。在菴摩罗跋国时，遇见同乡前辈道希法师，并与其相处一年时间，后来遇疾而终，年仅35岁。

4. 玄太法师

此人来自新罗。① 史传记载他于永徽年间（650—655），取道吐谷浑、吐蕃，经由泥婆罗至中印度、大觉寺。其后不久即从原路东归，行至吐谷浑时恰遇道希法师西去印度，于是又折返，与道希结伴西行，同至大觉寺。此人后又返归唐地，不知所终。

虽然对这位新罗僧人的事迹我们无法了解更多，但仅从史传寥寥记载中，我们仍然可以做出一些有意义的分析：首先，这位云游天下的僧人，真是不辞辛苦，从唐地至印度，关山阻隔，万里迢迢，他是想去就去，想回就回；其次，这位新罗僧人还十分讲义气，他从印度返归唐地，行至吐谷浑，很快就要到达目的地了，途遇道希法师，竟然改变行程，又陪同道希法师再次西行。可以想见，有了这位向导，道希法师的西行之路一定会顺畅许多。除了上述两点，笔者在此更想强调的是另外一个方面，那就是客观条件：正是由于吐蕃—泥婆罗道的开通，使得从唐地到印度更加方便快捷；而道路的顺畅，使得意欲西行求法的唐朝僧人也越来越多，路途相遇，结伴而行的事才时有发生。

---

① 新罗：朝鲜古国名。《旧唐书》卷199《东夷传》：“新罗国，本弁韩之苗裔也。其国在汉时为乐浪之地，东及南方俱限大海，西接百济，北邻高丽，东西两千里，南北两千里。”新罗位于朝鲜半岛东南部，与百济、高丽成鼎足之势。7世纪中叶统一半岛大部，为其最盛时期，与唐王朝关系十分密切。新罗人入唐求学、新罗僧人入唐求法，继而由唐赴印者甚多，本文所述十位僧人中即有三位新罗僧人。

5. 玄恪法师

玄恪法师来自新罗。史传记载："与玄照法师贞观年间相随而至大觉寺。既伸礼敬，遇疾而亡，年过不惑之期耳。"① 据此可知，玄照法师第一次西行印度并非独自前往，至少与来自新罗的玄恪法师结伴而行。进而也可推论，当年玄照法师取道吐蕃，曾蒙文成公主资助，并送其一行至北天竺，这一行人中无疑应有玄恪法师。因而，也同样有理由推断，贞观十五年（641）之后至咸亨元年（670）以前这段时间内，取道吐蕃前往印度的唐朝僧人（包括来自新罗等地在唐留学的僧人），一般会得到文成公主的照应和帮助，只是史书乏载，难道其详罢了。

另外，从上述记载可知，玄恪法师到大觉寺后即不幸染疾身亡，时年四十出头。笔者认为，此玄恪法师应年长于玄照，结伴同行，法名又同属玄字辈，或许是同门师兄弟亦未可知。

6. 道方法师

道方法师是唐并州（今山西太原）人士。② 史传记载，此师"出沙碛，到泥婆罗。至大觉寺住，得为主人。经数年后，还向泥婆罗……"③

此处记载虽简略，但有一个值得注意的信息，即道方法师西抵印度便在大觉寺住下，并获得"主人"身份，这种情况在西域求法僧人中是极少数。一般都是首先瞻礼大觉寺，并不长住，而后便前往那烂陀寺学习，学成之后再东归回国。一般佛教寺院都可以接受外来僧人访问学习，时间也长短不一，但与本寺僧众有主、客之分。关于主客之别，史传云："西国主人稍难得也。

---

① （唐）义净：《大唐西域求法高僧传》卷上，《大正藏》卷51；参见王邦维：《大唐西域求法高僧传校注》，北京：中华书局，1988年。

② 《旧唐书》卷39《地理志》："北京太原府，隋为太原郡。武德元年改为并州总管……州治太原。"

③ （唐）义净：《大唐西域求法高僧传》卷上，《大正藏》卷51；参见王邦维：《大唐西域求法高僧传校注》，北京：中华书局，1988年。

若得其主，则众事皆同如也，为客但食而已。”①

这位道方法师在大觉寺获得主人身份，并在那里居留若干年，而后又回泥婆罗了，至义净法师《大唐西域求法高僧传》书成之时，此人还健在，只是年纪很大了。但义净法师似乎对此人评价不高，且略有微词，说他“既亏戒检，不习经书，年将老矣”。

对于义净的评价自然很容易理解，他看重的是研习经典、深究佛教义理的学问僧，而西行求法者大多都是这一类型的僧人。笔者在此想讨论的是，贞观中期后，特别是唐梵新路开通，西行印度不似从前那般艰难，西行之僧人亦日渐增多，甚至成为一种时尚，僧众之素质乃至西行之动机与目的亦大相径庭。此处所述道方法师大概就是与义净为代表的那一类僧人不同的另类，既不严守戒律，又不研习经典，也没有在彼地求得真经义理后东返故国弘传佛法的宏图大志。那么，缘何这样的僧人反而在大觉寺得到了并不容易得到的“主人”身份呢？笔者认为，这也并不难理解。古语说“尺有所短，寸有所长”，这位道方法师也一定有不被学问僧们所看重的长处。从史传记载分析，他先在泥婆罗居留，重在适应环境和学习语言（以实用为主），到大觉寺时，与当地僧人交流已无障碍，且可以入乡随俗，颇能适应当地的风土人情；而且他本不是注重研习经典的僧人，更能有时间精力做些力所能及的琐杂之事，这是寺院更需要的；从客观情况来说，当时来自大唐的僧人络绎不绝，几乎每个人都必须参谒大觉寺，接待这些往来客僧已成为大觉寺日常工作一部分，而做这种工作，吸收梵唐兼通者加入大觉寺僧团组织是方便可行的。因而道方法师就顺理成章地获得了大觉寺“主人”的身份。及至多年以后，年纪渐大，做琐杂之事已觉吃力，或许因为其他什么原因，想离开大觉寺了，就选择再回曾经住过的泥婆罗某寺院安度晚年，此时的他基本上成为印度本地僧人了。

---

① （唐）义净：《大唐西域求法高僧传》卷下《无行禅师传》。

笔者之所以不厌其烦地做以上分析，是以为此类内容在中印文化交流中极易被忽略，有一些西行求法僧人，由于主客观种种原因，有去无返，却把他乡作故乡，完全融入当地社会文化。在历史上，在不同民族文化交流过程中，这些人做出过应有的贡献，不应被忘记。

7. 道生法师

道生法师与上述道方法师是同乡，也是并州人士，梵名旃达罗提婆（Candradeva，意译“月天”）。据史传记此人于贞观末年，取道吐蕃往游中印度。唐史王玄策取道吐蕃第二次出使西域也是在贞观末年①，或许道生法师与朝廷使者同路相随亦未可知。道生法师学识很好，“在那烂陀寺，学为童子王深所礼敬”②。此处所言“童子王”即当时东天竺的迦摩缕波国（Kāmarūpa）国王拘摩罗（Kumāra）③。因受拘摩罗国王盛情邀请，道生法师前往迦摩缕波国一座王属小乘佛教寺院，在那里居住多年，“学小乘三藏精顺正理”。学成之后，携带许多佛教经典及佛像，仍取道泥婆罗回国，不幸行至泥婆罗时“遘疾而卒”，年纪50岁左右。

8. 末底僧诃

末底僧诃，梵文Matisiṃha，意译“师子惠（慧）”。此人系京师长安人，俗姓皇甫。

---

① 《旧唐书》卷194《吐蕃传》：“贞观二十二年右卫率府长史王玄策使往西域，为中天竺所掠，吐蕃发精兵与玄策击天竺，大破之，遣使来献捷。”

② 此处所言“童子王”，梵文作Kumāra，又音译为“拘摩罗”。《大唐西域记》卷10：“今王本那罗延天之祚胤，婆罗门之种也。字婆塞羯罗伐摩，号为拘摩罗。……国王好学，众庶从化，远方高才慕义客游。虽不淳信佛法，然敬多学沙门。”据载当年玄奘在那烂陀寺学习时，拘摩罗王仰慕玄奘才学，曾盛情邀请玄奘至其国相见。

③ 迦摩缕波：梵文Kāmarūpa的音译，是东印度较大的古国，其地在今印度阿萨姆邦西部。都城故址在今阿萨姆邦的高哈蒂（Gauhati）。参见董志翘《大唐西域记译注》，北京：中华书局，2012年，第591页。

因不知其原名，史传中只称其梵文名字，而且也没有尊称为法师。此人与上文提到的师鞭法师一同到中印度，也住在信者寺。因师鞭是作为玄照法师的侍者与玄照一道奉旨西行的，时间是在麟德二年（665）或乾封元年（666）。末底僧诃大概只是与师鞭相识，也借机一同前往。因为他既不懂梵文，也不熟习佛教经论，笔者认为此人西行的目的只是附庸时尚旅游观光而已。未过多久，他思还故里，路过泥婆罗时，染疾身亡，年四十有余。

9. 僧伽跋摩

僧迦跋摩，梵文 Saṅghavarman，可意译为“众铠”。此人本是康国人士，[①] 少年时即离开家乡来到京城长安寻求发展。史传称他“禀素崇信，戒行清严，檀捨是修，慈悲在念”，称赞他是一个严守戒律、乐善好施的僧人。他于显庆年间（656—661）“奉敕与使人相随，礼觐西国”。此外所言“与使人相随”中之“使人”，正是大唐御史王玄策。显庆二年（657）敕使王玄策往西国，送佛袈裟至尼婆罗国西南婆栗闍国（Vrji）。复经吐蕃尼婆罗道。曾于今西藏吉隆县阿瓦呷英山嘴摩崖上刻《大唐天竺使出铭》。660 年，曾至摩诃菩提寺，寺主戒龙曾厚赠之，并率众僧为之饯行。另外曾到过罽宾（Kapiça）、吠舍厘（Vaiçali）等国。

10. 慧轮法师

慧轮法师来自新罗，梵名般若跋摩 Prajñāvarman。在新罗本地出家，后取道海路，经由东南沿海辗转来至长安。唐高宗麟德年间（664—665），“奉敕随玄照法师西行，以充侍者”。到天竺

① 康国：据《新唐书》卷 221（下）《西域传》记载：“……本月氏人。始居祁连山北昭武城，为匈奴所破，稍南依葱岭，即有其地，枝庶分王，世谓九姓：曰康，曰安，曰曹，曰石，曰米，曰何，曰火寻，曰戊地，曰史，世谓九姓，皆氏昭武。”按康国为昭武九姓国之首，唐时地在今中亚乌兹别克撒马尔罕（Samarkand）一带。唐高宗永徽年间（650—655），昭武诸国内附，以其地为康居都督府，其王拂呼缦为都督，隶安西都护府。

后，慧轮随玄照游历西天竺等印度多国寻采长年草药。后因归唐受阻，随玄照法师一同到菴摩罗跋国，在信者寺居住十年左右。玄照示寂后，慧轮住锡在东北方的睹货罗僧寺，亦称“健陀罗山荼寺”①。在当时，此寺院非常富有，对僧人供养有加，其他寺院不能与之相比。已在天竺各地游学十几年的慧轮不仅“善梵言”，而且精通《俱舍论》等佛教经典②，此时慧轮年方四十有余，正值年富力强之际。按《西域求法高僧传》成书于691年，以此推之，慧轮当年随玄照法师西行之时，也只有十五六岁。

上述这些循吐蕃泥婆路西行求法的高僧们，是唐代西域求法高僧群体中重要组成部分，他们为唐代中印文化交流史做出了重要贡献。他们的生平业绩，由于正史乏载等诸多因素长期无人问津。笔者因研究唐蕃古道等相关问题，进而关注到这一鲜为人知的群体，并将其人其事做相应的考述，有些问题还需做进一步更深入细致的研究。

---

① 睹货罗：Tukhara，《新唐书》作“吐火罗”，地在葱岭西，乌浒河南一带。有学者研究此寺建于大月氏贵霜王朝时期或更早。贵霜王朝统治中心在健陀罗 Gandhara，覩货罗及北印度均在其统治之下，寺虽系覩货罗本地僧所造，但亦称健陀罗寺之缘由。

② 《俱舍论》：《阿毗达磨俱舍论》（梵文 Abhidharmakośaśāstra）之简称。世亲著，唐玄奘译，30卷（600颂）。为小乘向大乘过渡之作。基本反映当时流行于迦湿弥罗（今克什米尔）的说一切有部关于世界、人生和修行的主要学说，但也吸收经量部许多观点。

疆域·空间：唐朝权力博弈的场所

中央民族大学历史文化学院　李鸿宾

摘　要：本文是对唐朝疆域·空间性质进行的专门研究。作者认为，疆域·空间这些原本自然地理的形貌之所以具有意义，与其说在于其自身，不如说是活跃其上的人群，尤其以国家政权为主建形式的政治体所内涵的价值。人群的活动只有进入国家政权的建设层面，疆域、空间才有了备受关注的意涵。就唐朝而言，其疆域的意义就体现在以汉人为核心的政治集团构建了以农耕区为中心，并向四周非农耕地带发展的势头之上。在此期间，尤以步入草原游牧地带构建的王朝所具有的超越以往农耕的单一限度形塑的混溶欧亚大陆东部的南北特质而彰显于世。于此，作为沟通南北的长城地带亦由中原王朝范围内的边缘递升为中心，这至少构成了唐初50年王朝地域的基本特质。

关键词：疆域；空间；国家政治体；博弈；活动场所；政治内涵

我曾撰写《唐朝的南北兼跨及其限域》《有关“唐朝边疆问题”的若干思考》等文[①]，就唐朝的疆域若干问题进行申论。因其范围所限，有诸多问题仍待阐明，此文拟在前文讨论的基础上

---

① 前者刊载于《中国边疆史地研究》2006年第2期；后者拟刊《中央民族大学学报》（哲学社会科学版）2017年第1期。

就唐朝疆域前后衍变的特性做一概观式的归纳，以彰显我认识中疆域或地理空间的映像。

一

今人对唐朝疆域的认识，多从主权国家的角度着眼，它强调的是确定而分明的疆界、公民权的保障与国家主权的维护，这是近代以来源自欧洲民族—国家进而影响全世界的范式。① 以它的标准来讨论唐朝不但不合适，而且会造成误解。唐朝是典型的王朝国家，与民族—国家的模式迥然有别，它的疆域问题应当置放在那个特定的语境下去理解，这是我一再强调的。② 那么，我们应怎样理解这一问题呢？

唐朝的建国始于李渊太原起兵，他在文臣武将的辅助下，矛头直指隋朝首都大兴城。占据都城就意味着占据者能够获得新王朝的法统地位，这一标志性事件亦成为不同时代各路诸侯豪杰竞相争取的目标，如同秦末东方反秦势力的（名誉）为首者楚怀王就曾与项羽、刘邦诸辈相约“先破秦入咸阳者王之”③，那意思很明显：只有占据关中的都城，才能推翻秦朝并取而代之。

李渊与其竞争者们建立王朝的方式，都是通过构建一支稳固

---

① 有关这个问题的讨论可谓汗牛充栋，其中英国社会理论家吉登斯所著《民族—国家与暴力》（胡宗泽等译，北京：生活·读书·新知三联书店，1998 年）一书是具有较高解释力的一部，可参阅该书导论第 1—6、第 140—146、第 316—325 页。

② 参见拙文：《传统与近代的对接——从地域和民族角度论述中国传统王朝的近代境遇》，耿昇等主编：《多元视野中的中外关系史研究：中国中外关系史学会第六届会员代表大会论文集》，延吉：延边大学出版社，2007 年，第 49—57 页；《王朝国家体系的构建与变更——以隋唐为例》，孙家洲、刘后滨主编：《汉唐盛世的历史解读——汉唐盛世学术研讨会论文集》，北京：中国人民大学出版社，2009 年，第 165—175 页；《唐朝北部疆域的变迁——兼论疆域问题的本质与属性》，《中国边疆史地研究》2014 年第 2 期。

③ 《史记》卷 7《项羽本纪》，北京：中华书局，1959 年，第 313 页。

的统治集团、占据一个稳定的地区（通常以都城为核心），以此角逐争战、竞相扩展而实现的，毛汉光将其归纳为核心区与核心集团之模式。[①] 竞争沿承的规则是“胜者王侯败者贼”，李渊最终成功了。

618 年，李渊即位，标志着新王朝的开始。唐朝面临的任务就是征服与自己抗衡的对手或招降那些反隋势力，一旦将他们纳入麾下，就意味着唐本土形势的安稳和缓，这正是唐廷合法性统治的诉求。这里的“本土”是指农耕地区，这是汉人王朝建立统治的地缘基础。倘若王朝实力未逮且观念保守，那么农耕地域的边缘就成为王朝追求的“极限”了。秦始皇一向以宏图远大著称，他稳定中原农耕地域后试图再向草原拓展，但遭遇游牧势力的抗衡而终止于长城的构筑[②]，这表明：向北部的拓展已经超过了它的能力[③]，真正打破农耕限域的汉人为主体的王朝，则是唐朝。[④]

唐朝之所以能够取得突破，首先是它秉承了隋朝建国近 40 年的大一统基础。[⑤] 隋朝留给唐朝的重要遗产，就是对王朝一统

---

① 毛汉光：《中古核心区核心集团之转移——陈寅恪先生“关陇”理论之拓展》，氏著：《中国中古政治史论》，上海：上海书店出版社，2002 年，第 1—28 页。

② ［美］巴菲尔德：《危险的边疆：游牧帝国与中国》，袁剑译，南京：江苏人民出版社，2011 年，第 41—42 页；〔美〕狄宇宙：《古代中国与其强邻：东亚历史上游牧力量的兴起》，贺严、高书文译，北京：中国社会科学出版社，2010 年，第 231—232 页。

③ 胡鸿：《秦汉帝国扩张的制约因素及突破口》，《中国社会科学》2014 年第 11 期。

④ 蒲立本将中原王朝与草原帝国之关系分作三类，他认为唐太宗的目标是超越这三类而将中原与草原并置在一个政权之下进行有效的统治。参见 Edwin G. Pulleyblank, “The An Lu-shan Rebellion and the Origins of Chronic Militarism in Late Tang China,” in John Curtis Perry and Bardwell L. Smith, eds., *Essays on Tang Society: The Interplay of Social, Political and Economic Forces*, p. 37。

⑤ 有关唐朝崛起的意义，从域外角度的探讨，可参阅 S. A. M. Adshead 撰述的 *Tang China: the Rise of the East in the World History* 一书（New York: Palgrave Macmillan, 2004），尤其是该书第二章第 30—51 页。

化地位的追求。从唐太宗口口声声要吸取隋亡之教训而他仍旧延续炀帝征伐高丽进取东北的行为上，可以清楚地看到他一统化合法地位的诉求意愿①，这就是先秦时期“普天之下莫非王土，率土之滨莫非王臣”的延续。这也是华夏统治集团普遍的思想观念，一旦条件具备，他们就将观念变成行动。与此对应，唐朝宗室的鲜卑拓跋血脉及其文化传统，也是促使他们突破进入草原的另一思想和观念。② 此种路径在北魏分裂为东、西之后尤其体现在宇文泰纠合各路诸侯和权贵组建关陇集团以抗衡东魏—北齐的追求中，并由此构建了此后的隋唐王朝政权，这也是学界流行的唐朝“拓跋国家”的根基所在。③

这两个因素是唐朝建构超越农耕王朝的基本动因。我想说明的是，630 年征服东突厥之后又相继征服西突厥的举动，都能证明（汉人为主体的统治集团）唐朝统辖范围的扩展，已经超出了汉人王朝的限域，这在其前既没有先例，也无后来者。这个时期的唐朝，除了将北部突厥势力纳入朝廷的控制下以及铁勒诸部主动投附外，它又出兵东北征服高丽、派兵深入西域腹地建立军政系统，进而囊括了东、北、西诸外围地带；其时吐蕃、吐谷浑

---

① 唐太宗征伐高丽的合法性在于他“祇膺宝历，君临宇县，凭宗社之灵，藉卿士之力，神祇储祉，夷夏宅心”，他之征讨高丽，实系“缅唯汤文取乱，常怀偃伯之心；虞夏胜残，实弘光被之美”［（宋）宋敏求编：《唐大诏令集》卷 130《蕃夷·讨伐》之《亲征高丽诏》《高丽班师诏》，洪丕谟等点校，上海：学林出版社，1992 年，第 645—646 页］之再现，这与隋炀帝征讨高丽之“夏开承大禹之业，商郊问罪，周发成王之志”，“粤我有隋，诞膺灵命，兼三才而建极一六合而为家”（《隋书》卷 4《炀帝纪下》，北京：中华书局，1973 年，第 79 页）的心态如出一辙，可视为中华正统意识形态的展现。

② 参见拙文：《唐朝的南北兼跨及其限域》，《中国边疆史地研究》2006 年第 2 期。

③ 参见 Sanping Chen，“The Legacy of the Tuoba Xianbei：The Tang Dynasty，” *Multicultural China in the Early Middle Ages*，Philadelphia：University of Pennsylvania Press，2012，pp. 1-38。

等西部势力亦相继遣使长安向朝廷进奉。[①] 这一系列的行动表明：含括农耕外围广远地带、农牧交相混杂的诸民族构建的雄盛王朝，终于形成了。

二

但是，兼跨农耕、草原的一统化局面，随着吐蕃势力的崛起并向唐展开进攻，特别是东突厥24州县的起兵叛乱导致的重新复国而遭到破坏。[②] 如果从630年唐征服东突厥算起，至680年左右东突厥的复兴，前后不过50年。[③] 此后的唐朝，遭受周边各种势力的抗衡而终于以外重内轻的节度使御边的体系代替了初始的内重外轻方略。[④] 安史之乱以后的王朝，其地域与人群的有效治理，又局促于农耕、汉人的主体范围之中。[⑤] 唐朝合法地位的丧失，正是在这个领域内实现的。这说明什么问题呢？

---

① 有关唐初与周边四邻的交涉，新近的研究成果可参阅 Wang Zhenping 的 *Tang China in Multi-Polar Asia: A History of Diplomacy and War*（Honolulu：University of Hawai'i Press，2013）一书的相关部分。

② 吴玉贵：《突厥第二汗国汉文史料编年辑考》，北京：中华书局，2009年，第445—447页。

③ 这只是大略而言，实际的情形较复杂。若按照杉山正明的说法，唐廷有效控制蒙古高原的时间不过40年而已。参见姚大力：《一段与“唐宋变革”相并行的故事》，[日] 杉山正明：《疾驰的草原征服者：辽西夏金元》（乌兰、乌日娜译）推荐序，桂林：广西师范大学出版社，2014年，第iii页。

④ 雷家骥：《从战略发展看唐朝节度使体制的创建》，此据唐代学会编：《唐代研究论集》第四辑，台北：新文丰出版股份有限公司，1992年，第253—318页。

⑤ 这是个饶有兴味的话题，但学界讨论得较少。邹逸麟的《中国多民族统一国家形成的历史背景和地域特征》（《历史教学问题》2000年第6期）一文曾有涉及，但因篇幅和主旨所限，未能展开。成一农的《唐代的地缘政治结构》（李孝聪主编：《唐代地域结构与运作空间》，上海：上海辞书出版社，2003年，第8—59页）更多地着眼于行政制度或体制的演变，类似的现象几乎支配了大陆历史地理学的研究。就此而言，唐朝地域伸缩的问题，仍留给学者们多种角度探索的空间。

我在此前的研究中曾经说过：就汉式王朝而言[①]，它的地域与人群，大体是由中原内地与周边外围、汉人居中与非汉人守边的格局而形成。当王朝的实力雄强之时，它就能建立超越中原、汉人以外包括周边广远地带和众多民族的巨型王朝；然而当它削弱之际，周边地区和各民族势力也能反过头来向中原挺进和施压，王朝遂萎缩并局限于农耕内地；一旦中原核心腹地及其汉人群体不再以王朝为合法依托而掀起反抗，王朝的命运就此告结。[②] 唐朝的整体历程，就体现在这三个面向之中。所谓囊括农耕、草原并皇帝、“天可汗”集于一身为标识的唐太宗统领下的帝国[③]，正是其经济和军事实力发展到了足以支撑其构建“天下”政治的程度，才有太宗兼跨长城南北王朝局面的出现。然而随着吐蕃的崛起扩大、东突厥帝国的复兴，他们分别从西南和北方挤压唐朝，契丹等周边势力亦叛服无常，唐朝的“盛世”局面频遭威胁和挫折，安禄山随后掀起的叛乱则彻底改变了唐廷强势拓展的劲头，此后的朝廷被迫周旋于长安与各地藩镇的权力博弈之中。这个时代的唐朝，基本处于朝廷与周边外围势力攻守相兼的纠缠之内，而周边势力的挺近迫使唐朝回缩，则是这一阶段的明显特征。黄巢起兵反唐之后的历史，亦走上了节度使武力支配并取代朝廷法统的道路：唐朝的合法地位最终被剥夺了。[④]

---

① 这里主要是指以汉人为主体的统治集团建构的王朝。

② 参见拙文：《中原与北部地区的共生关系——从长城谈起》，《民族史研究》第7辑，北京：民族出版社，2007年，第61—79页；《王朝国家体系的构建与变更——以隋唐为例》，孙家洲、刘后滨主编：《汉唐盛世的历史解读——汉唐盛世学术研讨会论文集》，北京：中国人民大学出版社，2009年，第165—175页。

③ 新近的研究，可参阅朱振宏：《大唐世界与“皇帝·天可汗”之研究》，台北：花木兰文化出版社，2009年。

④ 王赓武：《五代时期北方中国的权力结构》，胡耀飞、尹承译，上海：中西书局，2014年；李鸿宾：《内源型变迁的王朝权力结构——王赓武〈《五代时期北方中国的权力结构》书后〉》，未刊稿。

三

纵观唐朝300年历程的三种命运，我们从中看到的支配这个王朝命运如此嬗变的要素，一个是人群的活动，另一个则是他们活动依托的地理空间，换言之，人地关系应当是我们解释其命运的关键所在。

人类的活动发展到一定程度时，就需要构建高度的组织架构以作保障，国家政权因此而萌生并逐递演化。国家的重要功能就在于它是人类进行政治活动的组织依托，人群的活动需要特定的地理空间以便伸展，此种空间的价值和意义因此而得以凸显（反过来说，这种空间同样需要国家政治体的设置以维护和保证人群的活动）。国家一旦出现之后，它亦以人群为载体、地域为依托求得发展。这种互为因果即王朝（国家）、人群（民族）、地域（空间）三者的关系[①]，就成为我们理解唐朝三个阶段不同命运的基本维度。作为本文讨论的中心——地域空间的尺度，它的特性表现在什么地方？则是我们集中讨论的问题。[②] 我们可从以下两个视角考虑。

首先，从唐朝自身发展的角度而论，它体现的是中原王朝为核心所施展的政治愿望及其活动。

倘若从此处着眼，那么唐朝帝国的建立、发展与消亡，实际

---

① ［德］弗里德里希·拉策尔：《作为边缘机体的边疆》，袁剑译，张世明校改，张世明等主编：《空间、法律与学术话语：西方边疆理论经典文献》，黑龙江教育出版社，2014年，第121—149页；袁剑：《近代西方“边疆”概念及其阐释路径——以拉策尔、寇松为例》，《北方民族大学学报》（哲学社会科学版）2015年第2期。

② 关于地理空间对中国历史的作用，可参阅［美］拉铁摩尔：《针对中国历史地理问题的一个亚洲内陆研究法》，牛咄咄译，张世明校改，张世明等主编：《空间、法律与学术话语：西方边疆理论经典文献》，哈尔滨：黑龙江教育出版社，2014年，第397—407页。

上就是这一政治体自中原向周边拓展伸缩的过程。其模式是以中原为核心、汉人群体为依托的王朝的建构、演变与消解的历史。它建基于秦，完成于明，唐朝则为其发展的顶点。如上所述，唐朝的起始经历了李渊核心集团从太原起兵反隋到谋取都城、剪除兼并与之抗衡的其他势力，进而稳固中原核心区，并在此基础上向周边拓展的过程，最后营建出了跨越长城南北、兼有农耕游牧诸多地区及诸种民族势力的王朝帝国。随后，吐蕃的崛起与东突厥的复兴所代表的周边外围势力转而向唐朝展开进攻和夹击，又迫使唐朝战略转移，以致引起内部安禄山军队的叛乱，导致后期帝国内部的纷争，王朝最终被有政治“野心”的节度使势力所取代。这种演变的格局，都是以中原（具体是关中长安都城）为核心腹地、汉人为支撑群体的方式而展开的。

在其演变之中，发挥关键作用的就是汉人为中心的统治集团。在依托中原核心腹地在向周边发展的过程中，他们与周边各个民族势力进行军事开拓、政治支配的博弈。当以太宗为首的朝廷进军东北旨在征服高丽、平定朝鲜半岛局势，向北征服东西突厥，向西域腹地进军并设置军政体制之际，标志着实力雄厚的中原势力着意构建的、超越农耕地域的一统化王朝的确立。而吐蕃崛起、突厥复辟引生的周边外围势力的兴盛并挤压唐朝之时，便意味着兼跨南北一统化王朝遭受新的压力而被迫回缩。唐廷行将被朱温取代前后，周边地带的契丹、党项乃至草原·西域诸地的回鹘，则开启了自身建构政权的道路，最终演化成五代十国与周边外族王朝并存的局面。这三个阶段中的命运虽千差万别，但都是围绕中原与周边之间的相互关系而展开的。之所以是中原、周边这种内外地区的伸张、收缩，正是活跃在这些地区的汉人与非汉人族群之间的互动所引发的。在那个时代，族群与族群的交往争执，主要是依托王朝政治体而展开。于是，欧亚大陆东部这个地域的本质，就表现为中原王朝通过与周边非汉人政治势力（包括王朝帝国）政治、军事、经济、文化的交往而呈现的南北互动。单就政治意图而言，它则表现为中原王朝扩展自身（势力）而兼并周边势力、后者又通过军事手段削弱唐朝实力的博弈过程。在这种内外竞争的互动中，中原王朝自认为文化优越、文明进步、出自正统而具有意识形态和道德上的优越，从而赋予它的开拓乃至收缩行为以合法性地位，与之对应的则是周边的外族多系文化落后、“野蛮”未驯而成为“教化”的对象。尽管唐太宗声称“独爱之（夷狄）如一”视以同侪相待①，但这并没有改变华夏—夷狄的差序不等的结构，如同他与朝臣议论中华、夷狄二者视同树木的本根与枝叶一般②，华夏自我中心、外夷依托华夏甘居其下的正统—僭伪的意识和观念，一直是唐朝统治集团处理内外关系的主旋律。

当中原朝廷处于支配周边的上升态势时，它就打出华夏正统的旗号兼越四方并以夷落“文明化”的“进步”方式扩大王朝的势力；一旦它的能力遭受周边四夷的质疑和削弱、不能自保的时候，它就打出“夷夏有别”的旗号以切割内外之关联，③ 这就是中唐时期安禄山叛乱之后朝廷的主旨思想。④ 到唐朝法统地位遭受节度使势力的挑战直至王朝覆亡前后，不论是内地的军人势力，还是周边外围的各族集团，都使出浑身解数建构自己的政权，试图在新一轮的角逐较量中成为新王朝的领路人。这时候，

---

① 《资治通鉴》卷198，唐太宗贞观二十一年（647）五月庚辰条，北京：中华书局，1956年，第6247页。

② （唐）吴兢撰、谢保成集校：《贞观政要集校》卷9《议安边第三十六》，北京：中华书局，2003年，第500、第503—504页。

③ 傅乐成：《唐代夷夏观念之演变》，傅乐成：《汉唐史论集》，台北：联经出版事业公司，1995年，第209—226页；潘蛟：《“民族”的舶来及相关的争论》，博士学位论文，中央民族大学民族学与社会学学院，2000年，第26—27、第29—30页。

④ 傅乐成：《唐型文化与宋型文化》，傅乐成：《汉唐史论集》，台北：联经出版事业公司，1995年，第339—382页。

唐朝的法统地位已为新崛起的各族政治势力所替代。[①] 唐朝的地域——无论是其雄盛之时的内地或草原，还是势促后的萎缩空间，都是在王朝帝国政治体为依托的各族政治势力相互角逐、博弈竞争的过程中发挥其功能和作用的。如此看来，所谓地区、地域或地理空间，在我们所讨论的时代，它的突出特点就是为政治体的活动提供了必要的场所，这个场所是以中原王朝的互动为中心而展开的。

其次，若从欧亚大陆南北的角度立论，它所揭示的则是农耕与游牧两种差异明显的政治体交相互为的活动场景。

与中原王朝为核心呈圈状向外发展的思考路径相对应[②]，欧亚大陆南北互动的观察视角强调的则是各自为中心的主体性抑或双主体特性，这是以南部的农耕与北方的草原两种差异有别的生计方式及建基于各自基础之上呈鲜明对比的政治体为前提的。[③] 双主体性之所以存在，则是每个掌握权力的特定的政治体均构拟了一套以自身为中心构建的中心—外围体系及其观念。[④] 就欧亚大陆东部而言，南部广阔的耕作地区与北方纵横无垠的草原，使

---

① ［英］崔瑞德编：《剑桥中国隋唐史589—906年》，中国社会科学院历史研究所西方汉学研究课题组译，北京：中国社会科学出版社，1990年，第774—803页；［德］傅海波、［英］崔瑞德编：《剑桥中国辽西夏金元史》“导言”，史卫民等译，北京：中国社会科学出版社，1998年，第4—25页。

② 李大龙：《汉唐藩属体制研究》，北京：中国社会科学出版社，2006年，第286—294页；周振鹤：《中国历史政治地理十六讲》，北京：中华书局，2013年，第50—53页。

③ 参见 Sechin Jagchid and Van Jay Symons, *Peace, War, and Trade Along the Great Wall: Nomadic-Chinese Interaction through Two Millennia*, Bloomington and Indianapolis: Indiana University press, 1989; Reuven Amitai and Michal Biran eds, *Mongols, Turks, and Others: Eurasian Nomads and Sedentary World*, Leiden · Boston, 2005；［美］巴菲尔德：《危险的边疆：游牧帝国与中国》，袁剑译，南京：江苏人民出版社，2011年。

④ ［美］马丁·W. 刘易士、卡伦·E. 魏根：《大陆的神话：元地理学批判》，杨瑾等译，上海：上海人民出版社，2011年，第55—56、第97—122页。

得南北都能建构成为巨型（农耕和游牧）政权，[①] 它们均以自己的核心地带构建帝国，其自主中心的观念之强，更超越其他。

然而，当每个政治体从中心向外拓展之时尤其超越自身的限度进入对方的领域内，争战、征伐、屯边、移民、垦殖、军政管理、经济贸易这些交往互动就变得不可避免了。本文讨论的唐朝时期，南北的交往在长时段的王朝整体过程中则以互动的频繁及拓展幅度伸缩之明显而著称。如前所述，唐朝通过征服东西突厥而占有幅员广阔的北亚草原构建的南北一统化政治体，演变成为超越秦汉帝国的盛世局面，其跨越幅度之深、含括之广，前所未有；然而吐蕃崛起、突厥复兴对唐朝的夹击与牵制，迫使唐朝统辖的范围又回溯至中原的农耕限域（虽然某些触角不受此限），后期王朝与藩镇的整个活动大体就在这个领域之内。唐朝300年的历史，活动在中原和草原的各种政治势力，就是在具体的军事征伐和对抗中实现各自的政治意图的，这些政治活动构成了唐朝前后发展演变的重要甚至中心的内容。可以说，一部王朝史就是如此展示出来的。而王朝历史固然是人群自身变化的呈现，但他们之活动和演变亦以特定的空间为依托，于是，本文所谓长城南北的中原农耕之地与游牧草原之区，其蕴意的产生和凸显，就在于王朝政治体的活动之上。至少在本文讨论的范围内，政治体的王朝及其开展的活动，是构成我们赋予这些原本自然属性的地区以政治意涵的根本动因。这就是本文题目的设置所在。

值得指出的是，取代突厥成为草原霸主地位的回鹘王朝，与

① 吴稼祥：《公天下：多中心治理与双主体法权》，桂林：广西师范大学出版社，2013年，第39—57页；Thomas J. Barfield, *The Nomadic Alternative*, New Jersey, 1993, pp. 131-168；王明珂：《游牧者的抉择：面对汉帝国的北亚游牧部族》，桂林：广西师范大学出版社，2008年，第101—156页。

唐朝分享了长城南北的统治[①]，然而，回鹘帝国矛盾激化被黠戛斯人攻灭四分五裂逃往河西走廊、西域腹地后，北方草原因等待新一轮霸主的产生而六神无主之时，这个时候唐朝为什么不就此填补空缺呢？此时的唐武宗政权，主政的宰相李德裕当听到回鹘部分宗室的势力前来投靠唐廷的消息，他接受了嗢没斯势力而拒绝乌介可汗。[②] 对他们而言，朝廷更在意的是回鹘势力的威胁与否。此时的回鹘帝国饱受内外的冲击，已丧失了唐廷与之打交道的能力而被后者弃置，这虽然暴露了唐廷强烈的功利主义心态，却也证明了空旷的草原虽然广袤，但却未能引起唐廷的兴趣。为什么会如此？在唐廷的眼里，游牧草原的吸引力与其说是草原自身，不如说是活跃其上的政治势力。从唐征服东西突厥到突厥复兴，再到唐与回鹘的交涉，唐廷一系列的关注，倾向的是草原的政治势力，草原本身一旦与这些势力交织在一起的时候，才能吊起唐廷的胃口。由此看来，唐朝对草原地区的关注，就是通过与其政治体的纵横捭阖的交往实现的；回鹘势力衰弱后，唐廷对其又拉又打予以分化，目的还在于回鹘人的势力自身而非其活动的广阔空间，这与近代以来民族国家政治体形成后将土地等资源视作国家的重大利益而不择手段地占有或掠夺所塑造的“地域国

① 详细情况可参阅 Michael R. Drompp, *Tang China and the Collapse of the Uighur Empire: A Documentary History*, Leiden · Boston: Brill, 2005。

② 参见《资治通鉴》卷 246，唐文宗开成五年（840）九月条至卷 247 唐武宗会昌三年（843）三月条之相关内容，北京：中华书局，1956 年，第 7946—7976 页。

家”的建构大相径庭。①

还有一点不能不说，在中原与草原的交往中，夹处二者之间的地区就迅速掘升成为影响双方整个战略的关键地带。在国家经营的战略当中，地理空间发挥的作用是以区位差序的格局呈现出来的。② 不论是中原王朝还是游牧帝国，其地缘空间在各自的运作与双方交往的互动中并非全部同一而毫无差别，相反，双方交界地带会取代其他地区上升为冲突、交往的中心而备受重视，这也是为什么拉铁摩尔将长城地带视为亚洲各地交往的中心或贮水池的缘故。③ 就唐朝而言，长城地带的凸显正是唐朝攻灭东突厥之后于其地设置羁縻府州安置降户体现出来的。按照温彦博的说法，这个地区既适应游牧的草原，又接近农耕地域，能够满足游

---

① 古今对土地的重视差异明显，除了政治体建构自身的因素之外，土地与人口协调的比率，即地多人少而非地少人多的资源分布所导致的松弛具有密切关系。试想，与今日中国土地面积相差无几甚至某段时期地域更大的唐朝，其农耕地带人口的峰值从《旧唐书》《通典》等文献的记载不超出6000千万（参见冻国栋：《中国人口史》第二卷《隋唐五代时期》，上海：复旦大学出版社，2002年。著籍户口数峰值见该书第133页；推测的实际户口数见第178—182页），而广阔的草原人数更无足称道，于今日近14亿比较，似可想象，当时的人地关系绝非如我们想象的那般紧张。李德裕和朝廷对回鹘政权解体之后空旷的草原之不感兴趣，不完全在于草原，农耕地区的宽阔幅度，应当足以容纳朝廷政治的施展，这应当是我们理解朝廷弃置不问的环境和人地关系的基础。

② “区位差序”是指在一个特定的区域内，因诸种因素的影响，区域内的各个部分并非等同，而有诸多差别。譬如英人麦金德在《历史的地理枢纽》一文中曾提出“心脏地带”和“边缘地区”，显然表明了二者的差异（见同名书，林尔蔚、陈江译，北京：商务印书馆，2008年，第62页）。冀朝鼎在他的《中国历史上的基本经济区与水利事业的发展》一书中亦指出：“中国历史上的每一个时期，有一些地区总是比其他地区受到更多的重视。这种受到特殊重视的地区，是在牺牲其他地区利益的条件下发展起来的，这种地区就是统治者想要建立和维护的所谓‘基本经济区’。”（朱诗鳌译，北京：中国社会科学出版社，1981年，第8页）。参见鲁西奇：《中国历史的空间结构》，桂林：广西师范大学出版社，2014年，第143—230页。

③ ［美］拉铁摩尔：《中国的亚洲内陆边疆》，唐晓峰译，南京：江苏人民出版社，2010年，第16—19、第163—172页。

牧人的愿望。[①] 突厥复兴之后与唐朝的较量，同样是透过长城地带进行的；取而代之的回鹘帝国同样依托于这个地带与唐朝交往。一部唐朝内地与草原发展互动的历史，主要展现在长城地带为中心的地理空间之中，它的区域特性在这里呈现出来的是南北两个政治体交往的战略中心而非区位局部，[②] 我们如此理解方能窥探其内缘真谛。

四

通过上文的简要论述，唐朝所谓的地理空间，其意义的体现不在于纯粹的区域或地缘本身，而是这些地区成为由王朝包裹下人群的政治活动的特定场所，如同拉策尔所说“面积与疆界是政治地理学中的一组具有可比性的现象，因为两者都具有政治意义，并皆为政治手段”[③]。唐朝人群活动的意义就在于它突破了汉人的圈子而囊括了草原游牧人和周边众多的非汉人群体，从而形成了这些异质性群体之间的相互交流（包括冲突、联系、分散、聚合等诸多形态）。这些不同的人群活跃在中原内地和周边的草原、牧场、高原，因隶属在不同的政治体之下而彼此争战、联系、贸易、使者往来等，构成了以长城南北为纽带的中原—周边的内外互动局面。这种形势正是中国早期诸民族群体彼此相互联系的历史进程衍变的结果，也使它突破了早先的范围进而达到

---

① 《资治通鉴》卷193，唐太宗贞观四年（530）四月条，北京：中华书局，1956年，第6075—6077页；拙著：《唐朝中央集权与民族关系——以北方区域为线索》，北京：民族出版社，2003年，第99—105页。

② ［美］拉铁摩尔：《历史的疆域》，牛昢昢译，张世明校改，张世明等主编：《空间、法律与学术话语：西方边疆理论经典文献》，哈尔滨：黑龙江教育出版社，2014年，第353—380页。

③ ［德］弗里德里希·拉策尔：《作为边缘机体的边疆》，袁剑译，张世明校改，张世明等主编：《空间、法律与学术话语：西方边疆经典文献》，哈尔滨：黑龙江教育出版社，2014年，第122页。

了中古时期活动的新阶段。从这个角度着眼，唐朝的地理空间，它的意义不仅是汉人政治活动的承载者，同时也是游牧人和其他群体政治活动所囊括的场域的表征，它更是欧亚大陆东部南北东西众多人群在王朝国家包裹下从事政治活动之发展与演变的彰显。

如果与欧洲同时期（中世纪）的历史相比较，唐朝前后呈现出来的王朝分合的发展态势与后者迥然有别。欧洲中世纪王朝发展走的实际上是王朝扩展到诸国的分化道路。[①] 各国在利益的博弈较量中以重新洗牌的方式形成新的国家政治体，应是中世纪以后其发展的常规模式。例如神圣罗马帝国时期的欧洲，政治集团（诸如王国、公国、封侯、采邑等）之间的政治冲突、军事抗衡、王室贵族的婚宦结合乃至文化吸收与影响，无不是在王朝、诸国的转换、更替的形式下进行的；[②] 到近代，尤其强调各个国家的自立，经过威斯特伐利亚条约的签订，欧洲国家更走上了以民族为单元的国家建构的道路，其分立之彰显，为其重要特征。这些王朝国家到民族国家的转换，均以活动在特定的地理空间为条件的；地域与领土为它们的转换和更替承担了活动的场所，从而使各种政治体得以发挥其功能和效益，地域空间的意义由此而展现出来。就趋向而言，欧洲的地理空间呈现的王朝、国家的分合更替，最终走向了多民族、多国家的道路。

与此对照，中国王朝轮替的发展路径，则是以一统化而告

---

① 英人芬纳对比了中世纪（他称为“过渡时期”）中国、哈里发、拜占庭和欧洲东、中、西各部国家体系发展变迁的趋势，指出欧洲尤其西部“不同于中国”，“分裂成了今日我们所看到的民族国家，并且仍将继续保持下去”。见［英］芬纳：《统治史》第2卷《中世纪的帝国统治和代议制的兴起——从拜占庭到威尼斯》，王震译，上海：华东师范大学出版社，2014年，第9—10页。

② 参阅［英］芬纳：《统治史》第2卷《中世纪的帝国统治和代议制的兴起——从拜占庭到威尼斯》，王震译，上海：华东师范大学出版社，2014年，第259—470页。

结。在本文讨论的时段内，呈现出来的是前期王朝一度囊括农耕草原两大区域为主的疆域广阔、族群众多的王朝帝国，但吐蕃崛起、突厥复兴之后，经过安史之乱的冲击，王朝又陷入内部纷争而被节度使势力倾覆遽尔遭受解体的命运。唐朝之后的中国，被分割成五代十国、契丹人的辽、党项人的西夏、回鹘诸国乃至大理国等，旋即展开了宋·辽·西夏·金诸朝之间冲突、对峙的政治、军事和经济贸易的活动，直至蒙古帝国形成后四处征伐，重新将欧亚大陆东部整合进入一个王朝（元）而获得一统化，此后的路线被满族贵族集团所接续，他们构建的清朝型塑了近代到来之前的王朝帝国的盛世局面。这个发展路径最鲜明的特征体现在国家政治体分合更替过程中呈现出来的统合趋势，这也是我们理解中国王朝历史特征的核心所在。[①] 至于形成统合的因素缘由，众多的研究成果均做出了不同的解答，[②] 非本文所重。我们只想指出，在这个趋向中，唐朝的分合、涨缩所扮演的角色，应当是中古时期中值得注意的关键环节，特别是汉人为核心的统治集团建构了超越农耕地域的王朝，如前所述，它无疑成为中国王朝发展史中“汉人”王朝的一个特例。走笔至此，历史逐段的分析，使我们认识到，汉人以外的其他民族势力的不断介入，是中原王朝突破农耕地区臻至一统化境遇的不可或缺的重要因素，

① 关于唐朝以后历史的演变，国内外学界多依托于朝代进行研究和探索，此类成果甚多。新近出版的汉译本杉山正明的《疾驰的草原征服者：辽西夏金元》（乌兰、乌日娜译，桂林：广西师范大学出版社，2014 年）虽是通俗出版物，但对唐安史之乱后至元朝统合帝国 600 年间兴衰的历程，做了主旨突出的概括，不失为理解唐朝后期这段历程演变的范例。其中就唐朝初期对南北地区的瞬时囊括所做的描述，若从这一时段的角度理解，其历史的特定位置就立马凸显出来了。读者可径读其书，尤其结语部分（第 339—346 页）。

② 此处可参见鲁西奇：《多元、统一的中华帝国是如何可能的?》，《人文国际》第二辑，厦门：厦门大学出版社，2010 年，第 1—18 页；赵鼎新：《为韦伯辩护：比较的逻辑和中国历史的模式》《中国大一统的历史根源》，赵鼎新：《国家、战争与历史发展：前现代中西模式的比较》，杭州：浙江大学出版社，2015 年，第 3—38、第 84—91 页。

唐朝后期萎缩的状态再一次证实：帝国构建中的草原（等）空缺位置，似乎只能由北方的非汉人的政治活动才能填补；那里广阔的地域空间，随着众多的族群政治性的活动而被纳入了王朝之内，其意义和价值亦因此而凸显出来。

论医药与明朝的民族政策

广西师范大学历史文化与旅游学院 刘祥学

摘　要： 医药是内地与边疆经济、文化交流的重要媒介，在民族政策领域里，也扮演了十分重要的角色。有明一代，通过药材的贡纳密切了内地与边疆民族地区的经济联系，通过赏医赐药实现了抚谕少数民族的政治目的。

关键词： 医药；明代边疆；民族政策；抚谕

朝贡是明代维持周边国家与周边民族关系往来的重要形式。在东南亚等域外国家向明廷进贡的物品中，药材就是其中重要的一项。对此，《大明会典》有载："凡进苏木、胡椒、香蜡、药材等物万数以上者，船至福建、广东等处，所在布政司随即会同都司、按察司官，检视物货……先将番使起送赴京，呈报数目。除国王进贡外，番使人伴附搭买卖物货，官给价钞收买，然后布政司仍同各衙门官将货称盘见数，分豁原报。附余数目，差人起解，前来礼部，委官及行户部、都察院委官，会同差督人夫运进承运等库，称盘入库，礼部先期开写各库该收货物手本，于午门关领。"① 其实，向明廷进贡药材的，既有域外国家，也有明廷统治时期周边的民族地区。终明之世，在我国统一多民族国家发展的两百多年时间里，医药在民族政策领域里，扮演了十分重要

① 申时行：《大明会典》卷108《礼部六十六·朝贡通例》，明万历内府刻本。

的角色，但目前学术界对明朝民族政策的研究，还较少关注。为此，笔者在前人研究的基础上，拟专门探讨医药与明朝的民族政策问题。

一、医药是密切边疆民族地区与明朝中央政治联系的重要媒介

由于独特的自然地理环境，我国少数民族分布的边疆地区拥有异常丰富的药物资源，并形成了各具特色的医药文化。历史上藏医、蒙医、维医、傣医、壮医、苗医、瑶医等，在中国医学史上均占有一席之地。

明代，为加强边疆民族地区的统治，采取“因俗而治”的统治政策，文化上通过设立儒学，传播汉文化，增强认同感。经济上则实行“厚往薄来”的政策，利用内地经济发达的优势，赏赐大量物品，以密切边疆与内地的经济联系，增强边疆民族的向心力。“来”就是指边疆少数民族主动向中央上贡一定数量的特产。由于进贡是表示臣服于统治的重要表现，因而明朝统治者对于边疆民族的进贡十分看重，并有明确的要求。“太祖皇帝于国初即定诸州所贡之额，如太常寺之牲币，钦天监之历纸，太医院之药材，光禄寺之厨料，宝钞司之桑穰与凡皮、角翎、鳔之属，皆有资于国用者也，著为定额。”① 对于边疆土司地区，则有时间的规定，史载“湖广、广西、四川、云南、贵州腹里土官，遇三年朝觐，差人进贡一次，俱本布政司给文起送，限本年十二月终，到京庆贺，限圣节以前，谢恩无常期，贡物不等”②。对于贡物管理，明朝有一整套严密的制度，史称“永乐中，外域进贡一物，史皆备书之”③。

---

① 黄道周：《博物典汇》卷 13《国朝贡法》，明崇祯刻本。

② 申时行：《大明会典》卷 108《礼部六十六 · 土官》。

③ 王世贞：《弇山堂别集》卷 28《史乘考误九》，清文渊阁四库全书本。

从经济发展水平而言，边疆民族地区大多落后于内地，因而明朝统治者要求边疆民族朝贡并不以获取经济利益为目标，只是通过朝贡往来确认中央对边疆的统治地位。因此，边疆民族上贡明廷的“贡品”，主要以地方特产为主，数量不一定大。有明一代，周边民族除了贡奉一些珍稀动物以及相关制品外，各地所产的药材也是重要的贡品，这些进贡的药材也成为明代太医院药材的主要来源。根据其时史料记载，各地上贡的药材，由太医院的御药局负责管理。“凡进药材等物，径从礼部具题送归极门交收。苏木、胡椒、硫黄近多解南京礼部交收”①；“旧例岁进茶芽及木瓜、药材，俱从土产去处起解，转送该衙门供用，各有定数”②。边疆民族地区上贡的药材，种类繁多，一般来说，大致分为植物药材、动物药材与矿物类药材几种，并根据产地与药效，形成了一些相对固定的贡药区。

广西民族地区地处热带、亚热带地区，药材丰富，仅地方志记载的“药属”，就有“桂皮、桔梗、决明子、荆芥、益母草、苦参、苍耳、香附子……柴胡、茴香、木通、木道、金银花、良姜……豆蔻、草果……”③ 达数十种之多。广西桂林府与柳州府一带民族地区，是零陵香的重要产地。早在宋代时，此地盛产的零陵香就名闻内地。宋人周去非撰的《岭外代答》称“零陵香，出瑶洞及静江、融州、象州。凡深山木阴沮洳之地，皆可种也”④。在中医中，零陵香很早就已入药，《肘后备急方》卷六将零陵香当作涂发的外用配药之一。唐代《千金翼方》也将零陵

① 申时行：《大明会典》卷108《礼部六十六·朝贡通例》。

② 申时行：《大明会典》卷113《礼部七十一·岁进》。

③ 黄佐：（嘉靖）《广西通志》卷21《食货·药属》，北京图书馆珍本善本丛刊本。

④ 周去非：《岭外代答》卷7《香门·零陵香》，北京：中华书局，1999年。

香作为面部美容、除皱、祛斑等重要的药物。[①] 明代时，零陵香的药用范围更加扩大，医家又将零陵香用于治疗头发白屑、牙齿疼痛等疾，“头风白屑，零陵香、白芷等分水，煎汁入鸡子白，搅匀传数十次，终身不生；圣惠方牙齿疼痛，零陵香、梗叶煎水含漱之；普济方风牙㾂牙，零陵香洗炙荜茇炒，等分为末，掺之”[②]。由于广西所产零陵香品质较佳，是明代指定的“土贡”物品。史料称桂林府，“国朝贡零陵香七百九十斤”[③]；柳州府“贡零陵香三百斤”[④]。

草果，是姜科豆蔻属植物，别称草果子。味腥、微苦，香味独特，主要产于广西柳州府、庆远府、平乐府一带的民族山区。在云南南部民族地区，也多有分布。是其时治寒湿、腹胃胀满、疼痛、呕吐、疟疾等病的重要药材之一，也是食用的重要香料，应用十分广泛。“疟证不一，其名亦殊。初得之，病势正炽，一二发间，未宜遽截，不问寒热多少，且用清脾，饮草果饮，或二陈汤加草果半钱，或生料平胃散加草果半钱，前胡半钱，亦有非疟、非劳等疾，而自成寒热，乃是痰饮为之，不可不审，去痰行饮则愈。”[⑤] 明代，柳州府贡“草果六十三斤，官桂四百斤”[⑥]；庆远府天河、忻城、思恩等少数民族地区，“贡草果、山荳根……”，东兰州“贡草果一百六十五斤”、南丹州“贡草果八

① 孙思邈：《千金翼方》卷5《妇人一·妇人面药第五》载“面膏方”，“杜蘅、牡蛎、防风、藁本、细辛、白附子、白芷、当归、木兰皮、白术、独活、萎蕤、天雄、茯苓、玉屑，各壹两；菟丝子、防己、商陆、栀子花、橘皮（一云橘仁）、白敛、人参，各叁两；甘松香、青木香、藿香、零陵香、丁香，各贰两，麝香半两，白犬脂、白鹅脂，天鹅脂以羊髓代之，牛髓各壹升……”

② 李时珍：《本草纲目》卷14《薰草别录中品零陵香宋开宝》。

③ 黄佐：（嘉靖）《广西通志》卷19《田赋·桂林府·土贡》。

④ 黄佐：（嘉靖）《广西通志》卷19《田赋·柳州府·土贡》。

⑤ 戴元礼：《秘传证治要诀》卷7《寒热门·疟寒热》，明古今医统正脉全书本。

⑥ 黄佐：（嘉靖）《广西通志》卷19《田赋·柳州府·土贡》。

十五斤"[1]；平乐府"草果七十五斤"[2]。

广西所产的矿物类用药，主要有滑石粉、硫黄、雄黄等。桂林府义宁县（今桂林龙胜）一带所产滑石在宋代即已享有盛名，入药主要具有利尿通淋，清热解暑，祛湿敛疮等功效。明代广西地方志称"国朝贡……滑石一千四斤，共折价银一百二十四两二钱七分"[3]；平乐府贡"滑石五百九十六斤"[4]。南宁府的"土贡"产品为硫黄、雄黄，贡额为"硫黄一十斤，雄黄四十斤"[5]。

除此之外，广西各地还被要求岁进解毒药、消毒药、消食药等常用药物，史称"广西思明府岁进解毒药五方三十四味，共三十八斤；内锦地萝一味，重二斤；消食药十味，重十二斤；消毒药十八味，重十九斤；大冲药一味，重一斤；塞住药四味，重四斤"[6]。永乐二十二年（1424）春正月，广西思明府头目卢良贡药材，明廷对其"赐钞十锭，从人各五锭"[7]。

海南黎族地区，也是明廷太医院的重要贡药地。据史料记载看，黄蜡是较大宗药品，此外有茶芽、土香、蚺蛇皮、良姜、益智子等。当地的方志这样记载"右缺欠药味安养军民事解礼部转发大医院生药库，黄蜡一百九十三斤（斤价银二钱）；茶芽三百四十九斤八两，及今添茶芽一百四十三斤八两（斤价银二钱）；叶茶一百四十三斤八两（斤价银八分五厘）"[8]。其中澄迈贡黄蜡一百零九斤，儋州贡黄蜡九十九斤，崖州贡黄蜡五十斤。[9] 明

---

① 黄佐：（嘉靖）《广西通志》卷20《田赋·庆远府·土贡》。

② 黄佐：（嘉靖）《广西通志》卷20《田赋·平乐府·土贡》。

③ 黄佐：（嘉靖）《广西通志》卷19《田赋·桂林府·土贡》。

④ 黄佐：（嘉靖）《广西通志》卷20《田赋·平乐府·土贡》。

⑤ 黄佐：（嘉靖）《广西通志》卷20《田赋·南宁府·土贡》。

⑥ 申时行：《大明会典》卷113《礼部七十一·岁进·药材》；（明）王圻：《续文献通考》卷33《土贡考》，明万历三十年松江府刻本。

⑦ 《明太宗实录》卷267，永乐二十二年春正月壬寅。

⑧ 唐胄：（正德）《琼台志》卷11《田赋·土贡》，明正德刻本。

⑨ 唐胄：（正德）《琼台志》卷11《田赋·土贡》，明正德刻本。

初，是以当地官府名义征缴上贡的。永乐年间，琼州知府为取悦朝廷，一度以“私贡”的名义，突破了三年一贡的惯例。“永乐乙酉，抚知府刘铭率各州县土官入贡马匹、黄蜡、鹿皮、土香、蚺蛇皮、良姜、益智子，后知府黄重用是为例，三岁一贡，其数无常。”① “益智子，今本土岁办，以克药材。”②

云南民族地区，也是药材的宝库。云南各地所产药材，种类繁多。据明代方志记载，“药有茯苓、陈皮、糜草、远志、防风、乌梅、桑白皮、茱萸、荆芥、栀子、槐花、瓜蒌、松脂、草决明、薄荷、葛根、菖蒲、紫苏、香薷、白芷、鼠黏子、当归、黄精、何首乌、黄芩、柴胡、艾香、附子、罂粟壳、益母、稀莶、白芨、车前子、金樱子、半夏、山楂、楮实子、草麻子、旋覆花、五叶草、镜面草”③。各府主要所产中草药材均不同，其中顺宁府，“药类中，有号活鹿草者，其名甚美，不知所以用；红花者，可用以染，又痘疹之要剂。……惟药有鹿茸、石菖蒲两种佳”④；大理白族地区，药则有“大黄、贝母、防己、木通、茵陈、百部、百合、藁本、仙茅、蓬木、商陆、牵牛、常山、狼毒、藜芦、白敛、泽兰、紫苑、款冬、地榆、蒺藜、葶苈、牛膝、橘皮、红花、玄参、五味、薏苡、地黄、威灵仙、枳壳、龙胆草、续随子、鹤虱草、桑白皮、白芥子、覆盆子、一支箭、山茨菰、香附子、地不容、桑寄生、牛蒡、瓜蒌”⑤；永昌府地区，“诸药中，为商陆，为海金沙，为千里光、钜齿草、金不换草，又如缅石茄之于目青，花豆之于疮神，黄豆之于痘疹，白龙须之

---

① 唐胄：(正德)《琼台志》卷11《田赋·土贡》，明正德刻本。

② 唐胄：(正德)《琼台志》卷9《土产下》，明正德刻本。

③ 刘文征：《滇志》卷3《地理志·物产·云南府》，昆明：云南教育出版社，1991年，第113页。

④ 刘文征：《滇志》卷3《地理志·物产·顺宁府》，昆明：云南教育出版社，1991年，第120页。

⑤ 刘文征：《滇志》卷3《地理志·物产·大理府》，昆明：云南教育出版社，1991年，第114页。

于风疾，用之皆立效”[1]；楚雄彝族地区，则以牛膝、苍耳、紫苏、防风、当归、地黄、天南星、天麦门冬为良。[2] 鹤庆府药材主要以丽陆、黄精、甘松、麝香、万两金、一支箭、虎掌草、玉红膏、白龙须、马蹄香、金线、重楼为主；[3] 元江府，最有名的药材为血竭与鳞胆苏木；[4] 丽江府，则主要以牛黄丸、紫金锭为主；广南府，以夫苦子、紫姜为名药；寻甸府，上品药材为九节何首乌。洪武二十七年（1394）五月癸丑，云南八百土官刀板冕遣其叔父刀板直进象牙、席、香药等。

四川西部的藏区和羌族区，依朝贡惯例，进贡的药材主要有七味、附子、川乌、仙茅、胡黄连、木香、硼砂等。如史载成都府一带，洪武二十四年（1391）规定，上贡“七味、内天雄二十对，附子五十对，川乌三十对，漏蓝二十斤，仙茅二十一斤，补骨脂十五斤，巴豆四斤”[5]。金川寺番僧以及四川威州保县地方，“旧三年一贡，每贡许一百人，多不过一百五十人。正德以来，人数渐多。隆庆三年定每贡五百五十人，内二百七十五人，全赏二百七十五人。……贡物珊瑚、胡黄连、木香、氆氇、足力麻、左髻毛衣”[6]。杂谷安抚司，“贡物，珊瑚、胡黄连、木香、茜草、海螺、左髻毛衣、氆氇、足力麻”[7]；达思蛮长官司，“贡物，珊瑚、犀牛角、硼砂、木香”[8]。

---

① 刘文征：《滇志》卷3《地理志·物产·永昌府》，昆明：云南教育出版社，1991年，第115页。

② 刘文征：《滇志》卷3《地理志·物产·楚雄府》，昆明：云南教育出版社，1991年，第116页。

③ 刘文征：《滇志》卷3《地理志·物产·鹤庆府》，昆明：云南教育出版社，1991年，第117页。

④ 刘文征：《滇志》卷3《地理志·物产·元江府》，昆明：云南教育出版社，1991年，第119页。

⑤ 王圻：《续文献通考》卷33《土贡考》。

⑥ 申时行：《大明会典》卷108《礼部六十六·朝贡通例》。

⑦ 申时行：《大明会典》卷108《礼部六十六·朝贡通例》。

⑧ 申时行：《大明会典》卷108《礼部六十六·朝贡通例》。

河西走廊以及宁夏一带的回族地区，是明太医院温补药材的来源地。常贡药材主要有红蓝、甘草、肉苁蓉等。如唐夏州（多数学者认为在今宁夏灵武一带）的“土贡”，有“红蓝、甘草、苁蓉、代赭白胶、青雕鹘、白羽麝、野马、鹿革、马豬……贡红花，马任土作贡”①。

西域的哈密一带，也偶有贡药的记载。明英宗正统五年（1440），哈密忠顺王倒瓦答失里遣使“贡马、驼、鹰及貂鼠皮、药品，赐宴并赐彩币等物有差”②。

辽东一带，主要以进贡人参等名贵药材为主。明廷明确规定：“凡辽东岁进药材，投文到府，转送礼部交收。”③

从明廷周边民族地区进贡的药材来看，四川、辽东一带量大，在明廷内府与太医院药库中占有较大比重。从地方起解押运至京，环节甚多，沿途百姓常被加役，遂成民害。弘治十八年（1505）时，礼部尚书张昇等疏请：“并解纳，谓内府香料并太医院药材，惟松、苏、四川、辽东总解，余皆陆续起解，为害多端，请自明年为始，各该地方将额办香料等物，征完在官，差人总解。”④

二、赏赐医药是明朝抚谕边疆民族的一项重要内容

以太医院为核心的明朝中央医疗机构，由于聚集了全国几乎所有的医疗资源，名医汇集，储藏的药物种类齐全。明廷规定，京城太医院的医疗人员，皆由各地医术高明者征调入京组成。如太医院医士许绅的曾祖许宗升，“洪武中以富户实应天府江宁县。未几，由名医入为太医院医士。永乐丁酒，扈驾之京，因家焉。

① 管律：（嘉靖）《宁夏新志》卷1《土贡》，明嘉靖刻本。
② 《明英宗实录》卷66，正统五年四月丙子。
③ 申时行：《大明会典》卷227《五军都督府·左军都督府》。
④ 《明孝宗实录》卷223，弘治十八年四月丁卯。

祖忠亦以医名，未仕。父观，初为通州儒学生，后继祖业，补医士，官至太医院院判”①；史料又载洪武六年（1373）四月时，“设太医院御医四人，以太医院医士充之，凡收受四方贡献名药及储蓄药品”②。可以说，设于京城的太医院是明代全国医疗的中枢，“掌医之政令，聚四方药材以共医事”③。其医疗条件与医术在其时均占有独特地位。

正因如此，明廷在对周边民族实行抚谕政策时，除注意运用经济怀柔之外，也十分注重利用其掌握的医疗资源，通过遣医赐药等方式，以笼络、招抚周边少数民族首领。明廷通过医药对少数民族实行抚谕政策，主要体现在以下几个方面：

一是注意对少数民族贡使的医疗救治。明廷对太医院明确规定：“凡邦之有疾病者、疕疡者，使各分其属治之。而圣济殿旧为御药房，择精通医术者分番给直，以供进御。或王侯宗室、文武大臣及外夷酋长有疾，皆得奉旨往视。”④ 京城中还设有专门为“四夷”使臣及随从人员治病的机构与相关考核规定，“凡会同馆医生，遇四夷及伴送人等有疾，即与医药，年终具用药若干，活人芳（笔者按：当为若）干，开送提督主事处核实，呈部以稽勤惰，考满升授，乃留本馆办事，其药材太医院关给”⑤。

二是重视对归附明朝的少数民族官员的医治。明初，定鼎中原，蒙古统治者退居塞外。为分化瓦解蒙古贵族，明太祖十分注意采取军事征讨与政治招抚的两手政策。在明朝政治招抚政策的影响下，一些故元旧臣以及周边其他部族首领，纷纷偕家前来归

① 张文宪：《光禄大夫太子太保礼部尚书掌太医院事谥恭僖许公绅墓志铭》，参见焦竑：《国朝献征录》卷78《太医院 · 尚书掌院事》。

② 徐学聚：《国朝典汇》卷73《吏部四十 · 太医院》。

③ 黄洪宪：《碧山学士集》卷4《太医院题名碑记》，明万历刻本。

④ 黄洪宪：《碧山学士集》卷4《太医院题名碑记》；（明）申时行：《大明会典》卷224《太医院》。

⑤ 申时行：《大明会典》卷109《礼部六十七 · 会同馆》。

附明朝。史称“明兴，诸番部怀太祖功德，多乐内附，赐姓名授官职者，不可胜纪”①。明廷对前来归附的故元官员，给予优待，妥善安置。对其中一些影响较大者，明朝统治者常通过遣医视疾，关心健康等形式予以优抚。如李贤，本名丑驴，又称绰罗。鞑靼人，曾为故元工部尚书。“洪武二十一年来归，通译书，太祖赐姓名，授燕府纪善，侍燕世子最恭谨。靖难师起，有劳绩，累迁都督同知，凡塞外表奏及朝廷所给诏敕，皆命贤译，贤亦属陈所见，成祖皆采。仁宗即位，念其旧劳，进后军都督佥事，更进右都督，赐赉甚渥。寻召见，悯其病，封忠勤伯。”② 又如纳哈出，原为故元木华黎裔孙，先为明将俘获。明太祖“以其为元世臣子孙，待之甚厚。纳哈出居常郁郁不乐，上遣降将万户黄俦察其去就，俦见纳哈出，言上所以待遇之意。纳哈出曰：‘荷主公不杀，诚难为报。然我本北人，终不能忘北。’俦以告上，上曰：‘吾固知其心也。’谓徐达等曰：‘纳哈出，元之世臣，心在北归，今强留之，非人情也，不如遣之还。’达等以为虏心难测，若舍之去，恐贻后患，不如杀之。上曰：‘无故而杀之，非义。吾意已决，姑遣之。’因召纳哈出及降臣张御史，谓之曰：‘为人臣者，各为其主，况汝有父母妻子之念。今遣汝归，仍从汝主于北。’因资而遣之，纳哈出等辞谢而去。”③ 其后，纳哈出盘踞辽阳一带，不时袭扰明边，甚为边患。明太祖多次遣使修书，晓以利害，劝其归附，纳哈出不为所动。洪武十九年（1386），明太祖以冯胜率大军征讨，迫使纳哈出归降。明太祖遂封纳哈出为海西侯，对其优待有加。史称“纳哈出性嗜烧酒，饮常过度。当盛夏时，每以水沃身，因得疾，上命医疗之，而愈常戒其饮。至是，从征南将军颍国公傅友德等往征云南，饮酒如初，行至武昌

① 《明史》卷156《吴允诚等传》。

② 《明史》卷156《薛斌附李贤传》。

③ 《明太祖实录》卷3，乙未冬十二月壬子。

疾复作，卒于舟中。上闻而悯之，诏归其柩于京师，葬都城南门外”①。

三是对少数民族首领赏医赐药，以示笼络。众所周知，一些周边部族首领由于拥有较强实力，在边疆地方社会影响较大，是明朝稳固边陲，需要争取、笼络的重要对象。明廷除给其册封、赏赉物品之外，也不时通过赏医赐药等形式，以示朝廷优待之意。明廷规定：“四夷归化朝贡，酋渠首领朝见者，给廪食。病则遣医，给汤药，丧则给以所须。”② 由于自然地理的原因，塞北草原地区与西域沙洲之地，药材品种与产量有限，需要由内地提供，这为明廷利用医药资源丰富的条件实行招抚政策提供了可能。如蒙古与明朝对峙十分紧张的明嘉靖年间，蒙古俺答汗腿间患有疾病，缺药难治。只得派人潜入内地，购买所需药材。史称逃往塞外的赵全、王廷辅、王爵等人，在汉人丘富的引荐下，见到了俺答汗，“全乃言俺答有天分，当尊为帝。是时答方病，在两腿患甚。赵全言，我善治，惜无药耳。答与富谋，谋留王爵居营中，而遣赵全、王廷辅还，与（吕）鹤索药及百工、五采，为答绘宫室，造诸斗器。鹤因閟匿田大伦所，颇闻贺彦英以治弓矢鸣，遂诱英，英适有心病，鹤辅以医恙。幸已事觉，鹤即移薛家营，赵全尚匿应州城中买乳香、地黄、良姜诸药材，田大伦乃引彦英谒鹤，于是先遣英及赵全、王廷辅、田大伦往，是日宿寇家塞。鸡鸣，走盐房营至酸剌河从威远边出塞，既至黄河东套，以药材送奉富……答见大喜”③。虽然，一些少数民族部落首领并未归附明朝，且拥兵寇边，成为明朝边防的大患，但明廷出于争取、羁縻的考虑，对其有关的医药请求，仍然予以答应。如永乐五年（1406）时，“北虏阿鲁台遣回回哈费思来朝，且奏求

① 《明太祖实录》卷 192，洪武二十一年秋七月辛丑。

② 王鸣鹤：《登坛必究》卷 22《辑译言说》，清刻本。

③ 瞿九思：《万历武功录》卷 7《中三边》，明万历刻本。

药”，明成祖即“命太医院使如奏赐之”①。明英宗正统年间，蒙古瓦剌部势力壮大，威胁明边。“也先及其诸酋乞黄紫织金、九龙纻丝及金酒器、药材、颜料、乐器、佩刀诸物。礼部言：龙金器非所宜用，乞勿与。与药材诸物。当是时，也先使每至京，几千人出入骄恣，殴守卫，掠人财物，至欲骑入长安门。稍稍约束，即弯弓持刀，言夺马杀人，都督昌英每好语阻之，不听，辄侮骂。使贡在朝时，入襄捕掠人畜，将官请剿，又以通好故，贪功启隙，不欲与战，虏益骄，东结朵颜，西交哈密，胁结赤斤蒙古，往往窥塞下。”② 史料又载：“淮王额森与汗同自是岁岁有加，十四年，又赐汗织金蟒龙文绮彩绢一百八十四匹，金银各五锭，塔纳珠一千六百颗，金银镶木碗各二，织金九龙蟒龙、浑金文绮三十八匹，绣金衣五件，靴袜、乐器、帐房、药材等物。”③哈密，是明朝经略西域的战略支点，为笼络哈密部落首领忠顺王倒瓦答失里，明英宗统治时，对其求药的请求，明廷也同样爽快地予以同意。先是正统五年（1440）十一月，哈密忠顺王倒瓦答失里遣舍人也先帖木儿奏“母斡难答里遇疾，乞赐医药”，明英宗即“遣医官哈先给所宜药，偕所遣人往疗之。仍赐敕奖谕，令俟母疾愈即遣哈先回京”④。其后正统十四年（1449）时，“哈密忠顺王倒瓦答失里遣使臣额鲁赤把失忽里等来朝贡马，因奏母疾，乞赐药疗治。上命太医院如所求，与之”⑤。明宪宗成化年间，蒙古首领孛来因为部属民众为疾病所苦，请求明廷派医调治。出于招抚孛来部的考虑，明廷同样予以答应。史称“迤比虏酋孛来以其知院苦塞患病，遣人舁至边，乞医调治。上命太医院

① 《明太宗实录》卷74，永乐五年十二月丙申。

② 黄光昇：《昭代典则》卷16《恭仁康定景皇帝》，明万历二十八年周日校万卷楼刻本。

③ 王世贞：《弇山堂别集》卷14《北人之赏》。

④ 《明英宗实录》卷73，正统五年十一月丙午。

⑤ 《明英宗实录》卷177，正统十四年夏四月己未。

遣医士往疗之”①。

当然，当形势需要时，明廷也毫不犹豫地把自己拥有的药物资源作为羁縻周边部族首领的政策工具。明弘治年间，“土鲁番兀也思太子及兀也思王等公主，并哈密督罕慎毋，各贡马匹、方物，因求赐织金、纻丝并帐房、彩段、绢匹、药物各器等物有差”②。但明廷统治者对土鲁番的“回夷”，用计袭杀哈密嗣王罕慎陕巴，不听明廷抚处的行为，十分恼怒，“执其贡使一百八十一名，两广安置，绝彼通贡，彼遂失我器用、药物，不能为生，诸夷怨彼”③，迫使其最终向明朝屈服。

三、减少药材贡额也是明朝抚谕民族政策的体现

为维持太医院医疗工作的运行，明廷令各地进贡药材，以收储良药，由生药库掌管。明廷规定：凡天下岁办药材，俱由地方派纳。由于明中叶以后，太医院官员贪污药材等现象严重，以及朝政败坏，药材征缴数量不断增加，日益成为地方祸害。据史料记载，“（永乐年间）额定五万五千四百七十四斤，成化以来其数渐增。至嘉靖初，通计二十六万四千二百二十七斤有零”④。比之明初，数额增加了4倍有余。对于经济发展水平不高的边疆民族地区而言，征缴药材其实也是一个沉重的负担。

为此，明廷有时为了显示其招抚政策，也常采取一些减少药材赋额的措施，以缓边民所困，以争取民心。如明英宗天顺年间曾颁布诏令，“各处拖欠香料、历日纸并云南所辖拖欠岁办差发金银、米钞、海肥马、牛布俱自正统五年十二月以前尽行蠲免。

① 《明宪宗实录》卷13，成化元年春正月乙亥。

② 方孔炤：《全边略记》卷5《甘肃略》。

③ 胡世宁：《复土鲁番议疏土鲁番》，载（明）陈子龙：《明经世文编》卷135《胡端敏公奏议·疏》，北京：中华书局，1997年。

④ 申时行：《大明会典》卷224《太医院·太医院》。

其各处拖欠药材及供用厨料诸物，自正统十四年十二月以前者尽行蠲免”①。明宪宗成化四年（1468），“各处采办、岁办药材，除已收在官起解外，拖欠之数悉皆停免”②。成化十四年（1478）五月，明廷又下令免征辽东药材二年。“辽东都司岁贡人参三百斤，五味子一百五十斤，连年贡未至，巡抚都御史陈钺奏药草产于凤凰山叆阳等处，距辽东四五百里，密迩虏巢，时被侵掠，不得采取，乞暂停免，俟事宁之日，采办如例。从之。”③

在蠲免的药材赋额中有不少来自边陲民族地区，这对减轻边地民族的负担是有益处的。

四、余论

明代，通过加强对太医院制度的建设，在一定程度上促进了边疆民族地区医药的发展。据一些学者研究，明代在官办医学的带动下，少数民族医学也因此发展起来，白族、彝族、苗族、回族均出现了许多名医与医学著作，如《元阳彝医书》《滇南本草》《双柏彝医书》《彝药七十二味》等。④ 这个过程肯定和明朝加强对边疆民族地区的统治，促进边疆民族地区的开发密切相关的。明廷对边疆民族地区药材的征纳，促进了全国范围内边疆与内地之间药材的流通，也促进了各民族医学的交流。一些边地的名医被选派至太医院任职，发挥了重要作用。如云南南宁的赵汝隆，医术高明，“用药随取草木与之，无不痊苏。侍御病……诸

---

① 孔贞运：《皇明诏制》卷3，明崇祯七年刻本。

② 孔贞运：《皇明诏制》卷5。

③ 黄光昇：《昭代典则》卷20《宪宗纯皇帝》。

④ 参阅岳精柱：《明代医学与西南边疆开发》，载《中华医史杂志》2005年第2期。

医束手，汝隆摘苦蒿，令细嚼，立愈”①。

有明一代，医药不仅在民族政策的制定和执行过程中扮演了重要角色，同时，医药在明朝对外交往的过程中也发挥了独特作用。对周边国家，明廷出于羁縻、交往的需要，有时也以赐药等形式，以示恩宠。如永乐年间，朝鲜国王李芳远遣陪臣李贵龄等奉表朝贺，并贡方物。“贵龄奏芳远父兄有疾，令赍布五十端，求市龙脑、沉香、苏合香油诸物和药，上命太医院悉赐所须药而还其布。”② 明英宗天顺四年（1460），安南使者“乞以土物易书籍、药材”，明英宗即“从之”③。

---

① 毛玉成：（咸丰）《南宁县志》卷 7《人物》，《中国西南文献丛书》，兰州大学出版社，2003 年。

② 《明太宗实录》卷 19，永乐元年夏四月壬戌。

③ 《明史》卷 209《安南传》。

坚守与变通：明代的边疆观念及周边民族事务的应对

中央民族大学历史文化学院　彭　勇

摘　要：明代的边疆观念是基于传统中国的“华夷之辨”和“天下一家”的思想而形成的，并以此确定边疆观念、边疆范围和管理体系。在边疆和民族事务的处理上，表现出顽强的坚守和因循，以及局部的灵活和革新等特征。

关键词：明代；边疆史；民族史；华夷之辨

明朝代元而起，国祚近三百年。它既承袭了蒙元以来的疆域概念，更传承了数千年来传统中国“华夷之辨”和“天下一家”的观念，坚守之中稍有变通。虽然在商品经济和社会思潮的共同促生之下，明朝社会的内部也发生了新的变化，而同时期的部分欧洲国家已开始踏向近代化的征途，明朝与它们在诸多领域内有了初步的接触，为中国近代化进程助力。但就明王朝总体的运行格局和体制而言，其边疆和民族观念和相应的政策并无实质性的变化，仍然徘徊在近代化社会的大门外。

一、明代的边疆含义

明朝的“边疆”在哪里？这是一个看似清楚却并不甚明白甚至多有争议的话题。边疆有时候可以是个模糊的概念，有时候却是要非常具体。例如，台湾的文化名人柏杨说“中国版图到明王朝的时候，跟纪元前二世纪秦王朝大小一样，比现在的版图要小一半”。谭其骧主持《中国历史地图集》的编纂，却必须尽可能做到详细而具体，他说：“明代的中国版图比现在还要大一些。”二者差距甚远，何以如此？① 顾诚认为：他们二人对明代疆域管理体制大不相同。②

在《中国历史地图集》一书“序言”中，谭先生认为：“历代疆界、政区、城邑、水系等各项地理要素的变迁极为复杂频繁，而文献记载或不够明确，或互有出入，要一一考订清楚，并在图上正确定位、定点、定线，工作量繁巨。”然而，困难并不在这里，而是在明朝的边疆到底在哪里？谭先生表达了他的困惑和无奈：“元、明时代的土司和明代的羁縻卫、所，从有关文献记载看来，既不能说全部都是（明代的疆域），也不能说全部都不是唐、宋、元、明王朝的领土。正确处理的方法应该是仔细认真分析史料，适当予以区别。但本图集未能做到这一点，而是采用了完全作为王朝领土处理的办法。有的羁縻地区和王朝的关系可能还赶不上‘属国’，却也被画进版图。当然，由于史料不足，要把所有羁縻地区的具体情况全都搞清楚是很困难的，因而不可能要求都区分得很清楚。”③ 尽管处理起来极难，但谭其骧和他的合作者绘制的地图仍然是目前海内外最权威的中国历史地图。

让谭先生最为困惑的是，明代等王朝的边疆地区到底延伸到哪里？主持《中国边疆通史》的马大正提出了一个基本原则，他认为：边疆是一个比较宽泛的概念，大体是指一个国家比较边远的靠近国境的地区或地带。边疆既是一个地理概念，也是一个

---

① 顾诚：《明帝国的疆土管理体制》，《历史研究》1989 年第 3 期。

② 柏杨：《人生文学与历史》，见《丑陋的中国人》，长沙：湖南文艺出版社，1986 年，第 42 页。

③ 谭其骧：《中国历史地图集》“后记”，北京：中国地图出版社，1987 年。

历史概念，它包括陆疆和海疆。陆疆是指沿国界内侧有一定宽度的地区，有与邻国相接的国界线，以及具有自然、历史、文化诸多方面的自身特点。在历史上，边疆是随着统一多民族国家的形成和发展而逐渐形成和固定下来的。海疆的界定显然要更复杂一些。历史上，边疆是一个政治概念，国家政权在这一区域的统治往往呈现两种极端的局面，一种是高度的中央集权统治，甚至是军事管制，另一种则是高度的地方自治，从某种程度上来讲，中国边疆形式上是由国家政权的统治中心区向域外的过渡区域，即由“治”向“不治”过渡的特定区域。边疆也是一个军事概念，它是国家的国防前沿，即边防地区。当然，边疆还有经济含义和文化方面的含义。① 这对我们理解古代的边疆与民族政策确实有指导意义。

研讨明代的“边地”，首先需要明确的是，我们这里只是探讨明朝的边境，而不是那个时期“中国”的疆域，关于这一点，笔者大体同意陈梧桐的判断：“我们既然不能把历史上的中国与汉族的中原王朝画等号，同样也不能把中国的历史疆域与中原王朝的疆域画等号。中国的历史疆域不仅包括中原王朝的疆域，也包括中原王朝以外少数民族国家政权的疆域。”② 其次，明朝是一个历时近三百年的庞大国家，前后的疆域有很大的差别，由于边疆地区的变化，导致对边疆地方政策的变化这是再自然不过的事情。因此，研究明代的边地事务，就要动态地把握明人眼里的边疆。即以明朝当时人所理解的边疆地区为研究对象，却不能以后人所理解的明朝疆域去研究边疆及其周边民族事务。

---

① 马大正：《中国边疆经略史·序》，郑州：中州古籍出版社，2000 年，第 1—4 页。

② 陈梧桐：《论中国的历史疆域》，载《古代民族关系论稿》，北京：中央民族大学出版社，2006 年，第 44 页。

二、明代的边疆范围

明代的“夷华观”或者说对周边民族的理解，直接影响到边疆范围的设定。因此，谈明代的边疆，必须谈明代的民族，谈明代的民族观、天下观和国家观。

明朝代元而立。元朝统一中国的时间虽然不足百年，但它在古代中国统一多民族国家的形成及其边疆发展的历程中产生了深远的影响。“元的建立标志着古代中国统一多民族国家及其边疆一个重要发展阶段的结束……也预示着一个新的发展阶段即将开始，古代中国统一多民族国家及其边疆发展将进入其成熟和鼎盛时期。”① 作为处于元和清两个少数民族王朝政权之间的汉族政权，由汉民族建立起来的明王朝在理解汉族统治核心区与边疆少数民族集居的关系上多了一层自己的理解，即在“中国观”“天下观”以及“内中国而外夷狄”的认识方面又丰富了此前的边地和边民的内涵。在古代中国，“疆域”和“国家”与近代主权国家观念产生以后有着明晰的规定性相比，它们在当时还都是两个相对模糊的概念。明朝人眼里的“边疆”和“国家”，既有中国传统社会或统治者共同的认识，如我们前面叙述的那样，也有当时特殊的处理方式，这构成了明统治者既具有普遍意义又颇具特色的边疆观点。

有明一代，统治阶级“边地”观的思想渊源于明太祖和成祖，二人的观点构成明王朝治理国家的“祖宗之法”，沿袭二百余年不变，它们也是制定民族政策和处理民族关系的根本指导思想。

明初的民族观延续了中国传统的“华夷观”，即“内中国外夷狄”的观点，它也成为明朝统治者处理边疆与周边事务的重要

---

① 马大正：《中国边疆经略史》，郑州：中州古籍出版社，2000 年，第 17 页。

理论基础。如明太祖认为，“自古帝王临御天下，中国居内以御夷狄，夷狄居外以奉中国”①，少数民族长期生活在边地，“非我族类，其心必异”，理应加强防范。因此，他并没有把包括蒙古族在内的敌对的民族完全置于对立面上，不仅把蒙古族看成是国内的民族问题和民族矛盾来看待，而且一再宣扬“华夷一家”的思想和观点，从而制定了“以威服之”“以德怀之”“德威兼施”的民族政策。明太祖及其后继者继承了儒家治国的“大一统”思想，他们希望达到的最终目的也是“定天下于一”。他即以“誓清四海，以同吾一家之安”为己任②。登基称帝后，仍念念不忘实现“天下一统”的大业。明太祖即明确指出：“云南自汉以来服属中国，惟宋不然，胡元则未有中国已下云南”③，必然坚持统一。明成祖当国燕地时，长期驻藩北平，多次率兵与蒙古作战，夺位登基后，他“绍皇太祖高皇帝之先志”，也以实现“天地清宁”“华夷绥靖”为己任④，不仅多次统兵亲征漠北，还大力经营东北和西北，对交趾用兵，一心想“控制四夷天下”，完成统一全国的大业⑤。明朝统治者的这种民族观、天下观和国家观直接影响到他们对“边地”“辖境”的认识。关于明朝的版图，清人修《明史·地理志》记载了洪武初年并入大明直接控驭之地：“明太祖奋起淮右，首定金陵，西克湖、湘，东兼吴、会，然后遣将北伐，并山东，收河南，进取幽、燕，分军四出，芟除秦、晋，迄于岭表。最后削平巴、蜀，收复滇南。禹迹所

① 《皇明诏制》卷1《谕中原檄》，《四库全书存目丛书》，济南：齐鲁书社，1995年，史部第57册，第452页。

② 《明太祖实录》卷96，洪武八年正月癸酉，台北：台湾中央研究院历史语言研究所校勘本，1962年，第1651页。

③ 《明太祖实录》卷143，洪武十五年闰二月戊戌，版本同上第2245页。

④ 《明太宗实录》卷231，永乐八年十一月戊辰，版本同上第2236页。

⑤ 陈梧桐：《论明王朝的民族观与民族政策》，见陈梧桐：《古代民族关系论稿》，北京：中央民族大学出版社，2006年，第140页。

奄，尽入版图。近古以来，所未有也。”① 明朝边地及与之接壤的“边疆地区”大体包括“明初封略，东起朝鲜，西据吐番，南包安南，北距大碛，东西一万一千七百五十里，南北一万零九百四里。自成祖弃大宁，徙东胜，宣宗迁开平于独石，世宗时复弃哈密、河套，则东起辽海，西至嘉峪，南至琼、崖，北抵云、朔，东西万余里，南北万里。其声教所讫，岁时纳贽，而非命吏置籍侯尉羁属者，不在此数。呜呼盛矣！”清人通过对明代史料的解读，提出对明朝辖区和边境的理解，他们认为明朝的版图应该具备的条件是“声教所讫，岁时纳贽，而非命吏置籍侯尉羁属者，不在此数”，即接受中央的教化管理、定期交纳贡赋，派遣官吏，编户齐民等，明初的疆域包括吐番、安南，东接朝鲜，北距大漠，地域甚广，惜乎自成祖、宣宗、世宗之时不能守其边，东缩至辽海、西仅迄嘉峪关，北逼近云朔②。特别指出了洪武年间疆域之广大，以及成祖以后，明廷控制区域相对减少的事实。最能直接反映明廷“版图”观念和“边地”观念的当然是明廷官方典制，在御制“一统志”中有较好的体现。“一统志”取材于各地上报的舆图和方志，集四方之志总于一志，所谓“遣使遍采天下郡邑图籍”“泛求阅取，参极群书”，全国性的总志、地方总志或地理总志。明朝的一统志历洪武、永乐、景泰至天顺年间，在天顺五年（1461）由英宗作序的《大明一统志》刊行。③《大明一统志》以天顺年间为准，记载了明廷所辖的政区内的相关地理资料。从记载的内容不难看出，明统治者认定的直接管辖区域、边疆地区和“域外”，辖区包括南北二直隶，以及十三布政使司和所属的府州县。在明朝统治者看来，朱明王朝一统华夏，天下归一，“我明皇诞，膺天命，统一华夷，幅员之广，东

① 《明史》卷40《地理一》，北京：中华书局标点本，1974年，第881页。

② 《明史》卷40《地理一》，北京：中华书局标点本，1974年，第881—882页。

③ （天顺）《大明一统志·序》，西安：三秦出版社，1990年。

尽辽左，西极流沙，南越海表，北抵沙漠，四极八荒，靡不来庭”。但明王朝的“疆理之制”却有特定的区域，是“以京畿府州、直隶六部，天下分十三布政司，曰……以统诸府州县，而都司卫所则错置于其间，以为防御总之”，对边疆地区和四夷之外的管理，明廷采取了与内地不同的方式，“边陲之地，都司卫所及宣慰、招讨、宣抚、安抚等司与夫四夷受官封、执臣礼者”，上述所谓“边疆”和“四夷”在《大明一统志》的地区也都记录在一统志里，在卷 89 和卷 90 里，西蕃、赤斤蒙古卫、罕东卫、安定卫、阿端卫、曲先卫、哈密卫、火州、亦力把力、撒马儿罕、哈烈、于阗等诸地区，以及女直、鞑靼、兀良哈等，与日本、朝鲜国、琉球国和安南国、占城国等东亚、东南亚诸国并列为“外夷”加以附带介绍，显然到英宗天顺时期，上述地区已经不被看成是大明帝国版图的一部分了。可以说，即便在关西七卫没有完全脱离明廷之时，明中央也是把它们作为边疆地区来看待，边地与腹心汉族集居区的地位毕竟是不同的。

据此，我们可以知道：在明朝人的眼里，凡是由中央王朝直接派驻文臣武将、实行“编户齐民”的地区，不论是汉族和其他少数民族地区，它们都是作为明王朝的有效控制区域。这种有效的控制区域，也就是明人眼里的“疆域”，既包括南北二直隶和十三布政使司的广大地区，也包括散处于其间的都司卫所管辖区域，还包括在少数民族相对比较集中的“边陲之地，都司卫所及宣慰招讨、宣抚、安抚等司与夫四夷受官、执臣礼者”区域，至于“边陲”具体包括哪些区域，还要分析不同历史时期的具体确切变化。

明代“普天之下，莫非王土”的概念仍然存在，但已经能够清晰地以“夷夏观”来划分“传统宗藩关系”（如“不征之国”的划分），把“腹心与边地”较为清楚地区分开来。如此，也可以简单地说明代的“天下”大体分成：一是传统政治区（十三布政司、南北二直隶以及交错的在内都司卫所辖区）；二是边疆民族地区（以行都司、都司卫所管辖，或由土司直接管理区）；三是传统的宗藩朝贡（接受明朝敕封的地区）；四是明朝视野下的“外国（夷）”，前两类是明朝的直接控制区，即“辖境”；前三类是传统的“天下共主”的宗藩朝贡区。它们共同构成了明朝视野下的“天下”。

关于明代的疆域管理体制，谭其骧等历史地理学者以“实土卫所”“准实土”和“非实土卫所”来加以解释，是一种不错的选择。大体而言，在传统的政治区，设置有司府州县，卫所均为“非实土卫所”；在边疆民族地区，卫所与府州县交错，为“准实土卫所”；在一部分边疆地区、传统的宗藩区，不设府州县，卫所均为“实土卫所”；在部分宗藩区和“外夷”存在的卫所，属羁縻卫所性质或朝贡国。对“实土”与“非实土”的划分，谭先生依据《明史·地理志》，二者的区别在是否于当地设有州县，并不是卫所“有没有土地”的问题，卫所是有土地和人口的，只是这些卫所的辖境是不可能搞清楚的，只好以“实土”“非实土”称之。①

具体而言，明朝对其不同的辖境有了相应不同的疆域管理之制。在明朝人看来，凡是由中央王朝直接派驻文臣武将、实行“编户齐民”的地区，不论是汉族和其他民族地区，都是明王朝的直接控制区域，包括南、北二直隶和十三布政使司的广大地区，以及散处于其间的都司卫所管辖区。同时，在少数民族相对集中的边疆地区，即“边陲之地，都司卫所及宣慰招讨、宣抚、安抚等司与夫四夷受官、执臣礼者”区域，主要是由都司卫所武官、土司来共同管理，“从东北到西北，以至西南的边疆地区，这些构成大约半个明帝国疆域的地方在明代（特别是在明初）一般不设行政机构，而由都司（行都司）及其下属卫所管理”②。

① 彭勇：《学术分野与方法整合——近三十年中国大陆明代卫所制度研究评述》，[日]《中国史研究》（第24卷），朋友书店，2014年。

② 顾诚：《明帝国的疆土管理体制》，《历史研究》1989年第3期。

在更为偏远地区，只是纳入“大一统”的范畴之内，视自己为天下的宗主，即残存的“普天之下，莫非王土”的理念，对宗藩体系之外的国家和体系，一概被视为化外之地，拒绝发生关系。这一问题随着西方传教士来华、西方国家东来时，就面临着巨大的挑战，以上构成了明廷处理民族和边疆事务的基本原则。

三、明代的边疆政策

依据华夷观确定的天下格局，明朝对其疆域进行管理也采取了内外有别、因地制宜的措施，在对边疆民族地区或周边国家事务的处理上，也就有了很大的区别。有明一代对边地的认识决定了他们的治边思想，治边思想又决定了治边政策。“定天下于下”的思想，决定了明朝希望建立一个“天下共主”的太平政局，构建朱氏“家国天下”的大一统格局；同时，深受“内中国而外夷狄”思想的影响，在对待王朝腹心的汉民族和边地的其他民族时便有了明确的政策区别。试举几例。

严嵩入内阁之前，曾担任礼部尚书达六年之久。他在处理周边事务时，既能坚守明朝一贯的以“华夷之辨”和“天下一家”宗旨的朝贡贸易原则，又能务实灵活地处理与不同国家和地区之间的关系。其间，发生了“议征安南事件”，即嘉靖初年，安南国内发生了莫氏篡位事件，受明朝册封的黎氏请求明朝出兵，明朝中央和地方官员围绕出兵与否展开讨论。明朝出兵与否的核心都是在维护天朝大地的地位和既有的宗藩关系；安南在内、外压力之下选择了屈服，明朝接受了请降并削安南国，改为安南都统使司，由莫氏为都统使。当时，严嵩以礼部尚书的名义，论证了明朝与安南宗藩关系的构成，认为对待藩属之国当“怀之以礼，一视同仁”。他说：“臣等窃惟帝王之于夷狄，叛则惩其不恪，而刑以威之；来则嘉其慕义，而礼以怀之，此所谓治之以不治之法也。虽称‘夷狄相攻，中国之利’，然安南实我国家荒服之国，其奉藩称臣，朝贡惟谨，比之北虏、西戎诸夷不同，而君臣之义，固不以夷夏而有异焉。”①

中日关系方面，受嘉靖二年“宁波争贡”事件的影响，日本的朝贡已中断，在严嵩等人的努力下，两国关系仍然维系在传统的朝贡体系，双方的紧张关系也有一定程度的缓解。世宗虽有断绝日本通贡之意，但严嵩却从祖宗之法和华夷之辨的角度，努力说服世宗继续推行此前既定的政策，而不是对日本采取进一步严厉的措施。他说：“臣等会议得，春秋之法，夷狄叛则惩其不恪，而威之以刑；来则嘉其慕义自通，故进之也。《传》曰：见圣人之心，与天地相似矣。谨按《皇明祖训》所列诸夷国名凡十有五，而日本与焉。”②

在处理与土鲁番、朵颜三卫和琉球等的关系时，态度则有所不同。一方面以恪守祖制为原则，另一方面显然与日本、琉球、朵颜三卫等不遵日期来贡时的处置中的灵活、变通大不一样。究其原因，明廷对西北嘉峪关以外地区本无笼络之意，允许其来朝贡不过是循先祖惯例，体现天朝上的威仪大度。对来贡时超出规定的人等、求赏以及观光赏景等要求，一概被拒绝。对不遵守贡期，提前到来的，也让贡使自掏腰包等候贡期到时，才开启接待程序，允其入关觐见。③ 这也说明了对西北诸番的关系维持，明廷既不甚用心，也不想给他们特别开恩特赏。西北边地被冷落的境遇，结合明代整个北边防御体制的运行过程，亦可得到佐证④。

既被视为明朝疆域的一部分，中央有责任和义务保证这些地

① 严嵩：《南宫奏议》卷27《再议勘处剿抚事宜》，《续修四库全书》，第476册，上海：上海古籍出版社，2002年，第482—484页。

② 严嵩：《南宫奏议》卷30《会议日本朝贡事宜》，第500—502页。

③ 严嵩：《南宫奏议》卷30《议处番夷候贡事宜》，第498页。

④ 彭勇：《明代北边防御体制研究——以边操班军的演变为线索》，北京：中央民族大学出版社，2009年，第306—314页。

区的安宁，相应的措施也大不相同。张居正在处理四川西南民族纷争时，就清楚地表达了这一思路："夷狄相攻，中国之福，此指无官无爵，如北虏、南倭之类是也。若有官有爵之夷，不能安分守已，大胆相攻，使无辜土民遭杀戮，则朝廷何忍不诛？"①在这里，明廷处理周边国家和边疆民族政策之间的关系时，即有明确的原则，即有无"官""爵"存在"本质"的区别，那么像"南倭"和没有允准封贡的"北虏"，明廷对他们只会选择作壁上观，"西南夷"就有很大的不同。

对西南民族问题的处理，长期存在"土官自治"和"改土归流"两种观点，周洪谟主张土官自治，也受到不少人的支持，但最终决定川南都掌人命运的却是强力的改土归流。曾省吾、张居正等人的基本理念就是：西南诸夷既已改土归流，纳入明廷的管辖，中央有责任维护安定，为了"内治外安"，即便以残忍的手段，乃至采取消灭的方式，亦不足惜。因为，改土归流首先要求土司地区在行政上和政治上与内地的一体化，然后再透过文化机制来达到同样的目的，这是明廷处理边地民族的主流态度。②

同时，我们也注意到，曾省吾等人的"善后事宜疏"，既体现了强硬地新设"建武守御千户所"的军政措施，又充满了对川南地区"偃武修文"的政治理想。这不仅体现在将戎县更名为"兴文县"，还提出了具体"修文"举措。③"善后"案还包括恤民困、通道路等恢复和发展经济等措施，这些都反映了明廷对西南地区"建武兴文"的治理理念。这与张居正在此事件前

① 曾省吾：《重刻确庵曾先生西蜀平蛮全录》卷9《公移》，《北京图书馆古籍珍本丛刊》第9册，北京：书目文献出版社，1988年，据万历九年张一鲲刻本影印。

② 朱鸿林：《丘濬与成化元年（1465）大藤峡之役的关系》，《中国文化研究所学报》第47期，2007年11月，第115—134页。

③ 曾省吾：《平蛮录》卷4《经略平蛮善后疏》，第85页。

后坚信“数年之后，人情定帖，畏威怀惠，皆吾赤子矣”① 的结果是相一致的。

总体论之，在边疆和民族事务的处理上，明代中央对上述原则表现出顽强的坚守和因循，只是在处理具体的边疆民族事务上，表现出足够的务实、灵活甚至局部的革新。比如，针对南、北边疆和民族地区的不同矛盾时，大多能采取灵活务实的民族自治政策，因俗而治、因时因地而治②。也就是说，在既定的“祖宗之法”大的原则或名义之下，影响边疆事务处理的具体因素又有很多，比如皇权运行、阁臣争斗、宦官监军等因素，在诸如宁波争贡、土木之变、倭患和海禁、传教士来华、澳门租借等问题的应对上，都清晰可见明帝国复杂的权力运行机制、官员群体的地区和职业差异性，上述因素对具体的边疆民族事务的处理上，可能对进程和结果进而对政治局势的变化也产生一定的影响，但这一切仍然都是在明初既定的框架内展开，所使用的民族观念、基本原则并无实质性的变化。

从陆疆政策的实施效果来看，虽然明朝近三百年一直为北边所累，震惊朝野的诸多重大政治事件、军事行动和经济活动多与边疆民族政策关系密切，且明朝最终被北边的少数民族（清）政权所取代。然而，明朝灭亡的根本原因，不是东北更不是西北或西南的民族矛盾，而在于王朝内部日益激化的阶级矛盾和社会矛盾。明代的陆疆政策仍然在唐宋以来北部传统的边疆秩序内运行，它对传统中国的近代化进程并无直接或实质性的影响。

然而，明代海疆政策的影响或者说其历史走向却值得深刻反思。明初确定下来的这种“天下观”影响之下的“华夷秩序”，仍然是建立在农耕文明基础之上，建立在农耕与游牧关系冲突与

---

① 张居正：《张太岳集》卷26《答蜀抚曾确庵计都蛮善后事》，上海：上海古籍出版社，1984年，第322页。

② 彭勇：《因循与变通：高拱的民族观和民族政策简论》，《中央民族大学学报》2009年第2期。

调适的基础之上，洪武十五年时“不征之国”的确定，它长期将西方海洋经济拒之于门外，表明了明朝坚守着传统中国的华夷秩序。这种思想在明、清时期被顽强地坚守着，随着西方大航海时代的到来，明清王朝存在和发展的外部环境已悄然发生了巨大的变化。郑和海上朝贡贸易时代的终结之后，西方进入了大航海时代，开启了近代海洋经济和社会近代化的进程。此时明朝的海外关系处于局部或有限的禁海矛盾之中，地方的私人走私和海外贸易渐趋活跃，在一定程度上反馈到中央权力斗争层面，但这些因素都不足以影响中国海上对外关系的重大格局。

随着外国传教士和西方列强的东来，中国也逐步地加入到世界近代化的进程之中，传统的天下观、民族观和国家观已经无法适应新时代的要求。西洋新书的传入、《几何原本》的翻译、崇祯新历的颁行等，都预示着传统中国的近代民族观的认识步伐的开启。然而，这一切都随着明清易代被推迟。取代明朝的清王朝，采取了与明廷高度相似的边疆民族政策，重塑“大一统”格局，建立统一多民族国家，巩固清王朝和满族的统治地位①。近年来，新清史学者所理解的满洲人特殊的边疆观点以及满洲因素，“新清史就是强调清朝统治与历代汉族王朝的区别，强调清朝统治中的非汉族因素，对‘中国’‘中国人’，以及‘中国民族主义’的基本概念和基本准则提出挑战，并对‘中华民族’及国家的认同提出质疑”②。通常，在传统中国，推进边疆民族政策发展的主要因素，积极地讲，内因方面是商品经济发展的推进，文化水平的提高和社会的进步，外因则是国际局势的变化。但是，几千年中国传统儒家政治伦理思想，崇先祖，法先王，祖宗之法不可变，宁可亡国、不可变法等，这些思想根深蒂固，影响因素长期存在。本文认为，清朝的边疆民族政策主体部分仍然

① 姚念慈：《清初政治史探微》，沈阳：辽宁民族出版社，2008年。

② 刘凤云、刘文鹏：《清朝的国家认同：新清史研究与争鸣》，北京：中国人民大学出版社，2010年。

是在坚守传统中国的基本原则；出现有部分新的变化（如满蒙联姻，在回疆或藏区的政策等），大体是与明朝民族政策中“灵活”与“变通”相似的，但绝不应过分强调这一因素的革命性意义。

随着清王朝的控制力逐步下降、西方国家的冲击力越来越强大，这种综合对比“冲击与回击”的直接效应，到鸦片战争的爆发前后最终体现了出来。实际上，中国近代化进程的航程加速，也是从晚清西方地理学传入中国之后，新的天下观逐步改变并颠覆了数千年来中国人传统的“天人合一”和“大一统”的观念和格局，在此亦可反观传统的中国边疆观念在近代化进程中的重要影响和所处地位。

明代土鲁番与西域其他部族关系述略

北京外国语大学　姚　胜

摘　要：中国新疆大致可以分为三个地理区域，一是天山以北所谓“北疆”，二是天山以南的塔里木盆地，三是天山东段的土鲁番、哈密地区。明代土鲁番，与这三个区域的主要部族与政权都有着密切联系。其中，土鲁番与哈密的关系，最受汉文文献的重视，相关研究著述也最为丰富。除哈密外，土鲁番与活跃在这三大区域的瓦剌、塔里木盆地诸政权及除哈密之外的关西诸卫也有着频繁的互动。

关键词：明朝；土鲁番；瓦剌；塔里木盆地；关西七卫

明朝在西域的势力，仅及“关西七卫”：哈密、安定、阿端、沙州、赤斤蒙古、罕东、曲先，其中以哈密卫最为重要。明朝与西域其他地区的交往，除了西域诸政权对明朝的入贡或出使，以及明朝前期派使臣主动出使之外，就主要体现在应对“土鲁番对哈密的攻略”这一问题上。明朝的策略或是军事回应，或是闭关绝贡，或是绥靖默许，这在《明实录》《殊域周咨录》等官方文献或民间著述中有大量记载。因为史料丰富，土鲁番与明朝及哈密的关系受学界关注较多，但土鲁番与西域其他部族的关系则有待进一步梳理。

土鲁番与之发生关系的西域其他部族，大致包括瓦剌、塔里木盆地诸政权和关西“六卫”。文献有关土鲁番与关西，主要集中在阿力、羽奴思[①]次子阿黑麻及阿黑麻长子满速儿三个阶段。关于土鲁番与塔里木盆地诸政权的记载，则主要集中在成化二十三年（1487）年底阿黑麻统治土鲁番之后。土鲁番与关西六卫的关系，主要表现为在土鲁番攻略哈密同时，六卫也渐次为土鲁番所并。

一、土鲁番与瓦剌的和战

（一）阿力对瓦剌的联合

成化五年（1469）十月，“哈密王母并土鲁番速檀阿力王及瓦剌拜亦撒哈遣使二百余人入贡”[②]。这是阿力第一次出现在文献记载之中。

成化十一年（1475）正月，土鲁番遣使臣赤儿米即入明奏称：“已得哈密城池及奄剌奄檀王人马一万，又收捕曲先并亦思渴头目倒剌火只，乞朝廷遣使通道往来和好。”[③] 仅从字面上来看，不太好判断“已得瓦剌人马一万”是攻掠所得，还是联合所得？同月，兵部奏闻“近又传说瓦剌乩吉帖木儿拥众驻近哈密，傥与速檀阿力勾结犯边，则恐寄住安插夷人援为内应”。成化皇帝敕曰“内外势合，猝难防范”[④]。

阿力最终并未与瓦剌勾结，“纠合速檀阿力大举抢掠”的说法，很可能只是甘肃守臣的猜测和传闻，并不属实，但从中也能

---

① 此处涉及“羽奴思汗”和“速檀阿力”是否为同一个人的问题，学界尚有争议。笔者认为二者不可能为同一个人，并撰文对此进行过详细辨证。姚胜：《速檀阿力王与羽奴思汗关系辨正》，（韩国）《东国史学》第50辑，2011年6月。

② 《明宪宗实录》卷72，成化五年十月己卯，台北：台湾中央研究院历史语言研究所校本，第1406页。本文所引《明实录》均为该本。

③ 《明宪宗实录》卷137，成化十一年正月癸酉，第2575页。此处“奄剌”，在同书《明宪宗实录校勘记》中作“瓦剌”，第474页。

④ 《明宪宗实录》卷137，成化十一年正月丙寅，第2580—2581页。此时兵部尚书为项忠，奏疏见《皇明经世文编》卷46《项襄毅公集·请防甘肃属夷疏》。

想见，土鲁番阿力与瓦剌的关系应当是友好的。[①] 至于明朝的反应，从谨慎从事的角度来讲，防范并非多余。

然而，土鲁番阿力与瓦剌的友好关系，令人费解。我们知道，土鲁番阿力攻打哈密相当凶猛。成化五年（1469）阿力首次出现在明朝文献，四年之后就攻占了哈密。成化九年（1473）正月，阿力围困哈密卫，四月，阿力占领哈密，执王母，夺王印。而在此之前，阿力就已多次“引兵劫掠哈密诸部，地已略尽”[②]。其实，哈密王母弩温答失里是瓦剌也先的妹妹。在也先时代，哈密也如瓦剌的囊中之物。虽然也先已于1455年被杀身亡，瓦剌势力有所衰退，但部众毕竟未因也先身死而崩散。面对土鲁番阿力反复攻略哈密，瓦剌是否真的能与之保持良好关系，值得怀疑。

（二）阿黑麻对瓦剌的作战

明史记载，成化十四年（1478），阿力身死，土鲁番的统治集团发生了重大更迭。

弘治元年（1488）前后，羽奴思在达失干去世。[③] 长子马哈木继承了羽奴思的汗位，建立了以阿克苏为中心，范围包括达失干和撒马儿罕地区的统治。次子阿黑麻则在前一年（成化二十三年，1487）进占土鲁番。

阿黑麻进占土鲁番之后，当地豪强部族一直没有完全臣服于他。其中一个人口最多的叫“卡鲁吉（Káluji）”的部族乘夜袭击阿黑麻的牙帐。被阿黑麻击溃之后，其残部逃亡瓦剌。阿黑麻

① 孙振玉、刘国防持此观点。孙振玉：《明代别失八里（含亦力把里）——土鲁番王统考述——从黑的儿·火者至速檀·阿黑麻》，《西北民族研究》1990年第1期。刘国防：《关于明代前期土鲁番统治者世系的几个问题》，《新疆大学学报》（哲学社会科学版）1997年第4期。

② 《明宪宗实录》卷115，成化九年正月丙寅，第2224页。

③ 《中亚蒙兀儿史——拉失德史》，第一编，新疆社会科学院民族研究所译，王治来校注，新疆人民出版社，1983年第1版，第319—328页，中译本所据英译本原页码为第109—115页。

追击，并花了两年时间才将他们完全翦除。阿黑麻对瓦剌的进攻，不能说完全与此无关。阿黑麻入主土鲁番的头十年，主要是对瓦剌、哈密和月即别—哈萨克作战。此后，正如《中亚蒙兀儿史——拉失德史》所评价的，阿黑麻“在蒙兀儿斯坦防范极严，七八个月来喀耳木人和月即别人都无法窥伺这个国家”①。

阿黑麻在对瓦剌的多次用兵中，连战连捷，斩获颇丰。《中亚蒙兀儿史——拉失德史》称：“喀耳木（瓦剌）人非常畏惧他，一直称他为阿剌札汗；‘阿剌札’这个字在蒙兀儿语中意即Kushanda（嗜杀者）。这就是把他称为‘嗜杀之汗’。”②

弘治六年（1493）四月，“土鲁番速坛阿黑麻率兵夜袭哈密城……阿木郎遣调乜克力、瓦剌二部兵为援，皆败。土鲁番遂杀阿木郎，执陕巴以去”③。此次阿黑麻的大举进攻，可以视作汉文文献《明实录》对外文文献《拉失德史》记载的最好印证。

（三）满速儿及其子沙速檀对瓦剌的作战

1503—1504年，阿黑麻去世，长子满速儿继承汗位。满速儿在攻打瓦剌之前，曾于1508—1510年之间攻击自己的两个弟弟赛德与哈里勒速檀，迫使二人西逃。满速儿则将当地留下来的吉利吉思人和其他蒙兀儿部族迁往察力失和土鲁番。满速儿迁徙人口，一方面是为了监控吉利吉思人，一方面是充实自己统治核心区域的实力。

随后，《中亚蒙兀儿史——拉失德史》记载：“满速儿汗又进攻喀耳木人。”④ 显然，从汉文材料来看，满速儿与瓦剌有婚

---

① 《中亚蒙兀儿史——拉失德史》，第一编，第338—339页，英译本原页码第122页。按，《拉失德史》中的“喀耳木”即瓦剌。

② 《中亚蒙兀儿史——拉失德史》，第一编，第338页，英译本原页码第121页。

③ 《明孝宗实录》卷74，弘治六年四月己亥，第1380页。

④ 《中亚蒙兀儿史——拉失德史》，第一编，第343—344页，英译本原页码第125页。

姻关系，但这种关系并不能阻挡互相的攻杀。

正德九年（1514）十一月，“瓦剌达子侵哈密，土鲁番速坛满速儿王等败之，斩首八级”。实际上，此时的哈密已为满速儿所占。令人奇怪的是，先不论瓦剌进攻哈密的动机，至少对于明朝人来讲，此时此处的瓦剌，应当是明朝敌人的敌人，是应当拉拢的对象。可明朝人竟然如此“爱憎分明”，全然不顾满速儿侵占哈密的现实，做出了匪夷所思的举动。甘肃守臣上奏此事，为满速儿请赏。满速儿由此获得了丰厚的赏赐，“彩六表里织金衣服二袭；真帖木儿彩四表里，织金衣服一袭；为首头目各赏银五两，彩一表里；为从夷人各银三两，布四匹”[①]。

反过来，土鲁番人的对外政策则非常现实。正德十二年（1517）四月，土鲁番进攻瓜州，为甘肃副总兵郑廉及哈密都督奄克孛剌等所败，“乃遁去。又与瓦剌相攻，遣书求和”[②]。很显然，土鲁番是力求避免同时树立明朝和瓦剌两个敌人，在一方碰壁之后，立即防止另一方趁火打劫，至少是寻求另一方保持中立。

此时，明朝显然是吸取教训了，正德十三年（1518）七月“瓦剌卜六王等来贡”。在此之前，探知土鲁番入寇，甘肃守臣“议遣使约北山瓦剌达虏之居把思阔者，令乘虚攻其城寨，为之请赏。于是遣通事马胜等赍彩币往赐之。其虏卜六王等感悦，乃以驮马入贡称谢，且言与土鲁番世仇，当并力攻之，因乞增赏”。但联络瓦剌制御土鲁番的策略并没有得到明朝的认同。都御史李昆上奏此事，兵部议：“瓦剌屡为土番所侵，力未能制之，今虽诚心内附，但夷虏难恃，以利啗之，后恐难继，且弊端不可轻启，宜仍令镇巡等官随长斟酌。诏从之。”[③]

嘉靖年间，明朝对土鲁番采取听其吞并哈密、允其入贡的安

① 《明武宗实录》卷118，正德九年十一月丙子，第2392页。

② 《明武宗实录》卷148，正德十二年四月丙辰，第2886页。

③ 《明武宗实录》卷164，正德十三年七月丙午，第3171—3172页。

抚政策，甘肃守臣关于远交瓦剌近攻土鲁番的动议，没有得到朝廷的许可。嘉靖九年（1530）正月，“初甘肃镇巡等官唐泽等言：土鲁番屡年犯边，盖恃瓦剌为外援，今因议婚彼此有隙，宜遣使赍赏，远结瓦剌，以离土鲁番之交。总制尚书王琼则言：无故赍赏，侥幸不可必成之功，自启衅端。兵部复议，镇巡所论固兵家用间之策，而总制以生事启衅为虑，尤得中国正大之体，宜咨各官查照议奏事理，土鲁番不来犯边，许关照旧通贡，若再侵犯，即绝其贡使。瓦剌叩关纳款，量行犒赏，如其不来，不必遣使。庶夷情自服，国体自尊。从之。”①

嘉靖十五年（1536）十二月，甘肃守臣力主的抚瓦剌以制土鲁番的政策，终于为朝廷所部分接纳。“巡抚甘肃右佥都御史赵载条陈边事：……言土鲁番素恃瓦剌为逆，今闻与瓦剌有隙，略乘间招之，必当效顺，宜预敕镇巡官如遇瓦剌归附，即行赏赉抚绥，务得其欢心，则可以坐制土番使不敢叛……诏如议行。”②

明朝貌似采取了一种不偏不倚的做法，这种不为边将所动的根本原因在于，其时明朝已决意放弃哈密，只要土鲁番不进一步犯边，明朝就允其通贡，听哈密自便。

满速儿之后，其子沙速檀也继承了其父祖对瓦剌作战的事业，并为此付出生命。嘉靖四十五年（1566）三月，沙速檀弟速檀马速来报，“沙速坛潜掠北虏部落，中流矢死，马速其弟也，拥众嗣立，乃遣人求入贡”③。

（四）瓦剌对土鲁番的侵扰与威胁

瓦剌对土鲁番地区多有掳掠。早在天顺四年九月，就有记载：明人金贵出使“哈密并三个城土鲁番地面公干，行次甘肃”，听说之前被派往撒马儿罕等处的明朝使臣因为当地被瓦剌乩加思兰部攻劫，故而受阻留于哈密。皇帝特旨甘肃总兵等官负

① 《明世宗实录》卷109，嘉靖九年正月庚子，第2559页。

② 《明世宗实录》卷194，嘉靖十五年十二月丁未，第4110—4111页。

③ 《明世宗实录》卷556，嘉靖四十五年三月壬寅，第8944页。

责接待金贵一行，等待道路通畅之后再继续前行。[1]

成化年间，乩加思兰为“虏酋之桀黠者，有智术善用兵。其初部下止三四百人，在迤西、土鲁番地面往来抢掠，西域贡使多苦之”[2]。继乩加思兰之后是卜儿孩部。卜儿孩者，“本北虏小王子部落也，以内乱奔据西海，久为甘肃患，又时侵掠亦郎骨、土鲁番，诸夷苦之”[3]。

除了掳掠之外，瓦剌也存在对土鲁番的威胁。前节已述，明朝甘肃守官多有奏请朝廷，联合瓦剌，夹击土鲁番，以疏解后者对甘肃的进逼。虽然这类的奏议大都被皇帝否决，但有个别得以实施的案例。“弘治时，土鲁番占据哈密，都御史许进厚啗以金币，令击走之；正德时，土鲁番大入肃州，副使陈九畴权使瓦剌，令袭其三城，虏掠万计，土鲁番闻之狼狈而归，肃州之围遂解。”[4]

土鲁番与瓦剌互有攻守，胜负交错，既有争夺哈密的原因，也有为明朝所离间，而互相削弱的因素。瓦剌在也先死后，再也未能形成强有力的局面，对土鲁番的侵扰，仅有瓦剌内部小部族已经形不成严重威胁。不过，应当指出，在土鲁番和瓦剌互相的军事进攻中，土鲁番虽然屡有获胜，阿黑麻甚至被瓦剌人称为“阿剌札（嗜杀）汗”，但土鲁番相对弱小的局面始终没有改变。其根本原因在于土鲁番地理环境、生产能力、人口数量及战争的动员力远远无法跟庞大的瓦剌相比。[5] 沙速檀身死之后，土鲁番日渐衰落，众建封王，互不统属，无力挑衅明朝与瓦剌，最终被

① 《明英宗实录》卷 319，天顺四年九月辛卯，第 6651 页。

② 《明宪宗实录》卷 190，成化十五年五月庚午，第 3382 页。

③ 《明世宗实录》卷 134，嘉靖十一年正月丁卯，第 3173 页。

④ 《明世宗实录》卷 238，嘉靖十九年六月辛巳，第 4842 页。

⑤ 白翠琴对此也做了深入分析。白翠琴：《明代蒙古与西域关系述略》，《新疆社会科学》1983 年第 3 期。相关论文还有，樊保良：《察合台后王与瓦剌封建主及明王朝在丝路上的关系》，《西北民族研究》1992 年第 2 期。

统治塔里木盆地的赛德的子嗣所吞并。

二、土鲁番与塔里木盆地诸政权的关系

（一）阿黑麻、满速儿父子与阿巴·乩乞儿的争夺

1487年，阿黑麻入主土鲁番，其主要精力是对付瓦剌、月即别—哈萨克人以及哈密。在这些问题都处置停当后，阿黑麻发起了对塔里木盆地的进攻。此时，塔里木盆地的统治者是米儿咱·阿巴·乩乞儿。1499—1500年间，阿黑麻虽然短暂地占领了哈实哈儿和英吉沙儿，但在与米儿咱·阿巴·乩乞儿作战中失利，不得不退回土鲁番。

1503—1504年间，阿黑麻去世，阿黑麻长子满速儿继承汗位，并设牙帐于阿克苏。此时，满速儿舅父密儿·札八儿·比儿与满速儿发生矛盾，引米儿咱·阿巴·乩乞儿来攻。满速儿不敌，放弃阿克苏，逃回土鲁番。米儿咱·阿巴·乩乞儿并未追击，只是对阿克苏、拜城和苦先进行了一番劫掠，随即返回了哈实哈儿。①

（二）满速儿与其弟赛德议和

在满速儿与米儿咱·阿巴·乩乞儿作战的十年期间，满速儿的弟弟赛德在今费尔干纳、撒马尔罕和阿富汗一带活动。1514年，赛德击败阿巴·乩乞儿，掌握了塔里木盆地的统治权。虽然满速儿和赛德是亲兄弟，但二人随即发生冲突，满速儿败绩。

正德十一年（1516），赛德主动致书满速儿，约于阿克苏和苦先之间碰面，表示臣服和敬意。双方“庄严地宣誓敦谊修睦”，赛德同意在呼图白仪式中使用满速儿之名，并以他的名字铸造钱币，承认满速儿的“大汗”地位。双方维持各自的边

① 《中亚蒙兀儿史——拉失德史》，第一编，第344—345页，英译本原页码第126页；第二编，第262页。

界，互不侵犯。反过来，满速儿则承认赛德对牙儿干、哈实哈儿及阿克苏地区的统治权。由此，赛德虽然在名义上做出了大的让步，但在实质问题上不仅没有损害反而获得了好处，也为塔里木盆地创造了一个和平的政治局面。① 对于满速儿而言，与赛德议和，也能解除后顾之忧，着力向东方——哈密与明朝肃州发展。据汉文史料记载，正德十二年（1517）正月，即双方议和的第二年，满速儿再次占领哈密。

满速儿与赛德议和之后，当地局势平静了很多年，抛弃王位的哈密最后一位忠顺王——拜牙即也得以游历整个塔里木盆地。正德十四年（1519）二月，"哈密夷人拜言土骨思等自土鲁番逃归……谓速坛满速儿遣人于牙儿干城，取回忠顺王，寻止之，仍厉兵秣马，欲报仇于沙州"②。

正因为议和之后满速儿是名义上的"大汗"，所以他也能够派人前往塔里木盆地拿取拜牙即，至于愿不愿意取回土鲁番乃至"献还"明朝，那是他自己视政治需要而定的权力了。事实是他没有取回，更没有献还。正德十五年（1520）六月，"土鲁番速坛满速儿遣使奉表入贡，因归所虏官军镇抚程翥等，并哈密王速坛拜牙即妻妾家人，惟王尚留不遣，诡称王走寓哈失硖儿速坛写亦王子（即满速儿之弟赛德）处"③。

兄弟重归于好，二人统治区域基本保持了二十多年的安定状态。"不论任何人都可以只身从契丹（中国）的哈梅里旅行到安集延，无须缴纳任何关税；旅途中每天夜里都可以投宿一个人家

---

① 李进新：《论叶尔羌汗朝——初期社会》，《喀什师范学院学报》1997 年第 3 期。其实，对于赛德而言，与兄长满速儿媾和的好处不仅如此。媾和之后，赛德得以腾出手向克什米尔和拉达克地区发展。

② 《明武宗实录》卷 171，正德十四年二月己巳，第 3290 页。

③ 《明武宗实录》卷 187，正德十五年六月甲子，第 3560 页。

被作为客人。”① 对此，巴托尔德分析认为：“当时社会秩序安定的原因是几个兄弟承认满速儿为这个地区的最高统治者。”② 1533年，赛德去世，此后满速儿又曾两次进攻阿克苏，但都以失败告终。③

（三）满速儿与把巴叉及其他兄弟的关系

在前往牙儿干和哈实哈儿之前，哈密忠顺王拜牙即曾留驻阿速（阿克苏）。阿速位于塔里木盆地北缘。

正德十一年（1516）五月，“土鲁番归哈密城……速坛拜牙即尚留阿速城速坛满速儿之弟把巴歹（把巴歹为把巴叉之误）所……降敕二道，一切责速坛满速儿忘背国恩……令其改过与把巴歹送速坛拜牙即来归，所得赏物亦量分把巴歹以示协和之意。一宣谕把巴歹毋终执迷，以贻后悔，如番酋输诚听命，令袭封如故。狂悖不从则闭关拒之，仍严兵以为备。诏如议”④。

结合《中亚蒙兀儿史——拉失德史》，我们可以看到把巴叉于1510—1514年间逃离土鲁番。⑤ 满速儿后来曾与把巴叉议和，在达成和议不久，传来了赛德击败阿巴·乩乞儿的消息。从《中亚蒙兀儿史——拉失德史》第二编第257页的情况来看，赛德获胜的时间应当是1514—1515年。也就是说，把巴叉逃离的时间最晚不晚于1515年，最早不能早于1510年。不过，从汉文材料

① 《中亚蒙兀儿史——拉失德史》，第一编，第345—346页，英译本原页码第127页；第二编，第261—277页。第一编误将满速儿与赛德议和的时间记成了1506—1507年间。按：哈梅里即哈密。

② 《中亚蒙兀儿史——拉失德史》，第一编，第346页，英译本原页码第127页。

③ 《中亚蒙兀儿史——拉失德史》，第一编，第347页，英译本原页码第127—128页。巴托尔德著，赵俪生译：《七河史》，北京：中国国际广播出版社，2013年，第81页。

④ 《明武宗实录》卷137，正德十一年五月庚寅，第2703页。

⑤ 《中亚蒙兀儿史——拉失德史》，第一编，第344页，英译本原页码第126页。本页并未直接记录把巴叉逃亡的时间，但我们可以从第336、第343页的记录推算出来。

中我们可以推测，把巴叉逃离土鲁番的时间上限在 1510 年之后。

正德八年（1513）五月，“虏酋亦卜剌次于讨来川，遣使阿卜都等至肃州乞赐蟒衣、锦绢，复遣把巴歹等速之，仍乞边地驻牧、修贡”①。嘉靖三年（1524）十一月，“兵科都给事中郑自璧等言：达贼亦卜剌、阿尔秃斯窜伏西海，尤号凶黠，与土鲁番二酋先世亲族，使乌合而来，甘肃二镇可为寒心”②。此处可知，亦卜剌虽然是瓦剌，但与土鲁番是亲族。因此，正德八年（1513）亦卜剌复遣把巴叉的记载是可信的。而且，此把巴叉很可能就是满速儿之弟，进而可知，把巴叉于 1513 年左右仍在土鲁番活动。如此，把巴叉逃离土鲁番的年份可确定为 1513—1515 年之间。

除了把巴叉之外，满速儿还有两个兄弟：哈里勒、艾曼。《中亚蒙兀儿史——拉失德史》第二编第 336 页称：（满速儿伯父）马哈木于 1508—1509 年被沙亦乩汗所杀。同书第 343—344 页接着说：马哈木被杀之后，满速儿开始攻击自己的两个弟弟赛德与哈里勒速檀。此后，满速儿又开始攻打瓦剌，并处置了自己另一个弟弟艾曼 · 火者 · 速檀。

明朝对于满速儿的统治情况，及其兄弟之间的战与和也比较清楚。正德十三年（1518），满速儿攻肃州不克转而请和，兵备副使陈九畴就认为满速儿示弱，是因为“兄弟分国”，估计有后顾之忧或是后勤有限，“势不能扫境以来，纠所纠集不过二万余人，器械甲马又非旬日可具”③。

巴托尔德对“兄弟分国”的判断是：“各个兄弟所直接占据的地区如下：满速儿，占据土鲁番与喀剌沙尔，也密力虎者（艾曼 · 火者）占据乌什 · 吐鲁番与阿克苏，把巴叉占据拜城与库

① 《明武宗实录》卷 100，正德八年五月庚午，第 2072 页。

② 《明世宗实录》卷 45，嘉靖三年十一月己巳，第 1161 页。

③ 《明武宗实录》卷 164，正德十三年七月己亥，第 3155—3156 页。

车，赛德汗占据喀什噶尔与叶儿羌汗国。”①

三、土鲁番对关西其他诸卫的侵扰

土鲁番侵扰关西其他诸卫，基本上可以说是与其攻略哈密相始终的。对于土鲁番占领哈密之后的关外局势，明朝非常担忧。成化九年（1473）七月，兵部言“哈密实西域诸夷喉咽之地，若弃而不救，窃恐赤斤蒙古、罕东、曲先、安定、苦峪、沙州等卫亦为土鲁番所胁。则我边之藩篱尽彻，而甘肃之患方殷……”②

成化十一年（1475）二月，因土鲁番与赤斤蒙古等卫素有仇隙，土鲁番使臣赤儿米即等复奏“乞差副总兵等官护送还国”③。笔者认为，奏请副总兵等官护送回国，类似今天的警车开道，与其说是担心路途险阻，莫若视之为“项庄舞剑，意在沛公”，有耀武扬威、恐吓赤斤蒙古等卫之嫌。

对于土鲁番的侵扰，如罕东、赤斤蒙古等为代表的稍为强大一些的关外诸卫并未坐以待毙，或是自发奋起反抗，或是在明朝的组织下进行防御与反攻。

成化十年（1474）三月，“赤斤蒙古等卫……土鲁番速檀阿力遣其党三人以书招降之，不从，因缚其人”④。成化十三年（1477）十二月，土鲁番阿力占领哈密之后，派部属牙兰东进，欲侵扰苦峪、肃州等哈密残部所居之所。罕东卫厂剌、绰扇等与战鹁鸽城，斩首六，夺回人口一百余，驼马、牛羊五百，是以兵部为其请赏，“命赐罕东卫指挥同知绰扇等彩羊酒”⑤。成化十八

① 《中亚蒙兀儿史——拉失德史》，第一编，第346页，英译本原页码第127页。巴托尔德著，赵俪生译：《七河史》，北京：中国国际广播出版社，2013年，第81页。

② 《明宪宗实录》卷118，成化九年七月壬辰，第2270页。

③ 《明宪宗实录》卷138，成化十一年二月乙未，第2588页。

④ 《明宪宗实录》卷126，成化十年三月甲辰，第2407页。

⑤ 《明宪宗实录》卷173，成化十三年十二月丁未，第3126页。

年（1481），明朝利用土鲁番速檀阿力去世，政局不稳，由巡抚甘肃左佥都御史侯瓒、甘肃总兵官都督同知王玺率领赤斤、罕东之兵襄助罕慎，夜袭牙兰，收复哈密、剌木等八城，取得了关外诸卫在反抗土鲁番斗争中的最辉煌的战果。①

不过对于土鲁番的进逼，明朝并非总倾向于使用武力，如同不轻易联络瓦剌打击土鲁番一样，明朝也不轻易联络关外诸卫，合兵进剿。弘治七年（1494）八月，大通事锦衣卫带俸指挥佥事王英奏："今速坛阿黑麻悖逆天道，二次犯边，朝廷不即加罪，仍抚之以恩，阿黑麻不思悔祸，乃复夺城池，劫金印，执陕巴，迹其所为，背逆益甚……今宜降敕旌劳罕东、赤斤蒙古，使之尽心图报，毋为阿黑麻所诱，并遣人密会火者赛亦等合攻，以除土鲁番之患，是以夷攻夷也"，但兵部并未支持以夷攻夷之策，只主张"传谕罕东、赤斤并野乜克力诸番皆养威蓄锐，以俟调遣"。兵部此议，得到了孝宗的认可。②

弘治八年（1495）七月，阿黑麻占领哈密之后，继而进攻沙州，威逼罕东，罕东都督只克向明朝求救。③ 此时，兵部尚书马文升力主出兵进剿土鲁番，但仍因未获皇帝支持而作罢。

此后，随着土鲁番彻底吞并哈密，关西诸卫也随之渐次消亡。④ 嘉峪关外的一些部族，如牙日羔剌等，为寻求明朝庇护以逃避土鲁番的逼迫，最终迁居关内。⑤

---

① 《明宪宗实录》卷 226，成化十八年四月癸丑，第 3877—3878 页。《明史》卷 174《列传第六二 · 王玺传》，北京：中华书局，1974 年，第 4642 页。

② 《明孝宗实录》卷 91，弘治七年八月甲申，第 1679、第 1681 页。

③ 《明孝宗实录》卷 102，弘治八年七月甲午，第 1866、第 1868 页。

④ 关连吉：《明代对西域的经营及中西经济文化一体化交流》，载《甘肃理论学刊》2004 年第 3 期。

⑤ 嘉靖二十八年（1549）八月，"肃州边外属夷总牙日羔剌等旧为土鲁番所迫，款求内附，已议安置于肃州城北威虏等地，于时未筑城堡，苦虏夷侵掠，乃相率环附肃城杂居"。（《明世宗实录》卷 351，庚申，台北："中央研究院"历史语言研究所校本，第 6346 页。）

越南史籍中的嘉靖征安南事件

北京市怀柔区档案局　段晋媛

摘　要： 围绕嘉靖征安南事件，当事之中国和越南本国都产生了较为丰富的历史文本资料。越南文献主要集中于古籍和近世通史两部分，古籍内容、体例多源于中国，可与中国史籍相补充；近世通史因其成书于越南民族国家意识觉醒时期，史书中着重体现出其独立意识。

关键词： 嘉靖；安南；历史文本

嘉靖十五年（1536）十月，皇嗣诞生，当诏谕安南诸朝贡国，始觉安南不来朝贡已二十年，礼部尚书夏言首倡征讨。十六年（1537），安南黎宁遣使告变，历陈莫登庸篡夺内情，请求明廷出兵救援。明廷定莫氏十大罪，决意征讨。经过长期的征抚之辩、停滞和莫氏的不断请降之后，嘉靖十八年（1539）八月，以黄绾事件为契机，明廷最终派毛伯温等出兵安南。嘉靖十九年（1540），经过毛伯温等谋划安排，又遇莫登庸子莫方瀛离世，莫登庸投降，归还宣德时叛降安南的钦州四峒。明廷削安南国为安南都统使司，以莫氏为都统使。至此，嘉靖征安南事件不费一矢和平解决。对该事件的全过程，中国与越南均留下了丰富的文献记载。本文重点分析越南文献中的记载及演变。

一

围绕嘉靖征安南事件产生了丰富的文本资料。国内有当事官员的奏疏、书信，事件后对这些书疏的辑录，以及在这些书疏基础上进行的再创作。

当事参与官员严嵩、林希元等有奏疏和书信等。这一部分文本是一种无意识的创作，它们的产生非关乎当事人创作技艺，也没有质量高下之分，只是事件当事人为了表达自己的观点而作，却是以后所有辑录、再创作文本的渊薮。这些书疏的成文多是受到当事人职官身份、性格特点，及与之伴生的上位者的态度，以及写作者突出性格特点的影响，乃至他们的人生观、价值观的引导，故而无论第一部分文献以何种面貌出现，都无可厚非。

事件后辑录当事人书疏的《越峤书》等。辑录文本目的在于存史，本应当是遵照原文的“抄纂”，或者受编辑者主观目的影响，如某些文献为褒扬某人而对文字随意篡改，又或者编辑者出于保护其所在官员群体的利益而删减文献中的不利语句。这样出于编辑者主观意图的改动，一方面伤害了史实的真实性，另一方面也影响了后世的使用，影响了读者的价值判断，特别是某些以其为史源的再创作文本以讹传讹。

事件后的文本，即在上述书疏基础上进行的再创作，诸如《鸿猷录·勘处安南》等。再创作文本的创作目的就是作史，与时人书疏、辑录书疏相比，它对史家的要求更高。再创作文本最终所呈现的状态可以说完全是由史家决定的，史家的修养、道德和技艺从很大程度上决定了再创作文本以何种面貌呈现。史家对客观史实的坚守，处理史料的匠心独运，史家受到大环境影响而产生的观点立场，对是非黑白的价值判断，史家书写历史、组织材料、语言的技艺等，都决定了再创作文本的优劣。对史实的篡改、对历史人物的主观偏爱，拙劣的表达，对史料不加采择、考订的使用，都造成了文本的优劣高下。同时，再创作是对历史事件重新书写的过程，也是不断创造出“史料”的过程。在这样的过程中，一些史实不断清晰，同样也有一些史实疏于考察而不断模糊。

中国史籍而外，当事之另一方越南的史籍亦有记载，且多为再创作文本，同样也多受到再创作者的很大影响。郑培凯在《史迹 文献 历史——中外文化与历史记忆》一书中曾提出从历史到历史认知是“‘历史—历史记忆—历史书写—历史文献—历史认知’一连串知识承载传递的过程”[①]。在原始文献形成、不断被进行辑录，特别是整合再创作的过程中，历史文本逐渐被创作者、辑录者、再创作者个人身份、性格特点、利益，乃至大环境等因素所渗透，“在一连串过程中的每一环节，都可能因为人的参与，产生思想感情的评价倾向，使历史认知的客观性产生干扰”[②]。越南史书对嘉靖征安南事件的记载就突出了时代对历史文本形成的影响。

越南史书大多是同时记载本国几千年历史，安南事件不过是其中短短一瞬，内容非常少，以其创作时代背景不同又可分为古籍和近世通史两部分。古籍代表作有集大成的纪传体通史《大越史记全书》、编年体的《钦定越史通鉴纲目》等，这些文本的写作体裁、史料内容多源于中国，可与中国史籍互为补充。近世通史代表作有明峥的《越南史略》(初稿)、陈重金的《越南通史》等。这两类史籍以其成书于越南不同的历史时期而各有其特点。古籍多成书于越南封建帝制时期，因在很长一段时间内处于北方中原王朝的控制之下，与北方中原王朝长期保持着宗主国与朝贡国的关系。近世以来，随着越南帝制的瓦解，法国在越南殖民统

① 郑培凯、陈国成主编：《史迹 文献 历史——中外文化与历史记忆》卷前《序（郑培凯）》，桂林：广西师范大学出版社，2008年，第1页。

② 郑培凯、陈国成主编：《史迹 文献 历史——中外文化与历史记忆》卷前《序（郑培凯）》第1页。

治的建立，越南民族国家意识逐渐觉醒，史书中又着重体现出其独立意识。

二

越南汉字文言史籍中，《大越史记全书》居于官修正史的地位，是研究越南历史最重要的史籍；《钦定越史通鉴纲目》以其编年的优势，记载涵盖时间最久，部头最大。两书或多或少对嘉靖征安南事件都有记载，是研究越南史籍中记载嘉靖征安南事件必不可少的文献。

（一）《大越史记全书》中的嘉靖征安南事件

《大越史记全书》共计24卷，其中外纪5卷，起于鸿庞氏，至于十二使君；本纪19卷，起于丁先皇，终于黎嘉宗德元二年（1675）。《大越史记全书》成于众人之手，成书经过三个阶段，历时二百多年。学界一般认为是书编撰于黎圣宗洪德十年（1479），由史官修撰吴士连编成。而在吴士连之前，早有黎文休奉陈太宗诏编成《大越史记》30卷，起于赵武帝赵佗（前207—前137），至于李昭皇天馨（1224—1225）；继有潘孚先奉黎仁宗命续编《大越史记》，继于陈太宗（1225—1258），至于明人还国（明宣德二年，1427）。吴士连编《大越史记全书》，“取先正二书，校正编摩，增入外纪一卷，凡若干卷，名曰《大越史记全书》，事有遗忘者补之，例有未当者正之，文有未安者改之，间有善恶可以劝惩者，赘鄙见于其后”①，就是在黎、潘二氏的基础上进行的续编。洪顺三年（1511），又有武琼撰《大越通鉴》，在外纪与本纪界定上，“自鸿庞氏至十二使君别为外

① ［越］吴士连等撰，陈荆和校合：《大越史记全书》卷首《大越史记外纪全书序（吴士连）》，日本东京大学东洋文化研究所，1984年点校本，第55页。

纪，自丁先皇至国朝太祖高皇帝大定天下初年为本纪”[1]，这与吴士连以吴朝为分界的做法不同，以后范公著、黎僖等续修皆以武氏分界为准。武琼之后还有黎嵩《越鉴通考总论》等，都对后来范公著、黎僖等人的续编带来重要借鉴。

黎玄宗时，令范公著等续修。这次续修，一是将全书内容进行分类，“自鸿庞氏至吴使君，题曰《大越史记外纪全书》，自丁先皇至我国朝太祖高皇帝，为《本纪全书》，并依如前史臣吴士连、武琼等之所著述也。其自国朝太宗至恭皇，则因前书所载，题曰《本纪实录》”[2]。二是在吴书的基础上续修，补述黎庄宗裕皇帝（1533）至神宗渊皇帝（1662）之间内容，题曰《大越史记本纪续编》。后黎熙宗正和年间（1680—1705），又令黎僖等考订旧史，“讹者正之，纯者录之，其世次、凡例、年表一如前所著述”[3]，又增补黎玄宗景治元年（1663）至嘉宗德元二年（1675）共13年史事。至此，《大越史记全书》除以后续编外全部完成。

从该书的成书来看，书中嘉靖征安南事件相关内容当是成于范公著之手，内容集中在第十六卷，附于庄宗黎宁本纪。之前的卷十四、十五中为莫氏崛起及篡弑黎氏，自立为帝，卷十六则有相对集中的内容记述黎、莫二氏与明朝在这一时期的来往，包括他们分别向明廷纳贡请封，及明廷遣仇鸾、毛伯温南征并最终承认莫氏，扶植莫氏等内容。这段内容虽少，但有明显特点。

一是主体性强。作为越南人写作越南史的一部集大成的通史型巨著，《大越史记全书》必然以越南一方为叙事的主体，对明

---

① ［越］吴士连等撰，陈荆和校合：《大越史记全书》卷首《大越史记续编书（范公著）》，第59页。

② ［越］吴士连等撰，陈荆和校合：《大越史记全书》卷首《大越史记续编书（范公著）》，第60页。

③ ［越］吴士连等撰，陈荆和校合：《大越史记全书》卷首《大越史记续编序（黎僖等）》，第61页。

廷着墨较少，对嘉靖征安南事件也只是记述大致线索，如某年某方遣使某向明廷请封纳贡，明廷遣毛伯温等出兵，诏谕降安南为都指挥使司等，对明廷内部两次征抚之辩，两次暂停皆未有提及。

二是记述相对客观公正。虽然范公著等皆为黎氏史家，虽然莫氏以臣下弑君篡国，罔顾臣节，虽然明廷最终接受莫氏款地纳降，承认莫氏，但范氏等对莫氏、对明廷并未有过激言论。纪年上虽只是将莫氏纪年以小字双行附注于黎氏纪年之下，以“以尊正统，沮僭窃”①，但并未革去。对莫氏篡弑，明廷出兵及后来扶持莫氏，都做了客观记述，并未加入史官过多感情色彩。部分与明廷相关的叙述还直接来自明人奏疏，如对明廷处置安南的内容就是出自毛伯温《议处安南疏（为纳降）》一疏。

毛伯温《议处安南疏（为纳降）》	《大越史记全书》
乃束身款塞，恳称衰老，遣其亲侄抱本待罪，情愿奉正朔，去僭号，归所侵四峒之地……所据莫登庸等乞要内属称藩，岁颁大统历日，补足节年贡物等项，相应悉为议处……如以莫登庸有罪投降，未宜轻授爵土，伊孙莫福海见今待命。傥蒙矜宥……或可别与都护总管等项名色，如汉唐故事。每年行广西布政司颁给大统历日，令赴镇南关祗领。先年所缺贡仪，查照补足，以后年份，照常举行。	束身款塞，愿奉正朔，去僭号，归所侵四峒之地。愿内属称藩，岁颁大统历日，补足递年贡物，委身恭顺。如以莫登庸有罪投降，未可轻授爵土，伊孙莫福海见今待命。倘蒙矜宥，或可别与都护总管等项名色，如汉唐故事。每年行广西布政司颁给大统历日，令赴镇南关祗领。先年所缺贡仪，查照补足，以后年份，照②举行。

（说明：画线为相同部分）

相对于对莫氏、明廷的客观记述，范氏对黎氏旧臣颇有微

① ［越］吴士连等撰，陈荆和校合：《大越史记全书》卷首《纂修大越史记全书凡例》，第69页。

② 原书此处缺“常”字。

词。在撰述这段内容时，范氏曾参考“登柄野史”①，这里引用登柄三段评论，对黎氏旧臣在莫氏篡国时的不作为大加批评，说他们“注目闭口，面面相窥……胡乃甘心守职，依凭宠禄，以苟富贵，图免其身。反纵小人阴赞默教之谋，助成其势，以求荣显……”② 从另一个角度来看，也是对后世的警醒。

三是可与明朝一方史料相互补充考证。作为越南官修正史，《大越史记全书》对本国情况的记载相对更加真实细致，可以与明朝一方史料互相补充。如黎宁遣使郑惟憭入明一事，严嵩的《译审安南奏事人郑惟憭事情》等奏疏曾怀疑“朝廷问罪之师将兴，而彼国告变之奏奄至”，认为郑惟憭告变时间太过巧合，对黎宁告变表示怀疑。而在该书中元和元年（嘉靖十二年，1532）下明确记载有“帝遣郑惟憭如明，奏称：莫登庸僭乱窃据国城，阻绝道路，以致久废职贡”③ 一条，虽然时间上与郑惟憭奏疏中所说“十三年四月十七日”④ 不合，但确实早在明廷提出征讨安南前已出发，由此可知明廷对黎氏征讨之议刚起，告变之奏奄至的怀疑是错误的。此外还有明廷以黎宁身份不明，年号不清等为借口对黎氏不置可否，这些在《大越史记全书》中都可以找到答案。《大越史记全书》中明确承认黎宁为黎昭宗黎譓之子，为黎氏旧臣安清侯阮淦拥立为帝，是为黎庄宗，年号元和，并非阮淦之子。

除了以上诸多价值外，《大越史记全书》虽多经考订续修，仍难免差错，特别是时间上的错讹。如明廷初定毛伯温、仇鸾出征安南当是在嘉靖十六年，该书却记在嘉靖十三年纪年下。再有

---

① ［越］吴士连等撰，陈荆和校合：《大越史记全书》卷首《大越史记续编书（范公著）》，第60页。

② ［越］吴士连等撰，陈荆和校合：《大越史记全书》卷15《黎纪（附莫登庸）》，第836页。

③ ［越］吴士连等撰，陈荆和校合：《大越史记全书》卷16《黎纪》，第845页。

④ （明）严嵩：《南宫奏议》卷26《译审安南奏事人郑惟憭事情》，第472页。

如前文郑惟憭赴京城告变的时间也是一例。

（二）《钦定越史通鉴纲目》中的嘉靖征安南事件

《钦定越史通鉴纲目》由潘清简奉阮翼宗之命纂修，从翼宗嗣德八年（1855）至简宗建福元年（1884）始修成。计 53 卷，分前编、正编两部分，前编 5 卷，起于雄王，终于十二使君；正编 47 卷，起于丁先皇，终于黎愍帝（1789）。

该书多参考《大越史记全书》《历朝宪章类志》以及中国《通鉴纲目》《明史》等史籍。如它以朱熹《通鉴纲目》等为书法，“臣等将我越历代史编年一书，参以诸家稗乘之言，搜采遗轶，订正讹谬，笔削褒贬，一准紫阳《纲目》书法”①。该书认为“修史之事，莫大于明正统”，一本朱熹《通鉴纲目》体例，如“一、黎维椿系莫登庸所立，其辰昭宗犹在旧史，据别书为恭皇帝纪，大书其年。兹从唐豫宗王旦之例，书名纪年仍分注于干支横行之下”②。

《钦定越史通鉴纲目》中嘉靖征安南事件集中在卷第 27，充分发挥了编年体记事连贯，纲目体线索清晰，详略有致的优势。除具备上述《大越史记全书》的优点外，还有以下特点。

一是叙事更为详细。本书包括“纲”“目”“御批”“注”“谨按”等多个部分，故而既有“纲”总叙其事，又有“目”做详细解释，再有“注”对其中地名、人名等做进一步解释，又或有“谨按”对这部分内容做考订或说明。《大越史记全书》虽称正史，但对嘉靖征安南事件着墨较少，其中提到明廷的部分，也只是简单提及，不作解释。兹举一例以作对比，见下表。

---

① ［越］潘清简等：《钦定越史通鉴纲目》卷前《卷首》，《域外汉籍珍本文库》第三辑，北京：人民出版社，重庆：西南师范大学出版社，史部，第 3 册，2012 年，第 288 页。

② ［越］潘清简等：《钦定越史通鉴纲目》卷前《凡例》，第 294 页。

《大越史记全书》	《钦定越史通鉴纲目》
帝遣郑惟憭如明，奏称：莫登庸僭乱窃据国城，阻绝道路，以致久废职贡。①	纲：遣使如明。 目：先是，屡驰书告难于明，俱为贼徒邀杀。至是，遣郑惟憭等十余人泛海，自占城附广东商船，凡二年，方至燕京，备陈莫登庸弑逆，窃据国都，阻绝贡道，乞兴师问罪。明人疑其诈，惟憭作书数千言，自附于申包胥、张子房之义忠奋激，读者悲之。明礼部尚书严嵩奏言惟憭所陈未为确据，请留之使馆，仍命官往勘其实，明帝乃命千户陶凤仪、陈玺等前往与安南巡抚汪文盛会勘罪人主名。 注：郑惟憭，雷阳水注人；占城，即林邑，注见前编。属晋穆帝永和九年。②

书中不仅详述郑惟憭赴京之难，告变内容，特别对明廷如何处理此事，及处置结果和后续发展皆有记载，并在注释中解释郑惟憭、占城等。更难能可贵的是，书中对相同词义的名词还会标明该词在前面哪里出现过，方便后世使用。此外还有对莫登庸投降事的记载，《大越史记全书》只记梗概，而本书追记了毛伯温进兵方略及招降檄文。

二是重考证。书中对存疑部分会在“谨按”中考证，尽管并不确切。如明廷派毛伯温等出兵安南事，《大越史记全书》系于嘉靖十三年下，前文已述及，《钦定越史通鉴纲目》考证说：

旧史元和元年③书遣郑惟憭如明乞师，二年书明帝命将讨登庸。查之“明史”④，嘉靖十六年春二月书明帝命将讨登庸，正当元和五年。夫登庸如明，凡二年，方至其都，逮得云南汪文盛

① ［越］吴士连等撰，陈荆和校合：《大越史记全书》卷16《黎纪》，第845页。

② ［越］潘清简等：《钦定越史通鉴纲目》卷27《黎庄宗元和元年》，第272页。

③ 元和元年为黎庄宗裕皇帝黎宁纪年，即嘉靖十二年。

④ 不知是否即是《明史》，《明史》中相关记载并未提及毛伯温在嘉靖十六年二月出兵，相反却有多处表明毛伯温被任命为征夷副将军是在十七年三月，实际出兵是在十八年闰八月。

奏上，方议进兵。以事实考之，“明史”为是，今正之。[①]

这段考证一定程度上纠正了《大越史记全书》将明廷遣毛伯温等出兵的时间，虽然这个时间并不完全正确，但已较合理。

“谨按”部分虽是本书一大特点，但就记载嘉靖征安南相关的这一部分内容来看，也在一定程度上暴露出它的缺憾。或者如上所述考证不确切，又或者干脆只提出问题却没有考证出结果。如对归还钦州四峒的考证。

谨按：旧史莫登庸降于明，乞纳安广、永安州之澌浮、金勒、古森、了葛、罗浮、安良诸峒隶归钦州。查之清《钦州志》，则曰：嘉靖辰，登庸纳还澌浮、罗浮、古森、了葛、金勒五峒而已。安良则无所见。而纠之广安册，则安良现今属本国万宁州安良庸。意者安良登庸不曾归纳而旧史失其实欤？[②]

对于莫登庸归还是四峒还是五峒，双方史书记载不同。积极推动四峒回归的林希元及当时留存史料中皆为四峒。且从林希元本人主持修纂的《钦州志》到清雍正、道光所修《钦州志》，皆未有还五峒之说。而安南《大越史记全书》和本书以及现当代越南人所著越南通史皆称莫氏归还为五峒，即“澌凛、古森、了葛、金勒、罗浮”。《钦定越史通鉴纲目》这段“谨按”引用清代《钦州志》本身有误，考证失实。因林希元本人文集及其所编《钦州志》关于四峒名称相互抵牾[③]，只可确定莫登庸所还确是四峒。

《钦定越史通鉴纲目》是安南纲目体史书集大成者，该书极

① ［越］潘清简等：《钦定越史通鉴纲目》卷27《黎庄宗元和五年》，第273页。

② ［越］潘清简等：《钦定越史通鉴纲目》卷27《庄宗裕皇帝元和八年》，第276页。

③ 据林希元所编《钦州志》可知，宣德年间叛降安南的四峒为“澌凛、古森、了葛、罗浮”，而林希元文集及其他相关史料皆为“澌凛、古森、了葛、金勒”，同出一人之手，“罗浮”“金勒”孰是孰非，实难确定。

大地发挥了编年体记事连贯、纲目体线索清晰、详略有致的优势。该书将嘉靖征安南事件相关内容编入时间线内，分“纲”“目”“谨按”“注”等多个部分，叙事详尽，重考证，虽有考订不实、存疑处，但较之《大越史记全书》及其他安南史籍，已是从安南角度认识这一事件的最佳选择。

三

越南人所著现当代越南通史代表作有明峥的《越南史略（初稿）》①、陈重金的《越南通史》② 等，两书皆形成于越南封建帝制逐渐瓦解，备受帝国主义殖民侵略，民族国家意识觉醒时期，因而在书中有强烈的民族独立意识。两书中有关嘉靖征安南事件着墨较少，虽然两位作者一位是马克思主义的史学家，一位是资产阶级的史学家，但他们在对待安南事件的态度上基本一致。陈重金一书在越南国内外都引起了很大反响，史学价值更高，本节即以陈重金一书为例来作说明。

陈重金出身儒生家庭，年轻时曾赴法留学，回国后在河内任教，精通汉语、法语，戴可来称他是“越南现代第一流的汉学家、史学家和伦理学家”③。《越南通史》是“现代越南人用‘国语字（拼音文字）’自编的第一部通史”④，成书于 1917 年，正值越南阮朝即将覆灭，法国殖民统治建立，越南国内民族国家意识逐渐觉醒时期。在这样的大环境下，陈重金一方面自称“隶

① ［越］明峥著，范宏科译：《越南史略（初稿）》，北京：生活·读书·新知三联书店，1958 年。

② ［越］陈重金著，戴可来译：《越南通史》，北京：商务印书馆，1992 年。

③ ［越］陈重金著，戴可来译：《越南通史》卷前《译者的话（戴可来）》，第 3 页。

④ ［越］陈重金著，戴可来译：《越南通史》卷前《译者的话（戴可来）》，第 4 页。

臣”，以阮朝遗老自居，另一方面又是一个资产阶级的历史学家。在1945年日本帝国主义扶植的阮朝末帝傀儡政府中，他曾担任四个月的“首相”，还在本书中将法国在越南的殖民活动看作是对本国经济、文化等的开发和发展，全然看不到殖民对越南造成的深远危害。

从他写作本书的目的，可以看出他民族国家意识的觉醒，他在自序中说，“国人通晓本国的历史，才会有爱国爱家之心，才知道努力学习，尽力工作”①，而越南修史的方法，越南人学习的历史，写作历史的语言都一本之中国，“由于自古以来自己没有国文，终身只借助于他人的语言、他人的文字而学，什么事都受人家感化，而自身无任何特色，形成像俗话所说‘嫌里媚外’的那种状况。自己的学问如此，国人的感情如此，为国为民的精神怎能得到发扬？②”编这一部“史略”③，目的是“要先让我国今天的少年们都能够知道一点祖国的历史，以免有愧于国魂”④。

《越南通史》按时代分为五卷，分别是“上古时代”“北属时代”“自主时代（统一时期）”“自主时代（南北纷争时期）”“近今时代”。史料源出自《大越史记全书》《钦定越史通鉴纲目》《大南实录》等汉文言史籍及法语文书。然本书仅是一部“史略”，内容涵盖上古至近世将近四千年历史，嘉靖征安南事件只是其中短短一瞬，在第四卷第二章中有一小节专讲“莫氏与明朝的交涉”，开启安南南北纷争时期。虽然内容较少，但自有其独特之处。

本书最大的特点无疑是民族国家意识的觉醒。这一特点主导

---

① ［越］陈重金著，戴可来译：《越南通史》卷前《序（陈重金）》，第1页。

② ［越］陈重金著，戴可来译：《越南通史》卷前《序（陈重金）》，第2页。

③ 该书原名《越南史略》，戴可来翻译时恐与明峥的《越南史略》相混淆，改名为《越南通史》。

④ ［越］陈重金著，戴可来译：《越南通史》卷前《序（陈重金）》，第4—5页。

了全书，在嘉靖征安南这一事件上更是突出。主要表现为：一是平等自主意识。如对明朝应黎氏请求出兵安南一事，陈氏评价说："明朝皇帝打算派兵讨伐莫氏，并不是为了黎朝的利益，无非是欲借南国有变之时，像从前攻打胡氏那样乘机侵占南国。我们须知，此国与彼国交涉，人们只是借'为义'之名，而做'为利'之事而已。"① 姑且不论明朝出兵安南目的何在，陈重金这里已将安南看作与明廷平等的"此国"与"彼国"的关系，而不再是附庸于明廷的朝贡国。在明峥的《越南史略（初稿）》中，同样将明廷的出兵视作对越南的"侵略""威胁"②。这种平等还从侧面表现为对明廷的负面描写。陈重金认为，明廷一开始出兵目的在于侵占安南，而后因担心重蹈宣德难以控制的覆辙，才接受莫氏"割地""纳款"，承认莫氏在安南的统治地位。将明廷描写成一个收受好处便承认莫氏，不顾黎氏，贪利负义的角色。这与古籍中奉北方中原王朝正朔，不敢有一言指斥宗主国的做法大相径庭。二是领土意识。莫登庸归还宣德时叛降安南的四峒，既是四峒峒主黄金广等本身的意愿，也是明廷收回失地的合理行为。而在陈重金这里，这种回归的行为被看作是莫登庸"割地""献地"给明廷。

另一特点是主观批判色彩浓重。在安南事件上，陈重金一反于前代史家对莫氏客观宽容的态度，对莫氏进行了情绪激昂的批判。"莫登庸弑君篡位，有罪于黎朝，是一个逆臣；而身为一国之主，不能守边，割地献于他人，又是一个叛国之人。他身为帝王，不能全守名节，赤膊自缚，跪伏敌将之前，以求自己一身和一家的富贵，此乃一个鲜廉寡耻之徒"，"对于君王来说，是一个逆臣贼子；对于国家来说，是一叛国之徒；对于人伦道德来说，又是一无人品之辈"③。陈重金对莫登庸篡弑割地投降的行

① ［越］陈重金著，戴可来译：《越南通史》，第196页。
② ［越］明峥著，范宏科译：《越南史略（初稿）》，第203—204页。
③ ［越］陈重金著，戴可来译：《越南通史》，第196—197页。

为深以为耻，对他进行了严厉的批判。这与《大越史记全书》等史籍中尽管都奉黎氏为正统，但对安南事件、对莫氏仍然进行了客观记述，不作过于激烈主观的评判的做法有所不同。越南此时正处于独立的民族国家形成历史的转折点，陈重金这番激烈主观的评判，更多是为了调动国人情绪，鼓励国人树立自尊自强的独立意识。

除上述特点外，本书和《越南史略（初稿）》都存在史实讹误的问题。两书以《大越史记全书》《钦定越史通鉴纲目》等为史源，也延续了这些史籍的错误，如对莫登庸归还钦州四峒的记述，这里仍是记作五峒。再有黎氏向明廷献黄金、白银的说法，明峥的《越南史略（初稿）》中甚至指斥仇鸾、毛伯温还曾占领五峒，搜刮金银。这些内容不知史源自何处，仇鸾早在嘉靖十九年就被召回，且明廷军队虽有出兵计划，但并未有实际行动，只派人往安南宣谕檄文，何来占领之说？

《越南通史》是一部成于越南本国封建帝制逐渐崩溃，遭受法国殖民统治，民族国家意识逐渐觉醒时期的通史类史书，且作者既以阮朝遗老自居，又受到中西方文化的深厚影响，使得全书充斥着民族独立、国家平等的观点。嘉靖征安南事件作为中越国与国之间的一个事件，更是突出体现了这一点。陈重金在书中将安南置于与明廷平等地位，并有了领土意识。

结　语

越南文献是事件另一方的记述文本，地位不可忽视，但数量有限，本文仅以较常见、常用的纪传体的《大越史记全书》、纲目体的《钦定越史通鉴纲目》、现代所作的《越南通史》为例予以分析。作为越南人写作的越南史，作为嘉靖征安南事件的另一方，作为再创作文本的一部分，这些文献的形成在很大程度上仍是受到创作者及这些创作者身处时代的影响。古籍文献多为官方修史，成书于越南封建帝制时期，因在很长一段时间内处于北方中原王朝的控制之下，与北方中原王朝长期保持着宗主国与朝贡国的关系，书中不仅书宗主国纪年，且处处表示对宗主国的服从和尊敬，因此能够客观直书。近世以来，随着越南帝制的瓦解，法国在越南殖民统治的建立，越南民族国家意识逐渐觉醒，史书中着重体现出其对民族独立、国家平等的要求。对中越关系的认识，已不是从属的朝贡国，而是平等的国与国的关系，为了突出这样的平等，书中不乏对明廷的负面描写，对安南事件的认识，也变成是明廷对安南的侵略行为。

李朝赴华钦问起居使小考

北京大学城市与环境学院　李　好

摘　要：明清时期朝鲜赴华使臣不绝于路，除常规使臣外，因事而遣的临派使节亦为不少。皇帝巡幸，则遣使钦问起居。该使首派于李朝太宗十年，因永乐帝离京北伐而遣。永乐一朝，明成祖多次御驾亲征，故该使数有所遣。其后，宣德、正统与正德年间，皇帝虽有离京之举，但朝鲜并未派去钦问使。李朝中宗年间，因嘉靖南巡承天及壬寅宫变两次派使钦问。俟后，该使便无再遣。皇帝离京是朝廷大事，钦问起居使虽名为慰安皇帝，但更欲探听明朝内部虚实。分析史实，我们可以发现朝鲜国内君臣矛盾、朝贡体系下礼制与利益的矛盾以及中朝两国矛盾，这三者交织其间，成为影响钦问使派出的重要因素。

关键词：李氏朝鲜；赴华使臣；钦问起居使

一、绪　论

近年来随着朝鲜史籍的广泛发掘与利用，中朝之间的使臣往来成为中朝关系史学界的研究热点之一。尤其是朝鲜派往中国的使节，学者从《朝鲜王朝实录》《通文馆志》《同文汇考》，以及《燕行录全集》等史料出发，从使团种类、使臣成员构成、交通驿路、经行观感、文化交流等方面，对李朝赴华使臣相关问题进行了广泛且深入的分析。虽然现今李朝赴华使臣的研究成果辈出，但仍存在一些问题与阙漏。[①] 首先，在研究时段上，由于明代史料遗留不多，学者们往往将研究目光投向清代，明代相关成果明显少出。其次，在研究层面上，多是对赴华使团的整体把握，重视部分常派使臣，忽视某些临时性质的使臣的研究。最后，在研究内容上，重视使臣途中的所闻所见，以及由此反映的各类问题，对使节本身的研究反而不多。

学界对钦问起居使[②]的研究亦存在进一步发掘的空间。钦问使为非常规使节，“皇帝出征，则遣钦问起居使”[③]。有明一朝，皇帝出巡不多。朝鲜也并非次次都会遣使钦问，所以钦问使所派的次数也屈指可数。嘉靖朝后，钦问使再也没有派出过。正是由于钦问使派遣次数较少，且止于明代，遗留的材料相对不足。因而，对钦问使研究成果鲜见[④]，只有部分论著中，有对钦问使只言片语的介绍。更有甚者，将之与清代的问安使相混淆[⑤]，没有准确把握钦问使的实质。

钦问使的相关问题亟待解决。本文拟通过对《朝鲜王朝实

---

① 相关研究成果可见王禹浪、程功、刘加明：《近二十年中国〈燕行录〉研究综述》，《哈尔滨学院学报》2012 年第 11 期；韩东：《韩国燕行文献研究综述》，《中国文学研究》2015 年第 1 期。

② “钦问起居使”，以下简称“钦问使”。

③ 《李朝世宗实录》卷 125，世宗三十一年九月二日。

④ 涉及该问题的论著主要有：［日］荷见守义：《土木之变时期李朝搜集明朝情报的活动》，《史学集刊》1999 年第 1 期；刘喜涛：《封贡关系视角下明代中朝使臣往来研究》，东北师范大学历史文化学院博士学位论文，2011 年。

⑤ 李善洪、郑红英认为，清代朝鲜派往沈阳、热河的问安使，也被称为钦问起居使。见李善洪：《明清时期朝鲜对华外交使节初探》，《历史档案》2008 年第 2 期，第 57 页。郑红英：《朝鲜初期与明朝的使臣往来问题探析》，《延边大学学报》（社会科学版）2012 年第 2 期，第 136 页。笔者认为，这两类使节虽有相似之处，但绝非同一类使团。“钦问起居使”一名，嘉靖朝之后，在《李朝实录》中再无出现，而问安使在明代是指“问安天使”之意。况且康熙、乾隆二朝多有南巡之举，而问安使并没有派往北京，与明代钦问使有明显区别。故笔者认为以上二位学者的观点非也，后文有详述。

录》为主的史籍爬梳，对明代朝鲜李朝钦问使的派遣进行一番粗略的考订与整理，理清李朝历次钦问使的派遣过程，挖掘钦问使最终不再派遣的原因。并由此出发，思考究竟是哪些因素影响了钦问使的遣派。

二、李朝太宗、世宗朝所派钦问使

李朝中宗时，朝臣们曾考《承文院誊录》，检视早年太宗、世宗朝遣钦问使的历史记载。得"太宗文皇帝，癸未年即位，甲辰年崩逝。其间自南京幸北京时，太宗朝遣使问起居者六，世宗朝遣使钦问者二"①。由是可知，太宗朝遣使六次，世宗朝则是两次。但据笔者考证，该记录或有误。实考得太宗一朝共遣使八次，此外还有一次遣使贺皇帝巡幸北京，但非以钦问使为名。世宗朝遣使实为两次，此外还有两次朝堂虽有讨论，但并未派出。以下详考之。

（一）李朝太宗朝

李朝太宗李芳远即位于建文三年，不久燕王朱棣举兵靖难，并夺取了皇位。李芳远与朱棣在北平曾有过一面之缘，对明初中央与诸藩矛盾的政局颇有见地。在这个问题上，他审时度势，站在了朱棣一边，在藩邦中第一个遣使进贺燕王登基。由此，明成祖对李芳远十分满意，永乐一朝对朝鲜多加优待，两国之间的关系日益紧密。李朝太宗退位于永乐十六年，其间，永乐皇帝多次北伐，遣使钦问之举亦始于太宗朝。太宗一朝遣钦问使八次，皆因永乐皇帝北征所派。

（1）先河

早在永乐七年二月二十八日，李朝太宗就曾"遣清平君李伯

---

① 《李朝中宗实录》卷 89，中宗三十四年二月二十九日。

刚、左军同知总制崔兢如京师，贺巡幸北京也”①。该行使节虽亦因皇帝巡幸北京而遣，但考其语意，并非钦问使而是进贺使。永乐六年八月十一日，明成祖发诏“明年二月，巡幸北京，命皇太子监国”，“布告中外，咸使闻知”。② 或朝鲜君臣在听闻此诏的情况下，派出使臣进贺。这次使行虽在性质上与后来钦问使有所差异，但实为遣使钦问的先河。

（2）第一次

永乐八年五月二十四日，李朝太宗第一次以钦问使之名，遣韩尚敬、通事元闵生等赴北京问安。奏本言，“陪臣金定卿回自北京，钦问车驾巡幸北方，谨差陪臣韩尚敬赍擎进献礼物，前赴行在钦问”③。这次钦问缘于朱棣首次北征蒙古。永乐七年，淇国公丘福率十万大军，在征讨鞑靼过程中全军覆没。为一雪前耻，永乐皇帝于次年亲率五十万大军北伐。韩尚敬行前，议政府曾商议是否可以借此行向皇帝禀报女真袭扰一事，但太宗明确表示“此行专为问安也，不可兼行他事，若使之因便上达，则可也”④。在北京时，明成祖接见了韩尚敬，讨论了女真骚扰的问题。明成祖让朝鲜直接派兵攻打即可，不必再来汇报。⑤ 使团于同年九月三日回到汉城，全程三个月有余。

（3）第二、第三次

永乐十一年，朝鲜分别在三月和四月派出了两批使节钦问起居。三月十一日，国王接到刑曹判书崔迤发自辽东的书状，其中有“闻帝将幸北京”⑥ 之语，故最后拟定由吉川君权跬赴京钦问起居。三月二十日，已经回国的贺正史通事林密向国王禀报，

① 《李朝太宗实录》卷 17，太宗九年二月二十八日。
② 《李朝太宗实录》卷 17，太宗九年三月二十六日。
③ 《李朝太宗实录》卷 19，太宗十年五月二十四日。
④ 《李朝太宗实录》卷 19，太宗十年五月二十四日。
⑤ 《李朝太宗实录》卷 20，太宗十年九月三日。
⑥ 《李朝太宗实录》卷 25，太宗十三年三月十一日。

“朕欲发船万艘讨之（日本)，尔朝鲜宜预知之”，同时“帝将以二月十六日幸北京，三月二十日下辇”。获知明廷要攻打日本的消息，朝鲜君臣对此十分敏感。国王提出权跬之行越快越好，同时让懂汉语的李玄为副使，便于打探军情。并在权跬前另遣一使上表。经过讨论，李朝太宗最后以钦问使权跬，“兼陈喜幸征倭”，并以知议论政府事吕称为副使。① 此行于三月二十七日出发，出发时世子在慕华楼为之饯别，还叮嘱通事张有信探知中国的采银法，书状官陈遵求《三国志》、苏子《古史》等书。② 权跬于同年七月十八日回到汉城，向国王汇报在京搜集的情报，“帝将亲征匈奴，发天下兵百万余人，已送上都”，“济州马匹，前元所放也，请移置于中国”。③ 此行全程近三个月。

除权跬一行外，李朝太宗还于同年四月十日，派遣了权永均、任添年、崔得霏、郑允厚等人出使北京。④ 以上四人俱是皇亲，明成祖于永乐七年纳朝鲜贡女为妃嫔，并赐她们的父兄光禄寺卿、鸿胪卿、光禄少卿、鸿胪少卿等职。⑤ 同日，国王在广延楼为之饯行，并嘱咐他们购买锦缎。⑥ 权永均发回朝鲜的书启中，明廷确有造船攻打日本的打算。但李芳远考虑到，这批朝鲜皇亲在京期间，“帝至待永均，无异平昔”，认为“其征北巡辽，固其境内之事耳，岂有意于我乎？”⑦，打消了对明朝军事举动的担忧。七月十六日，权永均回到了汉城。⑧ 而任添年、崔得霏、郑允厚则稍晚，于七月十十八日回国。⑨ 由此可以判断，权跬与

① 《李朝太宗实录》卷 25，太宗十三年三月二十日。

② 《李朝太宗实录》卷 25，太宗十三年三月二十七日。

③ 《李朝太宗实录》卷 26，太宗十三年七月十八日。

④ 《李朝太宗实录》卷 25，太宗十三年四月十日。

⑤ 《李朝太宗实录》卷 17，太宗九年四月十二日。

⑥ 《李朝太宗实录》卷 25，太宗十三年三月二十七日。

⑦ 《李朝太宗实录》卷 26，太宗十三年七月十八日。

⑧ 《李朝太宗实录》卷 26，太宗十三年七月十六日。

⑨ 《李朝太宗实录》卷 26，太宗十三年七月二十八日。

权永均归国之时是同行的，但任添年等人则或非一路。八月二日，国王在广延楼宴请了权跬与权永均这两行使臣。①

(4) 第四、五次

永乐十二年，该年朝鲜亦派出两批钦问使团。五月二十三日，同判议政府事柳廷显回汉城禀告，“皇帝于三月二十七日，领兵百万北征，皇子皇孙皆扈从。东宫在南京，户部尚书夏原吉守北京，兼总北京之事。北方诸国皆遣使钦问起居”②。为此，朝鲜于六月二日派出漆原君尹子当赴北京钦问起居。其后又于八月五日，派皇亲权永均、任添年、崔得霏、李茂昌等人赴京。在京期间，永乐帝向尹子当告知了权妃之死的真相，以及元凶吕美人的处置结果。③ 而皇亲权永均则是留京“五十四日”，“赐宴优渥，待之不衰”，还在天寿山祭奠了权妃。④ 尹子当于九月二十一日回到汉城，朝鲜君臣讨论了对吕美人家族的处置，国王认为应当等权永均回国之后再行讨论。⑤ 十二月四日，权永均等皇亲回国，按元闵生于十二月二十二日发回的状启，“已刑吕氏之母”⑥ 可以推测，吕母当在权永均回国后被杀。是年的这两次使行，尹子当全程三个月多，而权永均则近四个月，后者多了近一个月时间，这或许是因为永乐帝特别款待权永均的缘故。

(5) 第六次

永乐十四年十月十二日，朝鲜派出“熙川君金宇如北京，以皇帝还驾南京，故钦问起居也”⑦。一般来说，使行入华可以适当携带部分商品进行贸易，这也是中朝两国默许的。但金宇此

---

① 《李朝太宗实录》卷 26，太宗十三年八月二日。
② 《李朝太宗实录》卷 27，太宗十四年五月二十三日。
③ 《李朝太宗实录》卷 28，太宗十四年九月十九日。
④ 《李朝太宗实录》卷 28，太宗十四年十二月四日。
⑤ 《李朝太宗实录》卷 28，太宗十四年九月二十一日。
⑥ 《李朝太宗实录》卷 28，太宗十四年十二月二十二日。
⑦ 《李朝太宗实录》卷 32，太宗十六年十月十二日。

行，“或受贾人银丁，或受彩缎，仍与率行上国，转输之人多怨焉”[①]。他们所带的物品过多，引起了驿道驿夫的强烈不满。为此，金宇一行回国后，李朝太宗命司宪府，“推核钦问使、通事、打角夫、从人等贸易泛滥事状”，“除金宇外，书状、通事、压物等所易杂物，为半没官。从人所易之物，一皆没官”。[②]

(6) 第七、第八次

永乐十五年，李朝太宗分别遣两批钦问使入京问安。与前几次一样，也是既派了朝臣，又派了皇亲。当年闰五月八日，节日使通事金乙玄回朝禀告，“皇帝于二月十三日发南京，五月初一日下辇于北京”，还提到了皇帝询问使臣中有无朝鲜籍妃子亲戚。[③] 因此，闰五月十二日，朝鲜派遣刑曹判书权轸为钦问使，赴北京问安。在权轸出发前，大臣们就是否应当派驸马、宗亲、大臣等重臣为钦问使，与李朝太宗有一番讨论。大臣们都认为应当派遣天使黄俨熟知的重臣前往，但太宗考虑到之前所遣钦问使并非都是所谓的重臣，而且黄俨认识的宗亲也不多，现在没有必要改变成例，而非要派一些重臣前去。不然长此以往，以后每次遣使都得派重臣，对于朝鲜国内的朝政运行也颇为不利，所以最后还是遣权轸为钦问使问安。[④] 权轸在京期间，受到了皇帝的接见，永乐帝与其寒暄问好。明成祖对朝鲜国的守礼恭敬十分满意，在定例之赏外，还格外多赐了不少礼品。除此之外，权轸还在会同馆内，与千户金声讨论了辽东“逃人”问题。[⑤]

除权轸一行外，当年六月十二日，皇帝在便殿为任添年、李茂昌、崔得霏、韩希璟等皇亲践行，他们于当日出发，赴北京钦

① 《李朝太宗实录》卷33，太宗十七年五月六日。
② 《李朝太宗实录》卷33，太宗十七年五月十日。
③ 《李朝太宗实录》卷33，太宗十七年闰五月八日。
④ 《李朝太宗实录》卷33，太宗十七年闰五月十二日。
⑤ 《李朝太宗实录》卷34，太宗十七年七月二十六日。

问起居。他们较权轸正好晚了一个月。[①] 权轸回到汉城的时间为七月三十日，全程近三个月。权轸回国后，向太宗禀报了辽东百姓对接待朝鲜使臣的抱怨，“朝鲜使臣之行负重，故难堪转输之苦。皇亲之行，车子之多，至于七八”。太宗对此表示理解，认为可以由司谏院进行弹劾，或者直接派刑曹进行处理。[②]

以上便是李朝太宗时期所遣钦问使的简要考述。太宗一朝，分别于永乐八年、永乐十一年、永乐十二年、永乐十四年以及永乐十五年五年间，派出了八批使节，其中有三年既派了朝臣，又派了皇亲。同年派出两批使团，目的虽都是钦问皇帝起居，但两者出发、返回时间不一，使行人员各异，不宜将之认定为同一批使臣。所以，文献中“太宗遣使六次”[③]，或是将皇亲的某两次使行与同年另一批使臣混为一谈，导致记录有误。

（二）世宗朝

永乐十六年，李朝太宗将王位传给了世宗。世宗大王继承了太宗的统治策略，对外向明朝秉承事大之策，对日本与女真进行军事打击；对内劝课农桑、发展文化。其在位三十一年，是朝鲜王朝最兴盛的时期，他也被后世称为最贤明的君主。世宗历尽永乐、洪熙、宣德、正统四朝，逝景泰元年。世宗一朝，曾于永乐年间遣钦问使两次，宣德、正统年间又各有一次派使的讨论，但最终并未派出。

（1）第九次

永乐二十年，永乐皇帝御驾北征。五月二十八日，朝鲜君臣决定遣判中军都总制府事韩长寿为钦问使出使北京。[④] 当时，太宗国王刚刚过世，守丧期内的世宗，与臣子在朝堂上针对奏疏的自称与用印，以及何时遣使等问题展开了讨论。或称“不可称

① 《李朝太宗实录》卷33，太宗十七年六月十二日。
② 《李朝太宗实录》卷34，太宗十七年七月二十六日。
③ 《李朝中宗实录》卷89，中宗三十四年二月二十九日。
④ 《李朝世宗实录》卷16，世宗四年五月二十八日。

王，需称孤子”；或称“故皇帝起居，不可不问，盖不可以私丧，废君臣之大礼”，“称王用印，一如常例”。最后世宗还是以君臣之礼为大，派出了钦问使。[①] 六月一日，韩长寿一行正式出发，“永乐二十五年六月二十五日，陪臣吴升等回自京师，钦问车驾巡幸北伐，伏惟圣躬万福。谨备进献礼物，差陪臣判中军都总制府事韩长寿，赍领前往行在，钦问起居。今将礼物开坐，谨具奏闻。黄细苧布二十匹、白细苧布三十匹、黑细麻布五十匹、人参一百斤、杂色马一十匹”。[②] 时永乐帝已离京北征，留京的皇太子接待了韩长寿一行。并传下旨意，“尔王至诚事大，以善马礼物，远问起居，予甚喜之，还将此意启尔王”。九月九日，韩长寿一行回到汉城，该行全程三个月有余。[③]

（2）第十次

永乐二十二年，明成祖最后一次北征。五月二十九日，圣节使通事闵光美回启，“四月初四日，皇帝动驾北征”[④]。为此，六月十二日，李朝世宗派中军同知总制玄贵命为钦问使赴京，其奏本如下：“永乐二十二年六月初八日，陪臣申商回自京师，钦问车驾巡幸北伐，伏惟圣躬万福。谨备进献礼物，差陪臣中军同知总制玄贵命，赍领前赴行在，钦问起居外，今将礼物开坐，谨具奏闻。黄细苧布二十匹、白细苧布三十匹、黑细麻布五十匹、人参一百斤、杂色马一十匹。”[⑤] 玄贵命行中，永乐帝突然于七月十八日驾崩，因此他在北京参加了洪熙皇帝登基的典礼。八月十四日，“以白衣、白纱帽、白带朝见，皇帝以衰服听政。文武官藩邦四夷之使，皆以衰服。每日早诣殡殿哭临，出脱衰服，着白衣、白纱帽、白带，诣帝前奏事如常仪”。八月二十三日，“于

① 《李朝世宗实录》卷16，世宗四年五月二十七日。
② 《李朝世宗实录》卷16，世宗四年六月一日。
③ 《李朝世宗实录》卷17，世宗四年九月九日。
④ 《李朝世宗实录》卷24，世宗六年五月二十九日。
⑤ 《李朝世宗实录》卷24，世宗六年六月十二日。

礼部关受丧服，二十三日诣阙，已罢哭临”①。玄贵命一行于十月六日回到汉城，全程用时四个月。②

永乐朝后，明朝政府收缩了北伐的态势。其后朝鲜钦问起居使的派遣渐少，世宗一朝也再没有派出过钦问使，但针对皇帝亲征而是否遣使的朝议尚有两次，现略考于下。

（3）宣德北伐

宣德三年八月，皇帝出宫巡游塞北，以防蒙古扰边，蹇义、杨荣扈从。同年十一月五日，消息传到朝鲜，世宗问于朝堂，“今皇帝出征北方，遣人钦问起居何如？将待回驾钦问乎？”③ 朝臣也认为，“不可恝然，需亟钦问”。④ 第二天，宣德皇帝讨平蒙古的诏书也传到了朝鲜。但这次朝鲜并未派遣钦问使，而是派出了进贺使与谢恩使。十二月二十一日，由“进贺使大提学柳思讷、副使同知敦宁闵沈言、谢恩使都总制朴实、副使总制李叔亩等，赍行进何表”⑤。这或与“平定回驾，则遣送进贺使”⑥有关。

（4）土木之变

正统十四年七月，也先攻大同，边关危机，大太监王振劝英宗亲征。兵部尚书邝埜、侍郎于谦、吏部尚书王直率百官据实况力谏不可，正统皇帝没有采纳。下诏亲征，命郕王居守。不料八月十四日，英宗驻土木堡，也先四面合围，军不得出，帝被俘。官军死伤者数十万，战殁官员五十余人，史称“土木之变”。正统亲征的消息传到朝鲜时已是八月十八日，此时朝鲜君臣尚不知正统皇帝已被俘虏，仍照常讨论遣派钦问使之事。世宗问于议政

① 《李朝世宗实录》卷25，世宗六年九月二十三日。

② 《李朝世宗实录》卷26，世宗六年十月六日。

③ 《李朝世宗实录》卷42，世宗十年十一月三日。

④ 《李朝世宗实录》卷42，世宗十年十一月三日。

⑤ 《李朝世宗实录》卷42，世宗十年十二月二十一日。

⑥ 《李朝世宗实录》卷125，世宗三十一年九月二日。

府，“昔太宗文皇帝屡征北方，我太宗及寡人皆遣使钦问。今皇帝亲征，钦问起居使，理实当遣”，众臣都认为，“时未闻的实声息，今姑停之为便”[①]。第二天，世宗命都承旨李思哲，议于政府曰：“钦问起居使，不可不遣也。自古我国当中国危乱之时候，虽至播迁，不事新主而事旧主，我国之诚，于此益著，至今传言。若今果皇帝亲征，道路虽梗，要须遣使，得达我国之诚可也，宜速探候的实声息。”[②] 世宗国王依然认为钦问起居使非派不可，即使现在消息不通，也应当速去打探。于是，便派出通事金辛、李从衍去辽东打探情况。[③]

九月二日，通事金辛从天使王武初处得到情报，“皇帝七月十七日，亲率六军，出居庸关。至大同城，达达败走。帝亦不穷追，八月十八日，回驾”。该情报现在来看，当然是与现实谬以千里。但当时世宗认为，“皇帝亲征，已闻于天使，岂虚语哉！钦问起居使固当遣也，其亟择人”[④]。于是，命大司宪赵遂良为钦问使，准备出发。[⑤] 九月五日，国王又召集群臣商议，“皇帝出征，则遣钦问起居使；平定回驾，则遣进贺使，例也。今闻车驾出征回还，钦问、进贺两使，一时并遣乎？只遣进贺使乎？”[⑥] 群臣都认为，“只遣进贺使为便”，但因为皇帝回驾的消息还不确定，就暂不遣使。[⑦]

所幸朝鲜没有遣使入华，不然两国的面子都挂不住了。直到九月二十九日，朝鲜才知道土木之变，正统皇帝被俘，景泰帝登基的消息。“上为太上皇帝欲行哭临，命集贤殿考古制，以古无

---

① 《李朝世宗实录》卷 125，世宗三十一年八月十八日。
② 《李朝世宗实录》卷 125，世宗三十一年八月十九日。
③ 《李朝世宗实录》卷 125，世宗三十一年八月十九日。
④ 《李朝世宗实录》卷 125，世宗三十一年九月二日。
⑤ 《李朝世宗实录》卷 125，世宗三十一年九月二日。
⑥ 《李朝世宗实录》卷 125，世宗三十一年九月五日。
⑦ 《李朝世宗实录》卷 125，世宗三十一年九月五日。

其礼不果，遂以判中枢院使南智为贺登极使，大司宪赵遂良为副使，中枢院使李明晨为陈慰使。”① 遣送钦问使之事，必然就无从谈起了。

以上便是李朝世宗时期所遣钦问使的简要考述。世宗一朝遣使两次，另有两次曾讨论是否遣使，但最后都未成行。所成行的两批钦问使，都在永乐年间，因明成祖北征而派遣。

（三）小结

李朝太宗、世宗两朝，正处于明前期。建文至景泰数朝，除永乐帝屡次北征之外，其他几位皇帝都有离京之举。每当皇帝出宫时，朝鲜君臣都会讨论是否派遣钦问使。但并非每次都会遣使，所有派遣的钦问使都在永乐一朝，可见朝鲜君臣对永乐朝军事行动的重视。永乐之后，宣德、正统皇帝都有离宫亲征之举，朝鲜也曾为此讨论，但并没有派遣钦问使。不仅如此，宣德元年皇帝平汉王之乱，朝鲜亦得知皇帝御驾亲征，不仅没有派遣钦问使，就连朝堂上的讨论都未见之于史籍。可见李朝是否派使，或派出何使都有一定考量。

三、李朝中宗所派钦问使

朝鲜世宗后，明朝皇帝没有离京巡幸之举，故不必遣钦问使。中宗在位时，正值正德、嘉靖年间，正德皇帝多次以亲征为名出宫巡游，而嘉靖皇帝也于其在位第十八年南巡承天。朝鲜君臣为此曾多有讨论，但仅在嘉靖时派出过两次钦问使。现详考如下。

明武宗是一个比较另类的皇帝，他在位期间热衷于出宫巡游，甚至自封为总督军务威武大将军总兵官朱寿，以出关游塞外的荒唐举动。正德十二年九月，帝出驻跸宣府，輂豹珍玩、妇女

① 《李朝世宗实录》卷125，世宗三十一年九月二十九日。

同行。十九日，驻阳和城，自称“总督军务威勇大将军总兵官”。正德十三年七月，欲“遍游塞上，托言边关多警，令总督军务威武大将军总兵官朱寿统六师往征”。正德十四年八月，亲征宸濠，又令总督军务威武大将军镇国公朱寿统各镇边兵征剿。正德皇帝在位期间，有三次这样荒唐的亲征举动。朝鲜虽然不能及时了解皇帝巡幸的具体情况，但对正德帝亲征之事还是有所耳闻的。朝堂上对是否应该遣派钦问使，也有过一番讨论。

1. 正德北游

正德十二年闰十二月四日，侍读官柳庸谨向国王进言，听闻明朝的国事甚无体统。朝廷上有人说皇帝被胡人掳走，还有人说皇太后已经过世，但不知道皇帝所在，秘不发丧。朝鲜对中国事大以诚，我们应当向明朝的礼部详细询问皇帝的情况，表现朝鲜对天子的关切。既然已经知道此事，就不可漠然对待。国王认为这些都是传闻不足为信，如果皇帝真的不知所踪，那可以去礼部探问，但现在唯一可以做的就是派使去辽东探听消息。大臣也认同中宗的看法。[①] 十二月五日，中宗又向同知中枢府事孙仲暾询问明朝之事，最终确认正德帝的确出关巡游，于是问于承政院，“我国虽海外之邦，无乃别遣使臣，以问起居，可乎？”[②] 大臣议论后，认为如果皇帝轻骑出关，朝廷怎么可能会不安排护驾？圣节使的言论不可靠。如果现在匆忙遣使钦问，不太稳妥，可以等奏请使回国汇报后再做安排。[③] 最后，这次遣使也不了了之。

正德皇帝除了这次出游外，还在十三年、十四年出宫巡幸。朝鲜从赴华使节那里也了解到皇帝巡幸的消息，但朝鲜并未派遣使臣钦问，甚至都没有在朝堂上讨论派使一事。

2. 第十一次（嘉靖南巡）

正德皇帝死后没有留下子嗣，就藩钟祥的兴献王之子朱厚熜

---

① 《李朝中宗实录》卷31，中宗十二年闰十二月四日。

② 《李朝中宗实录》卷31，中宗十二年闰十二月五日。

③ 《李朝中宗实录》卷31，中宗十二年闰十二月七日。

入宫即位大统。嘉靖初年，通过大礼议之争，嘉靖帝追认自己的父亲为睿宗，并将原在湖北钟祥的兴献王墓按帝陵规制升级改建，即后来的明显陵。嘉靖十七年十二月，嘉靖皇帝的母亲蒋太后去世。为了处理皇太后的安葬问题，嘉靖皇帝准备于次年南巡承天，考察明显陵的修建情况。嘉靖帝的这次南巡，引发了朝鲜朝堂上一次对遣派钦问使的大讨论。

（1）第一阶段（二月二十五日至二十九日）

嘉靖十八年二月二十五日，朝鲜政府收到了嘉靖皇帝册封太子并巡幸湖广的消息。[①] 第二天中宗国王向领议政尹殷辅等臣下询问，皇帝巡幸湖广显陵，是为了给蒋太后决定归葬之地。当年正德皇帝北游，考虑到我国是外藩，所以没有遣使钦问。但是按古制，皇帝出巡，藩国需要朝见。现在皇帝南巡，我国虽非内服，历史上是否有前例可以遵循？并要求群臣广考前例。尹殷辅等回启道，我国使臣前赴皇帝巡幸之地，并没有前例。哀冲太子[②]墓所离京不远，所以才遣使进香。湖广距离我国遥远，很难派出使节前去朝见。唐玄宗安史之乱幸蜀避难时，新罗曾遣使四川，后来就再未出现了。何况中国内地的山川道里，必定也不想让外国人知道。遣使前往湖广朝见，没有必要。[③] 此时中宗国王尚无遣使钦问的打算。

二月二十九日，尹殷辅再次向国王禀报，查阅了《承文院誊录》后发现，永乐年间，皇帝巡幸北京营建新都，其间有遣使钦问。但嘉靖皇帝这次南巡是为了择取葬地，不可与之相提并论。虽然事情不同，但遣使钦问有前例。中宗国王闻之，认为朝鲜离北京很近，所以遣使钦问。湖广距离甚远，直接遣使去湖广很困难。由别使兼行钦问起居之事可行，臣下认为这样很合适，也不

① 《李朝中宗实录》卷89，中宗三十四年二月二十五日。

② 朱载基，嘉靖皇帝庶长子，出生两个月后去世，追封哀冲太子，葬西山。朝鲜曾遣使进香，赴西山祭拜。

③ 《李朝中宗实录》卷89，中宗三十四年二月二十六日。

会增加驿路负担。[①] 但中宗国王又想到，如果使节兼钦问起居使，明廷查阅旧例，质询朝鲜为何不单派钦问使，则失礼于大国。所以再次让群臣查阅史籍。群臣回报，永乐朝时曾派钦问使八次，但据今已有一百二三十年。皇帝若真合葬太后于显陵，日后必将再次南巡拜祭，今日一旦遣使，以后因之为循例，流弊无穷。且我国西路驿道凋敝，中国情况大抵如此，即使以永乐朝的旧例派遣了钦问使，估计明朝也会觉得增添了接待负担。最后国王决定暂时搁置遣使钦问一事，待天使来后再于朝堂讨论。[②]

（2）第二阶段（三月二十八日至二十九日）

三月二十八日，中宗国王传召承政院，要求议政府、六曹、汉城府等衙署的官员集中讨论遣送钦问使的问题。[③] 官员们都认为遣使钦问虽有永乐旧例，符合情理，但久未派遣，弊端不少，还是不遣使为宜。[④] 三月二十九日，国王再次召见大臣在朝堂上议论，皇帝南巡之事我国已经得到了确凿的消息，早年也有旧制，虽然不能遣使赴湖广，但是等皇帝回京之后，让冬至使或圣节使兼问起居，即使皇帝以后再次南巡，循此例也不会引发弊端。领议政尹殷辅和左议政洪彦弼认同国王的观点，右议政金克成则认为圣节使兼问起居不合礼制。讨论后，中宗认为遣钦问使问题的关键在于驿路多弊，如果将钦问使与圣节使同时派出，合为一路，则两全其美。既不会增添财政负担，也没有违背祖制，还可以为后代仿效。[⑤] 最后，决定派出钦问使，由工曹参判李清担任。[⑥]

---

① 《李朝中宗实录》卷 89，中宗三十四年二月二十九日。

② 《李朝中宗实录》卷 89，中宗三十四年二月二十九日。

③ 《李朝中宗实录》卷 89，中宗三十四年三月二十八日。

④ 《李朝中宗实录》卷 89，中宗三十四年三月二十八日。

⑤ 《李朝中宗实录》卷 89，中宗三十四年三月二十九日。

⑥ 《李朝中宗实录》卷 90，中宗三十四年四月七日。

(3) 第三阶段(四月五日至七日)

钦问使与圣节使同时遣送的决议一落地，群臣们对此反弹很大，都认为钦问使完全就不该派遣，纷纷向国王劝谏。四月六日，国王因天象异常召三公进见。洪彦弼说："近者白虹贯日，有北星变，而西北空虚。赴京使臣，频数不绝。钦问使亦欲停止而不得也。军马俱困，若出兵变，其何为能?"① 中宗批驳道："訾之为变大矣。君臣上下，同惧共修，若应在朝夕然，可以。岂可推诸上国，而莫之忧乎?西方之事，至为寒心。前后赴京之使，在所不已，而皆非无名之遣也。"② 四月六日，司谏院向中宗秉呈遣使钦问之弊，皇帝还驾后遣使钦问，自然是事大以诚的表现。但我国与中国腹内有别，钦问使即使不送，也没有太大问题。何况西北驿路困难，能够少派使节就应当尽量少派。皇帝若以后经常南巡，这次一旦遣使，日后就得以此为例，后患无穷。最后的结论是，不遣使没有失礼，而遣使则弊端甚大，要求中宗收回成命。国王再次陈述了自己的观点，认为遣使钦问旧有成例，不可轻废。而且两行合一，可以除却驿路之弊。于是中宗再次与大臣讨论遣使之事。③ 四月七日，三公再次陈说遣使之弊端，于是中宗暂时打消了遣使钦问的想法。④

(4) 第四阶段(四月十一至四月二十二日)

中宗并没有彻底放弃遣使的主张，四月十一日仍让大臣们再次讨论遣使之事，但大臣们仍然坚持不可派使。⑤ 四月十七日，进贺使柳仁淑的书状传回朝鲜，嘉靖皇帝特地于礼部赐宴朝鲜使臣。朝鲜君臣上下都认为这是无上的恩宠，理应遣使谢恩。何况阁老严嵩也明确要求朝鲜遣使陈谢。于是，中宗就此又重新提出

① 《李朝中宗实录》卷90，中宗三十四年四月五日。
② 《李朝中宗实录》卷90，中宗三十四年四月五日。
③ 《李朝中宗实录》卷90，中宗三十四年四月六日。
④ 《李朝中宗实录》卷90，中宗三十四年四月七日。
⑤ 《李朝中宗实录》卷90，中宗三十四年四月十一日。

了遣送钦问使一事，让原钦问使李清复任谢恩使，并兼行钦问之礼，与圣节使同行入华。[1] 四月十八日，大臣们再次讨论遣使一事。三公中，除领议政尹殷辅认同国王观点外，左右相都认为谢恩使尚且不应单独派出，更何况是早已研究罢行的钦问使。但中宗仍坚持派使，并以事大之礼和祖宗旧制来回应，何况两行合一，也不会增添驿路负担。[2]

重新遣使钦问激起了大臣们更大的反对声音。四月十九日，司谏院发来书启，"西北人民，饿莩相望，彗星示变，至今不减。以天灾人事见之，所当恐惧修省，决非受贺之时"[3]。谏官们再次以灾异提醒国王，谢恩使尚不当遣，就更不用说钦问使了。四月二十一日，朝堂经筵，中宗国王提出西路灾荒的问题，朝臣们借此发挥，再陈钦问使不可派的原因。此时，领议政尹殷辅改变了自己前日的看法，"臣错料前日问时，以入送为当议启，今更思之，勿遣为便"，"平安道前年失农，使臣络绎不绝，欢迎送军皆防戍之卒，其数有限，一年再有赴辽东者，无息肩休暇之时，何以复苏？近来使臣，皆迫于势，不可不送，至于可以已者，虽不送可也"。而且，"我国在海外，中朝虽曰视同内服，然藩邦远国，岂得一一如内服哉？虽不问起居可也"。[4] 国王解释道："近来使者皆非无名，且有前例，不得不遣"，"别为钦问使而入送，则不无其弊，然此则因皇帝非常之宠，遣使修谢，故欲使之兼致起居之礼尔"。[5] 尹殷辅反驳道："我国既为藩邦，则使臣之可已者，虽不送可也。中朝见我国使臣数往来，不以至诚事大为言，而以交市为言，可羞之甚也。"[6] 朝堂之上，执义郑

① 《李朝中宗实录》卷 90，中宗三十四年四月十七日。
② 《李朝中宗实录》卷 90，中宗三十四年四月十八日。
③ 《李朝中宗实录》卷 90，中宗三十四年四月十九日。
④ 《李朝中宗实录》卷 90，中宗三十四年四月二十一日。
⑤ 《李朝中宗实录》卷 90，中宗三十四年四月二十一日。
⑥ 《李朝中宗实录》卷 90，中宗三十四年四月二十一日。

维善、献纳具寿聃和侍讲官韩淑也以西北疲敝、内外有别、流弊无穷等语请止送使钦问。最后，中宗国王只得“令尹世豪兼两谢恩，而钦问起居之使，则停之矣”①。但国王并没有死心，四月二十二日，中宗又将天使所进的巡幸书册视与大臣，要求再次讨论由谢恩使兼问起居之事。②

（5）第五阶段（四月二十三日至五月十二日）

没料到，第二天遣使之事就有了天翻地覆的变化。四月二十三日，承政院向国王报告：“尹世豪与圣节使同行，兼问起居事，十八日已下书于伴送使苏世让，使告于天使，想已告达，何以为之?”③ 中宗抓住这个机会，既然派使钦问之事已经告知天使，就不可更改了，没有必要再行讨论，直接派使即可。还是按照之前既定的安排，“以李清为颁诏谢恩使，与圣节使同行，兼问起居事，分遣史官，言于大臣”④。由此，朝廷对遣使钦问的争议见少，钦问使出发前的准备也在有条不紊地进行。四月二十五日，商议了钦问使留京的突发情况。⑤ 四月二十六日，出使时间得到确定。⑥ 四月二十九日，预备好了钦问使的赴华各物资。⑦四月三十日，讨论了钦问表中一些语句问题。⑧

临近出发，司谏院及一些官员又开始对遣使钦问之事提出反对意见，言辞也日益激烈。五月七日，司谏院禀报：“兴献帝追崇，内服尚无进贺者，我国之使先到，中朝有识，岂无议之者?”“朝廷大礼，与君臣上下，商榷可否，合礼则行，不合则改，不必以已言，强为非礼之举。遣使钦问之语，天使记忆而讶其不

① 《李朝中宗实录》卷90，中宗三十四年四月二十一日。
② 《李朝中宗实录》卷90，中宗三十四年四月二十二日。
③ 《李朝中宗实录》卷90，中宗三十四年四月二十三日。
④ 《李朝中宗实录》卷90，中宗三十四年四月二十三日。
⑤ 《李朝中宗实录》卷90，中宗三十四年四月二十五日。
⑥ 《李朝中宗实录》卷90，中宗三十四年四月二十六日。
⑦ 《李朝中宗实录》卷90，中宗三十四年四月下十九日。
⑧ 《李朝中宗实录》卷90，中宗三十四年四月三十日。

遣，有何伤乎？”中宗则反驳道：“钦问事，前后论议不一。事大之事，既定之后，不可更议”，若“终至寂然，则天使必谓，我国为皇上之事，何以虚言也？”没有采纳司谏院的建言，“予意非特以中止为难，大臣之议，亦已经定也”①。五月八日，弘文馆副提学崔辅汉等上疏：“遣使钦问，几部中礼，又非时宜。一开其端，后弊难救。谏官所论，实有深意，而诿以已言华使，留难至是，臣等恐亦有妨于乐闻之诚。伏愿殿下，舍已从人，以尽用谏之实。”② 五月十二日，大司宪林百龄等上疏，言辞更为激烈：“今我殿下，虽有好问乐善之名，无反躬自责之实，谓之言路通，可乎？顷者，近侍之臣驳斥台臣者，欲以开言路、振士气，而广以布置腹心为疑；谏止钦问者，欲以祛时弊、虑后患，而反以陪臣惮劳为疑。疑之一端一开，则将至于无人可信，无事不疑，谁肯披肝胆，自处于见疑之地哉？”③

（6）第六阶段（五月十六日至十一月十八日）

虽阻止遣使的声音又一次变大，但遣使钦问已箭在弦上，不可不发。五月十六日，国王正式派出户曹参判郑世虎为圣节使，工曹参判李清为钦问使，兼谢陪臣赐宴。即日，两使同行赴华。④ 朝鲜朝堂上近三个月的大讨论就此画上了句号。⑤ 在京期间，皇帝对朝鲜遣使钦问起居很高兴，“特赐玉龙服一袭，彩缎、绒锦各四匹，用见朕奖答之意。王宜益笃忠贞，光我藩服”⑥。在权橃的《朝天录》中，记载了赴京途中偶遇钦问使李清回国的情形，“（十月）六日，晴。昼歇于石河铺，至高岭止宿。是

① 《李朝中宗实录》卷90，中宗三十四年五月七日。

② 《李朝中宗实录》卷90，中宗三十四年五月八日。

③ 《李朝中宗实录》卷90，中宗三十四年五月十二日。

④ 《李朝中宗实录》卷90，中宗三十四年五月十六日。

⑤ 笔者注意到，本应当是谢恩兼钦问使的李清，出发之时却成了钦问兼谢恩使。笔者所见材料均未记载其发生变化的过程与原由，但由谢恩使向钦问使的变化，是值得我们思考的。

⑥ 《李朝中宗实录》卷92，中宗三十四年十月九日。

日，逢圣节使郑世虎、钦问使李清、书状官白仁英于道，下车暂话而别”①。十一月十八日，国王“引见钦问使李清于思政殿”②，可见李清一行至少于当日前回国，由此推算，李清一行用时全程近半年。

3. 第十二次（壬寅宫变）

嘉靖二十一年十月，皇宫中发生了骇人听闻的壬寅宫变，十几个宫女谋杀嘉靖皇帝未遂。同年十一月十七日，壬寅宫变的消息传至朝鲜，中宗观千秋使书状，“中原之奇，至有骇愕”③。十一月二十四日，又观冬至使书状，有“仍示朝鲜国使臣，令知所以”，以及“宜即差人，驰报国王，划即问安可以”之语，所以国王认为“进贺之使，故所当送，而钦问使，似亦不得不送”。领议政尹殷辅回禀：“进贺使，一不可不送，但云帝已康宁，则不必送钦问使也。”中宗答道：“皇帝虽已康宁，外国则随所闻为之，岂有久近哉？别送钦问使，似为有弊，制钦问表笺，兼付进贺使何如？”大臣们都同意让进贺使兼问起居，同时提出需要尽快派遣使节。④很快，一个月后，十二月二十八日，以工曹参议金益寿为钦问使，佥知中枢府事郑大年为进贺使的两批使团，同时出发。⑤入京途中，遇大雪天气，耽误了行程，直到三月七日，使团才到达北京。三月十七日，嘉靖皇帝对钦问使前来很满意，向使臣颁布诏书，“朝鲜国王具恭问起居，并献诸方物，足见忠敬，朕用嘉纳。其赐龙衣一袭，彩段、绒锦各四匹。写敕奖答，礼部知道”。第二天，还赐宴朝鲜使臣，令礼部侍郎侍宴。

---

① 权橃：《朝天录》，《燕行录全编》，桂林：广西师范大学出版社，2010年，第1辑，第3册，第433页。

② 《李朝中宗实录》卷92，中宗三十四年十一月八日。

③ 《李朝中宗实录》卷99，中宗三十七年十一月十七日。

④ 《李朝中宗实录》卷99，中宗三十七年十一月二十日。

⑤ 《李朝中宗实录》卷99，中宗三十七年十二月二十八日。

三月二十五日，离京。[1] 六月十日，使臣手奉嘉靖皇帝敕书回国，中宗国王亲自出宫迎敕。[2] 当天，中宗格外高兴，下旨道："遣使起居，乃是臣子之职分；承恩稠叠，反蒙殊尤之宠光。其在前古而未闻，合与臣邻而共荷。特赐在位者，各加一资，资穷者代加。" "推恩及下，均施庆赏之行；在朝同欢，永享休明之会。"[3]

中宗一朝共遣钦问使两次，均在嘉靖年间。一因嘉靖南巡，一因壬寅宫变。嘉靖南巡时，朝鲜君臣对是否派使曾有过很激烈的讨论，但在中宗国王的强烈支持下，钦问使还是派了出去。嘉靖皇帝对朝鲜派使钦问十分满意，认为朝鲜君臣事大以诚，额外给予了很多赏赐。朝鲜君臣上下得到皇帝表彰后，无不感恩戴德。此后，钦问使就再也没有派出过。

钦问起居使信息统计表[4]

出使时间	出使信息			
	出使人员	出使时间	事由	钦问使品秩
第一次（永乐八年，太宗十年）	韩尚敬；元闵生	五月二十四日至九月三日	车驾巡幸北方	（西川君）户曹判书
第二次（永乐十一年，太宗十三年）	权跬；吕称；张有信；陈遵	三月二十七日至十六日	将幸北京	（吉川君）知议政府事
第三次（永乐十一年，太宗十三年）	权永均；任添年；崔得霏；郑允厚	四月十日至七月十六日或二十八日	同上	皇亲
第四次（永乐十二年，太宗十四年）	尹子当；元闵生	六月二日至九月二十一日	领兵百万北征	（漆原君）

① 《李朝中宗实录》卷 100，中宗三十八年五月八日。
② 《李朝中宗实录》卷 100，中宗三十八年六月十日。
③ 《李朝中宗实录》卷 100，中宗三十八年六月十日。
④ 资料来源于《朝鲜王朝实录》。

续表

出使时间	出使信息			
	出使人员	出使时间	事由	钦问使品秩
第五次（永乐十二年，太宗十四年）	权永均；任添年；崔得霏；李茂昌；吕干	八月五日至十二月四日	同上	皇亲
第六次（永乐十四年，太宗十六年）	金宇	十月十二日至不详	皇帝还驾南京	右军都总制
第七次（永乐十五年，太宗十七年）	权轸	闰五月十二日至七月三十日	下辇于北京	刑曹判书
第八次（永乐十五年，太宗十七年）	任添年；李茂昌；崔得霏；宋希璟	六月十二日至不详	同上	皇亲
第九次（永乐二十年，世宗四年）	韩长寿；崔云	六月一日至九月九日	皇帝北征	判中军都总制府事
第十次（永乐二十二年，世宗六年）	玄贵命；史舟京	六月十二日至十月六日	皇帝动驾北征	中军同知总制
第十一次（嘉靖十八年，中宗三十四年）	李清	五月十六日至十一月十八日	南巡湖广	工曹参判
第十二次（嘉靖二十一年，中宗三十七年）	金益寿	十二月二十八日至次年六月十日	壬寅宫变	工曹参议

仅有谈论未成行信息统计表①

时　间	事由	结果
第一次（宣德三年，世宗十年）	宣德北征	遣送进贺使与谢恩使
第二次（正统十四年，世宗三十一年）	土木之变	遣送登极使与陈慰使
第三次（正德十二年，中宗十二年）	正德北游	无

① 资料来源于《朝鲜王朝实录》。

既无讨论也无遣使信息统计表①

时　　间	事　　由
第一次（宣德元年，世宗八年）	平定汉王反叛
第二次（宣德五年，世宗十二年）	出巡塞边
第三次（宣德九年，世宗十六年）	率师巡边，出居庸关至洗马林
第四次（正德十三年，中宗十三年）	北游塞外
第五次（正德十四年，中宗十四年）	平定宁王之乱

四、钦问使相关的几个问题

对朝鲜王朝遣派钦问使的历史情况进行一番考订之后，笔者不由想到以下几个问题。首先是钦问起居使的派遣流程，因何而派，派什么品级的官员，以及所带哪些贡物等。其次是不同时期朝鲜所派钦问使的所体现的不同特征。然后是钦问使最终消失的历史原因及其与清代问安使的异同。最后通过嘉靖南巡遣使这一具体历史事件中，折射出哪些矛盾，这些矛盾是如何影响到钦问使派遣的。

（一）钦问使的使行流程

一般而言，中朝两国皆从往来使臣那里获知对方的消息，所以当赴华使节传来书状，告知皇帝即将或已经离宫巡游，那么朝鲜君臣上下就会展开对遣使的讨论。如果大臣们对遣使没有过多的反对意见，那就直接商议出一个人选。如果对遣使这个问题有疑问，并没有掌握皇帝巡幸的确切信息，就会等熟悉实情的使臣回国后，再行讨论遣使。虽然在世宗朝，曾有“皇帝出征，则遣钦问起居使；平定回驾，则遣送进贺使”② 的旧例，但并非每一

① 资料来源于《明实录》。

② 《李朝世宗实录》卷 125，世宗三十一年九月二日。

次皇帝出游就会派遣钦问使，也不是只有皇帝出宫才会派出。永乐年间，不论皇帝是出征还是回驾，所遣送的使臣都叫钦问使。世宗所提的这个旧例，既不符合实际，也未被后代遵行。

至于派何人担任钦问使，据笔者前文考证，朝鲜一共派出了十二批钦问使，其中正使多为六曹官员，既有判书、参判也有参议。太宗朝还多派驸马为正使，此外还派过三批皇亲前去钦问，他们的官职为永乐皇帝所赐。世宗时期则多遣军官前往，为判中军都总制府事和中军同知总制。所派钦问使的官秩不是很高，最高的不过是正二品参判，当然不排除出行前为其加衔的可能性。太宗年间，曾商议是否要派重臣或宗亲为钦问使，但朝堂商议之后，认为“不宜遣宗亲、驸马、大臣以立例也”①。钦问使出发时，会携带钦问表文和贡品。钦问奏本的内容一般比较简单，陈述了从哪位回国的使者那里，得知皇帝巡幸的消息，故遣派何人前去问安。携带的礼物也有定制，不过是一些布料、人参和马匹罢了。而钦问使一行，与其他常派使行一样，也有正使、副使还有通事官等职。

出发之前，国王会亲自或派世子为钦问使送行。进入中国之后，同其他使行一样，钦问使也需要将打探到的情报，通过书启的方式发还给朝鲜国内。抵达北京之后，若皇帝还未回还，他们会一直等到皇帝回京。直到将钦问表与礼品呈献给皇帝，这才基本上完成了本行的任务。有时皇帝还会颁发敕书，这时就会顺便由钦问使带回朝鲜国内。使者在京时间长短不一，一般留京时间在半个月左右，全程时间主要是四五个月。皇亲留京时间一般相对较长。回到汉城后，国王会向钦问使询问中国的一些情况，如果钦问使有敕书带回，国王还会亲自出宫迎诏。

（二）不同时朝钦问使派遣的比较

钦问使的派遣主要集中在李朝太宗、世宗以及中宗三朝，其

① 《李朝太宗实录》卷33，太宗十七年闰五月十二日。

中太宗、世宗两朝所派遣的钦问使都行于永乐年间，其后宣德、正统年间，皇帝虽有巡幸之举，但并未派出钦问使。与之类似，中宗朝也仅在嘉靖朝派遣了钦问使，正德巡游期间，也没有派出。对比这三朝派遣钦问使的具体历史过程，笔者发现不论是在遣使缘由、择使标准还是群臣议论上来看，太宗、世宗两朝与中宗一朝有明显的差别。由此，我们可以将之分为前后两个时期。前期的太宗、世宗朝，钦问使的派遣较为规范，其中尤其是在永乐年间。受到大臣的阻力比较小，所派出的使臣除了大臣之外，往往还会有皇亲另行一路。而后期的中宗朝，打破了钦问使仅在皇帝出巡时所遣的旧例，而且大臣普遍对派使一事持反对的意见。

从遣使前朝鲜朝堂的反应来看，太宗、世宗两朝君臣对遣使钦问大多持支持的态度，没有出现大规模的讨论。使臣带回永乐皇帝即将北征或还驾的消息，国王就会迅速选出钦问使，臣子们也没有反对意见。这可能主要与永乐年间明朝屡次军事活动有关。明成祖即位后，多次北伐蒙古，在安南也展开了战事，还曾下旨朝鲜协助其征讨日本。朝鲜很担心明朝会将战火引入朝鲜，每当有皇帝亲征的消息传来，君臣上下都十分紧张。李朝太宗十三年，贺正史通事林密传来了皇帝准备征讨日本的消息。朝鲜朝堂对此议论纷纷，国王认为“倭人实我国之仇，今若诛之，国之幸也，但道经我疆，是不可不虑”①，大臣河伦甚至希望联合日本来防御明朝。但太宗认为皇帝的征讨行为并非针对朝鲜，朝鲜只要做好相应的一些措施即可，没有必要过于紧张，所以在遣使钦问使之前，另派出了一批使臣探听虚实②。在京期间，钦问使有接触皇帝与朝臣的机会，虽名为钦问起居，想必也兼有探听明朝军事情报的任务。在永乐皇帝的频繁军事行动背景下，派遣钦

① 《李朝太宗实录》卷25，太宗十三年三月二十日。

② 《李朝太宗实录》卷25，太宗十三年三月二十日。

问使也成为朝鲜获取明朝军情的手段之一。

但在中宗一朝，尤其是对嘉靖南巡遣使的问题上，朝堂出现了长达三个月的争论，中宗国王的决策也几经反复。大臣们以藩国与内服不同，遣使不合礼制；钦问使久未派遣，不可轻易重开；使臣往来过多，西北驿路不堪其扰等理由来阻拦中宗不要派遣钦问使，最后甚至以天象异常来劝谏中宗。大臣们所提出的理由当然有其道理，需要思考的是中宗国王为何执意要派遣钦问使。笔者认为，这或许与中宗一朝的政治生态有关。中宗在推翻燕山君的政变中，受群臣拥护而上台，由此中宗一朝臣子势力极大，党派之争也日益严重，中宗国王受制于臣子之手。在嘉靖南巡不久前，金安老一派在党争中失势，新的一批权臣控制了朝政。恰逢嘉靖南巡，中宗国王或许欲通过派遣钦问使在朝堂中树立威信，所以不论谏臣们多么激烈的反对，国王仍然咬紧牙关不松口。当然，在遣使争论过程中，中宗一度处于下风，所幸明朝方面出现了突发情况，才将局势扭转了过来，最后力排众议派出了钦问使。有了这次遣使的经验，利用明朝打压臣子的办法被中宗利用得驾轻就熟。壬寅宫变时，即使派遣钦问使完全不符旧例，也很快说服了臣子。

除遣使的态度不一外，前期所派遣的钦问使中多有皇亲，后则鲜见。这一现象恐怕与永乐帝的朝鲜籍妃子有关，前文提到过，明成祖曾纳几位朝鲜女子为妃，并赐她们的父兄中国的官职。这些人回到朝鲜之后，因是皇帝的姻亲，也得到了朝鲜国王的厚待。他们往往会跟从朝鲜使臣一同赴华。尤其是皇帝巡幸之时，则常常会遣送他们为钦问使，另举一行进京。他们在使行途中，往往会携带很多商品，使驿路人民不堪其扰。不仅如此，他们甚至会在国王没征召的情况下，自行上疏要求赴华。这自然引起此朝鲜官员的不满，司宪府上疏太宗国王："添年等虽受上国之爵，实为本朝之臣。殿下未有差遣之命，而敢求赴京，其心之自恣，从可知矣。”① 但慑于他们皇亲的身份，以及永乐帝对朝鲜妃子及其家眷的宠爱，太宗国王也无可奈何，只能听之任之。但永乐皇帝过世后，这批皇亲失去了靠山，自然也就再未被派出了。

最后，在派出的缘由上，中宗朝出现了一个重大的变化。本来只在皇帝巡幸时才派遣的钦问使，却因壬寅宫变派出。这个异常现象值得我们思考，为何中宗皇帝会不顾原有的制度而强派钦问使，笔者认为这固然与明朝要求朝鲜遣使有关，但更可能是中宗想示好明朝。至于为何以钦问使的名义来派出，恐怕与钦问使之名最贴近探望皇帝的情形有关。虽然钦问使也不合旧制，但勉强与此行目的接近。壬寅宫变之后，朝鲜收到明朝的敕书，要求遣使问安。由此中宗国王就要求遣钦问使入华，此时朝臣并没有质疑遣送钦问使的名分问题，而是认为皇帝已经康复，没有必要遣送使节钦问。但中宗国王拿出了皇帝的敕书，认为不遣使就是违背皇帝的旨意，况且将钦问使与谢恩使同行，也不会加重驿路的负担。壬寅宫变被朝鲜君臣认为是“宫闱之变，旷古所无”②。所以慰安皇帝起居是必派之使，但此使并无前例。钦问使虽然为皇帝巡幸而送，但亦有问安皇帝龙体的职能。所以以钦问使的名义派出，较之其他类型的使行，更符合问安的性质。而且中宗皇帝从上次南巡遣使中得到了经验，嘉靖皇帝是一个乐于接受朝贡的皇帝，朝鲜派出钦问使得到了前所未有的嘉奖，被赐予了敕书、龙袍等物。这一次为了壬寅宫变再次派出钦问使，必然会博得皇帝的好感，结果也正如中宗皇帝预料，嘉靖帝又赐予了朝鲜敕书与龙袍。

通过以上几个具体问题的对比，我们可以发现，前期朝鲜派钦问使多有刺探军事情报的要求，而且有皇亲相随，朝堂对其讨

---

① 《李朝太宗实录》卷 31，太宗十六年五月八日。

② 《李朝中宗实录》卷 99，中宗三十七年十一月二十日。

论不多；而后期派遣钦问使则是朝堂反应热烈，臣子们大多反对派遣钦问使。中宗为了打压臣子，不顾众大臣的反对，利用明朝来压制臣僚，而派遣了钦问使。壬寅宫变还派出了非典型意义上的钦问使，得到了明廷的格外赞扬。两个时期钦问使派遣问题上的不同之处，与所处的历史环境息息相关，不论是朝鲜国内部的君臣斗争，还是中朝之间的国家关系，都是影响到钦问使派遣的重大因素。

（三）钦问使的终结及其与清代问安使的关系

本节主要讨论钦问使最终不再派遣的历史原因，及其与清代问安使的关系。笔者认为钦问使不再派遣必然与后代皇帝没有巡幸之举有关，但更与钦问使派遣性质功能的变化关系密切。壬寅宫变后，钦问使不再局限于皇帝巡幸而派遣，而是成为单纯慰安性质的使行。这样，就可以很明显地发现其与清代的问安使，在使臣功能、名称上有一些类似。前文提到过，部分学者将钦问使与清代的问安使相混淆，认为这是同一种使行。但笔者认为，从现有材料来看，钦问使绝非问安使。钦问使只在明代派遣过，而问安使之行则始于清初。但是，我们也不能忽略两者之间前后相继的关系。下面，我们来讨论这两个问题。

嘉靖壬寅宫变后，钦问使再也没有派出过。究其原因，大概有以下三个方面。其一，钦问使的目的就是慰安皇帝起居，只有皇帝出宫巡游，朝鲜才会派遣钦问使。嘉靖之后的各代皇帝都没有巡幸之举，派遣钦问使也就无从谈起了。其二，中朝两国相距甚远，消息往来不便。尤其是像皇帝出巡这样的偶发事件，很难掌握其出入的确切时间。况且明代皇帝出巡多是亲征，在没有确切消息的情况下贸然派使，可能会出现土木之变那样尴尬的情况。所以，在遣使钦问这个问题上，朝鲜国都是十分谨慎的。其三，据笔者前文考证，钦问使并非只在皇帝巡幸后派出。壬寅宫变，嘉靖皇帝并没有巡幸，但朝鲜依旧派出了钦问使。由此可见，到后来，钦问使的性质开始与陈慰使相混淆，变成了慰问皇帝身体安康的使行，而不再拘泥于皇帝必须要出宫远游。当然，这两者之间亦有很大差别，陈慰使的派出一般针对明朝皇室人员丧亡、皇宫火灾等凶事，而钦问使只针对皇帝，并且是按皇帝要求遣送。所以，后来明廷虽然灾祸连连，但只要没有危害到皇帝身体安危，朝鲜国亦只派陈慰使。总而言之，钦问使的性质在后期有所变化，不再单单局限于皇帝巡幸后遣使钦问，而成为针对皇帝突然情况的使行。明后期皇帝鲜有出宫，而且钦问使的派遣有具体严格的要求，所以不论从哪种角度来看，钦问使不再被派出，也就很好理解了。

接着上面的话题，我们再来思考一下明代钦问使与清代问安使的差别与联系。部分学者将这二者混为一谈，可能是只看到了他们相近似的一面，也就是皇帝出宫则派遣之。但只要我们具体分析，就会发现其中大有不同。清代问安使起源于崇德年间，“皇帝出入之时，例有遣使问安之礼”①。顺治入关后，清朝皇帝多有东巡盛京扫墓祭祖的行动。因此，朝鲜则会派出“沈阳问安使”赴沈阳奉表问安。与明代的钦问使相比较，清代问安使遣使目的比较单一，基本上就是为皇帝回沈阳扫墓而遣，鲜有其他原因。清代皇帝也有南巡的举动，尤其是在康熙、乾隆两朝，多次大张旗鼓地南巡江南。若仿明代钦问使旧例，待皇帝回宫后，朝鲜便该派钦问使。但遍查史书，我们并没有发现派遣钦问使的任何记载。由是可知，清代问安使虽在表象上与钦问使类似，但从本质来看，是两种完全不同类型的使节。我们可以说问安使有钦问使的影子，但如果将其混为一谈，则有失主旨了。

（四）钦问使遣送中体现的三重矛盾

钦问使的遣送往往会引发争议，尤其是针对嘉靖南巡一事上，朝鲜君臣在朝堂上讨论了近三个月，相关决策也屡经反复。笔者认为欲想清晰地把握钦问使遣送中的多重矛盾，不妨从该程

---

① 《清史稿》卷526，中华书局1997年，第375页。

遣使议论入手，先来看看支持抑或反对遣使的双方，分别举出了哪些具体观点，陈述了哪些利弊。然后，再挖掘这些观点背后，体现出的朝鲜国内的君臣矛盾、朝鲜与明朝的两国矛盾，以及天朝礼制体系下的礼与利的矛盾。最后，再来分析这三重矛盾是如何相互交织、共同影响到钦问使遣送的。

在嘉靖南巡的问题上，朝鲜君臣对于是否遣送钦问使的态度十分对立。中宗国王首先提出需要遣送钦问使，但朝臣们几乎都认为不可。检视官员的言语，反对遣使的理由不外乎以下几个方面。其一，不合礼制，朝鲜并非内服，作为藩国没有必要遣使钦问。其二，嘉靖皇帝南巡是为了给蒋太后选墓地，与永乐北伐后遣使性质不同。其三，即使太宗、世宗朝曾派出过钦问使，距今已久，不可贸然重开。其四，若蒋太后真的葬在了湖广，皇帝必然会常去祭拜，若此时开了先例，以后朝鲜也必须次次遣使。其五，西北驿路使臣往来不绝，灾害严重，民不聊生。其六，明朝见朝鲜使臣往来频繁，认为朝鲜并非为了朝贡，而是为了贸易获利。其七，遣使钦问若赴湖广，中国必然不希望外藩窥探内地。这七个方面的问题，我们大致可以将之分为“于礼不可”与“于利不可”两个方面。大臣们反对派遣钦问使时，首先提出的观点是不合礼制，然后再从实际的利益角度出发，认为派遣钦问使于礼无小损，于利有大害。

针对反对意见，中宗国王提出了必须遣使的原因，也就是旧有成例，不可轻易不派，不然明朝归罪起来，朝鲜担当不起。除此之外，对于朝臣们提出的实际问题，中宗认为可以通过将钦问使附于其他使行的方式，减少费用，这样即使皇帝十次巡幸湖广，对于朝鲜也没有什么损害。何况朝鲜遣使事大以诚，待皇帝回京后钦问即可，没必要也不可能至湖广钦问。所以遣送钦问使既合礼，又不会损害朝鲜的国家利益。臣子们对国王的解决方案并不认同，谏官们甚至拿出了天象异常来反对遣使。当中宗国王几乎已经要放弃遣使的时候，得知遣使钦问的事情已告知天使。

这样一来，国王又获得了遣使问题的主动权，以明朝使臣为后盾，即使谏官数次劝谏，仍将钦问使派了出去。

从朝鲜朝堂这次大讨论中，我们可以发现其间存在三重矛盾，也就是前文已经提到过的君臣矛盾、中朝矛盾及礼利矛盾。这场大讨论本身也就是君臣矛盾的产物与表现，中宗国王有利用遣使之事，打压朝臣的嫌疑。前文多次提到，中宗国王在位期间，党争日益严重，多次士祸既影响了朝鲜政局的日常运用，也严重制约了中宗国王的权力。中宗本是一个优柔寡断的国王，朝政易受到两班朝议的影响，从遣使问题的不断反复可见一斑。但在遣使问题上，中宗表现出了超乎寻常的执着。尽管朝臣数次反对，他仍然将遣使的问题一次次摆到朝堂上讨论，希望能够唤起官员的支持。本来朝堂上的反对意见几乎将中宗国王淹没，但最后在机缘巧合下，钦问使依旧派了出去。可见，中宗对于朝廷政事的掌控受到了朝臣很大的掣肘，所以他希望寻求对这一桎梏的突破。从钦问使这件事情中，中宗国王表现出的过分热情，与朝臣背道而行，当是有打压臣子、限制党争的考虑。

除了君臣矛盾外，礼仪与利益的矛盾是遣使讨论中的关键的表象问题。不论是反对遣使的朝臣，还是支持遣使的国王，他们所提出的理由不外乎事大礼仪与实际利益两个方面。但不论是哪一方，都把礼仪摆在了利益前面。具体到遣送钦问使的问题，派遣钦问使旧有成例，也就是说是符合礼制的。但是朝臣在反对遣使的时候，仍然大谈藩国不可比之内服，遣送钦问使不合礼制。可见礼制问题在朝鲜政坛上的分量很大。但是礼仪真的有利益重要吗？依笔者看来，不论是国王还是臣子，都不过是用礼仪的旗号来打压另一方罢了。但是，以礼仪为甲胄，再结合国王个人考量，的确会直接影响到遣使问题的走向。大臣们在礼制问题上不占优势，但从实际利益出发，派遣钦问使的确增添了驿路的负担，所以问题的关键点在于驿路疲敝。中宗国王也清楚这一点，提出了将钦问使与其他使行合为一路的方法。这样一来，派遣钦问使就明显占理，但朝臣们的反对意见依然很大，恰中宗国王权力受限，最后还是天使获知该事，才最后确定了遣使。以天使为理由遣使，事实上还是礼制打败了利益，天使在朝鲜代表着明朝。将遣使之事告知天使而不遣，这更是一种不合礼的举动。这样，礼仪的问题就不再仅仅是嘴上说说，而成为了实际的问题，不遣就是不合礼仪，所以国王最后才能借力平息了朝臣的议论。

遣使钦问看似是朝鲜的国事，其实与明朝密不可分。若没有明朝皇帝出宫巡幸，又何谈遣送钦问使呢？同时，也不是每次出巡都会遣使，可见此问题直接受到了中朝两国关系的影响。永乐朝，朝鲜忌惮于明朝的四处征伐，所以每次皇帝出征或是回驾，都会派遣钦问使，而且朝堂上没有反对的声音，甚至是臣子们要求赶紧派遣钦问使。嘉靖十八年的南巡，从大臣的角度来看，派遣钦问使是一件有害无利的事情，所以强烈反对。但是中宗国王自己盘算可以通过遣使树立威胁，打压朝臣的势力，才积极要求遣送钦问使。除此之外，还有数次明朝皇帝已经出巡，但是朝鲜国内并没有遣送钦问使，甚至连讨论的声音也没有。这或许与朝鲜没有探听皇帝出巡消息的动力有关，也就是中朝关系缓和到了一定程度，国王也没有想借题发挥的想法，所以就没有遣送钦问使。更有甚者，中宗第二次遣钦问使，并不是因为皇帝巡游，而是壬寅宫变，前文虽已陈述了产生这种情况的原因，但笔者不免絮言几句，只有中朝关系的密切，才会促使钦问使性质上的变化。

钦问使的派遣实际上就是中朝关系演变的缩影，其间夹杂着朝鲜国内部的君臣矛盾，体现在外的就是礼仪与利益之争。这三重矛盾中，中朝两国关系的变化是影响钦问使派遣的根本因素。中朝关系缓和之时，钦问使派遣的动力就会减轻，反之，则会数遣钦问使。直接决定派遣钦问使的是朝鲜政府，而影响朝鲜政府下令的关键因素是君臣之间的矛盾，若是国王与臣子之间意见相悖，就得看国王与臣子的矛盾如何化解。在遣使问题的讨论上，礼仪与利益是关键武器，朝鲜君臣会以国家利益出发，思考遣使的问题。但意见相背时，摆在明面上的争论，都是从礼制出发，来佐证自己的主张。总而言之，三个矛盾相互交织、共同影响了钦问使的派出。若要具体分析某次使行中何种矛盾实际影响更大，则需具体分析了。

五、结 语

钦问使派遣的次数很少，留下的材料也不多，所以学者对其研究也不够深入。笔者在梳理各朝钦问使派遣的历史过程中，发现了隐藏在钦问使背后的多重矛盾的角力。不论是朝鲜朝堂内部的党争，还是朝鲜对中国的防备与亲近，利用的斗争武器都是所谓的礼仪。而在这些礼仪的背后，却是从实际的国家利益出发。钦问使问题虽小，却能折射出朝贡体制下的朝鲜国，在利益与礼仪之间，如何圆滑地利用礼仪来争取国家利益。也体现了朝鲜君臣利用礼仪相互斗争的历史表象。而且对于中国来说，朝鲜的礼仪事大，似乎也成为维系皇帝正统性的工具。现在中朝关系史的研究尚未深入到各类使臣，多是宏观层面的论述，假使诸如钦问使一类的临派使节都能分析透彻，想必对中朝关系史研究一定有更大的推动。

试论清前期朝鲜士大夫对清朝认识的转变

——以金昌业《老稼斋燕行日记》为中心

中央民族大学历史文化学院　［韩］柳时仙

摘　要：本文以有关金昌业的《老稼斋集》《老稼斋燕行日记》等文集为主要史料，在有关金昌业相关研究的基础之上，系统论述了金昌业燕行的时代背景及其主要活动，揭示了他在燕行过程中对清朝认识的变化过程。

关键词：金昌业；燕行；《老稼斋燕行日记》；清朝；康熙帝

18 世纪初，朝鲜士大夫在一定程度上摆脱了“华夷观”的传统思维模式，客观地肯定了清朝社会所发生的巨大变化。这种变化与国家民族主义有着很深的关系。华夷观的变化总归是自我（自国或者自民族）认识的问题，就是对以他人为他国以及他民族的认识为媒介。当时，在华夷观变化问题上，与朝鲜有着直接关联的国家就是中国。受到朝鲜时代“社会总体想象”的影响，金昌业在 1712 年 11 月 3 日以执行谢恩兼冬至使正使长兄金昌集的子弟军官身份随行，离开汉城开始共 146 天的燕行旅程。

在赴京之前，他已经从父、兄的谈话以及前辈写的《朝天录》和《燕行录》中多少了解了中国的实情。因此，带着对中国的“前理解”去考察中国。而这种“前理解”与当时朝鲜时代对清朝的社会总体的想象又是不尽相同的。尤其金昌业的家族是当时最高的名门望族安东金氏家门，他从小就受到良好的家庭教育。安东金氏于中国素有渊源，金昌业的曾祖父、父亲、叔父以及长兄都曾以正使的身份出使过中国。有此家庭背景，金昌业从小就对中国十分向往。然而，金昌业是西人清西派领袖以及斥和派首脑金尚宪的曾孙，其父也是当时政界的老论派领袖。就他的家世而言，既对清朝有仇恨，又有向往中国锦绣山河的强烈欲望，这当然是当代老论界共同的世界观。跟随对华夷观很彻底的知识分子金昌业的燕行过程，本文重点分析他的所见所闻之中，反映的他对中国的认识和变化，以揭示和丰富对那个时代的两国关系。

一、金昌业燕行时期朝鲜和清朝的时代背景

1. 朝鲜社会状况

从 17 世纪初到 18 世纪的一百年间，朝鲜人对清朝一直怀着仇恨的情绪。崇祯九年（1636，朝鲜仁祖十四年）“丙子胡乱”之后，昭显世子和嫔妃以及凤林大军和夫人，还有斥和论者吴达济、尹集、洪翼汉等大臣作为人质都被抓到中国，同时朝鲜也被对清朝以遵守事大礼维持了朝贡关系。去中国的使臣的主要任务是交纳岁币和方物，这给朝鲜带来了莫大的经济损失。为此，朝鲜表面上具备着事大礼，而实际上“崇明悲清”思想比战争前更坚固，所以呐喊“排清复明”斥和论的声音占支配地位。这种反清思想，不但反映在统治者和知识分子等上层阶层中，而且也蔓延到平民百姓阶层。如此背景下，顺治六年（1649，朝鲜仁祖二十七年）就是从朝鲜孝宗即位开始，以强大的排清思想为根基，兴起了“北伐论”的思潮。然而因重重内部矛盾，加上顺治十六年（1659，朝鲜孝宗十年）朝鲜孝宗的突然去世，使北伐计划随之中断。

“丙子胡乱”后，清朝变成“天子之国”，并成为朝鲜新的统治国。相反地，对于朝鲜而言，面对清朝虽有屈辱性的对应，

却不能成为有尊敬或者追崇的国家。如康熙十八年（1661，朝鲜显宗二年），朝鲜使臣参加顺治皇帝的服丧，而要穿丧服的状况下，书状官权格则以病为借口卧床，拒绝示礼，明显表明了对清朝的反感立场。但是到了康熙二十九年（1690，朝鲜肃宗十六年）以后，朝鲜与清朝的交往，摆脱僵硬的外交关系，开始向友好的文化交流转向。

2. 清朝社会状况

清朝是由中国满族建立的王朝，清朝初期为缓和阶级矛盾，实行奖励垦荒、减免租税的政策，内地和边疆的社会经济都有所发展。至18世纪中叶，清朝经济发展达到了一个新的高峰，国力强大，秩序稳定，至18世纪后期人口已达到3亿左右，史称“康乾盛世”。

在康熙年间，清朝收复了台湾，并与俄国签订《尼布楚条约》，划定了中俄东段边界；平定了回疆、准噶尔等反动贵族的叛乱，还采取了一系列有利于社会经济恢复和发展的措施。如从康熙十年（1671，朝鲜显宗十二年）起，陆续放宽垦荒起科年限，并规定垦荒有成绩，据开垦多少，给予不同的官职，促进了垦荒的积极性。到康熙末年，全国荒地基本上得到了开辟。康熙八年（1669，朝鲜显宗十年）下令废除圈地令。之后，二十四年停止圈地，并规定所圈土地应退还给农民。康熙八年（1685，朝鲜肃宗十一年）又规定民间新垦田亩，“自后永不许圈”，这在一定程度上限制了贵族旗主的经济扩张。此外，还下令将明朝藩王的庄田改为“更名田”，有利于农业的发展。

康熙皇帝为了适应历史发展的需要，进行了一系列的统一战争，使局势趋向稳定。同时，清政府还通过一系列的文治促进了经济、文化的发展，使百姓过上了安定的生活。康熙中期以后，因战乱而遭到严重破坏的手工业也逐步得到恢复和发展。到乾隆年间，江宁、苏州、杭州、佛山、广州等地的丝织业都很发达。尤其是江南的棉织业、景德镇的瓷器都达到了历史新高。到18

世纪中叶，清朝人口大大增加。

总之，随着清朝社会的发展，周边国家关系也日益密切。中国与朝鲜两国在经济（贸易）、文化、外交等一系列的交流越来越频繁，无论是为朝贡还是文化交流，赴清朝的朝鲜使臣越来越多，金昌业就是其中之一。

二、金昌业在燕行前和燕行初期对清朝的认识

1. 金昌业的家族

金昌业（1658—1721），字大有，号老稼斋，1658 年 2 月 2 日出生于郡望朝鲜安东金氏家族，是朝鲜时代中期的著名学者、画家，其为累世簪缨的名门望族，且以节操高尚、学问渊博名于当世。

他的曾祖父文正公讳金尚宪（1570—1652，字叔度，号清阴，石室山人）为朝鲜仁祖时代（1623—1649 在位）是著名的斥和派①的大臣，也是斥和派的首脑，并且是西人党②的领袖。他在隆庆四年（1570，朝鲜宣祖三年）六月初三日出生于朝鲜都城汉阳（今韩国首尔）。金尚宪的生父是敦宁府都正金克孝，3 岁时被过继给伯父金大孝为后嗣。其哥哥金尚容也是当时的著名人物，官职是右议政，“丙子胡乱”时在江华岛殉节。金尚宪有“朝鲜的文天祥”之誉。

金昌业的父亲金寿恒（1629—1689）是朝鲜中期文臣，字久之，号文谷，诗号文忠，在朝鲜孝宗、显宗时期做过许多官职。还在朝鲜肃宗（1674—1720）在位时期，当过领议政。顺治三年（1646，朝鲜仁祖二十四年）经过司马试，顺治八年（1651，朝

---

① 斥和派：以性理学派为主，主张重视对明朝的大义名分。即明末清初，主张与明朝保持友好的关系，并与清朝无法结合事大关系，而排斥清朝。

② 西人党：朝鲜宣祖八年（1575）出现的政党。分为东、西两党，西人党是其中之一。

鲜孝宗二年）应试谒圣文科，为状元科举。顺治十三年（1656，朝鲜孝宗七年）又在文科重试为乙科科举。经过正言、校礼等清宦职，晋升为吏曹正郎、大司谏。顺治十八年（1661，朝鲜显宗二年）成了吏曹参判，次年特晋到大提学。

康熙十三年（1674，朝鲜显宗十三年），孝宗妃（仁宣王后）去世，因围绕慈懿大妃（仁祖的继妃）的服丧问题西人派与南人派之间两次引起有关礼法的争论，在第二次发生礼讼时与金寿兴一同主张“大功说”，然而南人派所主张的“期年说”被采纳。康熙十四年（1675，朝鲜肃宗一年）被任命为左议政，却因尹鑴、许积、许穆等的攻击下，又被革职付处（流放到偏远边地）到原州，次年释放后，再次付处到灵岩。康熙十九年（1680，朝鲜肃宗六年）当上领议政，康熙二十年（1681，朝鲜肃宗七年）当过《显宗实录》编纂总裁官，康熙二十八年（1689，朝鲜肃宗十五年）由于已换局，南人派在掌权，他就被流放到珍岛，后被赐死。文集有《文谷集》，编著有《松江行状》。

父亲的遭遇，给金昌业和他的兄弟带来了极大的痛苦和悲伤。受此影响，除了长兄金昌集外，其他兄弟都因此退了官。仲兄农岩金昌协、三兄金昌翕，加上两个弟弟金昌缉和金昌立都曾经是进士，被视为当时著名的道学家以及写作家，称之为“六昌”。

康熙三十七年（1698，朝鲜肃宗二十四年），由于朝鲜连续灾年，百姓挣扎在饥饿中，为此，清朝拿出粮食三万石送给朝鲜。其中一万石是无偿，两万石是以贸易的方式。18世纪，清朝进入稳定与强盛时期，随着这种稳定的国家威望，成为大国形象。康熙五十一年（1712，朝鲜肃宗三十八年）和次年，两国使者往来，清国的《全唐诗》和《古文渊鉴》传到朝鲜，朝鲜的诗文也带到中国，形成了良好的文化交流。此时的使臣之一就是金昌集。金昌业的燕行就是在这样的背景下展开的。

2. 金昌业对中国的渴望

金昌业的家族与中国有很深的渊源。在金昌业的家族中，金尚容（1561—1637，字景择，号仙源、枫溪，诗号文忠）是以圣节使的身份，曾经在明朝万历二十六年（1598，朝鲜宣祖三十一年）被派往中国。除了金尚容以外，金氏家族有多人次作为使节被派往中国北京、沈阳等地。

金昌业的曾祖父清阴金尚宪，以丙子胡乱的斥和大臣被抓到清朝，被流放到沈阳长达六年之久。利用燕行的机会，他们迅速地接触吸收了各种新的学风。对从小在有中国书籍和山水画的家庭环境里长大的金昌业兄弟们而言，中国具有莫大的吸引力。金昌业常埋怨在朝鲜的偏东边所出生，为见不到中国的山川而惋惜。就在松溪安静生活的时候，赋予他使行中国的机会为何不高兴？正如在日记中所叙述的：

伯氏为冬至兼谢恩使。时伯氏大病新廖，子弟一人宜随往，且吾兄弟，皆欲一见中国。于是，叔氏欲行，已而止，余乃代之，以打角启下，一时讥谤哗然，亲旧多劝止。余诙谐曰孔子微服过宋，为今世通行之义，吾何独不可乎，闻者皆笑。①

在其父文谷金寿恒去燕行过了整整60年之后，就是康熙五十一年（1712，朝鲜肃宗三十八年）十一月三日，长兄金昌集以谢恩兼冬至使为遂行使节正使赴京时，有了以子弟军官身份随行的机会。原本预定是三兄金昌翕以替代64岁患重病的伯氏为子弟军官身份随行。然而，他却无缘无故地放弃了此行。于是，金昌业抓住此机会，志愿替三兄随行。当时，家族人和朋友都极力反对他随行，反对的重要原因是认为他年纪大。当时的金昌业已经54岁，以这种年龄为子弟军官身份去国外旅行是个问题。但是他非常想了解中国，去中国的欲望很强烈、态度很坚决，谁

① 金昌业：《老稼斋燕行日记》卷1《综录》，其中引用了六月二十三日的日记。

也无法阻止他的决心。

将要燕行的昌集、昌业两兄弟在边界附近，对前来送行的兄弟以及子女们告别，吟诗表达当时的心情。金昌集燕行前所作的汉诗《辞家》现存《燕行熏篪录》中，诗云：

老境如何京国违，庙庭辞出倍依依。家人脉脉惟临户，儿女区区欲挽衣。蛮貊虽渐仗忠信，色辞何用见几微。年年固疾休相念，应藉君灵得好归。①

诗中表现了金昌集以正使身份出行，他虽60岁高龄，但为了朝鲜国王，忍受离别的痛苦和病痛的折磨，也一定要完成任务的决心。金昌集赴京目的与金昌业是不同的，一致的是对待清朝的心态，都有“小中华”意思。

金昌业有诗《大有》记：

自幸悬弧计不违，出门何用漫依依。百年古匣防身剑，七尺衰躯短后衣。壮士宁能守蓬户，儿时固愿戍金微。从他举世皆嘲笑，万里幽燕遍踏归。②

这首诗表达的是，金昌业把燕行作为一生的愿望，虽然是以子弟军官身份，乃至穿武馆制服不自然，却决心宁可被众人嘲弄，也要走遍北京各处以及沈阳等地。他的兴趣在于对当时逐步趋向稳定的清朝政治现实的了解，还要仔细观察中国的山川与风貌，同时也要广泛地了解清朝的文化。

3. 金昌业在燕行前和燕行初期对清朝的认识

金昌业生活的17世纪，正是中国明朝与清朝交替的时期。受此影响，邻国朝鲜也经历了社会变化。对朝鲜而言，认为是所谓真正的世界中心“中华”已消失，女真族“胡狄”取而代之，不可思议地自封为世界的中心。这使得朝鲜不仅经历了“中华秩序”的瓦解，而且如同原以为在“壬辰倭乱”时所牢固的救援

---

① 金昌业：《燕行熏篪录》之《辞家》，第66页。

② 金昌业：《燕行熏篪录》之《大有》，第67页。

军盟国明朝也一同瓦解的沉痛。更受打击的是，朝鲜统治者国王与“胡狄”战争，遭到“三田渡耻辱”的打击。明朝正统性中华的消失，无论在学问或者文化上，都促使朝鲜强化了中国正统性的“小中华”意识，巩固以尤庵为中心的性理学思想。

由于朝鲜社会面对清朝的这种“小中华”意思，加上金昌业家世的影响，必然会对他个人的意识有所影响，成为他燕行前和燕行初期对清朝认识的主要影响因素。这是因为一个人对异国现实的描述，不能脱离其所属社会的集体想象。由于社会的集体想象对金昌业的影响，赴清之前在他的思想里已存在着对清朝统治下的中国和中国人的成见，燕行初期在他心里的“小中华”意识占主要位置。所以，在燕行初期，每当见到中国人时，就反复质问对朝鲜衣冠的看法，这在壬辰年十二月十日的日记中，有关服饰的记录上可知一斑。如“尔见俺衣冠好?”“你见俺们衣冠如何?”“我辈衣冠如何?”他们回答说：“好者。如吾所着，其可谓衣冠乎?”①

如果金昌业对自己的衣冠文化没有信心，就绝不能这么反复询问，可能他对本国的衣冠文化，尤其是衣冠制度很满意。然而他的这种自豪感，随着时间的推移渐渐发生了变化，逐渐呈现出向往清朝官服制度文化的倾向。

金昌业对清朝认识发生变化的最大因素是家族和周边环境，当时在朝鲜不论朝野两派持有“大明义理论”与反清性“北伐论”，它们占有绝对的主要地位，当时大多数知识分子受此影响。尽管朝鲜人在表面上只能采取“事大”的形式，但内心比任何时期更具有强烈的尊明思想以及“小中华”主义的自尊意识。尤其是金昌业本身就是斥和派的子孙，曾经授业于“北伐论”的中心人物尤庵宋时烈门下，他对清朝的认识，在燕行前和初期属于典型的大明义理论者的范畴“小中华”意识。

---

① 《老稼斋燕行日记》卷2，1712年12月10日。

三、金昌业在燕行过程中对清朝的认识转变

1. 与中国文人的交流

在朝鲜后期的《燕行录》中，与中国文人交流所记录的笔谈占重要位置。从古到今，虽然韩国和中国在口语上体系完全不同，但在文字上是可以沟通的。语言是文化象征性的存在，也是文化交流的媒介。文字不同于口音，是经过思考和整理产生的。《燕行录》是中韩两国宝贵的文化交流与珍藏着文学性接纳关系的典型。特别是在金昌业的《老稼斋燕行日记》里，有几次叙述与清朝文人（年轻秀才）交流的记录。他与文人的交流中，在历史、文化、人物、风俗、文学、服饰等关注度宽广，以诗作答，通过文学进行精神上的交流。同时，他们还交换书籍、书画、花卉等以交流感情。他还与僧人、年轻人、商人、农民等有广泛的接触，从与对他们的交谈中了解清朝人，也了解清朝社会。其中与他最重要的交流对象是汉族文人，金昌业把他们通称“秀才”。

如前述，金昌业是郡望家族出身的士大夫，虽然已 55 岁年龄，但非常谦虚、低调。他与中国年轻人交流的目的，是想通过他们了解中国，也预测朝鲜的未来。金昌业把与秀才的见面作为重要关心事之一，这种态度被后代的洪大容、朴趾源等燕行使者所继承。他在燕行中与中国年轻人的交流，在《老稼斋燕行日记》中所记录的很多，他特别珍惜与他们维持关系，包括秀才康田、郭廓庵、郭如栢、李元荣、赵华、杨澄、程洪等人，以及在北京相识的马维屏、王之启。

康田是金昌业在峰山店遇见的秀才。在十二月二十四日的日记中可见：

夕有一秀才人来，余游坐炕上，问姓名。答贱姓康名田字惠

苍。问我何姓答贱姓金，仍，问来这里何干，答看贵邦人物彼。①

郭如栢是金昌业在山海关所见到的秀才，因金昌业稍会中国语，能与他交流。夜间在山海关去过书市，卖书画的人很多，他们大部分是秀才，行止端雅，把自己介绍称官备生的就是郭如栢。他们的对话如下：

问俺们衣冠，你见可笑否？答各朝制度，其人曰。邸中近体，余问近体是何语，即书曰，体即作也。余遂觉其求见所作，而一露咏诗，率多触讳之语，故遂以东关所作一绝书示。其诗曰："客从东海向燕京，乡月随人处处明。卧算关门明日入，戍楼南畔听涛声。"其人见诗，点头吟讽。又熟看，余曰："熟看何意。"答曰："意欲一和。"遂索纸，使傍立少年书之曰："文物衣冠莫如京，愿随骥尾启文明。未窥全豹偶相见，可忆当年弦诵声。"②

郭如栢在诗中肯定了金昌业对本国衣冠的自豪感。在初见以笔谈所相交的座位上，中国人赞扬朝鲜文人的诗，金昌业认为是以惯例性的客套话，但两个人之间的关系已体现其中。

金昌业在北京交往的文人还有李元荣、赵华、杨澄。在北京时，有个"胡人"邀请他到家，进屋时所见的人就是李元荣。据说，李元荣的曾祖父是清世祖的驸马，曾做过礼部侍郎，其父是一等伯爵。李元荣是《一通志》的编修官。通过与他的见面，使金昌业接触到北京贵族们的生活。他在日记里叙述与李元荣的相交是最深，见面的印象也最深刻。他们成了忘年交，相互交换纸、笔、墨，互相赠诗。金昌业在诗中说："燕官投来岁亦穷，夜深孤坐烛花红。同来伙伴相劳苦，共说家乡若梦中。"③

李元荣赞赏金昌业的诗与唐代的致颂词风格一样，随后送给

① 金昌业：《燕行日记》卷3，壬辰年十二月二十四日。

② 金昌业：《燕行日记》卷3，壬辰年十二月十八日。

③ 金昌业：《老稼斋集》第三册，第19页。

金昌业律诗和绝句数十首，以纸印刷的两张，跋文是当代名人所写的。金昌业在日记中还叙述了李元荣住宅的装饰，描绘了有地位的中国人的日常生活。有一天，李元荣到金昌业所停留的宿舍玉河馆找金昌业，要想见他写的诗。于是金昌业把海棠花、梅花、纸菊所吟咏的七言绝句三首和《玻璃瓶小鱼》五言绝句一首写给他看，李元荣对此赞不绝口。金昌业与李元荣的相识交往，主要是通过唱和诗，在文化上交流。

金昌业在北京另一个深交的文人叫赵华。他是皇帝身边的人物，主要处理与蒙古有关的事情。金昌业与文人交流时，把他们分成胡人（蒙古族）、满族人、汉人，而李元荣和赵华都是满族人。赵华为了想见金昌业，曾多次派他的家人前去邀请，却由于他是满族人，并且以来历不明为借口，曾几次被金昌业拒绝。后来正好与王四①一起游览北京时，路过赵华家，于是在王四牵线下，两个人才在家里见了面。金昌业说明了因病为借口未见赵华的原因，他听后很客气地迎接金昌业。双方也互相交换诗作。不过，金昌业的态度仍很小心谨慎，原因可能因为他是皇帝身边的人。

杨澄是金昌业与赵华相互笔谈时，偶尔代笔跟金昌业互答的文人。大约有50岁，好像杨澄是赵华的老师。在某种意义上，金昌业觉得对自己最适合的朋友就是此次相见的杨澄。杨澄被金昌业认为是能倾诉自己人生观的朋友，他为杨澄留下有燕行诗，如：

短褐余姚容，楼楼燕市间。虞翻懒就壁，严子忆归山。

竹箭东南美，烟波岁月闲。十岩与万壑，何处掩荆关。②

金昌业回国路上，在角山寺见面的秀才叫程洪。他们用诗文互相交谈。在燕行行程中，他曾与许多秀才以文会友，程洪是其中之一。他把石碑上的韵字作诗送给程洪，程洪说，诗句很美，

① 王四：管理使行使臣日程的甲军，也是金昌业与赵华拉线的人物。

② 金昌业：《老稼斋集》第三册，《寄杨澄》第32页。

但他平时未学诗文，不理解诗句的奥妙。便问金昌业“如玉其人独闭门”之句何意？对他的询问，金昌业回答道：“《诗经》里的‘如玉其人’，指你而言。”程洪又问“‘如玉其人’与‘其人如玉’乃人如玉其之意”，又问此诗句倒过来或许是否语法不对。金昌业答道：“此语法古诗常见也，无暇回答证明来路，请后日读古诗后，自寻查答矣。”

总之，金昌业在燕行过程对中国文人的交流中，结识了知心又聪明的朋友，发挥了自己的文学优势，也掌握了文化交流的要领，增进了中朝两国的文学交流。

2. 对满族人的认识转变

朝鲜燕行使臣对满族人的认识转变有一个过程。17 世纪的燕行使臣，由于受到“华夷观”影响，将满族人视为“蛮夷之族”，言语中多有蔑视之意。他们还描述了清军野蛮的暴行，揭露其人性残忍的一面。直到 18 世纪后期，通过燕行中的所见所闻，对满族人的观念有了彻底的改变。在他们的文笔下，满族人形象开始具有正面色彩，这集中体现在满族人的强壮、顽强的生命力以及擅长骑射、崇尚武力等，还有皇帝的形象等方面。

对满族人的认识转变，就是始于 18 世纪上半叶燕行的金昌业。虽然不是完全转变，但燕行过程中的所见所闻所感，尤其是和满族人的相识，让他在一定程度上改变了对满族人的认识。在《老稼斋燕行日记》中，金昌业起初对当时满族人的印象大部分是负面的，对汉人却很少有负面的描述。在燕行过程中，他慢慢改变了态度，对满族人的认识转为肯定的态度。

金昌业在初期的日记里描述满族人的时候，总是使用具有负面意义的称谓“胡人”，只有在下面的情况使用清人（清朝人）：一个是在交谈中直接问中国人，即汉族人还是满族人的时候，另一个是称“阁老”的时候。如“清阁老二人”“清阁老一松柱温达”等。前者反映了金昌业在中国人面前总忌讳“胡”字，后者反映了读书人对官员的尊重，尤其是高级官员称“阁老”。但可以肯定的是，他对清朝的反感没有消失，他在二月六日的日记中这样描写道：

温达短小，容貌古怪而有猛意，面赤须髯少，一目眇。……克登为人小，而眼前英气，语时如笑甚慧黠，亦非雄伟人。……尚书清人，而身小眼有精神，举止轻率。①

这里的语句中，金昌业就带着强烈的反感色彩，家庭的影响体现在了他的脑子里，“小中华”意识很强烈。这种思想在燕行前和燕行初期都有所体现。

但从燕行中期开始，对满族人的认识慢慢改变成正面形象。在一月十七日的日记中，他的描述如下：

尝闻此国人多欲，近来无纪纲，百事皆以贿成，今来见之，亦不如此矣。此国人，心明量大，非事则虽极有口才辩以肴其辞，亦无信听之理，是事则初虽误认，以理争之，旋即解惑。②

此后，在北京期间相识多位文人，在归国路上游览医巫闾山和千山中，又与满族僧人的接触，都使他对清朝的认识和对待满族人的态度发生转变。

清人貌风伟，为人少文，少文故淳实者多。汉人反是南方人，有轻薄狡诈，然或不尽然，清人亦入中国久，皇帝又崇文，故其俗寝衰矣。③

在上述句子中，金昌业对满族人描写是淳朴、诚实、实在。相反，对汉族的评价出现有轻薄狡诈的印象。

总之，18世纪上半叶，随着清朝统治的日益巩固以及清朝社会经济、文化的持续发展，金昌业等朝鲜士大夫对清朝的认识发生了较大转变，在很大程度上已经摆脱了原来“华夷观”的传统思维模式，客观上肯定了中国社会所发生的巨大变化，即：他们在描述清朝统治者时并没有完全褪去否定的色彩，但毕竟在

---

① 金昌业：《燕行日记》卷5，癸巳年二月六日。

② 金昌业：《燕行日记》卷4，癸巳年一月十七日。

③ 金昌业：《燕行日记》卷3，壬辰年十二月二十日。

朝鲜人的文本（文笔）中，已经很少使用“奴酋”“汗”“胡皇”等语汇，所以，受到这种朝鲜“社会总体想象”的影响，金昌业等朝鲜时代燕行使臣就塑造出了“丑陋”“悍麤”则又勇武过人的满族人形象。由此可见，“妖魔化的形象多是作者从优越的本土文化着眼，观看处于劣势的异域文化，并将他者文化中优秀的一面归并为本土文化之下，简化为本民族的成分，同时排斥他者文化，将其边缘化”①。

3. 对康熙皇帝的认识变化

在中国传统社会中，皇帝是统治阶级的代表，他在政治上的作为最能反映出中国社会的本来面目。正因为中国皇帝所占的特殊地位和所起的重要作用，他成为描述中国的游记及其作者们特别关心的对象。帝王们，有的以昏暴君主的形象，有的以开明君主的形象，都被作者展现在读者眼前。金昌业在《老稼斋燕行日记》中，就着重描绘了康熙这个中国皇帝。

在北京期间，金昌业因其身份未能参加所有正式日程，不能见康熙皇帝，只能通过使团一行的描述来了解正式日程的内容和皇帝的形象。他对紫禁城充满了好奇，在尽可能的范畴内，凡是可以允许参加的所有正式活动都积极努力地参加。为此，他比别人付出尤多。他通过间接传闻听到的皇帝形象与自己所认识的皇帝，努力得出自己本身的综合结论。

“皇帝于畅春苑。作离宫十五处，贮以北京及十四省美女，宫室制度及衣服、饮食器皿。皆从其地风俗，而皇帝沉湎其中。”今来见之，与所闻大异。畅春苑南北二百余步，东西百余步，其内岂容置筑十五处离宫乎？环其三面，而终未见屋甍，其不高大，可知。且观其门与墙，制度朴也，无异村庄。窃意此处，与西山玉泉相近，山水之景，田野之趣兼焉，似爱此而来耳。以此

---

① 徐东日：《朝鲜朝使臣眼中的满族人形象》，《山东社会科学》2011 年第 10 期。

观之，其人性禀可概也。①

此上述所言，金昌业之前把皇帝想象成奢侈好色，然而实际与他在朝鲜所闻的大不相同，为此，他重新评价了皇帝。

康熙之俭约，守汗宽简之规模，抑商贾以劝农。节财用以爱民，其享五十年太平宜矣。

如此对清朝政府的太平予以描述，也体现了他自己的态度。

同时，也有“浑厚不足，因多才，故好自用，量狭，故喜欢自矜”的批评，显得很诚恳而毫不保留。还有毫不客气地批评：“颁书于我国，以示序父与题目。所依矜文翰也，召我国人试射，又亲射而鸣鼓。所以伐武艺也，似此举措，近乎夸张。又闻通官之言，恶闻谏诤，峭直之臣，不容于朝，此岂天下之量也。”评价的语言，还包括“试射远人，而无所赉赐，此亦不足贵矣。见此数事则其人长短得失，可知也”②。

金昌业既通过塑造康熙形象来显示出对中国这个“他者”的总体认识，并表现出他个人对中国的情感和思想，也反映了他对有关康熙皇帝的负面形象和认识转为正面的、肯定认识的过程。

4. 认为清朝经济贸易发达

18世纪中叶，清朝的社会经济发展到一个新的高峰，史称“康乾盛世”。在此时期到中国的金昌业也注意到中国发生的巨大变化，尤其是繁华的市肆。他在日记中所描述：

市肆，北京正阳门外最盛。鼓楼街次之。在宫城北，通州与北京几相埒，沈阳、山海关又次之。车马辐辏，百货充牣，两处一样。而上女都冶，山海关为胜。辽阳、宁远卫、锦州卫、中后所、永平府等处又次之。抚宁县、丰润县、玉田县又居其次。而

---

① 金昌业：《燕行日记》卷5，癸巳年二月七日。

② 金昌业：《老稼斋燕行日记》，载《燕行录选集》卷5，韩国民族文化促进会1989年，第41页。

市旗街榜，亦自繁华。①

还在到达通州后所见的市肆盛况，他不惜大量的笔墨予以描述。

例一：

盖渐进京，而岁时往来者益多故也。向北京也，至夏店。东西三百余步，两头设门。门内外人家极盛，是日值虚日，人物填咽。如米谷菜果酒肉及杂货，罗列道上，菜则姜葫葱白菜胡萝卜最多。……再过马起乏，市肆亦盛。路左有画器铺。遂下马见之，三间大屋，各色器皿，充栋盈架，形色种种奇异，不可名状。其中有大器，经数尺，高亦如之，厚唇寸许，外面所施彩画，极其精丽。问其价，一双讨四十金。申之淳、遇阳两人随来，见是器，皆艳叹不已。小香炉二只，制雅而价廉，遂买之。画器铺比屋者凡六七家，而纱窗画屏，极其绮丽。有街上持杂物旗麾者，相属于途。……胡人持书画杂物来卖者颇多，其中紫檀笔筒及紫檀香盒最佳。而其价亦多，香盒，其制方如小柜，中分两格，藏烧香诸具，上有耳可提。所谓紫檀，非我国之紫檀，乃白檀之紫者，出于南方，而尤贵于白檀。②

例二：

从前门而出，路上车马阗咽，而两边列肆，旗榜相映，百货堆积，无非初见之物，左顾右眄应接不暇，有似我国乡客初到钟街中。③

例三：

自内城至土城亦二里许，而市肆人家之盛无异城中。④

---

① 金昌业：《老稼斋燕行日记》，《山川风俗总录》，第4页。

② 金昌业：《燕行录选集》卷3，壬辰年十二月二十六日汉文本。

③ 金昌业：《燕行录选集》卷2，壬辰年十二月四日，汉文本第34页，韩文本第30页。

④ 金昌业：《燕行录选集》卷2，壬辰年十二月八日，汉文本第34页，韩文本第32页。

例四：

左右市肆极盛，车马塞门。[1]

由此可见，金昌业以羡慕的眼光注视清朝繁华的市肆景象。在朝鲜，最繁华的街道就是钟街，金昌业在描写中国繁华的市肆时，反复与本国的钟街做比较，映衬出中国小城市的市肆也非常发达。金昌业赴清朝的1712年是康熙五十一年，正是清朝历史上鼎盛的时期，因此，以他所目睹的繁华市肆景象非常写实。

他如此积极欣赏外面世界的原因是因为经过正阳门，不仅很惊讶于城外市场的繁盛，而且也认为这种繁盛的动力是来自于皇帝的简朴、稳定政治和官僚的清正，他从自己的行政效率的形象中寻找答辩，认为中国的这些繁荣在自己的国家是远远不及而且无可找寻的。

总而言之，金昌业虽然曾是很信奉大明义理的人物，但燕行途中的各种体验，使他逐渐转变了对清朝的认识。

四、残存的小中华意识

虽然金昌业在中国的燕行过程中了解中国，体验生活，很大程度上转变了他对清朝的认识，但正如前文所言，由于自小受家庭和朝鲜社会环境的影响很深，在燕行前和燕行初期对清朝的偏见仍然存在。尤其是他的使行团一行到达沈阳之后，他们的感触更为深刻。

沈阳原是清朝迁都北平前的都城，对使行团而言，犹如踏进了清朝真正的场所，那个曾经是金昌业的曾祖父金尚宪与昭显世子和凤林大君一同作为人质被拘留的地方。进沈阳城，走数百

---

① 金昌业：《燕行录选集》卷4，癸巳年一月八日，汉文本第83页，韩文本第96页。

步，进入往东边的小巷有个密院，东西有厢房，院子浅低矮。据译官们所言，通官金四杰的母亲在此地居住时，“此宅，至丁丑年（1637，仁祖十五年）朝鲜人质所居住的地方，世子馆是如今的衙门”。金昌业的曾祖父金尚宪被拘留的场所为北馆，无人所知。到达沈阳后，他想寻找曾祖父当年的痕迹，然而时光已经流逝了70年，无人知晓。

此时他们的感受，金昌业、金昌集兄弟均以诗吟咏。金昌集言：

邦国遗羞尚忍论，长河欲挽洗乾坤。北庭持节怀先祖，西夏衔纶媿后孙。冰雪窖边遗迹昧，日星天下大名存。惊心皮币来输地，暗傍氊裘掩涕痕。①

金昌业次韵：

天道如今可复论，尚看腥秽满乾坤。长城虚绕蒙恬塞，椎髻无非李广孙。北海看羊地即是，秦关生角耻犹存。呜呼往事询何处，征袖空添抆血痕。②

显然，金昌集的心里还存有当年兵乱的羞耻，吐露出给清朝交纳朝贡的自身处境，这留给祖先和后代的只是羞愧而已。对他们而言，丙子年的耻辱用银河水也很难洗清，是刻骨铭心的苦难。流着血泪赶路的他们，就像当年蒙恬在万里长城前无法阻挡北方的夷狄入侵的现实。

他们兄弟在燕行路中寻找祖先的足迹，为中华（明朝）的崩溃而悲哀，为被迫给清朝缴纳朝贡的现实感到屈辱。在这方面，两兄弟的想法是一致的。然而，他们各自的处境又有所不同，所以心里感受又有一定程度的差异。正使与子弟军官之间使行的目的大不相同，燕行的体验方式也就不同了。如金昌集认为给“胡人”缴纳朝贡感到羞愧，但是一方面他又安慰自己，这是忠诚于朝鲜国王，也是执行道义的事情。于是多次表示崎岖还

---

① 金昌集：《燕行熏篪录》之《夢窩集》，第53页。

② 金昌业：《燕行熏篪录》“次韵诗”，第58页。

是平淡的路或者以臣的气节依然相同，为了报答国王的恩惠必须不顾及生死。相反地，在公事上有所自由的金昌业，却通过燕行过程中表现了一定的立场变化。燕行起初之时，他同样对清朝持否定的态度，固守尊明意识，甚至进入中国境内之后，把自己想象成要杀秦始皇的刺客荆轲。所以，入清时金昌业的内在意识充满着愤怒和羞耻，但在燕京的停留与通过燕行过程中的各种体验，对清朝完全否定的意识在一定程度上得到了修正。总体而论，由于在他心目中早已存在的“北伐论”和“华夷观”等社会集体现象在制约着他的思想，所以依然还残存着“小中华”意识。

结 语

金昌业由于从小开始深受家庭长辈们对“华夷观”的熏陶和朝鲜社会环境的影响，心里存在着对清朝充满复仇感情以及“小中华”的意识，特别是清朝皇帝和满族人的认识在燕行前和燕行初期有着很深的偏见，并持否定的态度。虽然接触中国的山川与文化的愿望很强烈，但他的成长经历使他对清朝的意识属于典型的大明道义论者的范畴。

然而，他的燕行到了后期，便慢慢改变了以“夷狄”视清朝的最初观点。变化的推动力，主要是来自本人的观察和认识，并通过所关注的皇帝形象，得出对清朝社会新的政治见解。他在中国目睹了丰富的物质和灿烂的文化，认识上也产生了极大的冲击。换言之，燕行经历，使金昌业在一定程度上摆脱从僵硬的北伐论与空虚的对明“华夷观”，认识到了发展中的中国，他也因此转变了对清朝的认识。

金昌业此行是非正式的，即是以子弟军官身份参加的，所以旅行比较轻松，这也让他的生活与现实以及政治圈保持着一定的距离，有不同的体验生活。金昌业所燕行的 18 世纪初期，在朝鲜社会曾经有过“大明义理论”在真正文化的自存意识与称作被脱离虚构性名分的觉悟和反省活动的时期。然而这种反省只能在政治圈外的一部分先进的知识分子中，在现实政治圈中仍然绝对重视北伐论和大明义理论。

近年来，由于中国经济崛起和发展，使韩国部分国民产生中国威胁的疑虑心态。当然，这种心态的因素是由多方面的原因造成的，其中最根本的原因就是两国的国民直接交流得少，理解、沟通不够，对彼此的历史文化存在误解。这种误解正是我们历史工作者要解决的课题。

清代珲春副都统衙门职能初探

中央民族大学历史文化学院　王　帅

摘　要：清朝在珲春地区的行政机构曾经历过几次大的变迁，其中最主要的就是清政府为应对沙俄的侵略，于19世纪末将珲春协领升格为珲春副都统的改革。珲春副都统衙门设立后，其职能亦由最初单纯为抵抗侵略而进行的军事部署，逐步扩大到经济、民政、对外交涉等诸多方面。珲春副都统衙门的职能变化反映了东北亚各方势力的冲突与博弈，而清政府对珲春地区的有效管理，以及中朝、中俄、中日关系的发展，使珲春逐渐成为我国东北地区重要的军事枢纽、通商要埠和经济文化交流窗口。本文试对珲春副都统衙门的政治、军事、经济、对外交涉职能进行分析和总结，以探究其对晚清东北乃至全国的作用和贡献，从而为今后我们对边疆少数民族地区的管理提供些许参考。

关键词：清代；珲春副都统衙门；中俄关系；中朝关系；中日关系

珲春副都统衙门是清政府在东北地区设置的驻防八旗管理机构之一，也是管理珲春地区民事、司法、八旗事务的地方行政机构。自光绪七年（1881）清政府正式在珲春设置副都统衙门，至宣统元年（1909）东北新政实施而被裁撤，珲春副都统衙门虽然只存在了短短二十余年，但这一时期正是沙俄、日本等帝国主义列强侵略、蚕食我国东北领土和主权的猖獗时期，故珲春副都统衙门的设置对巩固东北边防，抵御外敌入侵，开发边疆，促进珲春地区的经济文化发展做出了重要的贡献。

对于东北边疆地区的研究，从清代即已经开始。大量相关的官修、私修史书、志书、历史档案等资料流传至今。关于清代珲春地区的史料，在《清史稿》《吉林通志》《清实录》《八旗通志》《大清会典事例》《皇朝文献通考》等文献中多有记载。现存的大量地方志也是研究珲春副都统衙门的重要资料，如《吉林地志》《吉林乡土志》《吉林外纪》《柳边纪略》《珲春史志》等志书对珲春城的建置、官员的任职情况、地理范围以及当地的风土人情都做了详细而具体的描述。

尤其需要指出的是，珲春副都统衙门在具体行政过程中，保留了大量珍贵的档案。珲春副都统衙门的全宗档案涉及珲春地区的防务、旗务、对外交涉、工商业等诸多方面的内容，现收藏于北京第一历史档案馆并由广西师范大学出版社整理出版了《珲春副都统衙门档》。这些档案曾被沙俄军队掠走，苏联史学家对其进行了简单的整理，按朝代、官署和语言分类立卷并装订成册，编有目录。这些珍贵档案对于本课题的研究具有极其重大的意义，但遗憾的是，大多数珍贵的满文档案还在整理过程中或根本就没有整理，本文参考了由吉林省档案馆和吉林师范学院古籍研究所合作筛选汇编而成的《珲春副都统衙门档案选编》，重点对珲春副都统衙门做深入的研究。

国内及港台史学界在近几十年发表了大量的有关清代东北地区八旗驻防问题的论文，兹不赘述。在清代珲春地方政权研究领域，顾松洁的《清代珲春八旗驻防初探》① 对珲春地区的八旗驻防情况进行了深入的研究和阐述；李博的《近代图们江流域国际关系与延边地区军行政机构沿革》② 则对清末珲春地区军政机构

---

① 顾松洁：《清代珲春八旗驻防初探》，中央民族大学硕士学位论文，2007 年。

② 李博：《近代图们江流域国际关系与延边地区军行政机构沿革》，延边大学硕士学位论文，2012 年。

的沿革及其原因、珲春地区的对外交涉问题做出了精辟的分析和总结。但这些论文对珲春副都统衙门的职能和机构组成讨论不多，对于该机构对珲春地区政治、经济、文化建设等方面做出的贡献更是鲜有提及，本文尝试予以研究。

一、珲春副都统衙门的沿革及构成

（一）清代珲春地方管理机构沿革

“珲春，以河得名，与朝鲜庆源府仅隔一江，昼则樵采相望，夜则更鼓可闻。”① 珲春地区与朝鲜、俄罗斯接壤，东濒日本海，地势险要，是我国东北的重要门户。“其南面沿岸有朝鲜国大小城池十余座，东面有色隆额等十四个屯寨，近海有出产人参东珠之山川河流，西面长白山以下出产人参、东珠之河流，皆有水旱路相通。”② 珲春地区物产丰富，海产品、黑貂、野参、东珠等特产驰名中外。特别是野参，其药效更是为世人所重。明朝时东北的女真人便以采参为其重要的收入来源，他们通过向明中央进贡人参以换取赏赐。清朝建立后，珲春因其特殊的地位而被加以封禁。

同时，珲春处于中朝交界，边务繁重，其特殊的地理位置关乎中朝、中俄乃至中日的多边关系、外交政策、边务交涉，越界民人管理等诸多繁难政务。因此，在珲春地区设立由较高级别的军政官员来统辖的行政机构势在必行。于是，清政府于康熙五十三年（1714）设置了珲春协领衙门，又于雍正五年（1727）在珲春添设了副协领。到乾隆元年（1736），因珲春地处边境要地，对外交涉事务繁重，清政府将珲春协领升格为副都统衔协领。吉林将军衙门在为珲春协领奏请加衔的呈文中写道：

---

① 萨英额：《吉林外纪》，长春：吉林文史出版社，1986年，第23页。

② 辽宁省档案馆编：《清代三姓副都统衙门满汉文档案选编》，沈阳：辽宁古籍出版社，1996年，第245页。

宁古塔所属之珲春，远处极边，额兵较少，拟请裁撤副甲，酌（缺文）明珲春原设协领系属三品武职。现有边外交涉会商事件，请赏加副都统衔，俾品秩较崇。现任珲春协领讷办理边外一切事件均臻妥善，拟请赏加副都统衔。嗣准兵部咨照，该将军所请珲春地处边防紧要，酌添官兵，改为八旗保防边疆各等因，应准所请办理。至现任协领讷及珲春协领一缺，于补放时请赏加副都统衔之处，惟系二品职衔应准其戴用，恭候钦定……第查珲春协领系属三品职衔，每与边外交涉通商一切，率以官秩微末无所观瞻，仍恳天恩，珲春协领讷赏加副都统衔，嗣后珲春协领一缺作为副都统衔协领，永为定制。①

由此我们可知，珲春协领赏加副都统衔的原因，即为对外交涉会商时副都统官衔更为尊崇，为人所重视。这也从另一方面证明珲春与俄、朝等国存在频繁的外事往来。

光绪七年（1881），清政府在珲春设置副都统衙门，管理珲春地区的军事、行政事务。吉林将军衙门在奏请于珲春设置副都统的呈文中提到：

阁抄出铭等奏，窃谓设官分职本系因地制宜，而事异势殊尤在因时通变。以今日之珲春而论，实在吉林全省最要之区。体制不尊不足以资镇守，事权不重不足以专责成。拟请添设珲春副都统一员，请旨简放。如蒙持旨允准，应请敕部另铸珲春副都统关防一颗，颁发应用，以昭信守。……该处原有额兵六百名，至珲春与宁古塔地段本有分界，自应仍照原辖。②

清政府在充分研究后，于光绪七年（1881）四月二十八日批复：

吉林珲春地方辽阔，向归宁古塔副都统管辖，相距遥远。该

---

① 李澎田：《珲春副都统衙门档案选编》，长春：吉林文史出版社，1991年，第1—2页。

② 李澎田：《珲春副都统衙门档案选编》，长春：吉林文史出版社，1991年，第8—9页。

将军等请添设大员以资统率，系为因地制宜起见，著照所请添设珲春副都统一员，其应铸关防并支给俸廉等项，改设官缺、建造衙署各节，均著照所议办理。其余未尽事宜，著该将军等体察情详议具奏。①

可见，在不断恶化的边防局势和严峻的国内外矛盾的大环境下，清政府不得不对珲春地区的局势加以重视，直至设立了军府制中仅次于将军衙门的二级军政机构——珲春副都统衙门。

作为清政府设置在珲春地区的军政合一的地方管理机构，为完成清政府赋予它的政治、经济、军事、文化职能，珲春副都统衙门下设了多级办事机构，并编制大量满汉官兵，以保证其日常运行。

（二）珲春副都统衙门的构成

1. 内部办事机构及配置

珲春副都统衙门下设的办事机构主要有左司、右司、边务承办处和印务处。左司掌管财政及官兵俸禄的发放，其下设有司长1员、笔帖式1员、委章京2~3员。右司掌管审判、征调赋役及官缺的审核，其下设有司长1员、笔帖式2员、委章京2~3员。印务处，也称为管档司，掌管副都统的官方印信、保管和起草文书档案，并代表副都统处理日常行政事务，其下设有总理1员、额委笔帖式1员，委笔帖式无定额。边务承办处负责管理珲春副都统衙门与沙俄、朝鲜等国的对外交涉，其下设有总理1员、笔帖式1员、委章京1~2员，委笔帖式无定额。②

2. 下属驻防机构及编制

珲春副都统直辖左右翼两协领，左翼协领下辖镶黄旗、正白旗、镶白旗、正蓝旗四佐领。右翼协领下辖正黄旗、镶红旗、正红旗、镶蓝旗四佐领。八员佐领下辖两翼领催40名、前锋8名、

① 刘锦藻：《清朝续文献通考》，上海：商务印书馆，1936年，第8967页。

② 民国《珲春县志》卷6《武备》，李澎田主编：《珲春史志》，长春：吉林文史出版社，1990年，第152页。

甲兵550名。计自副都统以下，协领、佐领、防御、骁骑校、领催、前锋、甲兵共622名。此外，珲春副都统衙门于光绪十年(1884) 又添设帮办边务事宜衙署于珲春城内。帮办边务事宜署在吉林将军的管辖下，负责珲春副都统辖区内的对外交涉事务。其下设帮办边务事宜1员，无专任，以珲春副都统兼任。编制有帮办行营文案总理1员、会办1员、随同办事委员2员、差遣委员2员、办事官1员、委员2员、书识16名。帮办行营营务总理1员、会办1员、随同办事委员1员、差遣委员2员、办事官3员、委员2员、书识14员。俄文书院洋教习1员、医官1员、医生1员。俄罗斯通事1员、朝鲜通事1员。光绪二十二年(1896)，俄文书院移驻吉林省城。①

二、珲春副都统衙门的军事职能

(一) 辖区内驻防

1. 八旗驻防装备

由上文可知，珲春副都统衙门共计有驻防八旗官兵622名。这些官兵的基本装备如下：

盔甲一百六十一副，弓五百五十五张，撒袋五百八十七分，腰刀五百八十七把，梅针箭二万八千五百一十支，长枪三百杆，帐房一百三十九架，锅一百四十八口，大纛十六杆，旗帜四十杆，鸟枪一百四十杆，抬枪一百杆，炮二尊。康熙五十六年领盔甲、弓、撒袋、腰刀各一百九十，梅针箭九千五百支，长矛枪九十五杆，帐房、锅各四十八。乾隆十七年，三姓拔来弓、撒袋、腰刀各六十，梅针箭三千支，长枪三十杆，帐房、锅各十五。乾隆二十五年，吉林打牲乌拉拨来弓、撒袋、腰刀各二百分，梅针

① 民国《珲春县志》卷6《武备》，李澎田主编：《珲春史志》，长春：吉林文史出版社，1990年，第150—151页。

箭一万零五百四十支，长枪一百杆，帐房、锅各五十。乾隆四十五年，被水冲失盔甲九副。道光六年，移拨阿勒楚喀拉林盔甲、弓、撒袋、腰刀各二十分，梅针箭一千支。咸丰六年，领鸟枪五十杆。咸丰七年，领抬枪二十杆。咸丰九年，领鸟枪一百五十杆，抬枪十杆，生熟铁炮二尊。咸丰十年，领鸟枪一百杆。同治十年，制弓、撒袋、腰刀一百七十分，梅针箭八千七百六十支，长枪八十五杆。帐房、锅各四十二。光绪四年，领鸟枪五十杆。光绪十年，领抬枪一百杆。①

由这些装备可以看出，在第一次工业革命后军事技术突飞猛进的19世纪末，清朝的精锐八旗驻防军队使用的武器主要还是冷兵器和老式枪炮，而这已经难以适应新的军事形势的需要。此外，这些装备于历年携带使用中多有消耗损失，亦不断有调补。至光绪二十六年（1900）俄军侵占珲春时，八旗驻防官兵大部溃散，上述之兵器装备几乎损失殆尽。

2. 驻扎于珲春的吉林练军

随着清末珲春地区边防形势的恶化，原有的八旗驻防官兵远不能满足边防的需要。因此，清政府在东北广设练军以加强防务。吉林练军，始组建于同治六年（1867），分驻吉林各城镇，每处数十人至数百人不等。珲春的练军则始于光绪六年（1880），“以一扎兰马队50名，即演练队，归协领统辖，驻扎珲春城内。是练队于每月一、四、七日由协领率兵开赴教场演练马上放枪，装枪或突冲抄截，或设伏斗引分合进退等式”②。从吉林练军的编制上可以看出其仍然没有跳出旧式营兵制的窠臼，所以这种所谓的练军仍然是传统的旧式军队，其战斗力难以满足珲春防务的需要。下文，我们论述的吉林防军则是清政府为巩固

① 光绪《吉林通志》卷50《兵制》，《中国边疆史志集成·东北史志》，北京：全国图书馆文献缩微复制中心，2004年影印本，第3388—3394页。

② 民国《珲春县志》卷6《武备》，李澍田主编：《珲春史志》，长春：吉林文史出版社，1990年，第155页。

边防而模仿湘军、淮军编制选练的近代军队，是吉林建立新式军队的开始。

3. 驻扎于珲春的吉林防军

吉林防军，又称靖边军，是清政府专为防边而编练的新式军队。光绪六年（1880），吉林将军铭安与帮办吴大澂等奏设吉林防军：

现拟添练马队一千名、步队二千名，分扎珲春、宁古塔、三姓等处，省城亦扎马步队四五百名以资策应。请饬部添拨每月的饷二万五千两，并先行支领半年饷银十五万两，著户部议奏。所请由天津机器局拨给五百斤洋炮二尊、三百斤洋炮四尊、二百斤洋炮四尊、马上单筒洋枪一千二百杆、带刺步枪二千三百杆、洋火药三万斤、洋铜帽二百万颗、洋铅弹子二百万粒，著李鸿章酌量拨给以资应用……所请饬调马匹已谕令岐元等拨给矣。①

吉林防军分驻宁古塔、三姓、珲春等要隘，并以吴大澂为督办边防大员，驻扎于宁古塔。光绪十年（1884），吴大澂调赴北洋，选带马、步三千人随往天津。"其督办边防事宜以吉林将军兼充，帮办吉林边防事宜以珲春副都统兼充。撤去巩、卫、绥、安名目，统名靖边军，分为五路。嗣后有缺，即以旗属余丁补之。帮办驻扎珲春，以直接管辖驻珲中、前、左、右四路并水师。"② 靖边军仿西式军队编练，驻扎于珲春周围各军事要地，对维持珲春地区的稳定做出了一定的贡献。光绪二十六年（1900）庚子事变时，沙俄军队侵入吉林，靖边军中、前、右三路军退至吉林省城，后均被裁撤，左路军情况不详。

光绪三十三年（1907），吉林撤销军府制改设行省，吉林各地驻军也仿照内地模式加以编制，吉林防军被改编为吉林巡防

---

① 《清德宗实录》卷111，光绪六年三月癸未，北京：中华书局，1987年影印本，第2册，第629页。

② 光绪《吉林通志》卷50《兵制》，《中国边疆史志集成·东北史志》，第3519—3520页。

营。巡防营分为前、后、左、右、中五路，其中前路第三营驻扎于珲春，后于民国二年（1913）裁撤并改编为吉林常备陆军第一协。

4. 图们江水师营

图们江水师营系光绪十五年（1889）设置。光绪十五年（1889）十月，吉林将军长顺奏：

吉林、朝鲜以图们为界，此次查出沿江私设桥渡，已饬督理和龙峪商务总局要员章鸿锡，会同朝鲜边界官概行撤毁。仍照章在光霁峪分卡，并西步江分局开市处所对岸设渡，所有来往商民彼此验照，方准放行，以杜漏税及越垦之弊。惟是沿江上下数百里，巡查不易，况俄人现复与朝鲜陆路通商，则我之珲春一带，交涉事件势必更增繁重。臣拟于图们江设立三板炮船二号，上下梭巡，于边防亦不无少补。其炮船一切，悉按本年四月奏设松花江水师营炮船章程办理。至冬令封江之后，即将船上弁兵并酌拨队伍，扼要巡缉，俾臻严密。①

该水师营夏季在图们江上下游来往巡逻，冬季时驻扎于珲春西步江。按《吉林通志》记载，图们江水师营舰船的制造费用由防饷项下开支，修理等相应规定，均按照黑龙江、松花江各营一同办理。图们江水师营在光绪二十六年（1900）庚子事变时被沙俄军队击败，该部官兵将火炮拆卸后弃船退至延吉瓮声砬子地方，又被俄军缴械，最终于是年冬退至吉林省城，即被遣散。

（二）驻守卡伦

珲春地势险要，又属边隘要津，清政府派驻官兵，设立卡伦，专门负责搜检往来客商，勦捕贼匪，递送公文。珲春正南十八里二道河子地方即设有卡伦，原由协领衙门、珲春副都统衙门

① 民国《珲春县志》卷6《武备》，李澎田主编：《珲春史志》，长春：吉林文史出版社，1990年，第159页。

拨派旗署官兵驻守。至光绪十年（1884），珲春副都统依克唐阿改派靖边前路左营马队督队官一员，带马兵十名，驻卡执行职务。此外，珲春尚有“磨盘山卡伦、达尔顾霍卡伦、蒙古街卡伦、嘎哈哩卡伦、哈顺河卡伦、穆克德赫卡伦、蜜站卡伦。以上恩特赫谟特布赫卡伦七”①。恩特赫谟特布赫卡伦即常设卡伦，此种卡伦一年不撤，官兵每月轮换。“珠伦河卡伦、阿蜜达卡伦、佛多西卡伦、法依达库卡伦、哈达玛卡伦、西图河卡伦、呼拉穆卡伦、图拉穆卡伦。以上雅克什谟特布赫卡伦八。”雅克什谟特布赫卡伦即季节性卡伦，冬季撤回，官兵每两月轮换。这些卡伦有的在咸丰十年（1860）《北京条约》签署后划归沙俄，剩余的均于民国初年裁撤。只有二道河子卡伦，因有对外交涉任务，直至民国时仍然存在并委派官兵驻守。

（三）选练兵丁与管理驿站、电报事务

1. 选练兵丁

珲春副都统衙门的军事职能还包括对所辖官兵的选练事务。如吉林新编常备陆军第一协时，珲春副都统衙门便分别于光绪三十二年（1906）二月、光绪三十三年（1907）十月、宣统元年（1909）二月按照官兵册及户口册征拨领催、披甲、西丹数百名。② 其征兵方式亦有详细记载：“领催、披甲系由旗署长官按官兵册征拨。西丹系由八旗佐领按照户口册载合于被征年龄者，冬月传知本旗各姓族长，转令西丹自到本旗报名注册。被选拔后入伍，应兵役三年，期满时退伍。”③ 而将领则另有一套选拔制度：“旗署选拔官缺，令编缺候选人员，射步箭五支，多中者为拟正，次者为拟陪。正陪各一名，由本管将军咨送兵部引见，请

---

① 萨英额：《吉林外纪》，第 45 页。

② 民国《珲春县志》卷 6《武备》，李澎田主编：《珲春史志》，长春：吉林文史出版社，1990 年，第 150—151 页。

③ 民国《珲春县志》卷 6《武备》，李澎田主编：《珲春史志》，长春：吉林文史出版社，1990 年，第 151 页。

旨补放。若拟正者如拟补放，其拟陪一名即为记名。其防御、骁骑校等缺，亦照此例。如在教军场挑放官兵缺额时，则以马步箭六支多中者为入彀。数同者复考。"①

2. 管理驿站

据《吉林外纪》记载，珲春副都统衙门辖区内设有六处卡伦，用以传递公文命令："珲春六十里曰蜜占，七十里曰穆克德和，八十里曰哈顺，四十里曰噶哈哩，八十里曰萨奇库，一百二十里曰玛勒呼哩，九十里曰宁古塔。行旅往来，自裹糇粮，假宿卡伦。间有辎重车辆随地露宿者，名曰打野盘。"② 至光绪七年(1881) 珲春副都统设立时将这些卡伦改设驿站：

哈顺站。设在瑚珠岭南六十里，北三里至汪清河口。设笔帖式一员、领催委官一员、站丁二十名，马二十匹、牛二十只。南三十八里为大坎子站。

大坎子站。北三十里长岭子地方。设站丁十五名，马十五匹、牛十五只。原设壮丁、马牛十只。光绪十四年增壮丁、马牛均五。南四十五里为穆克德和站。

穆克德和站。西北逾高丽岭，至阿什哈岭三十五里。人员设置同哈顺站。

蜜占站。设站丁十五名，马十五匹、牛十五只。南六十里为珲春站。

珲春站。站丁二十五名，其余同哈顺站。③

此外，珲春地区驿站与驿路的条件十分恶劣，"驿站相去不一，或百里，或百余里，或七八十里。三九月间亦必走马，竟日乃得到。行稍迟，或冬月日短，发不早，鲜有不露宿者。露宿必

① 民国《珲春县志》卷6《武备》，李澎田主编：《珲春史志》，长春：吉林文史出版社，1990年，第151页。

② 萨英额：《吉林外纪》，第44页。

③ 民国《珲春县志》卷15《交通》，李澎田主编：《珲春史志》，长春：吉林文史出版社，1990年，第516—517页。

傍山依林近水草。年少而贱者，持斧伐木燎火自卫，或聚石为灶，出铜锅作粥，人将持一木碗啜之。雨雪至无从避，披衣生而已”①。由这些史料可见珲春至宁古塔道路崎岖险阻，交通不便，野兽和盗贼威胁商旅安全，对珲春与外界的经济文化交流也有很大阻碍。这些问题直到依克唐阿任珲春副都统时督修道路以强化防务，才有了很大改观。

3. 电报

光绪十一年（1885）十一月，北洋大臣李鸿章会同吉林将军希元奏请在珲春架设电报线路：“拟由奉天接展陆路电线直达珲春，以通文报而重边防，并请由沪关部库拨借款项，用济要需。”② 清政府很快便同意了他们的请求：

前据李鸿章、希元奏，拟由奉天接展吉林陆路电线直达珲春，当照所请办理。兹据穆图善奏，请饬北洋大臣派员驰往珲春、三姓、黑龙江三处，履勘程途，购备陆线等语，东三省陆路电线自应一律添设，以期便捷。吉林珲春业由李鸿章筹款勘办，所有三姓、黑龙江应如何续设陆路电线之处，即著李鸿章会商希元、文绪、禄彭妥筹办理。原片著钞给阅看，将此各谕令知之。③

随后清政府便在珲春设立了电报局。到了光绪十八年(1892)，经总理衙门议准，珲春与俄境接通电报线，以通国际电报：“总理各国事务衙门奏，俄使商接珲春等处电线，请派大员妥议章程。得旨：著派李鸿章与俄国使臣妥商奏明办理。”④ 后又“以中俄议接海兰泡、珲春等处电线竣事，赏俄使喀希呢、阔雷明及随员巴幅罗福宝星，电报局丹国洋员博来三品顶戴”⑤。此外，清政府还在东北架设了以珲春为中心，北至宁古塔，西北

① 杨宾：《柳边纪略》，哈尔滨：黑龙江人民出版社，1985 年，第 89—90 页。
② 《清德宗实录》卷 219，光绪十一年十一月癸卯，第 3 册，第 1071 页。
③ 《清德宗实录》卷 221，光绪十一年十二月丙寅，第 3 册，第 1089 页。
④ 《清德宗实录》卷 309，光绪十八年三月己卯，第 5 册，第 28 页。
⑤ 《清德宗实录》卷 327，光绪十九年八月戊辰，第 5 册，第 206 页。

至延吉的数百里电报线路，以通达紧急军情。

三、珲春副都统衙门的政治职能

（一）管理司法

珲春地区在部落时代时，诉讼纠纷由各族首领裁决。自康熙五十三年（1714）始设珲春协领后，小的诉讼事件由各旗署审判，以佐领负责。如有不服判决者，则由原审佐领呈送原案于协领再审，或原被告自诉于协领衙门，提案审理。其刑事及重大民事诉讼，则向协领衙门呈请传案审判。凡不服判决者，呈送宁古塔副都统衙门再审，或双方有不服初审判决者，则向宁古塔副都统衙门呈请提案审理。珲春设置副都统后，普通民事诉讼，佐领的初审权维持不变。二审权则属于珲春副都统。刑事或重大民事诉讼初审权则属之副都统，再审权则属之吉林将军。光绪三十三年（1907）改定旗属审判制度时，即于副都统衙门设发审处，设发审委员一人，审理民刑诉讼事件，凡人命案件则属于延吉府。发审处于宣统元年（1909）随珲春副都统一并裁撤。[①] 珲春协领、副都统衙门的审级制度可总结见下表：

珲春司法审级表

时代	性质			
	民事		刑事	
	初审官	再审官	初审官	再审官
珲春协领时期	佐领	珲春协领	珲春协领	宁古塔副都统
珲春副都统时期	佐领	珲春副都统	珲春副都统	吉林将军

① 民国《珲春县志》卷5《职官》，李澎田主编：《珲春史志》，长春：吉林文史出版社，1990年，第135—136页。

审理诉讼案件时，由额委官辅佐佐领审理，由笔帖式辅佐协领审理，副都统佐理官则有左司理刑事，右司理民事，各设笔贴式、司长。所有各司司长均由副都统、协领、佐领挑选文职出身并擅长处理民、刑事务的官员充任，同时由礼部颁满、汉篆文铜质关防。凡刑事判决处死刑者，将军复核时，如发现证据不足或原审不当，驳回原审衙门另为审理。如刑部再核以审理不当或有冤抑之处，仍可驳回重审。此外审理本案不当的笔帖式将被咨送刑部会同吏部议处。原被驳回的案件重审后，再送交刑部复核。刑部复核无误，才奏明皇帝并执行死刑。

（二）管理户籍

珲春副都统衙门属军府制，辖区内满洲八旗人丁均隶属兵籍。旗人每家新增人口，必须于当年秋季向本旗该管佐领登记报告。各旗编制总册，呈报将军衙门，每届三年，同时编制姓名三代清册，转报户部。凡旗人在本旗百里以内，允许自由耕垦，但不准经商。旗人离开本旗超过百里，就要治罪。各族设族长一人，在官府的监督下管理本族事务。据《珲春县志》的记载，至光绪十七年（1891），“珲春八旗册报行差人丁计户一千四百零三，丁口一万零四十三”①，说明截止到光绪中叶，珲春副都统衙门仍然对辖区内的户口有着较为准确的掌握。

四、珲春副都统衙门的经济职能

（一）管理边贸

清政府于光绪十一年（1885）在珲春设置通商局，由珲春副都统衙门管辖，负责与朝鲜的通商事务。吉林将军希元在请示设立珲春通商局的奏折中表示：

① 民国《珲春县志》卷3《民族》，李澍田主编：《珲春史志》，长春：吉林文史出版社，1990年，第103页。

吉林与朝鲜互市贸易，前经议定通商条款勘明，朝鲜会宁府对岸和龙峪设立总局，庆源府对岸西步江为珲春所属毗连俄界，设为分局，又钟城对岸光霁峪设为分卡，拣派委员督理商务，先后由吉林将军会奏，声明该局卡每年应用经费，由臣另行具奏在案，兹准吉林将军咨称，和龙峪等处通商非若奉省中江关与朝鲜义州相近者，可归地方官兼辖，必须多派员役稽查且地接俄界时有函牍往来，亦应酌用翻译通事……刊发总局木质关防、分局卡木质钤记各一颗以昭信守。①

珲春通商局局址在珲春城西南250里的和龙峪，南与朝鲜会宁府隔图们江为界。另于图们江北岸光霁峪设立分卡，南接朝鲜钟城府，距珲春城200余里。西步江分卡则在珲春城西20里，西界朝鲜庆源府，与中俄议定新边界相接。② 该局与沙俄、朝鲜等国互相往来贸易，商务稽查事务一律按照与各国签订的边界条约办理。珲春与朝鲜的外贸因中朝传统宗藩关系之故，清政府特准许朝鲜在边境口岸随时交易，以示优待藩属国之意，与朝鲜所定贸易章程也与其他列强通商章程大有不同。

另外，在《吉林通志》中还有珲春副都统依克唐阿向清政府上报的周边形势报告：

近据咨报，俄人与朝鲜有陆路通商之议。朝之庆兴府与俄镇两处人民彼此往来行迹甚密……朝鲜向来孱弱，近因国中滋衅，会为日人所逼，今俄又设此谋以暗撤朝鲜之门户，恐该国受其愚弄，贪一时小利，殆他日隐忧，此其渐不可不防。为今之计，唯有将吉林与朝鲜通商事宜，亟为举行于招携怀远之中，寓先发制人之意，庶可以阻敌谋而定民志。臣等往复咨商，意见相同，自

① 光绪《吉林通志》卷42《商务》，《中国边疆史志集成·东北史志》，第2988—2989页。

② 赵尔巽等：《清史稿》，北京：中华书局，1977年，第48册，第14607页。

应遵照前次奏定章程派员督理商务，以专责成。诏从之。①

由此可见，虽然清政府仍以天朝上国和藩属国的保护者自居，但对周边国际形势及日本、沙俄的侵略野心尚有比较清醒的认识和警惕，对周边外交情报的掌握也是及时、准确的。这也从另一方面说明珲春副都统衙门的设立对于清政府管理珲春地区乃至整个东北的防务、对外交涉、情报、外贸等事务起到了很大的作用。

（二）征收捐税

珲春副都统衙门在珲春城内设置有课税局，由珲春副都统派员管理，征收的各项税额皆有定制。“杂税额征银一百五十两，土税额征市钱三百二十吊，洋药税额征市钱八吊四百六十二文，洋药捐额收银二十六两一钱四分，货厘捐岁收市钱一千吊，以上共征杂税洋药银一百七十六两一钱四分，征土税洋药税货厘捐钱一千三百二十八吊四百六十二文。”② 从中我们可以看出，课税局对每一种类的货物都有详细的税收额度，可见珲春副都统衙门对辖区内的税收管理是十分严密的。另外，税收作为直观反映一个地区的经济总量和工商业发展状况的晴雨表，珲春地区定制的税额如此微不足道，可见珲春副都统衙门辖区的社会经济发展与其广大的辖区面积相比还是比较落后的。

另据《吉林通志》光绪十年（1884）九月吉林将军希元的奏折：“珲春虽孤悬一隅，东滨海峤，乃山海货物出产之区，所有应纳土税向归省城总局征收，当经行令凡在该处就地销售货物准其照章征收，若运往他处者不准中途截征，其牲畜杂税准其一律照收年终据实报解云云。”从中我们可以看出，光绪十年（1884）以前，珲春出产的土产货物其商税由吉林省城征收，且

① 光绪《吉林通志》卷42《商务》，《中国边疆史志集成·东北史志》，第2988页。

② 光绪《吉林通志》卷43《榷征》，《中国边疆史志集成·东北史志》，第3036—3037页。

各地还会对过境货物层层加征杂税，这无疑是不利于商品流通和经济发展的。而希元则要求将珲春出产货物的商税征收权交与珲春课税局，其税额一次征收完毕后，行销各地不能再加征杂税。这是符合商品经济流通规律的建议，有利于促进珲春地区的商品经济发展和人民生活的改善。

（三）缴纳贡物

珲春副都统衙门负责向皇帝缴纳的贡物分为头次鲜和二次鲜。“头次鲜，鹿尾十盘、肩叉肉十块（长一尺二寸宽三寸）、肋条肉十块（长八寸宽五寸）、臀尖肉十块（长九寸宽五寸）以上四种系由宁古塔、阿勒楚喀、珲春等处呈进。另有稗子米一斛、铃铛麦一斛由吉林将军下辖六城均摊。”① 二次鲜，“鹿尾二十盘（由宁古塔、阿勒楚喀、珲春等处呈进）、山鸡一百只（由珲春、四边门等处呈进）”②。除此之外，还有若干由吉林各城均摊的稗子米、铃铛麦、雕翎等。而姚元之的《竹叶亭杂记》中对吉林贡物种类和数量的记载③与《吉林通志》中大不相同，其原因大概是各地向皇帝缴纳贡物前要上奏贡物种类和数量，由皇帝朱笔圈阅后再奉旨进呈，故每年缴纳的贡物种类和数量多有不同。

（四）管理仓储

珲春仓储建设始于清康熙五十四年（1715），设置“仓官一员，委仓笔帖式二员，管理出入仓谷。岁征兵丁牛具谷一百四十四石。光绪十七年（1891），实存仓谷三千一百六十石”④。光绪

---

① 光绪《吉林通志》卷35《食货》，《中国边疆史志集成·东北史志》，第2573页。

② 光绪《吉林通志》卷35《食货》，《中国边疆史志集成·东北史志》，第2574—2576页。

③ 姚元之：《竹叶亭杂记》，北京：中华书局，1985年，第24—25页。

④ 光绪《吉林通志》卷39《经制》，《中国边疆史志集成·东北史志》，第2585页。

二十六年（1900）庚子事变时珲春失守，珲春仓储被俄军焚毁。而珲春义仓则始建于康熙五十四年（1715），有草房五间。并于“雍正五年（1727），建房十五间，看仓巡更堆房三间”①。后因年久失修，仓舍倾颓，光绪八年（1882）经珲春副都统依克唐阿改建瓦仓房五间，“义仓额存粮两千五百石”②。光绪二十六年（1900）庚子事变时，义仓亦被入侵的俄军焚毁。又据《珲春县志》记载：“清初于宁古塔城内建有珲春义仓十五间，周围土垣，其建年无考。乾隆十二年（1747）曾将原建苫草仓房改建瓦房。”③ 自珲春设副都统至裁撤时，珲春并未对该义仓进行管理，其仓储建筑实已为宁古塔城所有。

五、珲春副都统衙门的对外交涉职能

（一）对朝、对日

辽金时期，我国与朝鲜半岛政权的国界，南至今朝鲜咸兴地区。元朝初年，元政府设东宁总管府于西京（即今平壤），并与高丽王朝划西海道慈悲岭为界。忽必烈时，由于高丽以水师助元军东征日本，元朝将所占朝鲜半岛西北部地区划归高丽，双方才开始以鸭绿、图们两江作为两国的边界。自此以后五百余年双方边界变动不大。有清一代，清政府与朝鲜只进行过两次勘界协商。第一次在康熙五十年（1711），其议发自清政府。第二次在光绪十一年（1885），出于朝鲜王之请。双方两次所争执的焦点则在图们、鸭绿两江发源地无河流作为自然国界，因此需要通过勘界来明确两江发源地的国界。但是“朝鲜臣事中国，当时政府视同一家，勘界之举，亦第分划土疆，俾有封守。故中韩两邦并

① 萨英额：《吉林外纪》，第 98 页。

② 萨英额：《吉林外纪》，第 68 页。

③ 民国《珲春县志》卷 2《建置》，李澎田主编：《珲春史志》，长春：吉林文史出版社，1990 年，第 89 页。

无界约，及他协定条文鲜人，唯供中朝之约束耳”①。正是由于双方全无外交概念，又因近代日本帝国主义的挑拨，遂造成了中韩之间著名的边界交涉问题——“间岛问题”。

图们江流域自朝鲜茂山以下，江岸经流水侵蚀，沟壑纵横。其中处于中朝边界的光霁峪冲沟最长。光绪初年，朝鲜人于图们江北岸将冲沟挖成壕沟，引江水灌入，沟东之地即变为人工水沟与图们江所夹之岛，故名间岛。起初，朝鲜人以租种的形式经营间岛土地，每岁纳租银于珲春越垦局。② 但光绪二十八年（1902），间岛朝鲜垦民请求朝鲜国王派遣官员“保护”，而当时中日甲午战争以中方失败告终，朝鲜实已沦为日本操纵下的傀儡。至光绪二十九年（1903），朝鲜政府特派李范允为古间岛视察使，同时日本殖民当局还命令李范允调查越界垦地的朝鲜人户籍情况和垦地数目，并向珲春副都统春升交涉，称间岛位于中朝两国国界之间，属于争议领土。按国际惯例，由朝鲜人最先耕种，该地理应属于朝鲜领土。③ 朝鲜名义上图谋的是间岛，实质上其背后的日本帝国主义则妄图侵占珲春副都统衙门下辖的珲春、延吉、和龙、汪清等地区，并将之统称为“中间岛”以图混淆视听。珲春副都统春升在清政府的支持下据理力争，同时积极部署军队，将李范允驱逐出境。后至光绪三十二年（1906），日本战胜沙俄并完全控制了朝鲜，其侵略气焰更加嚣张，“遂以界务为词，强名图们江北地方为间岛，附会穆克登碑东为土门之语，别指他水为土门。复藉口韩人李范允之乱，派弁于六道沟等处，声言保护韩民。日弁之在延吉者，与我官兵数相冲突”④。

---

① 民国《珲春县志》卷11《交涉》，李澍田主编：《珲春史志》，长春：吉林文史出版社，1990年，第371页。

② 赵尔巽等：《清史稿》，第48册，第14599—14600、第14607页。

③ 民国《珲春县志》卷11《交涉》，李澍田主编：《珲春史志》，长春：吉林文史出版社，1990年，第372—373页。

④ 刘锦藻：《清朝续文献通考》，第11024页。

为此，清政府特派珲春副都统兼边务督办陈昭常、傅良佐、吴禄贞等相继前往延吉，以应对日本侵略①，双方“相持年余，环球注目”。② 因清政府寸步不让的态度以及国际形势的变化，至宣统元年（1909）秋，清政府外务部与日本特使伊集院彦吉签订《图们江清韩界务条款》七条。条约的文本注明：

中日两国政府声明，以图们江为中韩两国之界，其江源地方自定界碑起，至石乙水为界……图们江北地方杂居区域内垦地、居住之韩民服从中国法权，归中国地方官管辖裁判。中国官吏当将该韩民与中国民一律相待，应纳税项及一切行政上处分亦与中国民同。至于关系韩民之民事、刑事一切诉讼案件应由中国官按照中国法律秉公审判，日本领事官或委派官吏可任便到堂听审，惟人命重案则须先行知照日本领事官到堂听审，如领事官能指出不按法律之处，可请中国另派员复审。③

可见，当时日本及其控制下的朝鲜完全承认间岛地区是中国领土的事实。直至今日，仍有一些日韩官员、学者鼓吹所谓“间岛问题”“间岛地位未定”等言论，但是在国际上掀不起什么风浪，世界上绝大部分国家都承认间岛是中国领土。作为晚清历史上少有的外交胜利，《图们江清韩界务条款》的签订与珲春副都统衙门的设立和对辖境的有效管理是分不开的。

（二）对俄

清代的吉林地区在中俄《北京条约》签订之前东濒日本海，南控朝鲜半岛，地理位置十分重要。咸丰十年（1860），中俄签订《北京条约》，乌苏里江以东领土尽归沙俄。沙俄随即派兵由陆海两路开赴珲春据守沿海要隘。清政府于咸丰十一年（1861）

---

① 《清德宗实录》卷578，光绪三十三年八月丙子，第8册，第649页；赵尔巽等：《清史稿》，第16册，第4642页。

② 民国《珲春县志》卷11《交涉》，李澎田主编：《珲春史志》，长春：吉林文史出版社，1990年，第373页。

③ 刘锦藻：《清朝续文献通考》，第11024页。

派遣成琦等赴珲春细勘边界，最终中俄议定自乌苏里江口向南，上至松阿察河，逾兴凯湖，直至白棱河口，顺山岭至瑚布图河，再由瑚布图河口顺珲春河至图们江口，其东皆属俄罗斯，其西皆属中国。边界共设有界碑八处："当日所设木质界碑处有八，曰乌苏哩，曰松阿察，曰土尔毕拉，曰兴凯湖，曰瑚布图河，曰珲春，曰河源山岭漫岗，曰白棱河。"① 勘界立碑以后不久，沙俄便私自将界牌向我国境内挪移，加之木质界牌极易朽烂，至光绪初年，沙俄已蚕食侵占至珲春河南岸，而军事要地黑顶子山亦被俄军强占。时任珲春协领台裴英阿、笔帖式常寿上奏清政府要求向沙俄交涉归还被占领土。而当时沙俄已在被占之地移民屯垦，双方原有的国界标记已然荡然无存。

因此，光绪十二年（1886）吉林将军希元奏请派遣重臣会勘吉林边界，清政府遂"派吴大澂、依克唐阿前往会勘。将图约参互考证，据以勘定界限。仿照西路办法，重立牌博，以巩边陲而昭信守"②。清政府能顶住沙俄压力毅然有此勘界之举，亦可见珲春地区的边防形势之严峻。吴大澂也在巡视珲春边境后奏云："土字界牌最关紧要，不知何年毁失，遍询土人无从查究。查珲春辖境处处与俄接壤，臣依克唐阿到任后查阅边界，自珲春河源至图们江口，五百余里竟无界牌一个。黑帽子山濒江一带久被俄人侵占……"③ 可见清政府此次会同俄国商议界务，首要目标便是重立土字牌以标明国界，其次则是要收回黑顶子山要地。但交涉时曾亲自参与绘图和竖立界牌的沙俄官员舒利经指出，成琦于咸丰十一年（1861）所换地图上原立土字界牌之处，图们江东有大片积水为标记，江西与朝鲜偏脸城相对，参

① 民国《珲春县志》卷11《交涉》，李澎田主编：《珲春史志》，长春：吉林文史出版社，1990年，第375页。

② 《清德宗实录》卷205，光绪十一年三月癸丑，第3册，第909页。

③ 葛士濬辑：《皇朝经世文续编》（下），台北：国风出版社，1964年影印本，第1124页。

照物清晰，毋庸更易。他还为了佐证自己的观点，举出了咸丰十一年（1861）勘界的交换地图，其中每一界牌有一牌之小图，颇为详细。但吴大澂、依克唐阿等中国官员查明咸丰十一年（1861）所换地图比例尺一英寸系俄国二十五里、中国五十里，而图上土字界牌与海口相距不及一英寸，计俄里二十余里，以中国里数计算约四十五里。而咸丰十一年（1861）《北京条约》内约定："两国交界与图们江之会处及该江口相距不过二十里。"[①]且中俄《北京条约》另附的《交界道路记文》内亦注明："图们江左边距海不过二十里，立界牌一个，上写俄国土字头，并写上界牌汉文，俱按照图上红色为界，因此两国地界既经分清，为此特记。"[②] 可见成琦与俄方在咸丰十一年（1861）所立土字界牌，并未严格按照《北京条约》文本中距图们江口二十里的规定，而是深入我国领土内约二十五里，这无疑有损中国的主权和领土完整。吴大澂、依克唐阿等据此与俄方代表巴拉诺甫反复辩论，巴拉诺甫诡称此处有海滩二十里，他们俄人谓之"海河"，除去"海河"二十里才是江口。吴大澂、依克唐阿等以图们江入海口即海口，中国二十里即俄国十里，沙草峰原立土字界牌，即与《北京条约》的记文不符等不容辩驳的证据驳斥了巴拉诺甫的谬论。

经过再三会商，俄方"始允于沙草峰南越岭而下，至平冈尽处竖立土字牌。以江道计之，两旧图展拓十八里，径直里数不过十四里。臣等派员前往测量，该处距图们江出海之口顺水而下为中国里三十里，计俄国里十五里。陆路直量为中国里二十七里，俄国里十三里半。臣等自奉旨允准后，即约同俄员赴图们江议立界牌之地亲自勘明，将土字石牌共同建立，并用灰土石片深埋竖

① 邵之棠辑：《皇朝经世文统编》，沈云龙编：《近代中国史料丛刊续编》，台北：文海出版社，1980 年影印本，第 2003 页。

② 葛士濬辑：《皇朝经世文续编》（下），台北：国风出版社，1964 年影印本，第 1102 页。

筑，以期经久”[①]。至此，这场围绕着珲春土字界牌的领土争端终于以清政府收回被沙俄非法侵占的部分领土而告终。

在对军事要地黑顶子山的交涉问题上，吴大澂、依克唐阿等反复照会巴拉诺甫并据约与其辩论。巴拉诺甫拿不出切实的证据，故而一味支吾延宕，又在黑顶子山增兵、修筑工事，接通电报，以图长期侵占该地区。但随着土字界牌争议的解决，俄军再无侵占黑顶子山的理由，故而被迫撤军。

勘界大臣吴大澂、珲春副都统依克唐阿通过这次勘界会商，“补立沙草峰南越岭下至平冈尽处土字界牌，距图们江口当中里三十里，又收回黑顶子要地，并补记绘图签押”，[②] 为清政府争回珲春河南及图们江北的部分被占领土。此外，中俄双方还在珲春与沙俄的边界上设立了四处石质界牌，即图们江口三十里的土字牌、蒙古街的啦字牌、俄镇阿吉密与珲春交界处的萨字牌以及瑚布图河源分水岭上的帕字牌。同时双方考虑到界牌之间相距太远，道路分歧，林木丛杂，国界线难以辨别，因此在各界牌之间设立了记号，用以弥补界牌数量的不足。双方设置的“萨、啦、帕各牌，均高五尺，宽一尺五，厚六寸，一面刻俄文字头，一面刻汉文某字牌三字，旁刻光绪十二年四月立字样，四周地基用碎石填筑”[③]。界牌间的记号也用“土筑成圆丘再垫以石块，在土丘上各立小石牌，刻以记号数目，及勘界大臣吴、依勘界等字”[④]。由此可见，清政府所设立的界牌和记号式样统一且十分坚固，有利于明确国界标示和防止沙俄私自挪移国界标志，侵占我国领土。

---

① 刘锦藻：《清朝续文献通考》，第10852页。

② 《清德宗实录》卷229，光绪十二年六月乙酉，第4册，第96页。

③ 民国《珲春县志》卷11《交涉》，李澎田主编：《珲春史志》，长春：吉林文史出版社，1990年，第377页。

④ 民国《珲春县志》卷11《交涉》，李澎田主编：《珲春史志》，长春：吉林文史出版社，1990年，第377页。

通过对珲春副都统衙门及珲春副都统参与中朝、中日、中俄外交、界务交涉情况的论述，可以看出，珲春副都统衙门在清末国家国弱民贫、内外交困的艰难局势下，仍然在区域行政、巩固边防、保卫国家领土完整、抵御外敌侵略等方面发挥了重要作用，并尽力履行了清政府赋予它的各项职能。

结 语

珲春副都统衙门存在的时间虽然只有短暂的28年，但通过对其办事机构、人员构成及职能的分析和阐述，我们可以清楚地看出珲春副都统衙门的设置，一方面加强了清政府对珲春地区的政治、军事管理，强化了防务，提高了该地区抵御外敌入侵和渗透的能力；另一方面也刺激了珲春地区的经济发展和人口增长，增强了民族向心力。同时，珲春副都统衙门还肩负着对朝、俄、日外交交涉和管理对外贸易的职责，它的设置促进了中外商业、文化的交流，并且在吉林边境地区形成了一个重要城镇——珲春城。然而，在清末的边疆危机中，东北地区丧失大片国土，加之清政府的腐败无能和国际形势的变化，使得珲春副都统衙门这一军府建制越来越不能适应这一地区的发展，并最终在宣统初年的东北新政中退出历史的舞台。纵观珲春副都统衙门的生命周期，它的存在一定程度上给东北边疆地区政治、经济、防务的发展和进步起到促进的作用，且影响深远。

主权观念与“话语权”：恰克图会议的“虚名”之争

中央民族大学历史文化学院　陈彦宾

摘　要：1914年9月，中、俄、蒙三方在恰克图举行会谈，第一阶段是围绕帝号、国号、年号等“虚名”进行激烈的争论。该争论一方面反映了国家转型之际民国政府对国家主权的认知；另一方面反映了“虚名”背后双方对“话语权”的争夺。同时也是近代中国由王朝国家形态向现代民族国家形态转变过程中传统性与现代性的双重体现。

关键词：恰克图会议；主权观念；话语权；国际法

1914年9月中、俄、蒙在恰克图举行会谈，会议议题主要集中在四个问题：(1) 国号、帝号、年号问题；(2) 铁路邮电问题；(3) 税则问题；(4) 内外蒙交界殖民问题。时人认为，民国政府虽在国号、帝号、年号等“虚名”的争论中取得了胜利，但丧失了更多在铁路邮电、税则以及内外蒙交界殖民等问题上的实权。参加会议的中国专使毕桂芳即注意到世人的这种看法，说道：局外人“以为表面虽收回外蒙，而实权损失不鲜”①；后人

① 毕桂芳：《外蒙交涉始末记》，吕一燃编：《北洋政府时期的蒙古地区历史资料》（以下简称《蒙资》），哈尔滨：黑龙江教育出版社，2014年，第340页。

研究，或未重视“虚名”问题，或多持“舍实求名”的看法[①]，仅中国台湾学者张启雄认为这种“舍实求名”的做法，是中华世界秩序原理下名分秩序论观念主导的结果。[②] 若从现代民族国家的角度来看，民国政府对“虚名”的力争，是其对国家主权的认知和在国际交往中对“话语权”（下有详论）的理解，笔者目力所及，并未见到这方面的研究成果，希冀从这两方面对恰克图会议的“虚名”之争进行再认识。

一、辛亥鼎革：制度与观念的双重转变

清末民初，中国正处于从古老的王朝国家向现代民族国家的转型之际。现代民族国家构成的三个主要要素是领土、人民和主权。其中主权是现代国家最重要的属性，是指国家在国际法上所固有的独立自主地处理对内和对外事务的权力。主权包括对内具有最高统治权和对外具有独立权这两个方面的含义。现代民族国家的发展分为两个层次：一是现代国家制度的产生，如有效率的政治制约机构，合理的法律体系与完备的行政系统；二是主观意识层面的更新与改造。[③] 制度的产生相对容易，可以通过参照西方国家现有国家制度，在其基础上建立本国相应的国家制度。主观意识层面的更新与改造相对困难，不是一蹴而就的，需要一个循序渐进的过程。近代国人对主权观念的认识显然属于现代民族

① 关于此方面的代表性研究成果，可参阅陈崇祖：《外蒙古近世史》，上海：商务印书馆，1926年；白眉初：《外蒙古始末纪要》，北京：北平建设图书馆，1930年；白拉都格其、金海、赛杭：《蒙古民族通史》第五卷（上），呼和浩特：内蒙古大学出版社，2003年；《蒙古族简史》修订本编写组编：《蒙古族简史》，北京：民族出版社，2009年。

② 张启雄：《外蒙古主权归属交涉》，《中央研究院近代史所专刊（77）》，1995年，第119—234页。

③ 郑永年：《中国民族和自由主义研究（提纲）》，载《公共理性与现代学术》，北京：北京·生活·新知三联书店，2000年，第207页。

国家在意识层面的构建，中国人主权观念的产生“是受西方知识直接的影响，即使不是全学习得来，至少也是因为列强的刺激而重视并探求这项问题”①，主权观念的形成则是19世纪至20世纪初才比较完整，且其完整性源于中国人对国际法认识的深入。②

辛亥鼎革之际，各省相继脱离清政府“独立”，外蒙古地区③也在沙俄的诱惑下脱离中国独立，前者只是不隶属清廷的统治，后者则是要脱离中国的版图，妄图建立蒙古帝国。这是中华民国成立以后，特别是袁世凯当选为大总统时，中央政府遇到的棘手问题。民国初年，中央政府一面急于在政治地位上获得西方列强的承认，一面急需加强对动乱国内局势的控制。1914年，中俄蒙三方根据《中俄声明文件》和《声明另件》，在恰克图举行三方会谈，希望把中国与外蒙古之间的关系通过国际条约的形式确定下来。会议从9月8日开始，历时9个多月，“正式开会凡四十八次，往来会晤谈判，亦不下四十次”④，三方争论激烈。中方在恰克图会议上虽争取到一些“虚名”，却丧失更多的实际利益。既然“实权”已丧失，那么所取得的“虚名”又有何意义？民国政府是出于怎样的考虑？我们需要重新回到辛亥鼎革之际，在国家制度和国家观念双重转变的历史场景中，从现代民族国家构建的角度来重新审视这次“虚名”之争。

到近代，随着西方列强的入侵，中国传统的朝贡体系被打破后，中国被迫纳入了西方的条约体系，条约属于国际法的范畴，对缔约双方均具有约束力，“是因为有一公认的国际法规则，要

① 《清季学会与近代民族主义的形成》，王尔敏：《中国近代思想史论》，台北：华世出版社，1977年，第211页。

② 张有心：《晚清中国人的主权观念——国际法视角》，《北大史学》2004年1月第10辑，第102—377页。

③ 外蒙古地区即喀尔喀四盟及乌里雅苏台、科布多两处。

④ 陈箓：《止室笔记》，《蒙资》，第172—173页。

求缔约国履行他们的条约义务"[①]，中国的主权在近代不断受到损害，"随着民族主义和革命的兴起，主权渐渐地得到维护"[②]。辛亥革命不仅结束了中国传统君主专制制度，而且也带来了现代的共和民主制度；不仅提高了国民的民族认同，改变了中国传统的"夷夏之辩"民族旧观念，创立了"五族共和"的政治体制，完成了中华民族由自在实体向自觉实体的转变过程，也开辟了现代民族国家的历史新纪元。[③] 恰克图会议期间的中俄蒙交涉，关于"国号""帝号"以及"年号"的争论，恰恰是民国政府在主观意识层面对现代民族国家的理解与构建。换言之，它是在主权观念的基础上对所争论问题的认识。

二、主权观念下的"虚名"之争

外蒙古地区宣布独立后，拥戴库伦活佛哲布尊丹巴为皇帝，帝号"额晋汗"，年号"共戴"，国号"大蒙古国"。恰克图会议是中俄蒙根据1913年11月签署的《中俄声明文件》及《声明另件》召开的，所以这两个文件是三方会谈的前提，两文件的核心内容是：俄国承认中国在外蒙古的宗主权，外蒙古土地为中国领土之一部分；中国承认外蒙古之自治权。[④] 两文件明确了中华民国与外蒙古的关系，即中央与地方的关系。中方参加恰克图会议的目的就是要确定此种关系。《声明另件》将俄国牵涉入，中央政府和外蒙古地区在解决"凡是关于外蒙古政治、土地交涉事

① 周鲠生：《国际法》下册，北京：商务印书馆，1976年，第650页。

② 费正清主编：《剑桥中国晚清史1800—1911》，北京：中国社会科学出版社，1983年，第229—231页。

③ 林家有：《辛亥革命开辟的发展道路不可逆转》，《近代史研究》2011年第4期。

④ 复旦大学历史系中国近代史教研组：《中国近代对外关系史资料选辑1840—1949》上卷，上海：上海人民出版社，1977年，第345、第346—367页。

宜，中国政府允与俄国政府协商，外蒙古亦得参与其事”①，使得外蒙古地区问题具有了内政和外交的双重性质。

恰克图会议遇到的首要问题是如何对待外蒙古提出的帝号、国号以及年号。中、俄、蒙三方从1914年9月8日至10月26日共进行了10多次会议，帝号、国号以及年号成为三方争论的焦点。中国专使在第二次会议就提出用中、俄、蒙三种文字书写议件导言，导言内“所载要求外蒙正式取消独立及帝号，暨共戴年号，并遵用民国年历等条，为进行会议必要条件”②。外蒙古和俄国方面认为中国专使提出的条件并非此次会议应讨论的问题，并且超出了中俄声明文件及另件的范围，俄国提出将中国此次会议提出的问题搁置不议，“下次会议专事讨论中国在外蒙宗主权之范围，及按照声明文件及另件中俄承认外蒙自治之权限”，这是中俄蒙就国号、年号这一问题进行的第一次交锋。

中国政府对此有明确“训令”：“在外蒙代表未经承认本日提出议件以前，无权讨论俄国专使所提问题。”③ 足见民国政府谈判之初已认识这一问题的重要性，在涉及国家主权方面态度是坚决的，是不能退步的。民国政府认为“宗主权之下，领土一部分之中，自治地方不能有独立国，不能有帝号，不能有年号”④。张启雄从“名分秩序论”的角度来看待帝号与年号，认为“‘宗主权之下’一语，还有上下主从观念，意指宗主权统辖之下的属藩，仅能称王。中国既称皇帝，故外蒙君主之名号只能降格称汗

① 复旦大学历史系中国近代史教研组：《中国近代对外关系史资料选辑 1840—10949》上卷，上海：上海人民出版社，1977年，第346—367页。

② 恰克图会议第二次会议记录，《蒙资》，第40页。另见张启雄：《外蒙主权归属交涉（1911—1916）》，《中央研究院近代史研究所专刊（77）》，1995年，第186页。

③ 参见恰克图会议第二次会议记录，《蒙资》，第39—41页。

④ 参见恰克图会议第五次会议记录，《蒙资》，第45页。

称王，绝对不允许僭越称皇帝”[①]。民国初年，虽然现代国家体制之共和政体已经确立，但是现代国家观念并未发展成熟，观念的转变往往需要时间的推动，不可否认中国传统的“名分秩序论”的观念依然存在，更重要的应该是现代国家主权观念的认知，是民国政府对现代国家观念的理解。毋庸置疑，接下来的会议就是中国专使如何与俄蒙代表进行周旋来维护国家主权。

第三次至第五次会议，中国代表与俄国和外蒙古代表在“国家”与“地方”上进行反复争辩。中国专使坚持“外蒙不能称国，只能称地方”，依据是“因中俄声明文件及另件载明，外蒙古为中国领土之一部分。外蒙即为中国领土，自不能有帝号、有国号”。并且认为，“帝号及年号与宗主权相抵触”，外蒙古既然是中国的领土，自然不能和民国政府处于同等地位，只能是中央与地方的关系。俄国专使则认为“自治国与自治地方无大区别”，并援引朝鲜之例，认为朝鲜即在中国和日本的宗主权之下，又有皇帝、国号。[②]

中、俄、蒙之间争论不休，笔者认为有如下原因：

首先，中、俄、蒙三方对“宗主权”与“自治地方”内涵的解释基于不同的利益立场。俄、蒙双方均曾提出中国方面需将中国宗主权及外蒙自治权“解释明晰”[③]。中国代表因此根据《中俄声明文件》对“宗主权之关系”与“自治权之权限”做出了解释。外蒙古代表随之对“宗主权”和“自治权”给出了自己的理解。

---

① 张启雄：《外蒙主权归属交涉（1911—1916）》，《中央研究院近代史研究所专刊（77）》，1995 年，第 195 页。

② 参见恰克图会议第三至第五次会议记录，《蒙资》，第 41—47 页。

③ 外蒙古代表声称“惟中国专使如何解释宗主权发生之自治外蒙古权利义务，仍甚愿闻”，俄国专使声称“惟须预将发生于中国宗主权及外蒙自治权之外蒙权利义务解释明晰，因蒙人不明此二语之意义”。参见恰克图会议第三、第四次会议记录，《蒙资》，第 41—43 页。

关于“宗主权”[①] 内涵，中国政府的解释可以概括为三个方面：(1) 中央拥有对地方的册封权，王公贵族的封号“仍由大总统册封之”；地方官的任命权，蒙古盟长、副将军、札萨克等地方官“由大总统任命之”。(2) 中央政府为外蒙古地区的“上级”，驻蒙的办事长官对于库伦自治行政衙门和各蒙旗“立于上级之地位”；彼此来往公文程式“均分别等级”；会蒙事件及比丁册籍，“均照旧例报名长官”。(3) 地方自治权限合法性来自于宗主国的单方界定。[②]

对外蒙古地区“自治权”[③] 集中在：(1) 保持地方政务独立性，“他国不得参与”；(2) 库伦地方官由外蒙选派，需“程请中央政府任命”；(3) 订立国际条约之权“应完全归于中央政府”；(4) 军事指挥权由中央掌控。

从中国专使对“宗主权”和“自治权”的解释可以看出，民国政府意在加强对外蒙古在政治上的控制，“隐有恢复前清体制之志”[④]，控制对外蒙古王公贵族的册封权、官员的任免权、军事指挥权以及外交权，保持对外蒙古地区事务的独立性，把俄国势力排斥在外。

外蒙古代表也对“宗主权”和“自治权”进行了解释。[⑤] 大

---

① 参见恰克图会议第六次会议记录，《蒙资》，第 49—50 页。

② 关于地方自治权限的合法性来源，见恰克图会议第七次记录，中国专使认为“宗主权者，即一国之内某处地方之完全主权受一定之限制而已”，并援引世界历史先例，历史拥有完全主权的国家“如愿意将某项权利给予其国内之某地方，使之成为自治之时，该国对于该地方愿弃去若干份之主权，而退居宗主权之地位，其范围之规定，纯粹出于原有完全主权之国以单方意思定之，以单方命令行之”。《蒙资》，第 52 页。

③ 参见恰克图会议第六次会议记录，《蒙资》，第 49—50 页。

④ 张宪文、张玉法主编：《中华民国专题史·边疆与少数民族》，南京：南京大学出版社，2015 年，第 104 页。

⑤ 参见恰克图会议第六次会议记录，《蒙资》，第 49—50 页。

意如下：(1) 蒙古国政府根据中俄声明文件第一、第二、第三等条[①]，以保存及承认蒙古国号，及可汗额晋名号暨年号为根据，此等意思无论如何不能改变；(2) 如蒙古对于中国宗主权之关系为蒙古政府按照中俄声明文件第一条及另件第一条[②]，不得与各外国缔结有损于中国之联盟，及订立破坏领土完全之条约，则蒙古政府当即准备承认中国在蒙古国的宗主权。除此两项外，无论何项宗主权之义务，一概不能承认；(3) 蒙古政府订立友谊条约及关于工商等项事宜之条约，为自治外蒙古之专权。

从外蒙古代表的解释来看，外蒙古方面仅愿意与民国政府保持宗藩关系的虚名，行使独立国家之实名；认为取消蒙古国号、可汗额晋名号和年号不是外蒙古的“义务”。

从对中国专使和外蒙古代表对“宗主权”和“自治权”解释的对比中可以看出，民国中央政府不愿放弃对外蒙古地方的控制，让其脱离中国版图而独立。外蒙古统治上层恰是想“完全脱离中国”独立，不愿撤销国号、帝号及年号是其意在独立的表现。不同的利益需求是导致“宗主权”和“自治权”解释不一的根本原因。

其次，外蒙古以杭达多尔济亲王为代表的统治阶级上层[③]从根本上是想完全脱离中华民国而独立，成为一个独立国家，而不是民国中央政府统辖下的自治地方。1913 年 12 月 2 日，俄国驻

---

① 《中俄声明文件》第一条，俄国承认中国在外蒙古之宗主权；第二条，中国承认外蒙古之自治权；第三条，(略) 中国承认，外蒙古人享有自行办理自治外蒙古之内政，并整理本境一切工商事宜之专权。复旦大学历史系中国近代史教研组：《中国近代对外关系史资料选辑》上卷，上海：上海人民出版社，1977 年，第 345 页。

② 《声明另件》第一条：俄国承认外蒙古土地为中国领土之一部分。复旦大学历史系中国近代史教研组：《中国近代对外关系史资料选辑》上卷，上海：上海人民出版社，1977 年，第 346 页。

③ 这里的统治阶级上层不包括哲布尊丹巴活佛，有资料表明活佛最初并不赞成独立，是受胁迫所致。参见 1912 年 3 月 30 日俄国驻库伦总领事电，《近代史资料》，总 105 号，北京：中国社会科学出版社，第 56 页。

蒙外交代表亚·密勒尔发给俄国外交大臣沙查诺夫的紧急报告中透露了外蒙古上层的这一想法。该报告写到，外蒙古上层认为“随着清王朝被推翻，全体蒙人已经独立，过去与他们同受满洲人统治的中国人要来统治他们，他们绝不承认。蒙人既已脱离满洲人的统治，则他们蒙古人，同中国人建立以袁世凯为首的民国一样，也有权建立一个包括内外蒙古的独立蒙古国”①。他们认为蒙古人和汉人一样，曾经均受满族人的统治，两者处于同等的地位，并非从属关系。现在统治压迫他们的清政府已被推翻，蒙古人有理由建立一个和中华民国政府拥有同等地位的蒙古民族国家，而不是民国政府统辖下的自治地方。同时亦可看出，外蒙古上层认为中华民国政府的合法性不是源于清朝，而是源于革命，民国政府和清政府之间不是继承关系。按此逻辑，中华民国和外蒙古地区之间并非主从关系。

他们还存在一种担心，即假如现在成为民国政府统辖的自治地方，将来“可能使中国人再次把外蒙古变成自己的行省”②。显然，自治地方和行省在性质上还是有很大区别的。

外蒙古参加恰克图会议的初衷就是要成为一个独立国家。外蒙古特使曾就参加三方会谈向中俄双方发出照会，宣称“蒙古政府曾多次预先通知中俄两国，蒙古国同中国已完全断绝关系。蒙古不承认未经其同意的任何隶属关系”。同意参加声明文件和另件所规定的三方会谈只是“蒙古政府非常珍视俄国的友好调停，

---

① 1913年12月2日，俄国驻蒙外交代表亚·密勒尔发给俄国外交大臣沙查诺夫的紧急报告，陈春华：《俄国外交文书选译——关于蒙古问题》，哈尔滨：黑龙江教育出版社，2013年，第315页。

② 1913年11月16日，俄国驻蒙古外交代表就三方谈判事与蒙古外务大臣晤谈之情况发出的密电，《俄国外交文书选译——关于蒙古问题》，哈尔滨：黑龙江教育出版社，2013年，第311页。

希望同中国建立正常的睦邻关系”①。可见其独立意图坚决。

此外，俄国也有联合外蒙古制约中国的意图，是从自己的切身利益考虑，并非真正想帮助外蒙古，只是不想让自己的周边再出现一个大的帝国。其意图早在 1912 年 4 月 26 日俄国外交大臣萨尚诺夫的外交政策演说中非常直白地表露出来。

> 蒙古与中国情形迥异：今活佛已宣布独立，与中国分离矣。然蒙古欲完全独立，既无统御之人，又乏资力，且少军队。若任其自然演变，则不久又为中国所征服，而再入其版图，未可知也。……今宜采二策以折衷之，是中国嗣后对于蒙古，不移殖农民，不派遣军队，不干涉其政治。现即以此三者为调停之条件。近日中国误会我国之意，坚欲以独立解决外蒙古之事，而排斥我在蒙古之势力，我国决不能以此而中废。……今亟欲并吞蒙古之事，其势有所不能。故俄之目的，不在领土之扩张，而在邻邦不在有一强大国家，如此而已……②

从地缘政治的角度来看，俄国政府认为蒙古缺乏“完全独立”的条件，即“无统御之人，又乏资力，且少军队”，担心再次被中国征服，而在自己的身边出现一个有威胁的大帝国。现在吞并蒙古“其势有所不能”。只能换一种方式，提出中国对外蒙古“不移殖农民，不派遣军队，不干涉其政治”的条件，排斥民国政府在外蒙古地区的势力。显然，俄国政府是单从自己的实际利益出发③，即“不在领土之扩张，而在邻邦不在有一强大国家”，想通过建立一个“傀儡”政权，来实现自己的实际利益，

① 见 1913 年 12 月 16 日、17 日蒙古特使分别致俄国外交大臣和中国驻俄国公使函。陈春华：《俄国外交文书选译——关于蒙古问题》，哈尔滨：黑龙江出版社，2013 年，第 319—320 页。

② 《俄国外交大臣萨尚诺夫的外交政策演说》，《中国近代对外关系史资料选辑（1840—1949）》上卷，第二分册，上海：上海人民出版社，1977 年，第 343—344 页。

③ 张启雄：《外蒙主权归属交涉（1911—1916）》，《中央研究院近代史研究所专刊（77）》，1995 年，第 101—104 页。

1912 年 11 月和外蒙古签订的《俄蒙协约》[①] 充分体现了俄国的意图。

中蒙双方除了争论国号、帝号及年号这些表面上的可以明显判断政权性质的标志外，还在“蒙古政府”“蒙古政府官吏”字样上，以及“外蒙古”和“蒙古”这些相对隐秘的称谓上进行激烈争论，虽然这些词在字面上十分相似，但是实际意义却有着很大的差别。

第十六次会议时，外蒙古代表要求将三方协约之中的外蒙古名称改为“蒙古”及“蒙古国”字样。不仅中方不同意，俄方也不同意。俄国专使给出了四条理由：（1）此次三方会议系根据中俄声明文件及其另件，非发生于俄蒙协约。且该协约之要义已包括于声明文件之内。（2）额晋可汗名号是皇帝，只能用于独立国之元首，在中国宗主权以下之外蒙古执政者，不能僭用此名号。（3）外蒙古代表当知俄国政府向来以“蒙古”字样做外蒙古解释，即喀尔喀四盟及乌里雅苏台、科布多两处。（4）俄蒙协约内并无“蒙古国”字样，至于蒙古乌卢松额真可汗名号，俄文内系译作“蒙古人民主”。且“蒙古人民”一语又是专指喀尔喀，即外蒙古人民。[②] 从俄国的反驳可以看出，在称谓和外蒙古的范围上，俄国也是十分谨慎，只是想让其成为自己控制的傀儡来遏制中国。

最终，中、俄、蒙三方达成协议，通过了《中俄蒙协约》，第四条载：“外蒙古博克多哲布尊丹巴呼图克图汗名号，受中华民国大总统册封。外蒙古公事文件上用民国年历，并得兼用蒙古干支纪年。”[③] 外蒙古取消了帝号、国号、年号，民国政府获得了对外蒙古首领的册封权，首领的称谓上仅保留了“汗”的称

---

① 关于《俄蒙协约》的内容，参见唐在礼、唐在章撰，黄藻音点校：《蒙古风云录》，《蒙资》，第 32 页。

② 恰克图会议第十六次会议记录，《蒙资》，第 74 页。

③ 毕桂芳：《外蒙交涉始末记》，《蒙资》，第 341 页。

谓，而不是“皇帝”的称谓。从称谓上确定了中华民国和外蒙古地区是中央和地方的关系。

综上所述，民国政府在弱国无外交的情境下，虽丧失许多“实权”，但依然对“虚名”进行了极力争取，这是民国政府对国家主权观念认知在外交上的投影，而维护国家主权的背后，又隐藏着民国政府对控制外蒙古地区话语权（合法性）的争夺。

三、民族主义下的话语权之争

近代中国民族主义的概念源于西方，19 世纪末 20 世纪初，成为一种社会思潮，在中国迅速传播开来。传入之初，中国的民族主义思想完全是在西方的话语表达体系下构建的。

“话语权”这个词在当今各种学术文本中频频出现。按照《当代西方社会发展理论新词典》的解释：话语权是语言和权力的结合，“权力提供给话语现实合法性，推动了它的形成，而话语反过来也加强了权力。在话语场中，人是客体，受作为主体的权力话语的支配，其主体性只是权力话语给予的，人受制于话语，身处话语的牢笼而失去自由”[①]。从“话语权”的概念来看，语言和权力是为相互依赖、相互作用的关系，更重要的是人往往受制于“权力话语”，“身处话语的牢笼而失去自由”。回到恰克图会议的历史场景中，按照“话语权”的概念分析，中俄蒙三方在那些所谓的“虚名”——话语的具体表现形式的争夺，目的是在把这种话语上的优势转化为一种权力优势，构建各自控制外蒙古地区的合法性。

梁启超最早将民主主义的概念经日本传入中国[②]，其明确宣

① 庞元正主编：《当代西方社会发展理论新词典》，长春：吉林人民出版社，2001 年，第 158—159 页。

② 金冲及：《辛亥革命和中国近代民族主义》，《近代史研究》2001 年第 5 期，第 4 页。

传“民族主义”则是在1901年的《清议报》，其中有：“民族主义者，世界最光明正大公平之主义也，不使他族侵略我之自由，我亦毋侵他族之自由。”[①] 第二年，《新民丛报》上的《新民说》阐述了民族主义：“民族主义者何？各地同种族同语言同宗教同习俗之人，相视如同胞，务独立自治，组织完备之政府，以谋公益而御他族是也。”显然这是西方一直提倡的单一民族独立建国的主张，梁氏只是将其照搬而已。随后民族主义在中华大地上传播开来，被革命派不断宣扬，革命派欲借民族主义来推翻清政府，建立单一的汉民族国家，显然这是一种狭隘的民族主义的表现，如邹容在《革命军》里曾写道：“诛绝五百万有奇披毛戴角之满种，洗尽二百六十年残虐酷之大耻辱，使中国大陆成干净土。”同时认为只有中国才有统治世界的资格，如果不是在清朝的统治之下，“吾恐印度也，波兰也，埃及也，土耳其也，亡之灭之也，不在英、俄诸国，而在我中国，亦题中应有之目耳”。这种狭隘的民族主义充斥于当时的思想界，虽然也有梁启超后来提出的“小民族主义”和“大民族主义”之分，并主张建立“大民族主义”[②]；孙中山倡导的民族平等，提出“五族共和”。恐怕这些早已淹没在狭隘的大汉族民族主义的浪潮之中，加上中国自古有之的“夷夏之辩”，怎能不让其他的少数民族有所芥蒂。即使推翻了清政府的统治，汉族以外的少数民族将何去何从？从清政府的压迫中挣脱之后，会不会再陷入汉人的压迫之中？这是各少数民族不得不思考的问题。换言之，就是各个少数民族如何在民族主义构建的话语表达体系下，寻求本民族的出

① 梁启超：《国家思想变迁异同论》，张枬、王忍之编：《辛亥革命前十年间时论选集》第一卷，第82页。

② 梁启超在1903年10月4日的《新民丛报》上发表《政治学大家伯伦知理之学说》，在这篇文章里阐述了大民族主义，认为“吾中国言民族者，当于小民族主义之外，更提倡大民族主义。小民族主义者何？汉族对于国内他族是也。大民族主义者何？合国内本部属之诸族以对于国外之诸族是也”。

路。这种狭隘民族主义的盛行，必然造成中央与地方、大一统思想与地方分裂主义之间张力的扩大。

有清一代，清统治者和蒙古人建立了满蒙联盟体制共同防备汉人。清末以来，革命派受大汉族民族主义思想实行革命“排满”，“驱除鞑虏，恢复中华”，建立汉民族国家。“革命派‘排满’的汉民族主义在‘排满’的同时，也排了与‘满’结成牢固政治同盟的‘蒙’。”并且这种“汉民族主义一度以压倒性优势在全社会传播，并有特定的组织、媒介加以宣传”，这种宣传“对其他民族的影响虽不应估计过高，但是对蒙古社会上层的影响是直接的”。[①] 前述1913年12月2日，俄国驻蒙外交代表亚·密勒尔发给俄国外交大臣沙查诺夫的紧急报告已经明确，在狭隘民族主义思想的影响下，外蒙古上层认为蒙古人“同中国人建立以袁世凯为首的民国一样，也有权建立一个包括内外蒙古的独立蒙古国”[②]。这种大汉民族主义的直接影响就是蒙古民族主义的产生。

从地理位置和经济往来上来看，清末之际，沙俄对外蒙古的影响远远大于清政府。加之，清末新政在外蒙古地区的实施严重损害了上层蒙古王公的利益。部分蒙古王公认为“努力争取独立和保护我们黄教与国家是有必要的”[③]。民族主义的盛行和革命派狭隘大汉族主义的影响，蒙古人开始构建蒙古民族的话语表达体系——蒙古民族有权单独建立自己的国家，认为“蒙古立国，汉人亦立国，各有整理之权”[④]。

---

① 周竟红：《蒙古民族问题述论》，北京：社会科学文献出版社，2011年，第126页。

② 1913年12月2日，俄国驻蒙外交代表亚·密勒尔发给俄国外交大臣沙查诺夫的紧急报告。陈春华：《俄国外交文书选译——关于蒙古问题》，哈尔滨：黑龙江教育出版社，2013年，第315页。

③ 内蒙古社会科学院历史所编：《蒙古族通史》，北京：民族出版社，2001年，第290页。

④ 屈燨：《自治外蒙古》，上海：商务印书馆，1918年，第72页。

外蒙古宣布独立时，曾向民国政府通电，称“唯缘蒙汉异风异教，言语文字，俱各不同，天涯海角，两不相及”①，强调蒙人和汉人的本质上的差异性，寻找民族身份认同，构建外蒙古地区独立建国的话语表达体系。民国政府则强调蒙汉之间的同一性，回电时称：“外蒙同为中华民族，数百年来，俨如一家。”②把汉蒙两个民族共同置于“同为中华民族”的话语体系下，消弭民族主义造成的民族之间的隔阂。显然，彼此都在构建有利于自己的话语表达体系。

比话语更重要的是话语背后隐藏的权力。恰克图会议第一阶段关于帝号、国号、年号这些“虚名”的争论，局外人看来无关紧要，对中蒙双方来说则意义非凡。假如外蒙古地区在恰克图会议获得了帝号、国号、年号的称谓，并以国际条约的形式确定下来。对外蒙古地区来说，通过这些称谓可以判断外蒙古的性质是一个“国家”，而不是一个中央统辖下的“地方”，且这一性质拥有国际条约承认的合法性。现在可能只是在民国政府的统属下实行自治，但这为其将来独立的合法性奠定了基础。同理，民国政府在这些“虚名”上的争夺，也是在争夺民国政府控制外蒙古地区的合法性。

四、余论：“虚名”之争中的传统性与现代性

清末以来，西方的民族主义盛行于中国，加之列强环视，边疆危机重重。民国初年，面临着内忧外患的压力，外蒙“独立”是民国政府迫切需要解决的问题。向来弱国无外交，但随着近代列强的入侵，中国人的主权观念逐渐增强，维护国家主权是民国政府不得不面对的问题。恰克图会议取得的“虚名”恰是民国

① 参见恰克图会议第六次会议记录，《蒙资》，第25页。
② 参见恰克图会议第六次会议记录，《蒙资》，第25页。

政府在弱国无外交的情境下做出的努力。同时，也是中国由古老的帝国向现代民族国家转型之际民国政府对“话语权”争夺的体现，是传统性和现代性的双重体现。

这样就不难理解，民国政府在恰克图会议不愿放弃所谓的“虚名”，这一行为不仅仅是民国政府对中国传统“名实”理念的继承，而且是对现代国际法认知的反映。

中国传统社会历来重视“名分”。《论语 · 子路》载：“名不正，则言不顺；言不顺，则事不成。”强调名正言顺。关于中国人的重“名”之举，1915 年的《申报》亦载有“名实”专论：“夫中国人重名，诚一时事也，试观历次之交涉，往往有实权易虚名，其视名不特为次要，有时且为首要焉。夫中国人重名而轻实，实为一种竞争时代之弱点，然有时实有大用。盖名不正，则言不顺，言不顺，则事不成。此孔子所推中国人之心理也。名苟未正，虽有其实，则人仅谓其屈于势耳，非愿于心耳，势可敢心不可屈，此为中国人一种特别之见解。故视名之重有时且加于实之上者，非他国人所能意想也。”① 晚清以来，中国的对外交涉一向有重视虚名的惯例，“往往有实权易虚名”之举。恰克图会议帝号、国号、年号之争，恰是在迫不得已的情况下，以“实权”来换得“虚名”，力求名正言顺。外蒙代表提出的帝号、国号和年号是代表的政权性质是一个国家，而非一个自治地方。民国政府如果放弃了这些称谓，可想而知，即使将来中国有实力也注定无法收回外蒙，即使收回也会被认为“屈于势耳，非愿于心耳”。“虚名”的争取可以理解为，民国政府对将来收复外蒙做的伏笔，以期将来达到“屈心”的效果。

此外，此亦是中国政府对国际法的认知深入的反映。中国自卷入条约体系以来，须遵守国际法的准则，国际法对缔约双方均有约束力。民国政府深知《中俄蒙协约》一旦签订，中、俄、

① 《名实》，《申报》1915 年 9 月 22 日，第 2 版。

蒙三方必须遵守（虽然这只是民国政府的一厢情愿），民国政府力求将所谓的“虚名”通过缔结条约的方式确定下来，可知其中的深意。当时参加恰克图会议的专使毕桂芳就有这样的感慨：“徒恃笔舌之争，无实力为折衡后盾，终不能使其就范则一。昨日已死，来日方长，今日之所以由此协约者，前此放任外蒙之结果也。既今日之协约，或亦后此挽回外蒙之原因也”①，其意指“虚名”对将来收回外蒙的重要意义。所以说“《中俄蒙协约》看似中国新签的不平等条约，实则本约为中国进军满蒙，收复失土预下伏笔”②。1919 年外蒙古“撤治”，重归中央政府的统治之下，和恰克图会议的“虚名”的争取是密不可分的，关于“撤治”的细节，这里不做专论。

总之，恰克图会议的“虚名”之争，并非偶然，是近代中国由王朝国家形态向现代民族国家形态转变过程中传统性与现代性的双重体现。

① 陈箓：《止室笔记》，《蒙资》，第 173 页。

② 张宪文、张玉法主编：《中华民国专题史 · 边疆与少数民族》，南京：南京大学出版社，2015 年，第 143 页。

斯多葛学派芝诺的“世界国家”思想

中央民族大学历史文化学院　崔丽娜

摘　要：斯多葛学派的创始人芝诺在希腊化时代提出了“世界国家”的思想，这种思想既与之前的古希腊哲学有渊源关系，又与柏拉图等人对理想国家的设计有本质区别。它突破了古希腊人传统的城邦至上观念、蛮族观念和奴隶制观念，是亚历山大帝国建立后人们思想观念变化的体现。

关键词：斯多葛学派；芝诺；世界国家

芝诺（公元前334—前262）是古希腊斯多葛哲学的创始人，由于他长期在雅典的柱廊（stoa）讲学，因而他创立的哲学流派得名斯多葛学派。这一学派诞生于希腊化时代的背景下，其学说既与之前的苏格拉底哲学、犬儒哲学有渊源关系，又鲜明体现了希腊化时代的特色，比如芝诺提出的“世界国家”思想便是对亚历山大大帝东征和建立帝国这一时代背景的回应，是希腊化的土壤上产生出的新观念，在当时无疑也是最激进的思想。遗憾的是，在国内外众多有关斯多葛哲学的研究中，芝诺的这一思想没有得到足够的重视。到目前为止，有关这一问题的重要参考仍是巴德里的《希腊的人类一家思想》，该书追溯了自荷马时代以来人类一家思想在希腊的发展变化，其中谈到了早期和中期斯多葛学派。[①] 笔者认为，芝诺的“世界国家”思想在当时虽非主流，但确属有创见的思想，因为它建立在突破希腊传统思维的基础上，有必要从历史的角度进行独立分析。

一、芝诺“世界国家”的特征

芝诺曾写过一部与柏拉图的《理想国》同名的作品，正是在这部作品中，他首次提出了“世界国家”的思想。该书的前半部分谴责当时社会的种种问题，声称要提出修正的办法，后半部分阐述了人们应该如何生活。可惜这部作品并未保留下来，后人依据普鲁塔克以及狄奥根尼·拉尔修等人的介绍才获知了芝诺的这一思想。普鲁塔克在《论亚历山大的命运或美德》中说：斯多葛学派的第一位思想家芝诺提出了著名的“世界国家”的思想，指出人们不应生活在法律各不相同的城邦或城市中，而是应该把所有人都视为自己的同胞，过同样的生活，服从同样的命令，就像一群羊在同一片草地上吃草一样。芝诺提出了“世界国家”的理论，但亚历山大以自己的行动创建了“世界国家”[②]。这是普鲁塔克对芝诺思想的总结，但“把所有人视为同胞”的说法是普鲁塔克的误解，与芝诺的思想不符。根据拉尔修的记载可知，芝诺对他理想的“世界国家”做了一些规定。首先，国家中禁止建造神庙、法庭和运动场。这些设施是希腊城邦公共生活的重要内容，也是城邦明显的外在特征，芝诺废除城邦的这些特征，或许就是为与现实的城邦划清界限。“世界国家”的另一个特点是没有货币，因为在这个国家里，大家都诚实友好，没有必要买卖，也无须到国外旅行，因此不需要货币。他要求男人女

---

① H. C. Baldry, *The Unity of Mankind in Greek Thought*, Cambridge University Press, 1965.

② Plutarch, *Moralia*, Vol. 4, On the Fortune or Virtue of Alexander, 6.

人穿同样的衣服，身体的任何部分都不应遮掩，这与犬儒学派的观点一致。他主张废除婚姻，妇女由男人共享，这样人们对待每个孩子都会像自己的孩子一样，也不会有因通奸而产生的嫉恨。[1] 芝诺也给同性恋关系以一席之地，“智慧的人喜欢那些俊美的青年，他们美丽的外表证明他们有着善良的品格”[2]。至于人们在这个国家中如何生活，产品如何分配，芝诺并没有明确说明，但是没有货币暗示了物品共享且自足的状态。在对国家本身进行设计之后，芝诺对属于这个“世界国家”的公民也做出了限定，并非像普鲁塔克所言“所有人”都自动被纳入这个国家之中，事实上，只有拥有德行的人才能成为“世界国家”的公民。斯多葛学派认为德行是一种和谐的性情，是倾向于使整个生命相和谐的心灵状态。基本的德行有智慧、勇敢、节制和正义。[3] 人们因为拥有德行而彼此相近，产生友爱，友爱使他们愿意共享生活物品，待人如待己，由此整个社会便是一个和谐的大家庭。在此前提下，男性、女性，希腊人、蛮族人，自由人和奴隶都可以成为国家的公民。也就是说，在公民身份方面，芝诺的“世界国家”排除了性别、血缘、民族、阶级等方面的差别，但设定了对道德的要求。这是因为芝诺“世界国家”的最终目标是达到统一、和谐、没有纷争的大同状态，而在芝诺看来，只有智者和好人可以和谐、和平地在一起生活，愚者、道德败坏者不可避免会引发冲突、破坏和谐。为了确保国家的稳定与和谐，芝诺以爱神厄洛斯（Eros）作为他这个理想社会的主神，因为爱神会增进人们的友爱，促进社会和谐。可见，芝诺对“世界国家”所有的规定都指向“和谐”这一目标。

从以上特征可以看出，芝诺的“世界国家”已经除去了希腊城邦具有的独特性，它的规模不限于一个或几个城邦，实际上

---

① Diogenes Laertius, *Lives of Eminent Philosophers*, 7. 33, 7. 131.

② Diogenes Laertius, *Lives of Eminent Philosophers*, 7. 129.

③ Diogenes Laertius, *Lives of Eminent Philosophers*, 7. 89, 7. 92.

没有明确的界限，取决于拥有德行的公民的数量。而且芝诺认为，德行是可以教导和学习的，坏人也可以通过学习变好，成为世界国家的公民，所以世界国家可以不断扩大。[①] 在这个国家里，没有婚姻和家庭，没有希腊人、蛮族人、自由人和奴隶的分别，人人平等，甚至曾经的奴隶也能获得他人的善意相待，要求他们应得的权利。进入这个世界国家唯一的门槛就是德行，说明芝诺相信人都有成为好人的潜力，这是因为“思想的力量是人类共有的，那么理性也一样。理性使我们成为理智的人。理性告诉我们该做什么不该做什么。如果是这样，那么我们的法律也将是共同的，我们都是公民，而且是同一个共同体的成员，如果是这样，宇宙就是一个大家庭。还有别的共同体能让我们把全人类都看成同胞吗？”[②] 归根结底，是人所共有的理性使人都有向善的本性，从而构成了世界国家得以建立并不断扩大的基础。因此，芝诺的世界国家是一个基于道德的共同体。他不是在塑造一个虚幻的乌托邦，而是在为现实社会寻找出路。在动荡不安的希腊化时代，如何实现和平与和谐？芝诺给出了答案：如果人们能够完善德行，智慧行事，世界就会成为一个和谐的大家庭，“世界国家”就会出现。

二、“世界国家”思想的渊源

芝诺来自塞浦路斯的西提翁，具有腓尼基血统，他的身份不免让人产生这样的疑问，即他的“世界国家”观念来源于东方。罗素在《西方哲学史》中就指出，斯多葛主义很少希腊性，因为早期的斯多葛派大多是叙利亚人，而晚期的斯多葛派大多是罗

---

① Diogenes Laertius, *Lives of Eminent Philosophers*, 7.91.

② A. A. Long, The Concept of Cosmopolitan in Greek and Roman Thought, *Daedalus*, Vol. 137, No. 3, 2008 p. 56.

马人。[1] 但是芝诺哲学从根本上讲仍是希腊的，和之前的希腊哲学有明显的渊源关系。芝诺虽然来自塞浦路斯，但根据马格尼西亚的德米特里乌斯的记载，他从小就受到希腊哲学的熏陶：芝诺的父亲是个商人，经常去雅典，在芝诺还是孩子的时候就给他带回很多关于苏格拉底的书。因此，在芝诺离开家乡以前，他已经受过很好的希腊哲学训练，在他到达雅典后，又成为著名犬儒克拉底的弟子。[2] 这种经历使芝诺的思想不可能脱离希腊哲学。

早在荷马时代、古风时代，希腊人就对美好的理想社会有过朦胧的设想，如《荷马史诗》中的厄吕西翁平原以及赫西俄德在《工作与时日》中提到的幸福岛，只不过它们都是人死后要去的乐土。柏拉图的《理想国》以及犬儒学派的“世界主义”思想是芝诺思想的直接来源。虽然都是对理想国家的设计，但芝诺的理想国与柏拉图的理想国有本质不同。柏拉图的理想国中只有 5040 个公民，仍是城邦的规模，说明他的思想还没有突破希腊城邦体制；而芝诺的“世界国家”有世界一统的含义，随着好人和智者人数的增多，国家的边界和规模可以不断扩大，这是对城邦现实的否定。其次，在柏拉图的理想国中，居民分为三个等级：受过严格哲学教育的统治阶层、保卫国家的武士阶层以及地位最低的平民阶层，虽然做到了人尽其职，但明显是一个不平等的社会，而芝诺的国家全部由好人构成，公民不分等级，一律平等。比较而言，犬儒学派比柏拉图对芝诺的影响更大。芝诺提出的男女同服、废除婚姻、共妻等思想直接继承自犬儒学派，而且犬儒学派和斯多葛学派都认为城邦是违反本性的，如克拉底说：我的国家没有城堡，没有屋檐。整个地球是我的栖身之地，是一个等待我们所有人居住的家园。[3] 另一位犬儒派哲学家狄奥

① 罗素：《西方哲学史》，商务印书馆 1982 年版，第 319 页。

② Diogenes Laertius, *Lives of Eminent Philosophers*, 7. 32.

③ 马文·佩里：《西方文明史》，胡万里等译，上卷，商务印书馆 1993 年版，第 138 页。

根尼宣称：我是一个世界公民，真正的国家是世界。[①] 可见，犬儒学派的思想明显具有否定城邦和现实的特征，芝诺可能直接继承了这一传统。但犬儒学派对世界主义并没有明确的构建，他们否定现实，却无意改造现实。犬儒主义主要是个人的一种生活态度，犬儒们遗世独立，关注个人而不是共同体的幸福，狄奥根尼的“世界公民”像是在宣称：我不属于任何城邦，四海都可以为家。这与芝诺基于整个人类提出的世界国家有本质区别，所以芝诺是在继承的基础上发展完善，形成了系统的思想。需要注意的是，芝诺的“世界国家”是一个伦理的共同体，强调的是人们在精神上的统一，并不是政治的大一统状态。

除了思想渊源，时代的变迁构成了“世界国家”思想出现的现实因素。芝诺能够提出世界国家的思想，直接源于亚历山大的征服及其所带来的变化。一个显而易见的变化是，希腊人已知的地球表面的区域突然被亚历山大的征服扩大，伊朗、两河流域甚至印度都进入了希腊人的视野。在这个世界帝国内部，亚历山大有意识地推行民族融合政策：他在苏萨与 80 名王友举行集体婚礼，娶波斯和米底显贵的女儿为妻[②]；他在奥比斯大摆筵席，宴请马其顿人、波斯人以及那些在荣誉方面非常突出的其他民族的人，他轮流和大家碰杯，为各民族特别是马其顿人和波斯人的友好祈祷[③]；他在东方广泛建立希腊城市，安置老兵和希腊移民，促进人口的混合。地理的扩张、亚历山大的民族融合政策以及人口的混合，创造出了一种与民族融合、世界帝国相适应的思想氛围，对当时人们的思想产生了强烈冲击，刺激了希腊人对世界、国家及人与人关系的重新思考，便利了世界一统思想的产生和传播。所以，芝诺的“世界国家”思想是亚历山大征服和帝

---

① Diogenes Laertius, *Lives of Eminent Philosophers*, 6.63, 6.72.

② Diodorus, *Library*, 17.108.

③ Arrian, *Anabasis*, 7.11.9.

国出现这一时代背景在思想上的反映。

三、对希腊传统的突破

从芝诺“世界国家”的特征可以看出，芝诺的“世界国家”思想突破了希腊思想中的三个传统：城邦至上；非希腊人都是蛮族；奴隶制天经地义。对于古典时代的绝大多数希腊人而言，这些传统是不言自明的。在如此强大的传统面前，芝诺能够冲破禁锢、提出新知，凸显了其思想的价值。

芝诺的“世界国家”思想首先是对希腊城邦至上观念的突破。古风时代以来，希腊人的城邦体制不断完善，每个城邦都是一个独立的政治实体，有自己的法律，公民在城邦内享受权利，履行义务，构成一个封闭的特权群体。公民以维护各自城邦的独立自由为己任，城邦界限就是他们爱国主义的界限，他们视城邦分立为常态，任何形式的联合都会被视为对城邦自由的威胁。城邦之间因为领土、贸易等原因经常处于敌对状态，这种对抗在愈加强化公民对自己城邦认同的同时，也在不断加深希腊的分裂、消减统一的可能性。所以，希腊城邦世界缺少政治整合性，对希腊人而言，这种狭隘的城邦主义恰恰是希腊人优越于其他民族的证明。亚里士多德说：一个人若不生活在城邦中，要么是神灵，要么是野兽。[①] 在城邦至上的时代，希腊人的政治思想扎根于城邦，所考虑的往往是什么样的城邦才是最好的城邦，难以超越一邦一国的界限。柏拉图设想的一等好的理想国家，仍没有超出城邦的模式。因此，在城邦分立的局面下，不大可能产生“世界国家”的观念。亚历山大的征服使希腊城邦成为其帝国的一部分。当城邦的优越性在帝国面前轰然倒塌，人们不免要思考：城邦的优越性到底在哪里？不同民族的居民是否能在一个帝国中和谐共

① Aristotle, *Politics*, 1253a25-30.

存？在这样的困惑中，芝诺独树一帜，率先摒弃了城邦至上的思想，提出了“世界国家”的思想。在这个“世界国家”里，城邦的界限消失了，人们不再以雅典人、斯巴达人或科林斯人相区分，大家都是“世界国家”的公民，彼此平等，相亲相爱，这正是帝国时代人们思想观念变化的表现。

在芝诺的“世界国家”里，民族的区分被抛弃了，这是对古典时代以来希腊人狭隘的蛮族观的突破。蛮族观是城邦体制的产物，它的迅速发展是在希波战争后。希波战争中希腊对波斯的胜利极大地激发了希腊人的民族优越感，以波斯为代表的东方民族被希腊人贬为“蛮族”。希腊的知识分子以“希腊人有什么、而东方人没有什么”的思维模式，从语言、血统、精神气质、政治制度、文化教育等方面不断挖掘希腊人的优势、贬低蛮族。希腊悲剧是宣传希腊蛮族对立的主要工具，如在幼里披底斯的悲剧中，希腊人的自由是出现频率较高的字眼，他的剧中人物伊菲革涅亚曾说：“母亲，希腊人应该统治蛮族，而不是蛮族统治希腊人，他们是奴隶，我们是自由的。”① 至亚里士多德时期，希腊人的蛮族理论已趋向完善，他从地缘政治的角度直接将人类简化为希腊和蛮族两极，非希腊人即为蛮族人，这已经成为希腊人看待其他民族的法则。在不断的建构中，蛮族的特征也趋于完整，他们懦弱、女人气十足、战斗力差、耽于奢侈、道德低下、贪婪、毫无节制、文化落后、奴性，简直就是一切贬义词的代名词。可以看出，希腊人的蛮族观很大程度上是希腊知识分子的主观建构，对于东方各民族来讲，是不客观、不公正的，实际上希腊文明很大程度上受惠于这些东方人的文明。有意思的是，在面对希腊内部和外部时，希腊人可以毫无困难地变换标准，对内强调彼此的差异，对外则宣称我们都是希腊人。而在芝诺看来，人与人之间唯一的区分标准是德行，由此人只有善恶之分，善者是

① Euripides, *Iphigenia in Aulis*, 1400-1401.

“世界国家”的公民，恶者则在这个国家之外，民族的划分已经失去意义。亚历山大帝国建立后，希腊人和所谓的“东方”蛮族都成了帝国的居民，不仅交往频繁，甚至通婚、混居，这种形势势必会激发对彼此关系的重新思考甚至产生颠覆性的认识。在芝诺之前，希腊思想界对蛮族观已有质疑的声音，如公元前4世纪的智者安提丰在《论真理》中说：所有人生来在各个方面都是相同的，不管蛮族人还是希腊人，因为人都用嘴和鼻孔呼吸。[①] 但这种声音在当时极其微弱。直到芝诺，希腊人和蛮族人之间的传统区分才被抛弃。虽然芝诺没有直接抨击蛮族观，但他的“世界国家”是超越民族的，是所有有德行的人的共同体，彼此因德行而平等，与是哪个民族无关，希腊人对蛮族的歧视在这里失去了存在的条件。

按照芝诺的规定，奴隶如果具有美德和智慧，同样是“世界国家”的公民，奴隶制在“世界国家”中是不存在的。斯多葛学派反对把高贵的出身作为评判道德的标准，认为奴隶与其他劳动者的区别只是服役行当和服役时间不同，在本质上，他们和其他人并没有区别。这种对奴隶制的态度是希腊思想中最激进的变革，因为希腊传统认为奴隶制是天经地义的。亚里士多德在《政治学》第三章讨论了奴隶制问题，他说：“一个完整的家庭由奴隶和自由人构成，家务的各个部分也与这些成员相适应。”“奴隶是有生命的工具，完全属于使用他的人。倘使每一个无生命的工具都能按照人的意志或命令自动工作，如梭能不借助人力而自动织布，琴拨能自动弹弦，只有这样，奴隶主才可放弃使用奴隶。”“世上有些人天生具有自由的本性，另一些人则天生应为奴隶，对于后者，奴役不仅有益，而且是正当的。”[②] 这些论断明确地表达了当时希腊人对奴隶制的主流看法，即奴役的存在不

① Moses Hadas, *Hellenistic Culture*, Columbia University Press, 1959, p. 13.

② Aristotle, *Politics*, 1253b, 1254a, 1255a.

仅正当而且合理。希腊自梭伦改革以来，禁止把希腊人卖为奴隶的感情在增长，东方的吕底亚人、弗吕吉亚人和叙利亚人构成了希腊奴隶人口的大部分。在希腊人眼中，这些“东方蛮族”即是天生应为奴隶的那些人。不过也有一些智者提出异议，认为奴隶制违反自然，如阿基达马斯（Alkidamas）说：“所有人生来都是自由人，没有人生来即为奴隶。”① 犬儒学派的安提斯提尼及狄奥根尼也反对人类凭借强权奴役他人。但是从未有人像芝诺那样把奴隶视为国家中平等的一员，不仅享有自由，而且能够获得其他人的友爱。这是对古典时代以来主流奴隶制思想的颠覆，超越了希腊人的阶级划分，在思想史上具有划时代的意义。

芝诺的“世界国家”抛弃了人与人之间在出身、种族和阶级方面的区分，以德行为唯一标准，以实现世界和谐为最终目标。这种思想既与之前的希腊思想有继承关系，又直接源于亚历山大征服后时代的变化。如果说亚历山大以行动否定了城邦体制，芝诺则从思想上冲击了与城邦相适应的希腊人的蛮族观念以及有关奴隶的认识，推进了道德普世主义。他对希腊传统思维的突破，即使只停留在思想层面，已属不易，彰显了其思想的价值。在人类历史上，最早提出新知的总是少数人，公众对他们思想的认知往往具有滞后性，芝诺及其思想也是如此。他的思想在希腊化时代流传不广，但在罗马帝国却找到了适宜的生存环境，下自奴隶、上至皇帝都有斯多葛学派的信徒。罗马皇帝马可·奥里略即是晚期斯多葛学派的代表人物，他曾说：我们不应该说“我是一个雅典人”或“我是一个罗马人”，而应该说“我是一个世界公民”。② 这是对芝诺“世界国家”思想的继承。圣奥古斯丁的上帝之城和人间之城的思想也间接受到芝诺的影响。作为世界主义观念最早的倡导者，芝诺在政治思想史上应有一席之地。

---

① Philip Merlan, Alexander the Great or Antiphon the Sophist? *Classical Philology*, 1950. Vol. 45, No. 3, 1950, p. 164.

② 罗素：《西方哲学史》，商务印书馆，1982年，第333页。

第二部分

民族史专题研究

会稽“淫风”与秦代华夷想象*

中央民族大学历史文化学院　刘轶伦

摘　要：秦始皇一生五次巡游，于所经之地留有七处刻石。刻石立碑作为一种政治宣传手段，其主要目的是“宣教化、颂秦德”。会稽刻石所独有的“禁止淫泆”的诰文引发了当地是否“淫风”严重问题的探讨。本文在前人研究成果之上，再探所谓“淫风”问题及其所反映的秦代华夷观念。第一部分讨论“会稽”这一地理标示所包含的春秋战国时代越民族和东南区位概念；第二部分阐述古越民族在中原“诸夏”观念中的形象；第三、第四部分分别从地域风俗和秦人观念出发，分析越人“淫泆”形象的实质；第五部分结合秦的地方管理政策，探讨秦代的华夷观念及其演进过程。

关键词：秦始皇；会稽刻石；古越民族；先秦华夷观

秦始皇三十六年（公元前211年）可谓多事之秋，先是天现“荧惑守心”的大凶之兆；继而惊出“始皇死而地分”的黔首刻石；更有“山鬼路遮使者预言祖龙翌年将死”之诡事。始皇惊恐求卜，乃得卦“游徙吉”，遂计成三十七年的巡游。是行，始皇抵云梦、上会稽、过琅邪、至之罘，行至沙丘平台病死。本无甚史疑，唯会稽所留刻石的内容却有可议之处。

---

* 本研究受中央民族大学一流大学一流学科经费资助。

秦始皇一生五次巡游，于所经之地留有七处刻石。但由于年代古远，七处刻石①大多早已荒佚不见，循《史记》可窥其中五处之文，会稽刻石全篇留存于《秦始皇本纪》中，而据张守节《正义》，其撰文和执笔皆应为李斯②，见下：

皇帝休烈，平一宇内，德惠脩长。三十有七年，亲巡天下，周览远方。

遂登会稽，宣省习俗，黔首斋庄。群臣诵功，本原事迹，追首高明。秦圣临国，始定刑名，显陈旧章。初平法式，审别职任，以立恒常。六王专倍，贪戾慠猛，率众自强。暴虐恣行，负力而骄，数动甲兵。阴通间使，以事合纵，行为辟方。内饰诈谋，外来侵边，遂起祸殃。义威诛之，殄熄暴悖，乱贼灭亡。圣德广密，六合之中，被泽无疆。皇帝并宇，兼听万事，远近毕清。运理群物，考验事实，各载其名。贵贱并通，善否陈前，靡有隐情。饰省宣义，有子而嫁，倍死不贞。防隔内外，禁止淫泆，男女洁诚。夫为寄豭，杀之无罪，男秉义程。妻为逃嫁，子不得母，咸化廉清。大治濯俗，天下承风，蒙被休经。皆遵度轨，和安敦勉，莫不顺令。黔首脩洁，人乐同则，嘉保太平。后敬奉法，常治无极，舆舟不倾。从臣诵烈，请刻此石，光垂休铭。③

相比于其他刻石，会稽刻石内容上的殊异之处是有对淫泆行为的警诫，即“饰省宣义，有子而嫁，倍死不贞。防隔内外，禁止淫泆，男女洁诚。夫为寄豭，杀之无罪，男秉义程。妻为逃嫁，子不得母，咸化廉清”。这部分大意即，有子的寡妇不得弃子改嫁，否则有失贞名；男女之间要防禁内外，不可随意交往；

① 按所立时间先后顺序排列分别是邹峄刻石、泰山刻石、琅邪台刻石、之罘刻石、东观刻石、碣石刻石、会稽刻石。

② 《正义》曰：“其碑见在会稽山上。其文及书皆李斯，其字四寸，画如小指，圆镌。今文字整顿，是小篆字。”见于《史记》卷6《秦始皇本纪》，北京：中华书局，2014年，第332页。

③ 《史记》卷6《秦始皇本纪》，第333页。

男子如行奸他女，就如同闯入他人畜圈的猪[①]，人人可诛之而无罪；若丈夫行为端正妻子却逃家另嫁，那么做儿子的就可以不认这个母亲。

一、会稽“淫风”问题的学界探讨

因刻石的空间分布存在着区域选择性，所以刻石内容也容易与当地及与其同属之文化辐射范围的政治、经济、社会状况所勾连。那么这四句对“淫泆”行为的警诫是否从侧面反映了会稽地区风俗蛮鄙、淫泆严重呢？

明末清初，顾炎武在《日知录》中就可见对此问题的讨论，顾氏将会稽风俗之淫的根源归结于句践时代鼓励“生聚”的政策。[②] 此后会稽“淫风”严重的观点广为接受，几成定论。至20世纪90年代，林剑鸣在《秦始皇会稽刻石辨析》中首次提出反对观点。[③] 他认为在《史记》《汉书》所述之时代中，会稽一直是民风淳朴、尊崇礼仪之地，其风俗不仅无通于淫泆，而且相较于其他刻石之地风俗反而更为淳朴。在将其他刻石内容相并列比较分析后认为其“禁止淫泆”的刻石内容更像是天下普而告之的通用警示，并非针对会稽一地。林氏又通过心理学的方法推测这可能是始皇在预感自己行将死亡的心境下，回顾一生所爱所恨而对曾剧烈影响过自己命运成败的“淫行”爆发的诅咒，只不过此时恰值会稽立石这一时间节点上。所谓“禁止淫泆”只是

① “夫为寄豭”可理解为“入他室而淫的男子，若入他圈之猪（人人可诛）”。臧知非、宋仁桃认为另有其意指“寄食为生的无业游民”，亦曰“寄客”“寓人”。原文见于臧知非、宋仁桃：《秦始皇〈会稽石刻〉与吴地社会新探——林剑鸣先生〈秦始皇会稽刻石辨析〉补正》，《秦文化论丛》（第十一辑），西安：三秦出版社，2004年，第216页。

② 顾炎武：《日知录》卷13《秦纪会稽山刻石》，上海古籍出版社，2006年，第751—752页。

③ 林剑鸣：《秦始皇会稽刻石辨析》，《学术月刊》1994年第7期。

始皇内心的偶然表达，不是对会稽风俗的现实反映。

臧知非、宋仁桃《秦始皇〈会稽石刻〉与吴地社会新探——林剑鸣先生〈秦始皇会稽刻石辨析〉补正》在认同林氏观点基础上又做了完善补充①，认为刻石所言之“淫泆”其实是广泛存在于诸夏和四夷的群婚习俗，早在秦一统六国之前就已开始置法禁绝，会稽刻石中的“禁淫”是面对全天下再次强调成法，不独针对会稽。

三位先生考证精缜，发微见著，然而其关注角度只限于地域风俗一隅，仅从少有的地域风俗记载是不足以解释会稽“淫风”问题的。由于今之可见史料多为汉人本“秦记”所书写，所以本文主要从秦人的思想观念角度出发，重新审视所谓会稽“淫风”问题中所隐藏的其他因素。

二、会稽山与古越

就《秦始皇本纪》所记始皇“上会稽，祭大禹，望于南海，而立刻石颂秦德”② 而言，“会稽”指的是会稽山。传说会稽山本名“茅山”，由大禹改名。古之所云“会稽山”的所指和其地理位置虽然在学界存在争论，但秦时所言之会稽山大致位于今绍兴越城区东南应是无疑。会稽山作为一个地理标点，先秦时代既已被赋予了荣上的地位。《吕氏春秋·有始览》将会稽山列为九大名山的第一位。③ 且在秦帝国所设立的“华以西”和“崤以

① 臧知非、宋仁桃：《秦始皇〈会稽石刻〉与吴地社会新探——林剑鸣先生〈秦始皇会稽刻石辨析〉补正》，《秦文化论丛》（第十一辑），西安：三秦出版社，2004 年，第 198—220 页。

② 《史记》卷 6《秦始皇本纪》，第 332 页。

③ 《有始览》载：何谓九山？会稽，太山，王屋，首山，太华，岐山，太行，羊肠，孟门。见于许维遹集释，梁云华整理：《吕氏春秋集释》，北京：中华书局，2010 年，第 278 页。

东”这两大国家山川祭祀体系中，会稽山又是属于“崤以东”系列的五大名山之一。① 而循之《周礼·职方氏》之记载：

东南曰扬州。其山镇曰会稽。其泽薮曰具区。其川三江。其浸五湖。其利金锡竹箭。其民二男五女。其畜宜鸟兽，其榖宜稻。②

所谓“镇”即是安埋地德之名山。“东南镇山”这一地位使会稽山不仅仅是一处声名显赫的地理标点，在“华夏中心观”基础之下更具有概指“东南”这个广泛方位概念的意义。《有始览》亦云：“东南为扬州，越也。”③ 所以更进一步地说，“会稽”往往被自然而然地联系或指代着另一个兼具民族、国家和地域内涵的名词——越。

民族的“越”是两周时期对生活在东南地区的所谓“非华夏”民族的统称，战国晚期始有“百越”之称。所以这里有必要给“越”做个界定。罗新曾在《中古北族名号研究》中提出：“一切出现在历史视野里的所谓民族，都是政治体，都是以政治关系和政治权利为纽带构建起来的社会团体，尽管这种团体总是要把自己打扮成以血缘关系为基础的、具有生物学意义上紧密联系的社会群体。”④ 本文以此理论，将下文所出现的越族、越地、越俗等概念统统归入越国这一政治体在其历史存在过程中所纳有范围之内。⑤

会稽山乃越地之山，史籍中“会稽”与“越”常常同时出

① 《封禅书》载：于是自崤以东，名山五，大川祠二。曰太室。太室，嵩高也。恒山，泰山，会稽，湘山。见于《史记》卷28《封禅书》，第1649页。

② 孙诒让正义，王文锦、陈玉霞点校：《周礼正义》，北京：中华书局，1987年，第2640页。

③ 许维遹集释，梁云华整理：《吕氏春秋集释》，北京：中华书局，2010年，第278页。

④ 罗新：《中古北族名号研究》，北京大学出版社，2009年，第1—2页。

⑤ 包括越及其所吞故吴之地及齐等国部分疆域。又因吴越两国民族为一、风俗近同，故而本文所言“吴”与“越”亦皆一体视之。

现。《吴越春秋·越王无余外传》记："（禹）周行天下，归还大越，登茅山，以朝四方群臣，观示中州……遂更名茅山曰会稽之山。"①《左传·哀公元年》："吴王夫差败越于夫椒。报槜李也。遂入越。越子以甲楯五千。保于会稽。"②《国语·鲁语下》："吴伐越，堕会稽。"③ 秦王政二十五年（前222）王翦定荆江南地，《史记·秦始皇本纪》记："降越君，置会稽郡。"④ 会稽长期是越国都城，无疑是越国的核心。不仅如此，会稽还是越人的心灵圣地，是族群认同的肇源，这始于大禹与会稽山的传说。据说大禹曾在此会诸侯，致群神，行禅祀，甚至归葬于此。在春秋战国的诸子争鸣中，会稽山的神圣地位伴随着大禹传说形象的不断清晰而逐渐升华。越人更是抱守着因循大禹和会稽山的故事而附会了自己族群的历史前源，《史记·越王句践世家》：

越王句践，其先禹之苗裔，而夏后帝少康之庶子也。封于会稽，以奉守禹之祀。文身断发，披草莱而邑焉。⑤

《越绝书·外传记地传》则有载：

昔者，越之先君无余，乃禹之世，别封于越，以守禹冢。……无余初封大越，都秦余望南，千有余岁而至句践。⑥

这两段记载传递的信息是越国君族本为夏人，始自无余迁会稽以承续大禹之祀。虽然"越为夏裔"的真实性存在争议，但就从观念上来讲确为定论。始皇三十七年亲上会稽祭大禹，就表明了曾经缥缈的传说已成为人们观念里的"信史"。

如此可知，会稽、越、东南，这三个严格意义上分别代表地

---

① 周生春：《吴越春秋辑校汇考》，上海古籍出版社，1997年，第108页。

② 杨伯峻：《春秋左传注》（修订本），北京：中华书局，1995年，第1605页。

③ 徐元诰集解，王树民、沈长云点校：《国语集解》，北京：中华书局，2002年，第202页。

④ 《史记》卷6《秦始皇本纪》，第302页。

⑤ 《史记》卷41《越王句践世家》，第2099页。

⑥ 李步嘉校释：《越绝书校释》，北京：中华书局，2013年，第221—222页。

理、国族、区位的概念，在秦代的观念中是可以两两对等、内涵相连的。东南既为越，又可缩代于“会稽”一词；“会稽”既是越的代名，又是东南大地的指征。这样一来，会稽刻石“宣教化，颂秦德”的目的指向，我们也不应囿于会稽一地，要将视野放大到整个越地，甚至是“东南”这个模糊且范围广大的区域。

三、华夷观下的越人形象

战国时代的华夷观简单来说就是将同位于“天下”的人划分成文明先进的“诸夏”与落后粗鄙的“蛮夷”。即行周礼者为“诸夏”，行夷礼者为“蛮夷”。经过春秋时代“尊王攘夷”浪潮的淘涤后，原本杂间于中原的蛮夷之国或被征服，或完全融入诸夏统辖。继而“内中国而外夷狄”和“华夷五方格局”在思想坐标及地理空间中都逐渐清晰起来。《礼记·王制》有载：

中国戎夷，五方之民，皆有性也，不可推移。东方曰夷，被发文身，有不火食者矣。南方曰蛮，雕题交趾，有不火食者矣。西方曰戎，被发衣皮，有不粒食者矣。北方曰狄，衣羽毛穴居，有不粒食者矣。①

这里的“中国戎夷，五方之民”是先秦诸夏对民族格局的抽象提炼，“华夏居中，夷狄四方”这样的地理方位标签则简单易辨，其设定源于华夏对自身文明所占有的全面优势的自信和骄傲。

越人居于东南，其文献形象兼有东夷的“断发文身”和南

① 郑玄注，孔颖达疏，龚抗云整理，王文锦审定：《礼记正义》，北京大学出版社，1999年，第398页。

蛮的“雕题交趾”[①]。纵然越人君族自称夏裔，奉守禹祀的说辞被诸夏普遍认同，但“断发文身，披草莱而邑焉”[②]，则又道破其受封的越地经济孱弱、器物落后及君族入越随之“蛮夷化”的事实。同样的记述还见于《史记·吴太伯世家》：

季历贤，而有圣子昌，太王欲立季历以及昌，于是太伯、仲雍二人乃奔荆蛮，文身断发，示不可用，以避季历。[③]

太伯、仲雍的“断发文身”相对于华夏蓄发冠笄的传统[④]来说是对正统和文明的弃绝，属于自甘污毁、以夷化夏。“示不可用”则更表明了华夏对断发文身的蛮夷的那种寸毫不容的敌对态度。

在先秦的语谈中，言远、言疏、言异，常常是以越来做例。比如齐庆封作乱欲逃离齐国，族人建议他逃去邻近的晋国，但庆封认为“越远，利以避难”[⑤]。在庆封看来，越不仅仅是路途遥

---

① 《墨子·公孟篇》：“昔者越王句践剪发文身，以治其国，其国治。”见孙诒让、孙启治点校：《墨子间诂》，北京：中华书局，2001 年，第 453 页；《庄子·逍遥游》：“宋人资章甫适诸越，越人短发文身，无所用之。”见王先谦集解，沈啸寰点校：《庄子集解》，北京：中华书局，2012 年，第 6 页；《韩非子·说林上》：“屦为履之也，而越人跣行；缟为冠之也，而越人被发。”见王先慎集释，钟哲点校：《韩非子集释》，北京：中华书局，2003 年，第 180 页；《越绝外传本事》：“夫越王句践，东垂海滨，夷狄文身；躬而自苦，任用贤臣，转死为生，以败为成。”见李步嘉校释：《越绝书校释》，第 2 页；《战国策·赵二》：“被发文身，错臂左衽，瓯越之民也。黑齿雕题，鳀冠秫缝，大吴之国也。”见刘向辑录，范祥雍笺证，范邦瑾协校：《战国策笺证》，上海古籍出版社，2006 年，第 1047—1048 页。

② 《史记》卷 41《越王句践世家》，第 2099 页。

③ 《史记》卷 31《吴太伯世家》，第 1474 页。

④ 华夏传统“身体发肤，受之父母，不敢毁伤，孝之始也”，发肤存否直接关乎着人的基本伦理道德，故“断发文身”这种一目了然的外在形象表征为不忠不孝的卑劣品质。此外“断发文身”也会被视为罪犯的人身标志，《论衡·四讳》有：“昔太伯见王季有圣子文王，知太王意欲立之，入吴采药，断发文身，以随吴俗。太王薨，太伯还，王季辟主。太伯再让，王季不听。三让曰：‘吾之吴、越。吴、越之俗，断发文身。吾刑余之人，不可为宗庙社稷之主。’”

⑤ 王先慎集释，钟哲点校：《韩非子集释》，第 172 页。

远，而且隔绝于中原的政治影响，故而可避难无虞。至苏秦游说齐王谈天下大势之时有言：“秦虽强，终不敢出塞涑（溯）河，绝中国而功（攻）齐。楚、越远，宋鲁弱，燕人承，乾（韩）、粱（梁）有秦患，伤齐者必勺（赵）。”① 孟子曾言：“越人关弓而射之，则己谈笑而道之，无他，疏之也。其兄关弓而射之，则己垂涕泣而道之，无他，戚之也。”② 越人与诸夏的关系在这里被冠以“疏”的特征而言指他事，所表现的是文化心理上的疏远甚至是排斥。《荀子·儒效》言：“居楚而楚，居越而越，居夏而夏，是非天性也，积靡使然也。”③《荣辱》又曰：“譬之越人安越，楚人安楚，君子安雅，是非知能材性然也，是注错习俗之节异也。”④ 荀子既将楚、越之地对立于中州华夏，又把楚、越之人对立于行为矩正的君子，意指居中原则华夏，居边鄙则蛮夷。甚至到了汉代，《淮南子》言强大必列举秦楚，言蛮夷则必列用胡越，从措辞用意的角度来揣度，“言疏有越，言遐有越，言异有越”着实是一种默认“越人为蛮夷”的思维惯性。

越人的历史溯源、外在形象，兼及更深层的文化本质，都是中原人眼中不折不扣的蛮夷，其与中国异制度、异风俗、异道统。由此我们应带着这个论断再去审视所谓会稽“淫风”背后的意味。

---

① 马王堆汉墓帛书整理小组编：《战国纵横家书》，文物出版社，1976年，第27页。

② 焦循正义，沈文倬点校：《孟子正义》，北京：中华书局，2014年，第818页。

③ 王先谦集解，沈啸寰、王星贤点校：《荀子集解》，北京：中华书局，1988年，第171页。

④ 王先谦集解，沈啸寰、王星贤点校：《荀子集解》，北京：中华书局，1988年，第73页。

四、想象之“淫”与误解之“淫”

本文探讨的主体对象既然是人的观念，那么必然存在个体心理素质和视角的差异，今所见之叙述也就存在各种非客观全面的解读，存在错误理解之下的地域想象。

会稽刻石所言的“淫”主要是指男女间不正当的交媾行为。所谓“正当”的标准必然源自秦法。通过云梦秦简《法律答问》一篇，我们可以很明确地知道有夫之妇的逃嫁、男女婚外通奸都是违反秦法的。在此基础上若论一地风俗之淫，还要明确是“知其淫而淫”，或“不知其淫而淫”，知与不知，淫与不淫分别所强调的是主体的自觉和行为的自在。“风俗”是一地一族相沿积久而成的风尚、习俗、习惯，那么“风俗之淫”必是其行为主体不自觉地存在。如此看来，越人风俗是否客观上带有被秦人视为“淫泆”的因素呢？

首先，东南地区似乎并无同姓婚的禁忌，《礼记·坊记》：“子云：‘取妻不取同姓，以厚别也。’”① 同姓婚是华夏礼仪中所禁止的，但《左传》中却有晋嫁女于吴，鲁昭公娶女于吴的记载。《论语》中有记载孔子和巫马期关于鲁昭公娶吴姬之事的讨论：

陈司败问昭公知礼乎？孔子曰：“知礼。”孔子退，揖巫马期而进之，曰：“吾闻君子不党，君子亦党乎？君取于吴为同姓，谓之吴孟子。君而知礼，孰不知礼？”巫马期以告。子曰：“丘也幸，苟有过，人必知之。”②

晋、鲁、吴皆是姬姓之国，所以以上行为都是儒家所批判的。除了礼制败坏的原因，吕思勉进一步地认为还有“是南方不

---

① 郑玄注，孔颖达疏，龚抗云整理，王文锦审定：《礼记正义》，第1418页。

② 程树德集释，程俊英、蒋见元点校：《论语集释》，北京：中华书局，1990年，第495—498页。

禁同姓昏也”，一方面是吴越东南之地受周礼约束较弱，另一方面由其特殊的生态环境和经济决定：

是东南多以女为户主也。盖农业本女子所发明。初发明时，系女耕耘而男田牧。斯时田亩屋庐皆为女子所有，男子皆就婚女子之家。逮农事益重，所需人力益多，乃更以男子为主。南方土沃民穷，农业演进较晚，女系族制，行之较久，故其婚姻之法，亦与北方不同也。[①]

《史记·货殖列传》所记：“楚越之地，地广人稀，饭稻羹鱼，或火耕而水耨，果隋蠃蛤，不待贾而足，地势饶食，无饥馑之患，以故呰窳偷生，无积聚而多贫。是故江、淮以南，无冻饿之人，亦无千金之家。”[②] 越地的田土肥沃似乎是资源上的优势，而地广人稀又是发展潜力上的缺憾。所以土沃民穷和“无千金之家”的现实从侧面反映了该地有着“生聚”以增加劳动力的天然意愿和物质条件。此外还有“江南卑湿，丈夫早夭”[③] 的记载，如此揣测，所谓“有子而嫁”的“淫”又有了生理上和家庭生活上的切实需求。

查《周礼·职方氏》有：“东南曰扬州……其民二男五女。”云东南地区男女比例低于荆州（一男二女）、豫州（二男三女）、青州（二男三女）、兖州（二男三女）、雍州（三男二女）、冀州（五男三女）、并州（二男三女），仅较幽州（一男三女）为高。[④] 文献的数学统计当然不是精确的，甚至不可能是科学的计量，但至少代表了一种地域设定。在华夏传统地域的七州范围内，男女人口比例要么接近1∶1，要么男性高于女性。而代表边鄙蛮夷的荆、幽、扬三地则不仅男少女多，且倍差都在两倍以

① 吕思勉：《先秦史》，上海古籍出版社，1982年，第268页。

② 《史记》卷129《货殖列传》，第3968页。

③ 《史记》卷129《货殖列传》，第3965页。

④ 孙诒让正义，王文锦、陈玉霞点校：《周礼正义》，北京：中华书局，1987年，第2640页。

上。叙述的背后可能就是对荆、幽、扬地区“女系族制”遗留较多的想象痕迹。而“女系族制”所表现出来的“女尊男卑”和“男女无别”恰恰在儒家看来是“禽兽之举”。①《国语·越语上》记载句践为了鼓励生育而颁布“生丈夫，二壶酒，一犬；生女子，二壶酒，一豚”的政令，韦昭注曰：“犬，阳畜，知择人；豚，主内，阴类也。”② 这也被认为是“越人在生男育女问题只讲阴阳之别，没有尊卑之分”③。吴越之俗“男女同川而浴（交趾）”对于有着“男女授受不亲，礼也”观念的华夏来说更是匪夷所思。

由于史料的匮乏，越地是否客观上存在淫泆风俗笔者不敢妄论，但诸夏之人对越地风俗确实存在某种想象。如果要对越地的“淫泆”给出一个属性，那就是来自秦人的“想象之淫”和“误解之淫”。

五、因地制宜的“匡饬异俗”

虽然秦法有对淫泆的明文禁令和相关处罚，但单纯地依赖刑法最好也不过是“民免而无耻”。故“道之以德，齐之以礼”的教化成为“混一宇内，匡饬异俗”的补充。据可考的五块刻石内容所言，黔首风俗大多以“男女礼顺，慎遵职事”这般的笼络语言一笔带过，唯独碣石刻石有“男乐其畴，女修其业”，会稽刻石有“禁止淫泆，男女洁诚”这样的对具体行为的规诫。那么会稽之“淫”是否真的在秦统治疆域内是独树一帜呢？

---

① 《礼记·坊民》载：“故男女无媒不交，无币不相见，恐男女之无别也。”注曰：“重男女之会，所以远别之于禽兽也。”见于郑玄注，孔颖达疏，龚抗云整理，王文锦审定：《礼记正义》，第 1417 页。

② 徐元诰著，王树民、沈长云点校：《国语集解》，北京：中华书局，2002 年，第 570 页。

③ 董楚平：《吴越文化新探》，浙江人民出版社，1988 年，第 181 页。

始皇七处刻石分布于齐、鲁、燕、越地，无论是“自在的淫俗”还是“自觉的淫行”并不独存于越一地。齐有庆封与家臣卢蒲嫳交换妻妾，襄公兄妹淫乱，齐桓公“好妇人之色，妻姑姊妹，而国中多淫于骨肉”①。鲁有昭公娶同姓之女、哀姜通庆父。而燕地“宾客相过，以妇侍宿，嫁娶之夕，男女无别，反以为荣”② 的风俗更令人瞠目。越地，反而没有类似淫行的记录，淫乱行为既然更多地出现在对传统“诸夏”国家的历史书写中，且其记录本身就有舆论挞伐的初衷在内，但是这些地域的淫风淫俗却似乎并不被认为应急切地宣教而有必要刻写于石碑上。个人认为，这体现了一种因地制宜和首攻其冲的思路，宣扬的教化指向了一地一域与秦中央朝廷的首要矛盾。

我们来看泰山、琅邪和之罘刻石，其文除了通有的宣扬始皇武烈、万世神功之外，宣传重点是树立秦法和秦国家机器的绝对神圣。我们所知“刚毅戾深，事皆决于法，刻削毋仁恩和义”③，是秦政治文化最鲜明的特征，秦人“修习耕战，高尚力气”，半军事管理下民众则相对刻板忠顺。而反观东方六国，其民风虽然有诈巧、剽轻、易怒等特点，但总的来说更崇尚个性自由。在基层民众层面来讲：“社会力量和国家力量处于二元对立状态。”④所以秦面对齐、鲁这样的“诸夏”国家着重灌输秦法至上、秦帝救世的政治意识形态，主要防范当地旧贵族的复起，而对于下层民众的风俗则有所忽略。

再反观碣石和会稽越地。碣石地在今之河北昌黎。秦汉之际是农耕与游牧的交界地带，同时也是多民族交汇、冲突、融合的活跃地区。战国以后在今河北北部及辽西地区分布着肃慎、貊、

---

① 陆贾著，王利器校注：《新语校注》，北京：中华书局，1986年，第67页。

② 《汉书》卷28《地理志下》，北京：中华书局，1964年，第1657页。

③ 《史记》卷6《秦始皇本纪》，第306页。

④ 臧知非：《周秦风俗的认同与冲突——秦始皇“匡饬异俗”探论》，《秦文化论丛》（第十辑），西安：三秦出版社，2003年。

山戎等民族。最强大的东胡，与燕、赵长年战争，直到秦开大破东胡，却地千里，燕国才暂时解决了东北边境的敌警。秦统一时，东胡再次强大起来，与匈奴相邻。“当是之时，东胡强而月氏盛。匈奴单于曰头曼，头曼不胜秦，北徙。”① 这与《秦始皇本纪》所载“（始皇三十二）因奏录图书，曰‘亡秦者胡也’。始皇乃使将军蒙恬发兵三十万人北击胡。略取河南地”② 是一致的。所以，东胡于始皇三十七年正处于实力强大的时间节点上，是秦东北边地巨大的潜在威胁。

此时的越地也并非久安太平。通常，我们认为越国灭于楚怀王之手，“而越以此散，诸族子争立，或为王，或为君。滨于江南海上，服朝于楚”③。实际越国并未彻底灭亡，只是解体了，仍有代表越国君族宗祀的“王国”存在。越国解体后诸族子所立之国如闽越、东瓯则甚至延祚到了汉代。越地被纳入秦政治版图的时间是秦王政二十五年（前 222），“王翦遂定荆江南地；降越君，置会稽郡”④。秦统一后，对越地的控制力有限，汉时田蚡有言：“越人相攻击，固其常，又数反覆，不足以烦中国往救也。自秦时弃弗属。”⑤ 虽然实际情况并非秦对会稽及其他百越之地弃管，但确也侧面反映了秦对越地控制力不强的事实。秦不仅褫夺了越君的权力和地位，并且连宗族传统都难以保全，《汉书》记载：“故粤王亡诸世奉粤祀，秦侵夺其地，使其社稷不得血食。”⑥ 而当天下畔秦之时，越君无诸和摇都立刻参与到了灭秦战争中，“其民便附”⑦。可见越虽然国碎族散，但对秦的不满

① 《史记》卷 110《匈奴列传》，第 3492 页。

② 《史记》卷 6《秦始皇本纪》，第 323 页。

③ 《史记》卷 41《越王句践世家》，第 2112 页。

④ 《史记》卷 6《秦始皇本纪》，第 302 页。

⑤ 《史记》卷 114《东越列传》，第 3610 页。

⑥ 《汉书》卷 1《高帝纪下》，第 53 页。

⑦ 《史记》卷 114《东越列传》，第 3609 页。

和对抗是存在的，一旦故君振臂一呼，则群起相应。秦在东南的统治也着实存在不安定因素。

如果把碣石、会稽两地做一个比较，我们会发现一些相同之处，两地都是非华夏民族分布较多的区域，印象中两地都有失衡的男女比例和淫泆的风俗，且在现实中都与秦存在有较尖锐的矛盾。所以秦人会认为碣石、会稽相比于齐、鲁之地不仅仅只有政治上的对抗，更有民族心态上的疏远。秦对这两地不仅要开展政治意识形态的教化，还要对他们进行中原民族礼俗文化的改造。“男乐其畴，女修其业”体现着劝课农桑、男女分工的一种理想。然而这样的教化置于碣石地区就显得不那么理所当然。前文说过，碣石地区是农耕与游牧两种生产方式的边界地带，农耕文明的华夏与游牧文明的东胡在这一地区龃龉相争。“劝课农桑”的目标对应着东胡“游马牧羊”的生产方式；“男女分工”的小农小家生产模型针对着东胡“举族控弦，呼引啸聚”的军事潜在，而这种以改变生产和生活组织形态为重点的移风易俗在农耕文化已然深厚发达的越地是不需要的。越人擅长稻作，属于农耕文化区。那么对待同为农耕文化的“蛮夷”，秦人“以夏化夷”的具体落实方式就变成教其礼仪，明其伦理。在农耕文化体系中，家庭家族的安定和传承是最基层的保障，所以教化的最先步骤就是明确婚姻礼教，亦所谓“婚姻之礼废，则夫妇之道苦，而淫僻之罪多矣”①。

然而秦始皇和汉武帝时代都曾向越地移过民，② 所以“禁止

① 王聘珍解诂，王文锦点校：《大戴礼记解诂》卷2《礼察》，北京：中华书局，1983年，第21页。

② 《汉书》卷6《武帝纪》载：“（元狩）四年冬，有司言关东贫民徙陇西、北地、西河、上郡、会稽，凡七十二万五千口，县官衣食振业，用度不足，请收银锡造白金及皮币以足用。”关于是否确有汉武帝移民会稽一事，学界存有争论，可参见葛剑雄：《西汉人口地理》第10章第3节《武帝时徙民会稽辨正》，北京：人民出版社，1986年；辛德勇：《汉武帝徙民会稽史事证释》，《历史研究》2005年第1期。

淫泆”警诫也应不独对越地故民，也当包括中原新民。《越绝书》记载了始皇三十七年登会稽后的移民举措：

是时，徙大越民置余杭伊攻□故鄣。因徙天下有罪适吏民，置海南故大越处，以备东海外越。①

首先是将会稽一带的越族民众迁徙到钱塘江以北的余杭地区，这样的移民举措显然是为了更好地管控不习“诸夏”教化的越人。继而又有中原人迁入故越之地，而新迁入越地的“有罪吏民”亦有必要进行教化，以防其居于蛮夷而蛮夷化的危险。

综上所述，五处石刻内容可以看作秦统治意志的浓缩表达，是政治意识形态的集中体现。我们将其内容书写默认为具有写作目的而进行研究的话，会稽刻石有关“禁止淫泆”的文字之下反映的是秦中央朝廷对越这片虽占未保、虽统犹弃的地区的疏离心态。

首先这种“疏离”是自“夷夏之辨”演进而来，是对春秋时代形成的华夷五方格局这种空间民族构想的继承和发展。其轨迹与血缘氏族国家瓦解后转向以地域认同为核心的领土国家和民族自觉相一致。② 而这种“华夷之辨”到了秦一统六国，且外无强劲之夷的时间节点里，就自然演变成一种以秦关中故地为至上地位的“地方主义”，对秦地以外地域则差贱视之，这种认同差异我们可以在始皇刻石中发现，也同样颇为明显地表现在秦穷掠东方、偏益西土的政策上。所谓会稽“淫风”或可认为是秦代的华夷观变化的结果，即从西周春秋时代的“君主淫而其民淫”转化为“其地淫而民皆淫”。

另外，“华夷之辨”也从西周时期的血缘氏族判定发展为区域文化判定。引用罗志田的总结，春秋末至战国的夷夏之辨“是

① 李步嘉校释：《越绝书》卷8《越绝外传记地传》，第230页。

② “民族本身就是血缘政治瓦解的一个结果。”见林耀华主编：《民族学通论》，北京：中央民族大学出版社，2015年，第101页。

以文野之分为基础的”[①]。而这种“文野”界限又是开放可变的，蛮夷国家尊崇周礼可以变成华夏，而华夏昏乱礼制就可以变作蛮夷。如此既成的“诸夏”国家对蛮夷的想象和认识就主导了“夷夏之辨”。而至于那些强力之国，则更易占据舆论制高点而又垄断“诸夏”的民族意识。

至于会稽“淫风”的问题，所谓会稽、越地风俗之淫是来自于秦人的观念和想象。但同时秦人对越人的观念似是基于一种静态的历史认识，也就是秦人眼中越人的形象并不随着时代演进而相应改变（事实上，吴、越在战国时代就已明显中原化），而是越人特殊时空中的碎片形象。即使是碎片形象，也会在“越为蛮夷”这一观念先入为主的驱使下令秦人刻意强调其本源蛮夷的部分，而有意无意忽视其华夏化那部分。再加之越国国小路远，其政治、经济、文化与中原诸国的交流是极其有限的，就传世至今的文献来看，有关先秦越国的记载几乎都集中在吴越争霸、句践伐吴这一个故事上，其他时间的越国基本都是缺席。所以秦人对越的记忆和观念也可能一直停留在“披发文身、交趾黑齿”的句践世代中。由此“越为蛮夷—蛮夷无礼—无礼必淫”的线索就成了惯性思维下的结论。

① 罗志田：《夷夏之辨的开放与封闭》，《中国文化》1996 年第 2 期，第 213 页。

元人乔篑成生平交游及题跋轶文考

湖南大学岳麓书院　李成晴

摘　要： 乔篑成是宋末元初的收藏大家，与周密、赵孟頫、鲜于枢等人皆有交游。由于没有著作传世，且元史、方志及私家著述无传，乔篑成的生平事迹沉晦无闻到连后来以博学著称的王世贞、王渔洋也知之甚少。他有一部分题跋文保存在后世书画目录中，《全元文》在纂集时未能辑得。通过相关资料的搜集，可考证乔篑成字号、斋号、籍贯、历官、交游等问题，并可据明清书画目录辑录乔篑成题跋轶文8篇。

关键词： 乔篑成；生平；交游；题跋；轶文

王世贞跋《元名人墨迹》曰："乔篑成字仲山，考元史皆不载，仅见之《右军干呕帖》《朱巨川告跋》，书法不能佳而考据颇精洽。据此诗尾谓早岁苦吏事丛脞，不为诗，当亦是一州邑官也。"①

此处谓乔篑成字仲山实误，推测他"是一州邑官"也不尽准确。又王士禛《池北偶谈》卷12"记观宋牧仲书画"条将《洛神赋》全图上的乔篑成印文错记作"有元人'乔篑山东成'

① 王世贞：《弇州山人四部稿·弇州续稿》卷162，《影印文渊阁四库全书》第1284册，台北：商务印书馆，1986年，第344页。

墨印”[①]。王世贞、王渔洋两人在明、清两代号称博学，他们虽留意到了乔篑成其人，却于其生平不甚了解，导致记载多有讹误，可见乔篑成的生平行止在明、清两代是颇沉晦无闻的。

夷考宋末元初史料，我们却能看到乔篑成在当时不但是一显官，同时，也是一位颇有影响力的收藏大家，多件书画珍品皆曾经他递藏。乔篑成与士林名士如周密、赵孟頫、鲜于枢等人过从甚密，一同品鉴古玩，后世书画目录多有某件法帖同时载有三人题跋的例子。故而，无论从宋末元初士林交游、艺术史还是题跋辑佚的角度，皆有必要对乔篑成其人进行一个全面的探究。

一、乔篑成的生平

1. 乔篑成字号及收藏印记

前文指出王世贞谓乔篑成“字仲山”不确，其实乔氏字号在其友人周密的《云烟过眼录》里有明确的记载。《云烟过眼录》卷1收列乔篑成收藏目录，题作“乔达之篑成号中山所藏”[②]，据此知乔篑成字达之，号中山，载籍中也有写作“仲山”的，是因为“中”“仲”古籍多通用之故，下文所引到乔氏印章有的作“中山甫印”，另一枚则作“乔氏仲山”，足见乔篑成自己也通用二字。

关于乔篑成字“达之”而非“中山”，在程钜夫《雪楼集》中也有证据。程钜夫集中有多篇与乔篑成的交游文字，例如《送乔达之守东平序》《乔达之学士真赞集诗句》等，古人此类应酬文字通例皆称字以示尊重，故亦可推知“达之”为乔篑成之字。王世贞去乔篑成已远，记载有误不必苛责，即使元人的记载也不

---

① 王士禛：《池北偶谈》卷12，靳斯仁点校，北京：中华书局，1982年，第277页。

② 周密：《云烟过眼录》卷上，《丛书集成初编》，北京：中华书局，1985年，第13页。

能完全据为实证，例如元夏文彦《图绘宝鉴》卷5：“乔达字达之，燕人，官至翰林直学士。善丹青，山水学李成，墨竹学王庭筠，后更学文同。”[①] 此处谓其名曰“乔达”，便没有任何一种文献载录的佐证。

乔篑成的收藏印记，高士奇《江村销夏录》卷3《宋苏文忠公书李太白诗卷》条注曰：“乔中山收藏钤记前后八方。”[②] 今可考即有8枚，不知与其所见是否全同。明汪砢玉《珊瑚网》卷1“唐模兰亭墨迹”下著录两方：“乔氏篑成、中山甫印。”[③] 明孙凤《孙氏书画钞》卷1《跋颜鲁公书朱巨川告》条录收藏印文曰：“建中三年六月十六日下印曰：乔氏私印、陆度之印、奉华堂印、乔氏篑成宝藏。”[④] 清安歧《墨缘汇观录》卷1“僧高闲半卷草书千文”下录印文曰：“后押‘林左民’白文印、‘乔氏篑成’白文墨印、‘乔氏真赏’朱文印。”[⑤] 又同书卷2“法书下”于《定武五字损本兰亭卷》下著录：“后押‘乔氏篑成’白文墨印”“又政和间公达一题，下有‘乔氏篑成’阳文墨印。”[⑥] 清英和《秘殿珠林三编》于《宋苏轼书祈雨篇》下著录收传印记有“乔篑成氏、篑成墨宝”[⑦]。据以上文献可知乔篑成曾用过的收藏印记有乔氏篑成白文及朱文印、乔氏私印、乔氏篑成宝藏、中山甫印、乔氏真赏朱文印、乔篑成氏、篑成墨宝等印章。

---

① 夏文彦：《图绘宝鉴》卷5，《中国书画全书》第2册，上海：上海书画出版社，1993年，第886页。

② 高士奇：《江村销夏录》卷3，《影印文渊阁四库全书》第826册，第550页。高士奇自刻本无此段，见《江村销夏录》卷3，上海：上海古籍出版社，2011年，第337页。

③ 汪砢玉：《珊瑚网》卷1，《影印文渊阁四库全书》第818册，第10页。

④ 孙凤：《孙氏书画钞》卷1，《中国书画全书》第3册，上海：上海书画出版社，1992年，第875页。

⑤ 安歧：《墨缘汇观录》卷1，《续修四库全书》第1067册，上海：上海古籍出版社，2002年，第208页。

⑥ 安歧：《墨缘汇观录》卷2，第280页。

⑦ 英和：《秘殿珠林三编》不分卷，《续修四库全书》第1075册，第115页。

此外，乔篑成还有两个斋号，分别是本善堂和澹轩，见于下文引述到的程钜夫《本善堂记》及牟巘《澹轩记》。

2. 乔篑成籍贯

由于载籍没有乔篑成的任何传记资料，故无法推考其世系里籍，在今世尚存的几篇书画题跋中，乔篑成自称地望曰“燕山”或“北燕”，宋濂《宋学士文集》卷32《题唐太宗哀册文后》：“旧尝藏相台岳珂倦翁家，后有北燕乔篑成所题，定为唐人书。”① 明曹昭《新增格古要论》卷10亦录此文，当是据宋濂题跋原迹著录。明郁逢庆《书画题跋记》卷1“颜鲁公书刘中使帖”条王芝题跋后录“北燕乔篑成仲山观”②，皆可为证。然称“燕山”或“北燕”，乃是笼统的地域概念，无法确定其具体的郡县。倘若乔篑成为元大都人，则他可能就径用“京师”或“京兆”，而不太可能用“北燕”一词。考虑到其号为“中山”，有可能用春秋时中山国的典故，所以综合而言，可推断其里籍在今河北中部的石家庄以北的地区。

3. 乔篑成历官

本文开篇曾引述王世贞据乔篑成《朱巨川告身》的跋诗推测他“当亦是一州邑官”，惜王氏未录乔诗，不知其中所述“吏事丛脞”为何。今就诗文笔记中的资料推考，可知乔篑成虽任过“州邑官”，然而更多的时间却是任京官。程钜夫《本善堂记》曰：“予友乔达之居京师，榜其堂曰‘本善’……达之数十年马迹不出国门。”③ 程氏《送乔达之守东平序》又说：“达之在朝廷久，视官如家，游公卿间如亲戚。典章文物，闲习优甚，所向吻然而合。”④ 皆可证乔篑成曾为京官多年。其后乔氏以翰林学士

① 宋濂：《宋学士文集》卷32，四部丛刊景明正德本。

② 郁逢庆：《书画题跋记》卷1，《影印文渊阁四库全书》第816册，第591页。

③ 程钜夫：《雪楼集》卷12，《影印文渊阁四库全书》第1202册，第156页。

④ 程钜夫：《雪楼集》卷14，第193页。

出知东平，即程钜夫《送乔达之守东平序》所谓“吾故人乔君达之由翰林学士出守东平”①。前引元夏文彦《图绘宝鉴》卷5“官至翰林直学士”② 亦可为证。乔篑成历任各职，除了翰林学士、知东平事外，仍可据史料考得一部分，分别是：

（1）东曹掾、秘书郎。

清来集之《倘湖樵书》卷12：“秘书郎乔中山云，至元十年自东曹掾出使延安，道出鄜州，土人传有杜少陵骨在石中者，因往观之。”③ 又元李衎《竹谱详录》卷1：“后从乔仲山秘书观黄华横幅一枝，数叶倚石，苍苍疑澹，游差不逮也。甚欲取以为法，而无自得之。”④ 清刘于义、沈青崖《（雍正）陕西通志》卷99引《纬略》同。可证乔篑成曾在至元十年（1273）任东曹椽，后于秘书监任秘书郎一职，秘书郎为京官，据下文考其题跋，则任职似在1310年之后。

（2）杭州通判。

清官修《秘殿珠林》卷19“《唐人金神羽猎图》一卷”所录题跋曰：“乔篑成跋云……后有嘉兴府印、杭州通判之印二印。”⑤ 通判一职官品微末，乔篑成任此职当远在他职之先。

（3）都漕运副使。

王恽《题山谷苦笋赋帖后》：“临安漕副乔仲山，予为御史时台小吏也。庚寅冬南行遗杭，仲山以是帖贶予。”⑥ 又宋周密《志雅堂杂钞》卷上：“以大铜器数件，共准二十五定得之。既

---

① 程钜夫：《雪楼集》卷14，第193页。

② 夏文彦：《图绘宝鉴》卷5，第886页。

③ 来集之：《倘湖樵书》卷12，《续修四库全书》第1196册，第470页。

④ 李衎：《竹谱详录》卷1，《丛书集成初编》，北京：中华书局，1985年，第1页。

⑤ 张照、梁诗正：《秘殿珠林》卷19，《影印文渊阁四库全书》第823册，第688页。

⑥ 王恽：《秋涧集》卷72，影印明弘治本，《元人文集珍本丛刊》第2册，台北：新文丰出版公司，1985年，第294—295页。

而归之乔仲山运副，闻将转之显官云。”① 庚寅即至元二十七年(1290)，当时乔篑成在临安任都漕运副使。

(4) 别驾。

姚燧《金故昭勇大将军行都统万户事荣公神道碑》：“大德辛丑，燧持宪节使江之东。其明年，袁之总公荣显祖书遣属吏聂复礼、王政，致父都漕君之与其同官题，与别驾乔篑成、季仲和，及江西宪佥郭贯、行省检校阎宏之书为先。”② 大德辛丑为大德五年（1301）。别驾在宋元时指通判，或即前揭杭州通判之职。

(5) 知饶州事。

柳贯《夷门老人杜君行简墓碣铭并序》：“至元大德间，儒生学士，搜讲艺文，绍隆制作礼乐之事，盖彬彬乎太平极盛之观矣。……若予所识张君君锡、杜君行简，则以汴人而皆客杭最久。于时梁集贤贡父、高尚书彦敬、鲜于都曹伯几、赵承旨子昂、乔饶州仲山、邓侍讲善之，尤鉴古有清裁。二君每上下其论议，而诸公亦交相引重焉。”③ 柳贯《铭序》中举诸人姓氏后皆标官职，故知“乔饶州仲山”也当是其任职。又程钜夫《寄乔达之》：“东鲁相逢两见秋，忽传南牧古筠州。”④ “古筠州”为江西高安，与饶州地近，当是同指乔篑成知饶州事。

(6) 吏部郎中。

元陶宗仪《南村辍耕录》卷24：“乔公仲山，官吏部郎中，好古博雅，仍喜谐谑，所交皆名人才士。”⑤

牟巘曾为乔篑成作《澹轩记》，中谓“燕山乔侯扁所居轩曰

① 周密：《志雅堂杂钞》卷5，《四库全书存目丛书》子部101册，济南：齐鲁书社，1995年，第365页。

② 姚燧：《牧庵集》卷22，四部丛刊影印清武英殿聚珍版丛书本。

③ 柳贯：《待制集》卷11，四部丛刊影印元刊本。

④ 程钜夫：《雪楼集》卷29，第432页。

⑤ 陶宗仪：《南村辍耕录》卷24，北京：中华书局，1959年，第294页。

‘澮’……惟是乔侯入则郎省户，出则赞藩方”[①]。据落款，牟巘作此文时为“乙巳六月二十五日”，其卒年为1311年，则此乙巳当为1305年，其时牟巘79岁，与记中“顾某耄惛，不能为役”之自述相合。由此记文可知，在1305年之前，乔篑成已任正三品或从三品的显官，即牟巘所谓“乔侯”。从“乔侯入则郎省户，出则赞藩方”，可知乔篑成在中朝及地方皆尝任职，这与上引程钜夫文及各处历官的材料所述相合。

二、乔篑成的交游

乔篑成作为达官及知名藏家，交游颇广。元陶宗仪《南村辍耕录》卷24：“乔公仲山，官吏部郎中，好古博雅，仍喜谐谑，所交皆名人才士。公家制馄饨得法，常苦宾朋需索。一日于每客前先置一帖，且戒云食毕展卷。既而取视，乃制造方法也。大笑而散，自后无复言矣。”[②] 陶宗仪所谓“名人才士”，在赵孟頫的一则题跋中有过集中的呈现。明汪砢玉《珊瑚网》卷1“法书题跋”《王右军思想帖真迹》下著录赵孟頫跋语曰：“大德二年二月廿三日，霍肃清臣、周密公谨、郭天锡佑之、张伯淳师道、廉希贡端甫、马昫德昌、乔篑成仲山、杨肯堂子构、李衎仲宾、王芝子庆、赵孟頫子昂、邓文原善之、集鲜于伯机池上，佑之出右军《思想帖》真迹，有龙跳天门、虎卧凤阙之势，观者无不咨嗟叹赏，神物之难遇也。孟頫书。”[③] 其中名士如周密、赵孟頫、鲜于枢皆是元初士林之翘楚，皆与乔篑成有交游，足见陶宗仪所言不虚。周密《云烟过眼录》《志雅堂杂钞》记乔仲山收藏达十二条，例如《志雅堂杂钞》卷2：“癸巳八月十四日，示余以乔

---

① 牟巘：《陵阳集》卷11，《影印文渊阁四库全书》第1188册，第96页。

② 陶宗仪：《南村辍耕录》卷24，第294页。

③ 汪砢玉：《珊瑚网》卷1，第3页。

仲山求售智永真草《千文》，绝佳。”① 又卷3：“乙丑六月廿一日，同伯几访乔仲山运判观画。”②“伯几”即鲜于枢之字，亦作“伯机”。鲜于枢《困学斋杂录》中亦多记乔仲山所收藏之名品，且数称其为“秘书郎”，由此可证乔篑成与周密、鲜于枢交游并非一般的相识而已。

此外，乔篑成与同为翰林学士的程钜夫亦过从甚密，今程钜夫《雪楼集》中所收《本善堂记》（卷12）、《送乔达之守东平序》（卷14）、《乔达之学士真赞集诗句》《乔达之内子真赞集诗句》（卷22）、《乔达之画江山秋晚图三首》（卷28）、《寄乔达之》（卷29）皆是与乔篑成的交游文字。并且，通过程钜夫《乔达之画江山秋晚图三首》，还可推知乔篑成不但嗜收藏书画，还善丹青。第二首曰：“千山木落雁飞初，樵屋渔梁路有无。京国贵人真巨力，尽移生计入新图。”③ 仍是点到了乔篑成“京国贵人”的身份。前引元夏文彦《图绘宝鉴》卷5谓乔篑成“善丹青，山水学李成，墨竹学王庭筠，后更学文同”④ 正可与程钜夫说相参证，只是其画作似乎并没有传世，故而未见明清书画目录著录。

三、乔篑成题跋轶文考

周密《云烟过眼录》卷上“乔达之篑成号中山所藏”条，著录乔篑成部分收藏如卫贤《高士图》、吴道子《火星像》、智永《真草千文》、王维《维摩像》等十余件。⑤ 乔篑成的收藏之富，可见一斑。乔篑成于所收藏的书画多有题跋，虽大多不可

---

① 周密：《志雅堂杂钞》卷2，第350页。
② 周密：《志雅堂杂钞》卷3，第355页。
③ 程钜夫：《雪楼集》卷28，第416页。
④ 夏文彦：《图绘宝鉴》卷5，元至正刻本。
⑤ 周密：《云烟过眼录》卷上，第13页。

考，但在元明清三代的书画目录著作中仍偶有留存。诸书画目录系据原本所附的乔篑成题跋原迹迻录，皆是第一手资料。然2004年出版的《全元文》乔姓作者唯著录乔醴、乔宗亮、乔怀忠三人①，并没有著录乔篑成其人其文。因此，有必要对乔篑成的题跋轶文进行辑佚，以期增进对他的了解，同时也可以作为《全元文》的补遗。今依所题跋文物之年代为次第，共辑得轶文8篇：

1.《跋王羲之书曹娥碑》

右小楷《曹娥碑》，黄长睿《跋》云逸少升平二年书，距其终才三载，正暮年迹也。故结字比《乐毅》《告誓》诸帖古质，非真赏者未易识也。又前人品作魏邯郸淳之书《千字文》，边有唐国子博士韩愈、赵元遇、著作佐郎樊宗师、处士卢仝并翰林学士韦琮、刺史杨汉公、参军刘钧诸公题名，其余名士尚多，是可谓聚德星也。又诔文空行间，僧怀素小草题志，特豪纵妙绝。考之绍兴《装褫格范》云："晋唐以来法书，唐名士于栏道边及前后题跋。"盖所论正与此合。然法书宝玩，诚为世之尤物，而乃以侵字题记者，则似亦少缺贵惜也。卷后高宗题曰："度尚诔辞，虽不知为谁氏书。然纤劲清丽，非晋人不能至此。"以绍兴内府图书四角印之，又古印章数处，而磨灭难辨，并唐怀允、徐僧权署名法，当第为上上神品。此书韩侂胄家故物，已尝刻诸石，今并入《群玉帖》中。因念余平生获阅书画，不啻数百千轴，惟六朝者，尽六种耳。而谢稚《三牛》、展子虔《北齐后主幸晋阳宫》及余家陆探微《降灵文殊》是其三也。而以书中但逸少《子鸾》《关中》二帖，今《曹娥碑》继此一也。由是观之，则世间文物，向不知兵烬几经，今存之者，尚能几何耶？而好事家岂得不为之贵惜乎？本理问官郭公佑之家物，佑之没，十有余年，而散落于他门，余访求购得之。噫！物之兴衰，固有数焉，

① 分别见于李修生：《全元文》第28、第35、第39册，南京：凤凰出版社，2004年，第292、第57、第602页。

又何但此而已。姑述其出处流转之□云耳。龙集癸丑十月望日，燕山乔篑成仲山父书于钱唐客舍。

按：本跋见于清张照《石渠宝笈》卷13“晋王羲之书曹娥碑一卷”条下录“乔篑成跋”云云。[①] 王羲之书《曹娥碑》及卷后乔篑成、赵孟頫等书迹犹存，今藏辽宁博物馆。

2.《跋干呕帖》

晋右军王逸少书《干呕帖》，其字画圆劲雄雅，而纸亦古色，是知唐初人所临也。于行书空间，直界成路，盖为久而卷舒，恐致褙绢丝纹磨损字面，故置之书筒而秘之。乃知前人宝爱如此之笃。太宗时，已尝刻诸淳化古帖石中。上有南唐内合同并集贤院印，及卷首尾古印朱文十数。又鹅溪黄素革首，前后皆用宣政内府图书印之，当必数帖成轴，不然何以革首外边各亦有印文邪？今存者此帖耳，是以《书谱》止载其首帖之号云。皇庆二年十二月朔，乔篑成仲山父题。

按：本跋见于明李日华《六研斋笔记》卷2，[②] 清倪涛《六艺之一录》卷162引《王氏法书苑》亦著录。今《干呕帖》尚存，藏天津博物馆。

3.《跋张长史春草帖》

余尝见怀素书云：“邺下见颜平原曰：吾书传得长史八法。”其平原尚师之，而张草之圣，则不待言而可知矣。今《春草帖》即《宣和书谱》所载者，宋内府收附不存，及前贤印章数处亦皆磨灭。后有元佑以降诸公题跋，惜乎岁远纸损，不幸失于护持，致令字画细微断裂，此可为恨。然精妙之神具存，诚为世宝。皇庆改元十二月朔日，乔篑成仲山书。

按：本跋见于明赵琦美编《赵氏铁网珊瑚》卷1“唐张长史

① 张照：《石渠宝笈》卷13，《影印文渊阁四库全书》第824册，第339页。

② 李日华：《六研斋笔记》卷2，郁震宏、李保阳点校，南京：凤凰出版社，2010年，第27页。

春草帖”所录跋语，[①] 明朱存理编《珊瑚木难》卷3、明张丑撰《清河书画舫》卷4上亦著录。

4.《跋颜鲁公书朱巨川告》

右颜鲁公书朱巨川告，即《宣和书谱》所载者。上有高宗乾卦绍兴图书，而鲁公之书，盖东坡先生已尝论之矣。不惟爱玩，抑见唐代典故之式，尤为可尚。龙集辛亥仲秋朔乔篑成题。

按：本跋见于明孙凤《孙氏书画钞》卷1“法书”著录，且录收藏印文曰：“建中三年六月十六日下印曰：乔氏私印、陆度之印、奉华堂印、乔氏篑成宝藏。”[②] 清卞永誉《式古堂书画汇考》卷8、清王昶《金石萃编》卷102亦著录。乔篑成题跋之“辛亥仲秋”当是元至大四年，即1311年。

5.《跋唐人金神羽猎图》

尝观六朝画，笔简而意有余，迥然高古。右唐人模《西岳降灵图》，其人物车马无不臻妙，盖名笔也。顾今之焕烂求备者，则将置之何地耶？当珍惜之。乔篑成记。

按：本跋见于清官修《秘殿珠林》卷19“《唐人金神羽猎图》一卷”所录题跋，谓“乔篑成跋云……后有嘉兴府印、杭州通判之印二印”[③]。同卷尚录赵孟頫跋曰：“《金神羽猎图》者，其原盖出于唐人所作西岳壁画，故每节断续，政以为楹柱所间耳。仆见此图一二十本，皆不及此卷之妙。凡人物犬马士女鬼神车仗，诸法毕备，悉能尽其能事，其模手亦高矣。展卷令人爱玩，不忍去手。”[④] 孟頫且谓图后有姜夔二诗，今姜夔诗尚传，可见在宋

---

① 赵琦美：《赵氏铁网珊瑚》卷1，《影印文渊阁四库全书》第815册，第283页。

② 孙凤：《孙氏书画钞》卷1，《中国书画全书》第3册，上海：上海书画出版社，1992年，第875页。

③ 张照、梁诗正：《秘殿珠林》卷19，《影印文渊阁四库全书》第823册，第688页。

④ 张照、梁诗正：《秘殿珠林》卷19，第688页。

人姜夔时即见此本。

6.《宋端石云腴砚铭》

云根片腴，閟于清都。黝然而黑，墨卿与俱。

按：本铭见于清于敏中等纂《西清砚谱》卷10，于氏考乔篑成生平曰："考仲山，元乔篑成号。明王世贞《弇州续稿》称其书迹见右军《千呕帖》及《朱巨川告》跋尾，考据颇精洽，当亦博雅之士。是砚为所收藏，尤足珍也。"① 后文乃录"乔篑成铭"云云，且摹砚铭图如图1所示。

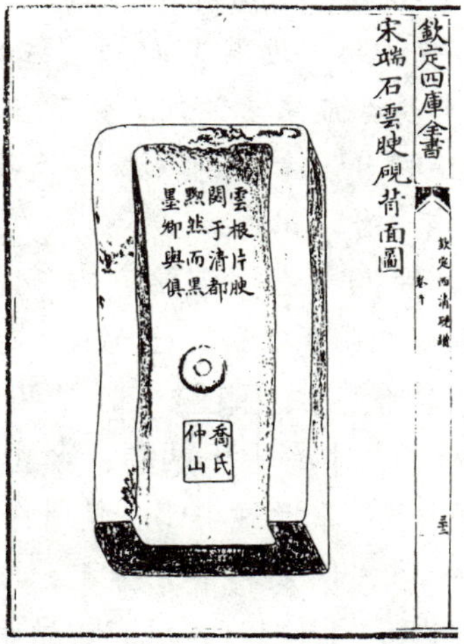

图1 《西清砚谱》摹乔篑成《宋端石云腴砚铭》

7.《跋宋赵伯驹高祖入关图》

昔汉高帝先入关，除秦苛政，约法三章，士民安堵，有王师无敌之风。载诸典籍，章章可考；播诸丹青，非大手笔，弗克形容之。赵千里以帝室之胄，习见山川雄伟、皇都壮丽与夫甲骑精强、君臣相济之状，一一摹写，宛然在目。非探天工、得造化之

① 于敏中：《西清砚谱》卷10，《影印文渊阁四库全书》第843册，第354—355页。

巧者，其孰能与于此？乔篑成仲山父识。

按：本跋见于清李佐贤《书画鉴影》卷2《宋赵伯驹高祖入关图》条，跋文前注曰“后另纸跋”，跋文后录押尾曰“□文仲山父印，方印”。①

8.《跋宋李唐画晋文公复国图》

右图晋文公复国故实，间书《左氏传》于左，始于宋襄赠马，至朝于武宫而止。前辈跋谓为吴元瑜画，黄鲁直书。余谛观笔法，图乃李唐，书乃思陵，不可诬也。且余家向藏《晋公子复国图》一卷，为晞古妙笔。前有奔狄、过卫、适齐、及曹四事，其后布景则同而无书。此则逸其前而书《左传》于后，盖思陵少年书学鲁直，后刘豫令能书者为间，遂改学六朝人法，自成一家，无怪乎后人之误评耳。余乃削其跋、正其名而著语于后世，必有韪余言者。北燕乔篑成识。

按：本跋见于清张照《石渠宝笈》卷14“宋李唐画晋文公复国图一卷”条下录“乔篑成跋”云云。② 周密《志雅堂杂钞》卷下曾记乔篑成藏《晋文公复国图》曰：“王子庆尝得李唐所画《晋文公复国图》一卷，本有上下两卷，今止有上卷，乃思陵御题。上有乾卦小玺，下有希世藏小印。其所作人物树木之类，绝似伯时所作。自成一家，信知名下无虚士，而予前此则未见也。今归乔仲山。”③ 由此可见周密对乔篑成藏品始末的熟悉程度。

以上即是明清典籍所存的乔篑成八则题跋轶文，其实诸书中所存观后题名仍有一部分，如晋王羲之七月帖题跋有“皇庆二年十二月朔，乔篑成仲山父拜览。行楷书”题名，见于清卞永誉《式古堂书画汇考》卷6、《六艺之一录》卷162等著录，因不成文章，就不再一一辑录了。

---

① 李佐贤：《书画鉴影》卷2，《续修四库全书》第1085册，第656—657页。

② 张照：《石渠宝笈》卷14，《影印文渊阁四库全书》第824册，第405页。

③ 周密：《志雅堂杂钞》卷3，《四库全书存目丛书》子部101册，济南：齐鲁书社，1995年，第357页。

明初金齿军民指挥使司建立考论

南开大学历史学院　蔡亚龙

摘　要：本文以明初永昌地区建置变迁为切入点，重点辨析了金齿军民指挥使司在明初建立的动态过程，提出几点认识：第一，永昌置府并非在洪武十五年，永昌地方最初存在着“立卫镇守”的阶段，但却遭到了当地百姓的抵制；第二，永昌府与金齿卫并非是一般意义上的府卫并设体制，而有其独特性，事实上为府卫合并置军民指挥使司奠定了基础；第三，金齿军民指挥使司设置的初衷并非加强永昌地区军事建设，实际上是军事建设和民政事务平衡的结果，其所追求的乃是“军民和”。基于此，从内部建置变迁来看，金齿军民指挥使司的建立实际是永昌地区建置发展的自然延伸和必然结果。而金齿军民指挥使司无论是从建立的循序过程，还是从其对民户的多种管理方式来看，都浓缩了军民指挥使司体制的主要特点，因此对金齿军民指挥使司的考察有助于我们更深入地认识军民指挥使司体制。

关键词：明初；金齿军民指挥使司；建置；卫所制度

金齿军民指挥使司是明代设置于云南的一处兼管军民的行政建置，“上马管军，下马管民”①。其地古称永昌（今治云南省保山市），位于云南西南，自古为“华夷之界”“滇西之重镇”，战

① 陈国安、史继忠：《试论明代贵州卫所》，《贵州文史丛刊》1981年第3期。

略地位显赫，康熙《永昌府志》称其："宝盖高临，群山环拱，地开沃野，固西迤之名区，城拥金汤，实极西之重镇；遥羁六慰雄，控制于中原，内附八司，列屏藩于三，而洵滇西之锁钥也。"①

今人对金齿军民指挥使司这一特殊建置已给予了不少的关注，如顾诚、郭红关于军民指挥使司建置标准的讨论均以金齿司为重点分析对象。② 罗勇新近发表的《明代云南金齿军民指挥使司设置研究》③ 一文更是学界首篇以金齿司为研究对象的专题论文，它从元末明初滇西地区的形势、定边战役与云南卫所建设、永昌地区在滇西南防线中的地位、永昌地区的军民人口数量及田赋状况等几个方面进行分析，指出金齿军民指挥使司的设置是滇西地区边疆形势的需要，也与永昌地区军民人口数量、财政状况相符合，对保障明初滇西边疆安全具有重要意义。该文对金齿军民指挥使司建置的研究和分析达到了相当的高度，为我们重新思考永昌废府置金齿司提供了很好的参考，但文章侧重考察明初滇西边疆形势、永昌战略地位等外部大背景和大环境，在明初永昌地区内部建置设置的史实、史论层面仍有进一步探讨和补充的空间。鉴于此，本节将集中辨析金齿军民指挥使司在明初逐步建立的动态过程（重点关注该地区建置在明初的变迁），以期从另一个视角思考金齿司在明初的建立。

基于对明初若干史实的考辨，本文提出以下几点认识：第一，永昌置府并非在洪武十五年，永昌地方最初存在着"立卫镇守"的阶段，但却遭到了当地百姓的抵制；第二，永昌府与金齿卫并非是一般意义上的府卫并设体制，而有其独特性，事实上为

① 康熙《永昌府志》卷6《疆域·形势附·永昌府》。

② 顾诚：《明帝国的疆土管理体制》，《历史研究》1989年第3期；郭红、于翠艳：《明代都司卫所制度与军管型政区》，《军事历史研究》2004年第4期。

③ 罗勇：《明代云南金齿军民指挥使司设置研究》，《中国历史地理论丛》2015年第1辑。

府卫合并置军民指挥使司奠定了基础；第三，金齿军民指挥使司设置的初衷并非加强永昌地区军事建设，实际上是军事建设和民政事务平衡的结果，其所追求的乃是“军民和”。基于此，从内部的建置变迁这个视角来看，金齿军民指挥使司的建立实际上是永昌地区建置发展的自然延伸和必然结果。

一、“立卫镇守”：洪武十五年永昌置府说质疑

洪武十五年明军在平定梁王割据势力之后继续西进，永昌地方“不战而服”①，明廷遂纳其地。在洪武二十三年置金齿军民指挥使司前，明廷一度在此设置金齿卫、永昌府。康熙《永昌府志》和何孟春《裁革冗员疏》对永昌归附初期沿革的记载较为详尽，兹分别列举如下：

明洪武十五年平定云南，前永昌万户阿凤率其众诣指挥王贞降附，置永昌府，设知府一人、通判一人、推官一人，并立金齿卫。是年，永平指挥雷嵩始建木城于银龙江之上，王贞复修永昌城。……（十六年）六月，土官高公并也先虎都构麓川彝思可叛，屠永昌城。十月，李观重修永昌城。十七年，始颁永昌府印。②

元末道梗，流官多缺，止有土官通判在任，圣朝洪武十五年于指挥王真处降附。十六年春，附近诸夷忿王真立卫镇守、不恤府事，乃共推已退土官高公引麓川思可发夷兵数万来攻，生擒王真，尽夷其城而去。本年十月，云南指挥李观请复立永昌府、金齿卫，招抚安辑。十七年闰十月，朝廷降到永昌府印，又续发南京及各处军万名充实军伍，府卫相参，军民安堵。③

① 《明太祖实录》卷147，洪武十五年八月辛巳，第2300页。

② 康熙《永昌府志》卷3《沿革》。

③ （明）何孟春：《何文简疏议》卷7《裁革冗员疏》，《文津阁四库全书》第427册，北京：商务印书馆，2006年，第176页。

两段文献对永昌归附初期的历史记载大致相同、基本可靠，可以确定明军据有永昌地方之后，指挥王贞（真）随即领军“立卫镇守”；但永昌府究竟置于何时，两种文献叙述并不相同。何孟春《裁革冗员疏》直言洪武十七年“朝廷降到永昌府印”，永昌立府；康熙《永昌府志》言洪武十五年已置永昌府，并设置有知府、通判等官职，但却又记“十七年始颁永昌府印”。

事实上，言永昌府设置于洪武十五年的记载不胜枚举，如景泰《云南图经志书》曰：“洪武十五年置永昌府，立金齿卫以镇之。”[①] 其他如《大明一统志》[②]《明史》[③] 等文献亦认可此观点，似乎已成定论。但奇怪的是，力促恢复永昌府治的何孟春在其《裁革冗员疏》中却不记洪武十五年置府之事，而言“十七年闰十月，朝廷降到永昌府印”，遂“府卫相参”。而何氏在该疏中一再强调永昌“自元以上皆为府治”，甚至突出周边“西至大理、东至临安皆是府卫相参，事体有定规，赋役有常制”，极言府治之历史传统和优越性，其断不可能将洪武十五年置永昌府之事遗漏，这恰恰说明何氏并不认为洪武十五年永昌已经置府。因此，其言“附近诸夷忿王真立卫镇守、不恤府事”，亦暗指永昌归附初期明廷仅在其地置卫以镇戍，并未设置府治的事实。

笔者认为洪武十五年置永昌府的观点可能来源于对《明太祖实录》记载的误读。洪武十五年三月，明廷“更置云南布政司所属府州县”[④]，公布了云南所属 52 个府及其所属州、县名单。许多史籍将此作为云南诸多府州县建置的设置时间，如《明史》

① 景泰《云南图经志书》卷 6《金齿军民指挥使司·建置沿革》。

② （明）李贤等：《大明一统志》卷 87《金齿军民指挥使司》，西安：三秦出版社，1990 年，第 1339 页。

③ （清）张廷玉等：《明史》卷 46《地理七·云南·永昌军民府》，北京：中华书局，1974 年，第 1188 页。

④ 《明太祖实录》卷 143，洪武十五年三月己未，第 2250—2252 页。

便言永昌军民府“洪武十五年三月属布政司”①，显然来源于《明太祖实录》的记载，其他如《大明一统志》、景泰《云南图经志书》亦是如此。事实上，将洪武十五年三月理解为云南一些建置的初置时间是不正确的，此次更置云南布政司所属府州县的公文更像是纲领性的文件而已，与实际落实的时间和实施的情况存在一定的差距。②

因此，永昌府并非设置于洪武十五年，其当立府于洪武十七年；在此期间，永昌并无民政建置，事实上处于明军“立卫镇守”的军事控制之下。但此时的军事镇戍并不能视作金齿卫指挥使司，查金齿卫始建于洪武十八年二月，③比永昌府的实际建立时间还要晚。可见，永昌归附初期的“立卫镇守”应当视作明军的非固定驻守，事实上并未建立起正式的卫所机构，仅仅暂时管理尚未有正式建置的永昌地方，并负责防御一江之隔的麓川势力而已。④

依何孟春言，指挥王真立卫镇守永昌而“不恤府事”，反而引起当地居民的不满和抵抗，“乃共推已退土官高公引麓川思可发夷兵数万来攻，生擒王真，尽夷其城而去”⑤。洪武十六年永昌被麓川屠城的记载见于多种史籍，当为史实。倘若此事却因指

① （清）张廷玉等：《明史》卷46《地理七·云南·永昌军民府》，北京：中华书局，1974年，第1188页。

② 方国瑜对洪武十五年“更置云南布政司所属府州县”的看法十分精到，其认为“惟是时军事尚未定局，乃以元云南行省所属政区，废元之宣慰司、宣抚司，改元之路为府，拟定全部政区名号，公布于世。后随军事发展，先后建立政权机构，且多有改变”。可参见方国瑜：《云南史料目录概说（一）》，北京：中华书局，1983年，第413页。

③ 《明太祖实录》卷171，洪武十八年二月己未，第2597页。

④ 永昌在防御麓川势力、稳定滇西边疆稳定方面具有十分重要的战略地位，这是明廷在永昌保持大量军事力量并且设置金齿卫的重要动因，可参见罗勇：《明代云南金齿军民指挥使司设置研究》（《中国历史地理论丛》2015年第1辑）一文的分析。

⑤ （明）何孟春：《何文简疏议》卷7《裁革冗员疏》，《文津阁四库全书》第427册，北京：商务印书馆，2006年，第176页。

挥王真而起，则或可视为当地居民对明廷“立卫镇守”而“不恤府事”统治方式的一次公然反抗。这直接表明军事镇戍的治理方略事实上在永昌地区“水土不适”，明廷若想稳定在永昌地区的控制，就必须另想他法。

二、永昌府与金齿卫独特的“府卫相参”体制

麓川屠永昌后便离城而去，明廷随即再度收复永昌，并由李观接替管理永昌地方。李观，“初名观音保，元云南行省左丞也，天兵至，归附从征，入献马，上嘉之，赐姓名，命镇金齿，署永昌府事”①。据《明太祖实录》，李观赴京献马在洪武十六年二月，“寻以观音保为金齿指挥使，赐姓名李观”②；又据何孟春记“本年十月，云南指挥李观请复立永昌府、金齿卫，招抚安辑”③，则证实李观当在该年十月前被赐予姓名，由云南卫调永昌任职，负责筹建永昌府、金齿卫等事务。

曾任云南行省左丞的李观具有丰富的治理民事经验，鉴于永昌被麓川屠城的教训和百废待兴的局面，深感建立起正式建置的重要和迫切。在到任后，随即以前代通西府印“掌永昌府事”④，事实上建立起了永昌府治；但直到洪武十七年闰十月，“朝廷降到永昌府印”⑤，永昌府才正式设置。明廷“又续发南京及各处

---

① （明）谢肇淛：《滇略》卷5《绩略》，《景印文渊阁四库全书》第494册，台北：台湾商务印书馆，1983年，第154页。

② 《明太祖实录》卷152，洪武十六年二月庚子，第2389页。

③ （明）何孟春：《何文简疏议》卷7《裁革冗员疏》，《文津阁四库全书》第427册，北京：商务印书馆，2006年，第176页。

④ （明）张志淳：《南园漫录》卷6《金齿》，《景印文渊阁四库全书》第867册，台北：台湾商务印书馆，1983年，第295页：“指挥李观犹以通西府印来署，掌永昌府事”。

⑤ 康熙《永昌府志》卷3《沿革》。

军万名充实军伍"①，在洪武十八年二月置金齿卫指挥使司。永昌地方"府卫相参"的局面终得以确立。

李观遂以金齿卫指挥使身份"署永昌府事"，采取措施安抚地方、加强防御，"重建永昌城，因其旧制，砌以砖石，增置楼橹"②；同时，对地方反叛势力果断镇压，如洪武十八年讨平"土官段、同知叛"③。一时间，永昌地方"府卫相参"，秩序严明。《滇略》便称赞李观"宣朝廷德意，讨叛酋段惠诛之，开拓城池，申明律令，边境肃然，夷不敢犯"④。

但是，与内地府卫兼置的情形不尽相同，李观治理下的永昌地方府卫"相参"而不"相制"，亦有其独特性。永昌府和金齿卫均有李观一手建立，其既署府事又管卫事，一人充任两个衙门，永昌地方事实上处于李观军、政兼管之下。这一独特体制无疑为永昌之后"府卫合一"的改置埋下了伏笔。

三、"军民和"：金齿军民指挥使司的设置初衷

李观卒后，胡渊继任金齿指挥使，遂奏罢永昌府，改金齿卫为金齿军民指挥使司。⑤《明实录》载其事为"时西平侯沐英言

---

① （明）何孟春：《何文简疏议》卷7《裁革冗员疏》，《文津阁四库全书》第427册，北京：商务印书馆，2006年，第176页。

② 康熙《永昌府志》卷3《沿革》。

③ 据康熙《永昌府志》卷3《沿革》。事实上，该志所记叛乱人物并不准确，应为金齿土酋叚惠、永昌府同知申保，二人都曾在永昌屠城之后入京朝贡，在《明太祖实录》中留有记载，兹列举两条如下：《明太祖实录》卷161，洪武十七年夏四月乙酉，第2504页："云南金齿土酋叚惠、楚雄土酋阿星遣把事及其子弟等来朝，诏赐绮帛钞有差"；《明太祖实录》卷159，洪武十七年春正月壬子，第2458页："以云南土酋申保为永昌府同知"。

④ （明）谢肇淛：《滇略》卷5《绩略》，《景印文渊阁四库全书》第494册，台北：台湾商务印书馆，1983年，第154页。

⑤ 康熙《永昌府志》卷3《沿革》。

永昌居民鲜少，宜以府卫合为军民指挥使司，故有是命”①，言改置实因永昌民户数量太少不堪为府。

而对这一改置起因记载最为详尽的当属正德、嘉靖年间任官于云南或籍贯云南的若干文人士大夫，如何孟春言：

（洪武）二十二年十二月，李观病故后，指挥胡渊以旧城夷毁改筑新城，因欲自尊，假以民少粮不及俸为名，于二十三年十二月初八日奏革永昌府，改卫为金齿军民指挥使司，兼管军民。彼时渊以筑城有功，意在专制自便，又以指挥俱长单掌印，例无考选，军政可使世世专有此土。②

何氏认为永昌改置军民指挥使司实缘起于指挥胡渊逞一己之私，并批评其“假以民少粮不及俸为名”，“意在专制自便”，进而可代代世袭其地。金齿卫籍张志淳亦认为胡渊改置乃“武夫逞私”③。但是，何孟春、张志淳等人均力主恢复永昌府治，具有明显的政治立场，其所言难免有过分的揣测和夸张之嫌。如何孟春在《裁革冗员疏》亦指出，永昌在改置军民指挥使司后，“故需索少而粮差之额轻，军民和而调发之事简，又以府卫所有专供一司，故夷、民皆安，财用颇足”④，又再度承认了改置军民指挥使司使永昌地方受益颇多的客观情况，反而印证了永昌地方民户数量太少难以支撑府治的客观现实。

事实上，永昌地方“民少粮不及俸”的情形是实实在在存在的，废府是必然之举。从地情上来讲，永昌土地贫瘠，生产条件较差，康熙《永昌府志》记：“永固边檄，地崇岗峻岭，十居

① 《明太祖实录》卷206，洪武二十三年十二月庚申，第3072—3073页。

② （明）何孟春：《何文简疏议》卷7《裁革冗员疏》，《文津阁四库全书》第427册，北京：商务印书馆，2006年，第176页。

③ （明）张志淳：《南园漫录》卷6《金齿》，《景印文渊阁四库全书》第867册，台北：台湾商务印书馆，1983年，第295页。

④ （明）何孟春：《何文简疏议》卷7《裁革冗员疏》，《文津阁四库全书》第427册，北京：商务印书馆，2006年，第176页。

其七，路皆鸟道，沃壤无多，以故亩无千倾之形，户鲜三年之蓄。”① 另外，伴随大量军士、谪戍群体的不断调入，金齿卫所属千户所高达14个②，使永昌呈现出“军多民少”的情况，不堪重负自是必然。罗勇在《明代云南金齿军民指挥使司设置研究》一文中对这一问题也进行了较为深入的探讨，他通过对永昌地区的周边局势以及居民构成、税课情况，尤其针对永昌与麓川政权的互动进行分析，认为“当时永昌地区军多民少的居民构成使永昌府的税课不足以支撑府衙的开支，因此撤销永昌府是基于永昌地区现实的结果”③，是十分准确的。

永昌府可废，但面对麓川势力带来的巨大军事压力，永昌地区的军事建设不容削弱。罗氏认为“设金齿军民指挥使司，是加强永昌地区军事建设的重要举措”，但相较于专职军事的卫指挥使司而言，兼管军民的军民指挥使司似乎在军事建设方面并无明显优势。因此，单就军事建设来讲，将金齿卫指挥使司改置军民指挥使司并非上上策。但金齿卫最终改置为军民指挥使司，事实上充分考虑了当地的实践经验和实际情况。前文已经论证过永昌地区在归附之初并未置府，而是采用“立卫镇守”的统治方略，由指挥李贞（真）专设卫所镇戍其地，但不久便激起了当地居民的强烈反抗，招致麓川屠城之灾。显然，专设军卫而不恤民政的措施在永昌地区难以实施，采用军民共治的军民指挥使司体制反倒更加适宜。

金齿卫在改置军民指挥使司的过程中十分缜密，在军事建设和民政事务二者中寻求最大可能的平衡：

将永昌一府之民并入永昌、金齿二千户所；尚有附府良民无归，编立东、西太和、陆军等里，径属本卫；原本卫所属施甸等

① 康熙《永昌府志》卷9《田赋》。

② 康熙《永昌府志》卷3《沿革》。

③ 罗勇：《明代云南金齿军民指挥使司设置研究》，《中国历史地理论丛》2015年第1辑。

县、续立镇夷等州，俱革为长官司、百夫长等衙门；惟永平一县，乃古博南县，民不可革，遂概隶指挥司统属。[①]

显然，永昌此次改置并非一概而论、一蹴而就，而是根据不同情况采取了差别对待。永昌位于明廷防线向外凸出的部分，防御压力大，因此其民户大多被并入永昌、金齿二千户所，成为可以参与军事战斗的军户，只有部分被保留民籍，编入里甲；施甸等地本就为长官司等土司政权，少数民族聚居，仍因其旧制亦是因地制宜；而永平县地近大理，处于腹里，且久为汉地，县治亦不能废。所以说，改金齿卫为军民指挥使司，并非是加强军事建设的单方面举措，实际上是军事建设和民政事务平衡的结果，其所追求的乃是"军民和"。

自此，金齿军民指挥使司正式设立，其下辖永平县、潞江安抚司、施甸长官司、风溪长官司等多个民政和土司建置[②]；"领之者，卫官"[③]，由金齿卫指挥使总领其军事、民政事务。金齿军民指挥使司的建立切合了当地当时实际，"数年之间，军政悉举，烽燧晏然"[④]。

四、结　语

综上所述，金齿军民指挥使司的建立并非"武夫逞私"的结果，其初衷乃是追求"军民和"，事实是基于永昌历史经验和当地、当时实际情况做出的正确决策。首先，永昌地处极边的地理位置，决定了其不凡的战略地位，明廷于此置立军卫自是必

① （明）何孟春：《何文简疏议》卷7《裁革冗员疏》，《文津阁四库全书》第427册，北京：商务印书馆，2006年，第176页。

② 景泰《云南图经志书》卷6《金齿军民指挥使司·建置沿革》。

③ 雍正《云南通志》卷29之七《艺文·记·新建永昌府治记》。

④ （明）谢肇淛：《滇略》卷5《绩略》，《景印文渊阁四库全书》第494册，台北：台湾商务印书馆，1983年，第154页。

然；其次，洪武十五年采用的“立卫镇守”的统治方略的失败，标志着永昌地方并不能单独置立军卫，无视民户及民政事务；最后，永昌地方民户数量相对较少，意味着其地难以承担“府卫并置”的财政负担，一官充任府、卫亦是折中之举。在这样的情况下，采取“兼管军民”的军民指挥使司无疑更具有可行性，换言之，从建置发展的这个视角来看，金齿军民指挥使司的建立是永昌地区明初建置发展的自然延伸和必然结果。

另外，金齿军民指挥使司的建立过程，亦为我们思考军民指挥使司体制的设立提供了一个切入点，军民指挥使司追求的是“军民和”，“军”与“民”两个元素缺一不可。就“军”而言，军民指挥使司首先以军卫为基础，但又不能仅仅以“立卫镇守”而忽略民政事务。就“民”而言，军民指挥使司治下应有一定的民户数量确保军民卫能够“下马管民”，但数量又不能多到足以设置府等民政建置。可以说，“军”和“民”两个元素既要本身各自保持适中，又要确保二者能够保存平衡，这当是军民指挥使司体制建立的理想基础。

此外，金齿军民指挥使司改置过程中针对不同民户所采取的务实和差别对待的方式，不仅反映了其“军民和”的改置初衷，更显示出军民指挥使司统属民户可以有多种形式。其一，军民指挥使司或其经历司可直接管理民户，如“编立东、西太和、陆军等里，径属本卫”；其二，军民指挥使司可以统辖州县，如永昌地区“惟永平一县，乃古博南县，民不可革，遂概隶指挥司统属”；其三，将民户纳入长官司等土司衙门，实行军民指挥使司的间接管理，如“原本卫所属施甸等县，续立镇夷等州，俱革为长官司、百夫长等衙门”①。金齿军民指挥使司统管民户的三种举措大体上涵盖了军民指挥使司“治民”的主要形式。

---

① （明）何孟春：《何文简疏议》卷7《裁革冗员疏》，《文津阁四库全书》第427册，北京：商务印书馆，2006年，第176页。

因此，金齿军民指挥使司无论从建立的循序过程，还是从其对民户的多种管理方式来看，都浓缩了军民指挥使司体制的主要特点，可以称得上是军民指挥使司体制的“缩影”和“典范”，这亦是考察金齿卫军民指挥使司建立过程的意义所在。

赵朝胜之乱与明中后期的瑶区控制

中国人民大学历史学院清史研究所　郑　旦

摘　要：今湖南省永州市蓝山县的赵氏先祖赵朝胜，曾在明嘉靖年间带领瑶民作乱，因土地纠纷对抗官军，明朝官府镇压不成后实行招抚，赵朝胜本人虽被杀，其子孙却获地免役。通过对赵朝胜作乱一事始末的考辨，尽可能真实地还原和展现事件的根本起因、发展过程和解决方式，分析其间所涉及的多方人物的立场和行为，可以对明代中后期政府对瑶区的管控状况作进一步的反思。史实证明，瑶民的经济利益需求长久以来得不到满足，政府对瑶民诉求的忽略和盲目采取的军事行动加剧了二者间的矛盾，这使得地方动乱事件时有发生。赵朝胜乱起之后，明朝政府依靠作为中间阶层的地方精英的协调，瑶区在一定程度上得到了控制，但随着晚明社会的到来、全国范围内更大规模动乱的爆发，地方社会脱离上层控制的趋势逐渐加强，中间阶层便难以发挥有效作用，中央政府对包括瑶区在内的地区社会的失控则成为一种必然的趋势。

关键词：赵朝胜；土地纠纷；瑶区控制；中间阶层

一、问题的提出

《明世宗实录》有记：

桂阳瑶贼赵文通等，坐与居民舒廷昌争田，系蓝山县狱。久之得释，文通遂聚众，纠连山贼千余人作乱，拒伤官军。巡按御史朱瑞登以闻，因请治蓝山知县古时俊失出重囚及守备郴桂指挥俞锺瑞等不能扞御之罪，诏时俊等各停俸，戴罪视事，仍令抚臣亟图抚剿，毋缓。①

文中提到的“赵文通”为蓝山大族赵氏先祖赵朝胜长子，而赵朝胜作乱一事则在地方志书记载中屡有呈现。笔者于 2012 年 8 月在广东省连州市瑶安瑶族乡盘石里村获得《赵氏族谱》②一份。此谱系民国年间赵朝胜后代四房合修，其中有对其先祖赵朝胜诸多事迹的记述。将此谱的记载与《明实录》和地方志书相比对，对赵朝胜嘉靖年间对抗官军一事的记载却不尽相同，这为后人辨清事件全貌带来了一定的困难。

就《明实录》的记载，这起动乱发生的时间是在嘉靖三十三年（1554），起因与地方争田事件相关，千余瑶民聚众起事造成地方社会的混乱。至于“瑶贼”的头目，结合地方文献记载看可能与其父赵朝胜相混淆。

《明实录》中这段记述呈现的重点在于，这一事件爆发后，巡按御史朱瑞登弹劾蓝山知县古时俊和守备郴桂指挥俞锺瑞，认为是他们管理不力才导致事件的发生，希望对二者治罪，同时令二人设法平息。然而这一看似渺小的地方动乱事件，有着长久的酝酿期，其爆发与平定，远非一时一地一人所能左右。

---

① 《明世宗实录》卷 408，嘉靖三十三年三月辛酉，台北：台湾中央研究院历史语言研究所校勘影印本，1962 年。

② 《赵氏族谱》，1932 年编修、1993 年续修，以下涉及族谱内容均引自这一版本的族谱原文。

有明一代，对湘、粤、桂瑶区的管理手段经历了多次变迁，政府对瑶民的态度从早期的安抚为主到经历大藤峡起义等多次瑶民动乱后的厉行剿捕，瑶官、守御千户所等相继设立，在一定时期内起到了对瑶民的有效控制作用。然而诸多措施实则并不能真正解决瑶民的实际问题，加之明廷吏治腐败，威信渐失，对地方的控制力日渐削弱，因而所谓的"瑶乱"此起彼伏，从未能彻底平息。在这种背景下，一些作为土巡检、抚瑶官等形象出现的中间阶层士绅由此兴起，才在一定程度上帮助政府缓和矛盾、稳定了地方。但在明末社会的大激荡之中，这些中间阶层也难有作为。

湘南蓝山赵朝胜起义并非华南瑶区这一时期爆发的最为重大和典型的动乱事件，但其对蓝山地方社会一段时期内的经济社会关系都产生了较为长期的影响。因此，对赵朝胜动乱事件的研究，将有助于对明政府和地方社会在实施瑶区控制得失问题的探讨。

本文将着力通过民间文献资料与官方史料的对比研究，就赵朝胜之乱一事做相对充分的考证，并借由这一事件发生和解决过程中的关键细节，展现明中后期的瑶区控制实况，从而对明廷实施地方控制的有效性这一命题做更加深入的探讨。

二、赵朝胜事迹源流考辨

《赵氏族谱》对赵朝胜个人经历的记载散布在众多篇目中，虽然内容详细，但各段记载的内容往往互相抵牾，其真实性颇多歧疑之处：如对本族先祖迁徙过程的叙述，虽有自明初以来的大致介绍，但亦不乏混入神话传说的细节；对赵朝胜作乱一事及其英雄事迹的描述也受美化先祖的主观意识的影响。以下将以《赵氏族谱》中的叙述为基础，辅之以地方志书和契约文献中的记载，对赵朝胜一生活动的几个关键节点做些探索与辨疑。

（一）赵姓瑶人的迁徙过程

瑶民在谈到自己祖先传说之时，不可避免地会谈到“盘弧传说”或者“盘古”等内容，在此不作赘述。赵氏瑶人叙述自己的祖先来源时也与其他瑶人一样，在故事中会使用这样的元素。在裔孙华选、子青撰写的《族谱叙》中提到：

稽我族盘古时，远至明月公，生子十二各立门户，显受爵侯，安居会稽山，又从紫金山、南京十宝洞、南海浮桥头，受害逃生迁徙过海，至广西平东府东门八宝村猪屎巷居住，不数代。

关于十二姓瑶人中的赵姓先人的遭遇，在《遗俗·还愿》篇中记载较为详细：

我族自盘明月公生下十二姓子孙，由五音郡下山，赵瑞之后裔赵朝三于辟年间迁流至武昌，到湖南海岸上捕鱼为生，因用火烧鱼，失火藜湖南居民生理，民人告发官府，拘拿瑶人问罪，瑶人渡海逃生息至广西避难，舟至洞庭风雨不须，半载不得过湖，乃向盘王叩许阘猪良愿，过海即还，此还盘王愿之所来也。

此处不仅说明了赵氏由湖南避难广西的缘由，更将瑶族传统神话中的“渡海”内容亦融合其中。关于这段经历及其后赵氏后代的发展的更为生动翔实的记载，还可见于《卷后》篇中：

时过境迁，战乱频频，复各寻路，既下山立业。惟第八子赵瑞之裔孙朝三，东迁西徙，后踪迹靡定，于至正三年过小南渡寻得林子山居住，又别湖广武昌府下湖南海岸居住，时十二姓瑶人多半相从，因大旱三年难以谋生，各人捕鱼为活。因烤鱼失火，燃烧民间生理，官府拘拿各瑶人，遂渡洞庭湖来到广西平乐府，七姓瑶人住在珠紫巷，赵朝三并诸瑶人住在上帅山，朝三老娶妻凤氏，今在上帅山又娶妻李氏。

七姓瑶人在珠紫巷，谷米不丰，难以谋食……于是遂回上帅山与赵朝三同居。迨洪武元年，盘赵二姓人多心杂又想分居，遂会合一股瑶人到广西桂林府落居两戴，又适至广西平乐府贺县八保村落居一年。

赵朝三在上帅山居住生三子，长子学能，次子学袁，三子学哀，袁、哀无后，学能娶妻二人，大妻生下才昌，用金香炉服侍盘王四庙，承继大赵，小妻生下才金，用银香炉服侍唐三庙，承继小赵，旋学能离了上帅山，来到广东连山县罗山下之金子山居住，其子才昌、才金旋从金子山之沂村直接下山，来到小江源砍伐山林以作住场。复又迁流到广西上五保金子村居住二十年，才金之世系，历有才金之后裔传戴，大赵派下，才昌生下景还、景华兄弟二人，景华生下友德、友旺，友德生下启通、启喜，不知迁流何所，友旺生下启满、启昌，友旺公由广西平乐府贺县会合凤会通、沈义旺、李应瑞等七姓瑶人来到湖南江华锦田居住，旋于洪武二十年来高紫四源开基落业。

七姓瑶人由粤移民湖南江华锦田“安营扎寨，重开瑶人基业”一事亦可见于其他资料中，只是七姓人物有所不同。《湖南氏族迁徙源流·蓝山赵氏》载：

明洪武初年，瑶人赵景华自广东连山迁江华小江源。长子友德居下雾江天师庙山场；次子友旺居紫良源、高良源。友旺次子启满则居大桥白龟源。明弘治十六年（1503），启满之子朝城、朝胜、朝友、进骄及凤流金、流喜、周芳由等三姓七人又迁凌江冲，自称“本地人”，史称“高山瑶”。①

赵姓瑶人自此以后结束了游耕生活，开始定居宁江、荆竹之地，正如裔孙盛廷氏华茂所述：

余农人也，平日刀耕火种，此乃我之本业，亦属我之习惯。盖自朝胜公而后子孙，世居源场，源场瑶地也，故我承受祖宗之遗习，而惟以挖土种山为事。

（二）赵氏家族土地的获得

迁居荆竹的赵氏开始并不具有足够的土地资源，加之地方居

① 湖南图书馆编：《湖南氏族迁徙源流》，长沙：岳麓书社，2010年，第1225页。

民也逐渐面临缺乏土地的问题，赵姓瑶人在与地方社会融合过程中免不了与其他氏族群体发生冲突。正德六年，在一起山场纠纷中，赵氏家族有六人被害，山主李目郎为调解“贼目”与受害者之间的矛盾，进行调解，以出让土地的方式为这起命案的赔偿和解。此事件的细节，奉高在其硕士学位论文中，引用过他通过田野考察收集得到的一则契约①：

立退拨帖人郑喜庞、郑喜玉、郑喜敬，冯秀德，勾引何万中、何万德贼目等姓，将赵志先杀死四命，赵宗海二命，共该六命。赵进龙（庞）、赵进姣、赵朝胜、赵朝咬（有）、赵朝成叔侄众房，见得冲贼目寺（刺）杀了六命，请众自知向贼，如锦田山主与叔伯报冤，扰害良瑶，收付人李目郎献（言）和，不许二家作乱。有郑喜玉、郑喜敬、冯秀真、冯秀德人命难当，请众献息。自愿将祖业山场，有地名大湾冲、西河、宁江口一河两岸，大鱼赛、石碑潭、杉木冲、角藤冲、乌石庙、挖獭坪、黄塘、小坳、大风坳、节竹冲、斑竹源、石壁冲、黑冲、箭竹坪、长滩、磨刀冲、杉柳坪、野猪巷、艾公冲至鱼跳止，因喜庞、喜敬、喜玉、冯秀真、冯秀德，将赵家杀死六命，自愿将山场、荒坪算赔赵家人命，做银三百六十余两，地名荆竹、鱼跳至山峡冲、野猪巷、下至大湾冲、西河、西流冲、宁江冲，以上地名（均为湖南江华瑶族自治县属）界至分明。该退拨给赵进庞、赵进姣、赵朝有、赵朝胜、赵朝成叔侄，赵志先、赵宗海叔伯六命人命归赏安种。根报冤业仇，拨给后山场荒坪一既当李目郎主断。立写与赵家子孙万代承受管业，不得翻悔。如有罚龙角一付，虎皮一张，白米十担，无节竹三百根，入官公钾，犯罪无辞。今恐无凭，人心不古，立写退拨契书，付与赵进庞、赵进姣、赵朝有、赵朝胜、赵朝成，子孙万代永远收执契书存照。

---

① 奉高：《几则瑶族过山榜文献的文献学研究》，南京大学硕士研究生学位论文，2013 年，第 55 页。

老人舒廷昌、杨仪伦、李文庞、李文庆。山主李目郎代笔。

正德六年三月十四日立

奉高在分析这则契约材料时，借由其发现的另一则相关材料，说明郑喜玉等杀人的起因在于到“叶坪隔界投生，料缭反乱”，郑冯二姓入赵姓之地就是为了“投生”，而杀死赵姓人是为了“打扫地方有住”。因此这起命案由山场纠纷而起，归根结底是在于人地关系的紧张。随着这一区域内各家族内部人口的不断繁衍，对土地的需求不断增长，各家族间对土地产生了竞争关系，最终引发了冲突。

从郑姓等赔付来的山场的详细分配情况，在另一则契约中有明确的说明①。除了一部分土地归整个宗族所有外，其他土地主要分给死者家属。该契约并未提及赵朝胜三兄弟在此次赔偿土地事件中获得土地的状况，不过，《赵氏族谱·分关》中却记有赵朝胜家族获得土地的状况：

立写分关：江华县龙沙河宁江冲住居落业开砍大硬（埂）、小硬（埂）、住居落叶山水分关总占。来人赵朝胜、朝友、朝城、凤刘金、凤刘喜、李德周、李德朝、周潘油、周潘安、周海军梅四姓十二人计议山场，分关四纸一样。

……赵进广、赵进娇、朝胜、朝友、朝城、志先得知宁江冲叔伯杀死六命，计议上锦田投明山主李日（目）即李九，即一笔写断其原由，因洪武十年锦田李日（目）即招抚客人下山，书帖明白，管业东至千家洞，南至锦田足化乡，西至疑化山，北

① 据该契约记载：务江冲、白鹤庙、对面坪、对冲口、李场坪、三肚天师庙等地归赵进满、进田、进贵、进堂四兄弟名下；大小二龙、七星界地、凹将军、上马坟、大竹源、平杉、木伴伴、大小二龙庙、两河口、拱桥头等地归众房所管；黄沙冲、羊角冲等地归赵妹禄（赵宗海女，李明珍妻）所有；大湾、西流、凌江冲口一河两岸至鱼晒、小鱼晒冲口止归赵进广名下所管；小鱼晒冲、宁（凌）江冲一河两岸打进挖獭拨、大风坳、长滩头、沙柳坪、山埂源、野猪巷、艾公冲，至到荆竹、鱼跳，至到上荆竹吹笛潭止，一河两岸分与赵进姣所管为业。参见奉高：《几则瑶族过山榜文献的文献学研究》，南京大学硕士研究生学位论文，2013年，第56页。

至现有山岭界，四界分明，安居乐业。今为客家作贼，将赵姓杀死六命，赵姓投明山主，欲为赴县伸冤。山主李目即（郎）、里长桃源将赵姓留住，劝赵姓和息了事，将客家山场拨与赵家子孙世代管业。立有大拨，写断地名界限……又小鱼帅冲口、一河两岩、打进杉木冲、青皮冲、苦竹冲、黄插坪、小硬（埂）、大硬（埂）、干竹冲、班珠尔源、长滩、河两岸分与赵朝胜、朝友、朝城兄弟三人名下所管……又长滩头打进小宁江箭竹坪到源头分与凤流金、凤流喜名下所业，又自荆竹鱼跳至山录原分与赵朝胜名下所管。

……嘉靖十三年宁江冲三姓七人开砍大硬（埂）、小硬（埂）落业，嘉靖十九年因凤流金、流喜争论山场，各人投明山主李月（目）郎，山主邀齐各人当面说合写立分关四纸一样，议定宁江冲、黄扦坪、小凹、大枫坳、干竹冲、班珠尔冲源分与赵朝胜所管，黄扦坪尾大凤坳冲口分与朝友、朝城名下所管，艾公冲、沙柳坪、断冲口两边、小冲河本坳、磨刀冲、大湾塘冲、断山下源口、野猪冲、港大湾料坭冲口，他与赵朝友、朝城名下所管，其山场均分明白，以后如有争论，执出四姓十二人分关总帖为据。今欲有凭，立写分关，永远存照。赵朝胜子孙永远收执为处。

在场吴廷秀山主李日（目）郎见证进岭仟

代军场石修分关四纸一样

在《叙情谊》部分亦有类似的描述：

明初七姓瑶人游耕江华九冲，开垦大埂小埂，租种山主李目即（郎）岭耕种为生，后因冯郑二姓受人欺骗，叫起九民十姓，杀害我赵姓叔侄六人。李目即出面调停赔偿纹银三百六十两，以九冲大片山场作培（赔）抵。朝胜公分山麓源（即今板堂蒲林一代）定居荆竹源开基授镇定将军职，统领蓝山瑶务。其祖友旺公草创高紫四源，其父启满公游耕大桥东河水，守居白桂源。

这两段材料充分说明：李目郎所管辖的山场原有部分租给受

招抚的客家人耕种，但因客家人作乱，故而将这片山场抵押给赵家以息事宁人。赵朝胜家族从此确认了对这一片较大面积的土地的掌控权，加之本族家庭的繁衍，进而得以逐渐发展成为在地方上有一定实力的首领性家族。

（三）赵朝胜立功事迹的真实性

值得注意的是，《赵氏族谱》中处处提及朝胜之“豪雄”“武勇非凡”“其随身军器，用大刀六十余斤，乃节次招抚，立为瑶老，以镇抚瑶疆”，乃至“时值有明中叶，岭南之地反贼骤起，明官吏知其豪侠，足以服众也。豪侠足以震众，声威所临人皆贴，而公之英名着矣”，却绝少提及赵朝胜到底为明廷“镇抚瑶疆”起到了何种作用，又缘何为明官吏所看重。遍翻族谱，仅在《叙情谊》和《遗绩三》部分中对朝胜公的功绩有所描述：

明正德二年，湘粤边盗贼不绝，民户无处安身。以蓝山招主李林中、临武招主周进榜、连州招主成文机等，与官府赴贺县鸡笼关，恳请盘姓瑶人帮助剿灭贼患。番详、番海、史弟等人单力薄，不敢承诺，邀朝胜兄弟商议，共议缴贼，以平贼息，同赴鲁田铲除贼巢，杀刘渠魁等贼首十三名，余众逃溃之后，警动湘广官府，后为号付贴一纸，将东山五水付与盘姓兄弟开基落叶，观音山、黄洞山等大片山场，付与赵姓李姓为业。

这段记载意在说明赵朝胜兄弟参与了正德二年瑶人与官府合作剿灭刘渠魁之乱一事，但侧重点依然落在平乱之后对于新获得土地权利所有权的确立上，因而编者不由得生发感慨：

此乃吾祖先辈创业艰辛之概略，我族能有今日，全赖先辈之雄才大略所谋也，阖族人等应珍惜前谊和友情。

《遗绩》中对朝胜在平刘贼一事中的表现更有生动的描述：

吾祖朝胜公，当前明受朝廷招抚，立为瑶老，封镇守将军，思为立功以报效朝廷。适是时值刘贼造反，刘贼者，最枭悍之贼也，盘踞岭南，为害地方，人民恨之入骨。忧及蓝城并临嘉各县南则广东连县一带，并遭屠毒，明廷以岭南之地，丛业崖险，无可如何。而吾祖乃奋然起矣，以为人生斯世不立奇功以报朝廷非夫也。任贼寇之嚣张，以祸小民非勇也，于是呈报地方官兵湖南韩道台，并广东陈道台，即召合东西山瑶兵操演兵法弓矢刀枪，我祖朝胜公弟兄等勇力盖世，忠义无双，乃率东西山瑶兵直捣贼巢，刘贼见吾祖兵少，张两翼围之，吾祖惯以少击多，大呼一声，直贯其阵，当者披靡。瑶兵虽少，无不以一当百，率以弓箭射死刘贼渠魁等一十三名，而刘贼平矣。成功后以六贼头颅解广东，以七贼头颅解湖广，陈韩二道台同奏入京，明廷嘉之，封瑶人官爵，吾祖辞官不受，谓吾族人山野成性，不愿为官，但得为尧舜之民安享太平足矣，明廷大悦，遂命西山瑶兵二十四名，把守宁邑、江华要隘，东山瑶兵二十四名，把守粤东临武要隘。东山、西山瑶兵，逐年由武昌抚院各发给白米二十四担、文银二百四十两，以抚养瑶兵，永为定例。又歲科两考东西山瑶童赏给学额三名半，自此瑶人才知读书，渐有文明气象。而吾族历来之秀士亦已指不胜屈。饮水思源，安可忘吾祖尚武之遗绩哉。

族谱对赵朝胜在此事中为明廷立下大功的结论可谓言之凿凿、倍感自豪。然而据《蓝山县瑶族志》中所收入的一则付贴①来看，朝胜此事很可能并不存在，是其后人将其对其他同时期瑶兵平乱事件的附会：

付　贴

主付贴人李林中、周进榜、艾光鸡等，大水源、均田洞此二条河水山岭，临蓝的□□地，盗贼甚多。二县良民殷勤，有种无收；又有妻儿子女，□庸功度日，又每年秋粮夏税艰难。二县良民会同□□□□此事，蓝山招主李林忠、李户正、则至高光仪、雷渊才，临武招主周进榜、周德横、艾朝凤□□□□明士，又十家排年，一齐商得，知贺县鸡笼山瑶人猛勇之力民人将身当出，

① 唐仁文、刘明富等（蓝山县瑶族志编纂委员会）编：《蓝山县瑶族志》，内部发行，1997年10月，第348—349页。此贴于1979年由浆洞乡瑶民盘高先交至中共蓝山县委统战部，现存县档案馆。

瑶人壹拾贰人来至此地，杀死刘贼壹拾叁人，余剩之贼奔逃，一剿平安。将贼人头砍伐，一年送上湖广，又提广东，一概说瑶努力有功，举他东山落户。湖广韩太爷，广东陈太爷，蓝山县太爷会面商得：封瑶童三名，东山一名，西山一名，平地一名；又赏东、西平地瑶各银壹拾贰两，赏瑶任用。又□□每年白米壹仟肆佰斤。可报恩情。养瑶不得短少，始终一样，不得毁伤。蓝山付粮八石（担）八斗，夏税一斗二升，临武县付玖斗□□□夏税贰升，即付瑶人。官中税费并无科派。又山场地名：葫芦坳至头漕溪河、牛栏岭、天鹅寨、千斤担、壹□山、高□、黄洞山界止；又付长崎岭，打进洞头山、分水坳、耳聋冲、平箕洞、塔山界止。上下山场田地，一概付与养瑶，任从始终耕种，纪为庸功度日，并无不得阻拦。如有外姓欺诈瑶人，招主共同禀官作主。所付是实，空口无凭，立招付字存据。□□□白一纸。

发达荣昌

付瑶人盘洋

盘喜

盘海

付□□□代书

由以上契约文件来看，真正参与这次剿灭刘贼行动的主要是盘氏子弟，并不包括赵朝胜兄弟，但在叙述朝胜功绩的文字中却几乎都使用了这则付贴中的细节，有极大的附会嫌疑。这至少从史料层面难以解释赵朝胜在此事中立功的真实性。

至于《蓝山县瑶族志》及《赵氏族谱》中所提到的官府将赵朝胜封为“镇守将军”兼西山瑶总、其子赵文通在其遇害后承袭“镇守将军”和瑶总职务的内容，笔者认为即使具有一定的真实性，也更可能是基于赵朝胜在获得大量土地资源、掌控一定瑶兵势力之后才实现的。所谓的“瑶老”“瑶总”应当是产生于本民族内部的德高望重者，虽需由官府任命、帮助政府“以夷制夷”，但却不一定必须为官府立下平乱大功。

(四) 嘉靖年间的大桥之乱

终于，到了嘉靖年间，本文开篇中《明世宗实录》中所记载的事件爆发了。这一事件成了后人眼中观察和评判赵朝胜其人的关键，因而相关记载纷繁复杂，立场各异。

《赵氏族谱·遗绩二》对这一事件始末的表述如下：

有明初叶，五岭以南，凡高山峻岭之区均未归化，览《岭南逸史》一书可见一般也。当反侧四起，明室官吏见吾祖朝胜公英勇非常，其随身军器，用大刀六十余斤，乃节次招抚立为瑶老，以镇抚瑶疆。不期大桥瑶民舒廷昌，为争田宿嫌，与朝胜公数不相睦，不免有仇事相加。时又有广东瑶人雷晚，居属狼子野心，见朝胜公与舒廷昌寻衅，来大桥乘机肇乱，遂至泾渭不分，其后官兵抢杀雷晚，朝胜公亦蒙白璧微瑕之咎。朝胜公不已，命文通文堂等投降明廷以辨不白之冤。当成世仁率领文通文堂赴县之际，朝胜公亦受兵害。文通、文堂有明见，有特识，有毅力，不以父死而萌悔志卒之，受抚而归，将各族人口聚之一处，不准为非明室。乃吾祖友旺公启满原住遗下之高紫四源瑶地榜拨为吾祖永远管业，给粮二十四担以外，并无苛派杂征，嗣此刀耕火种，各勤本业，人口蕃昌，其业大定。噫！我族今日之幸福，孰非祖宗功业之所由来哉。

可见，在大桥之乱事件中，赵氏把自身定位为受到冤屈的忠君者，与舒廷昌争地的矛盾是朝胜此时所需解决的主要问题，而广东瑶人雷晚从中作梗，破坏了赵朝胜与明廷的关系，以致朝胜被错杀。在土官成世仁带领下，长子赵文通及其他族人最终尊父遗志，投降明廷以辨不白之冤，受抚而归，终获高紫四源的世代管理权。赵朝胜及其子由此为子孙后代的幸福付出了极大的牺牲。

依照这一说法，赵氏后人进一步发挥其想象力，描述其先祖之忠君精神，如民国时期教员吴万青便在《初修族谱叙》中强调：

考其先祖之故事，其初有远祖盘明月公之异迹，其继有朝胜公之豪雄。前明嘉靖年间受轻（明）廷招抚，由土官成世仁率领赵姓赴县，由县详省，由省抚申奏入京，世宗大悦，旨拨高紫四源由瑶民居住耕种管业，按年给粮二十四担以外，并无杂役科派，并仰成氏为瑶官，以资镇抚。夫以深居源岭之瑶民而受朝廷非常之恩典。

在《朝胜公志略》中，他又同情朝胜：

公又识时赴势，命膝下文通、文堂、文玉等就抚朝廷，方谓豪侠胸怀藉以稍伸，又孰知乐羊定中山谤书满筐，淮阴功成汉代钟宝沉冤。吾为公悲，吾犬为豪侠悲也。

这进一步说明，赵氏后人认为，拥有“豪侠”精神的赵朝胜在其子就抚朝廷之后，沉冤得以昭雪。

裔孙达三氏荣通亦在其撰写的《族谱叙》中附和着写道：

朝胜公武勇非凡，生下四子亦雄乐无比。时明室招抚，遂由成公世仁率领赴县就抚，申奏入京，明世宗大悦，旨拨高紫四源为吾族安居乐业之所，给粮二十四担以外，并无杂征，并立成氏为瑶官以镇抚之。

大桥之乱事件毕竟在地方社会引起了不小的骚动，地方志书中亦对此事做出了相应的记录。各时期各版本记载大体一致，细节略有所差异。

康熙年间所修《蓝山县志》是目前所见对此事最早的描述：

荆竹源在县西百里许，直达广西，寇贼出没不常，瑶人依止其中，并不输粮值役。嘉靖三十三年，瑶酋赵朝胜通引广西苗贼，寇劫大桥。居民奉请两道驻扎本县镇抚一年，委千户张世恩督兵征剿，仍以义民成世仁、钟富光入巢。当身后计剿平定，朝胜就戮，申请两院以成富（世）仁、钟富光各为抚徭。[1]

官方对此事的定性显然是以瑶酋赵朝胜为首的瑶人作乱。

① 康熙《蓝山县志·瑶峒》。

“寇劫大桥”的表述与《明实录》中“失出重囚”的内容相比照，似乎可以推测，瑶兵此次动乱很可能意在解救因争田纠纷而下狱的赵朝胜或赵文通，同时对官军进行了强有力的反抗。由于明代苗瑶族群的活动具有很大的相似性，往往记录中易相混杂，故此处苗贼亦极有可能与族谱中的“雷晚”相吻合。在镇压该动乱事件时，宁溪千户所的张世恩主要负责督兵征剿事宜，但并不能收到很好的效果，于是地方官派出了与瑶民交好的汉人成世仁和钟富光深入敌后，以巧妙的办法杀死了赵朝胜，解决了这起事件，成、钟二人亦由此成为抚瑶官。

对大桥及其周边地区地貌与族群状况，《蓝山县志》有相对丰富的描述：

大桥去县西六十里，逾沙子岭，左通广西崇化界，右达广东连山界。一水中流，直至江华。锦田所界，山势纡郁，林麓深邃，莫如巢穴。底止徭僮，依栖其中，刀耕斧种，不识犁犊。头挽长髻，身披锦绣，言语侏璃，男女揉集，自称匏……大桥实为出没咽喉之地，有巡检司。明嘉靖间土人杜回子作乱，平复后因而招抚，纳粮不当差，号曰下山瑶。白龟源在大桥，左通荆竹。白溪源在大桥，左通荆竹。程里源在大桥，右通广东。三源皆下山瑶，纳粮不当差，与大桥同。①

可知，居此地瑶民均纳粮不当差，享受较为优惠的赋役待遇，且由于瑶民众多难以管理，过去多发动乱，此地已设有巡检司。

对于高紫四源之地，《蓝山县志》中亦有具体描述：

高梁源在宁溪所之南五十里。紫梁源在所南二十里。光累源在所南二十五里。大鼓源在大桥之北二十里。以上四源皆瑶僮聚落出没之区也。自赵朝胜剿平之后，其子孙分住其地，以山为利，地方

① 康熙《蓝山县志·瑶峒》。

赖安。①

这也充分反映了赵朝胜子孙在朝胜被杀后并未再生动乱，而是安定生活。很可能是赵氏势力自此衰落，再也无法组织大规模的抵抗了。

民国年间所修《蓝山县图志》又补充了若干细节：

嘉靖二十三年，荆竹源傜酋赵朝胜，引广西苗劫大桥，官兵来讨，寻用县人成世仁钟富光往谕，经年乃定……然苗傜散居山谷，大兵退，行劫如故。至是荆竹源傜酋赵朝胜，通引广西苗，劫大桥，巡道到县镇抚，遣宁溪所千户张世恩督兵进讨。复令习傜情者县人成世仁、钟富光入洞譬喻，计僇朝胜，余不问。傜寇平，因奏以世仁、富光为抚傜官世袭，免大桥诸源傜役，惟纳田税，其荆竹诸源，以山为业，不输税，移巡检司于大桥，增兵戍之。②

此处突出了成世仁、钟富光“入洞譬喻，计僇朝胜，余不问”的细节，可见成、钟二人作为赵朝胜的旧识，成功引诱了赵朝胜的出面，直接导致其被擒杀。然而《赵氏族谱》的记载中却始终将成氏作为带领朝胜长子申冤的恩人看待，没有表露一点责怪的意思，可谓特别。

谭震在《瑶俗记》中说道：

而嘉靖三十三年，赵朝胜因征地细故，联络派种，久据大桥东南，骚扰不宁。然得钟富光、成世仁往谕，遂贴耳柔服。而钟成因世袭为东西傜官，至今不替。则喜杀好斗，岂其真性然哉？③

这在说明“柔之以德”的治瑶方式较为有效的同时，也反映了钟、成二人因对此事的合理处理而获得的“至今不替”的

① 康熙《蓝山县志·瑶峒》。

② 民国《蓝山县图志》卷6《事纪上》。

③ 谭震：《傜俗记》，收入民国《蓝山县图志》卷14《礼俗》。

抚瑶职务的优越性。

同治年间所修的《桂阳直隶州志》对于此事的记载与县志基本相同：

二十三年，蓝山土寇杜回作乱，与荆竹源傜酋赵朝胜通引广西苗劫大桥。巡道到县镇抚，遣千户张世恩征讨，令归义傜民成世仁、钟富光入巢譬谕诸傜，与之要约杀朝胜、杜回等，经岁乃定。因奏以世仁富光为抚傜官，免大桥白龟、白溪、程里诸源傜役，惟纳田税，号下山傜。荆竹诸源以山为业者不输税，又移巡检司于大桥，增兵戍之。[①]

此处疑将洪武年间该地区杜回作乱一事与赵朝胜起事相混，民国《蓝山县图志》中已就此问题做了相关辨别，鉴于《湖南通志》中记载杜回之事在洪武二年发生，且康熙《蓝山县志》讲赵朝胜作乱时并未提及杜回子，故认为杜回与赵朝胜之事应是两次动乱。

需要说明的一点是，大桥之乱应当发生于嘉靖三十三年(1554)。虽族谱与方志中屡将起事时间记为嘉靖二十年或嘉靖二十三年，但根据族谱中所记录的赵朝胜的生卒年“生于大明成化十年十月十六日午时，殁于嘉靖三十三年七月初七日辰时”和较早版本的史料即康熙版《蓝山县志》，结合《明实录》的记载，非嘉靖三十三年的记录当为误传。

另据今人所修《蓝山县瑶族志》中对赵朝胜事迹的介绍，当地民间可能还存在着对赵朝胜起事一事的第三种定性态度，即赵朝胜既不是归附明廷、蒙冤受死，也不是引发民族矛盾、故意为朝廷制造动乱、影响治安的瑶酋贼寇，而是在忍无可忍的情况

---

① 同治《桂阳直隶州志》卷3《事纪》。

下不得不进行了一场“反官府、求生存”的斗争[①]。该材料史源难以判断，但着实给出了大桥之乱故事的新细节。除了“雷晚”不再是“广东瑶人”而是以“广西瑶族领袖”身份再次出现这一要点可与历次官方记载中的“通引广西苗贼”相对应外，还指出赵朝胜争地的对象是欺凌瑶民、夺地占田的民户、营兵，他们意图“山田升科”，将瑶民驱入深山。不过赵朝胜在此处依然以民族英雄身份出现，并最终以个人的牺牲争取到了瑶人的土地利益。

然而这便引发了一个新的问题，即之前所见的与赵朝胜争田的舒廷昌的身份问题。

关于舒廷昌，在可见史料中共出现三处：第一处是族谱中称其与赵朝胜在争田问题上素有嫌隙，并直接导致了狼子野心的雷晚乘虚而入，引发政府的误解；第二处是在正德六年的命案和解契约中，舒廷昌以“老人”的身份出现，证实争议土地属于赵家；第三处便是在《明实录》中，直接交代了赵朝胜或赵文通下狱是由于与舒廷昌争地。族谱中称舒廷昌为“大桥瑶民”，契

---

① 该文具体叙述如下：明世宗嘉靖年间，为缓和民族矛盾，官府将为人正直、武艺高强的瑶民赵朝胜立为瑶老。封为“镇守将军”，带领瑶兵管理百里瑶疆。按旧规，大桥东河水至界牌以上乃古瑶地，无粮无税。任凭瑶民开垦为业。田土开垦出来后，进住此地的民户、营兵串通官府要夺地占地，“山田升科”。瑶民受到夺地、占田的欺凌后，又被驱入深山，激起极大愤慨。赵朝胜多次出面交涉，然官府不听忠言，仍一意孤行。嘉靖二十三年（1544），在忍无可忍的情况下，赵朝胜联合广西瑶族领袖雷晚以及广东、广西、江华、蓝山等地瑶民，进行“反官府、求生存”斗争。湖南总兵令巡道坐镇蓝山“镇抚”，“遣宁溪所千户张世恩督兵进讨”，遭瑶民起义军沉痛打击。在沙子岭（今属大桥乡）一带，官兵、义军周旋半年有余。官府“防勇军”多次对义军进行“进剿”或“招抚”，均归失败。乃“令习瑶情者、县人成世仁及钟富光入峒譬喻，计僇朝胜”。成世仁系大桥巡检司土官，钟富光乃其助手。他们熟悉瑶情，与朝胜又有交往，乃引“防勇军”进山。朝胜中计被擒，惨遭杀害。瑶族人民为纪念这位民族英雄，将赵朝胜受害的荆竹凌江冲改名“朝胜冲”。自此，当局被迫下令“免大桥诸源徭役，惟纳田税；其荆竹诸源，以山为业，不输税”。明王朝见成、钟镇瑶“效忠有功”，封为东山、西山世袭抚瑶官，直至民国时期废除。西山抚瑶官成世仁沿袭16代，东山抚瑶官钟富光沿袭13代。参见唐仁文、刘明富等（蓝山县瑶族志编纂委员会）编：《蓝山县瑶族志·赵朝胜起义》，内部发行，1997年10月，第96页。

约中的“老人”舒廷昌却似乎并非瑶人，更像与李目郎相似的地方实力派人物，很可能实为汉人，《明实录》中也仅记为“居民舒廷昌”。如若民户、营兵串通官府占据瑶民田地一说得以成立，则舒廷昌便极可能是民户、营兵或官府某一方的代表，自然非瑶人。在瑶汉发生冲突时，瑶民确实可能有寻找同族群助手帮助争夺权益的诉求。如若舒廷昌为瑶民，赵朝胜与其之间的争地确实只能反映在瑶民群体范围内的一次人地矛盾，也很难解释官方为何关注并镇压这次小事件，如此族谱中的两广瑶人乘虚而入之说才可能成立。因此，对舒廷昌身份的认定将更有利于把握大桥之乱爆发与赵朝胜之死的真实原因和面貌。

但无论如何有一点是可以确认的，即在赵朝胜的故事中，每一个进程都与土地分配、土地矛盾有着不可分割的联系，瑶民如此抗争、强调契约、愿意受抚，无不是基于对适合自身生存的土地的占有权的渴望，哪怕过程中会需要付出惨重的代价，但只要最终结果是获得土地，不论是以抢夺的方式、赔偿的方式、受赏的方式、对抗的方式抑或受抚的方式，瑶民依然会感到欣慰和自豪，铭记其英雄祖先的牺牲精神。而政府忽视的一个重要问题是，瑶民的乱与不乱，从根本上取决于他们的土地所有权是否能被承认、能否在一片稳定的场域中获得生存权利，而不仅仅是民族性格、受教育水平、生产力水平的问题。

三、赵朝胜事迹所见地方治瑶机制及其成效

根据吴永章①的概括，明代的治瑶政策大体袭自宋代，明初的治理较有成效，明中叶以后则失在剿之过严，动乱则愈剿愈多、愈剿愈烈、愈剿愈大，而与此同时又抚之则不得其法。这导致瑶乱终明世而未已。明世对瑶用兵最频，而收效颇微。

---

① 吴永章：《瑶族史》，成都：四川民族出版社，1993 年，第 317 页。

具体来看，洪武初年，明统治者为攻占瑶区和平定瑶人反抗，采取了大规模的军事行动，威德并施，施用武力的同时辅之以安抚之策，朱元璋主张尽量不干扰瑶民，“待之以诚，喻之以理”，“安靖”以为良民。永乐年间突出“怀柔”的政策，由征讨为主转向重在安抚，这一政策一直延续至正统年间。明中叶以后，明朝统治整体走上衰败，社会矛盾尖锐，农民起义不断，王朝与瑶民处于严重的对抗状态，治瑶政策突出“威”“剿”的一面。这一转变以正统十一年（1446）广西大藤峡瑶民起义和广东泷水、德庆瑶民起义为标志。自后，明廷残酷镇压瑶民反抗，对瑶民的安抚已日趋乏力，瑶乱不止，直至明亡。

明廷治瑶态度的变化，通过在瑶区实施管理的几个机制来落实。明朝对瑶区的管理大体是通过瑶官、守御千户所、土巡检司、抚瑶官来进行。设瑶官是一种“以夷制夷”的方式，意在通过其内部精英来处理日常事务，稳定地方社会。设置守御千户所是政府在地方实行长效控制的主要方式，以强大武力威慑地方势力，当发生骚乱时，可以立即采取军事行动迅速压制，以达到稳定地方的效果。土巡检司和抚瑶官的设置则是通过中间阶层进行利益调控，以这一地方士绅群体特有的解决问题方式，做到既能为政府平定地方，又能从一定程度上顾及和满足瑶民的利益，起到上下沟通连接作用，它往往在通过瑶民内部管理和政府管制都无法解决实际问题时较为有效。

瑶官

瑶官在此处特指由瑶人首领担任的管理职务，有瑶首、瑶头、瑶目、瑶长、瑶老等名目。在瑶区设立的总甲，主要职责为“领其兵目”以镇瑶。瑶总由官府任命，需对官府全面负责，瑶总须为官府向瑶民收取捐派、训练瑶兵、把守要隘、调解纠纷、主持祭祀等，同时控制瑶民的反抗斗争。

赵朝胜在当地瑶区中应当属于这样的瑶官，自身具有一定的势力，在瑶人中具有普遍的威信，担当瑶总可有效地管理瑶民内部的事务，因而若其能为政府所控制，则必有利于地方的稳定。然而由于赵朝胜自身的瑶族身份，在行事时必会多站在瑶民角度考虑瑶民的利益，最终可能与政府分道扬镳。

守御千户所

蓝山地方的宁溪守御千户所正是明廷在瑶区专门设立的从事镇压和围剿瑶族人民反抗斗争的军事机构。它设立于洪武二十九年（1396），与桂阳守备御千户所同时设置。宁溪所官开始由茶陵卫调派，后改为桂阳军管理，万历年间又改为蓝山县派兵镇守，并由桂阳千户监督。除了宁溪所外，另设大桥、干溪、毛俊、浆洞、小山五堡，受宁溪所节制，派兵守御以严密控制瑶疆。[①]

明廷在湘南地区设立的一批卫所正是基于守御地方、控制瑶民起事。然而随着卫所的设立，一批军事移民进入了湘南山区，汉人移民在与本地族群争夺资源过程中反而造成了土客矛盾的加剧，使得瑶区动乱更为频繁。[②] 赵朝胜与民户、营兵间可能发生的土地冲突正是这样一种模式的现实反映。

然而明中后期全国范围内的卫所力量均在弱化，宁溪所也同样基本丧失了战斗力，难以正常发挥其军事职能，天顺至弘治年间，蓝山县便不断从外地调入班军戍守，主要调入茶陵卫军士。而外地班军与本地军民又在屯田土地资源争夺方面产生了很大的矛盾，这使得卫所不仅不能很好地发挥守御作用，反而带来了更为复杂的社会问题。[③]

就大桥地方而言，经历赵朝胜之乱后，亦在营兵制度方面做

---

① 唐仁文、刘明富等（蓝山县瑶族志编纂委员会）编：《蓝山县瑶族志·守御千户所》，内部发行，1997 年 10 月，第 51 页。

② 唐珊：《明代湘南地区卫所考略》，《学理论》2012 年第 12 期。

③ 顾韬：《从军户到民户——明清湖南宁溪所研究》，北京大学硕士研究生学位论文，2014 年，第 22 页。

了一定的调整。[1] 具体内容包括：

镇南堡：在浆洞，嘉靖知县吕文纬因此地为山贼出入之要路，故立堡以镇之，名曰镇南。旧杀手五十名，拨官军三十名，同守安民。

大桥后营：在舜四都瑶峒。嘉靖间因两广苗寇侵劫，知县古时俊建堡以御之。旧杀手一百名。

大桥前营：在舜一都瑶峒，旧设杀手二十八名。

《明实录》记载中央政府认为地方官不作为以致“失出重囚”之后，提到“知县古时俊建堡以御之”，专设“大桥后营”，但官兵的进剿依然无法扑灭赵朝胜为首的动乱势力，周旋半年之久后，依然是通过由地方土官引诱的方式才得以成功剿灭贼首，可见站在政府、官军立场上的宁溪守御千户所，在这一时期已无法有效地控制瑶区社会的稳定。

巡检司和抚瑶官

除了瑶民内部首领和官军二者的管控之外，在瑶民与政府之间，还有土巡检司和抚瑶官进行着更为有效的管控。抚瑶官员往往可以充任州判、知县、县丞、主簿、典史、巡检等职，身份多为与瑶人关系密切的汉人。他们虽然基本站在官方的立场处理抚瑶事务，但由于他们对瑶民较为了解，在处理具体问题时可以在一定程度上考虑瑶民的诉求，因而他们对于瑶区的管控作用往往比官兵镇压更为有效。

在赵朝胜之乱的事件中，成世仁和钟富光就充分利用了他们与瑶民的关系诱杀朝胜，立下大功，由此成为世袭抚瑶官，确立了他们在地方社会中长久的地位。

实际上，成世仁的先祖成应钦早在洪武年间便因招抚有功被任命为大桥土巡检，此乃县境瑶区设巡检司之始，随后又设毛俊巡检司和乾溪巡检司，成为瑶区专门从事镇压瑶民反抗斗争的司

① 康熙《蓝山县志·营兵》。

法机构。民国《蓝山县图志》将此事详述如下：

洪武二十年，徭僮杜回子作乱，逾年乃平。克正纪略云，洪武二十年杜回子作乱，屡征不克，拨茶陵卫千户四员，正抚一员，百户九员，吏目二员，兵一千余名，屯宁溪所守御。仍命乡民成应钦招抚，地方以宁，授应钦大桥土巡检①。

洪武二十年的杜回子之乱，地方官兵便已“屡征不克”，最终依靠成应钦的招抚才得以平定，可见作为中间阶层的地方士绅担当瑶官的有效性，成应钦式的人物在政府方面也获得了良好的信誉，得以进一步扩充自己的家族实力。

嘉靖年间就赵朝胜动乱一事做出重大贡献的成、钟二家，在担任抚瑶官后，对政府尽心尽力，对瑶民亦给予充分的利益，可谓聪明之举，亦受到了各方好评。民国《蓝山县图志》中所收入的钟才濂《徭俗轶闻录》一文中就写道：

有徭目管辖，秉承东西徭官之约束，禁止偷赌，及停留歹人，其妇孺不通汉语，即男子亦常有不懂官话者。先是明嘉靖间，钟富光、成世仁平定东西诸徭，敕授钟成抚徭世职。因定税则，平地徭免役定税，高山徭免役免税。又为平地徭请新童学额一名②。

结合在赵朝胜一事平定后赵氏子孙获得了高紫四源的永久占有权的史实，不难想象这其实很可能是源于抚瑶官为保障赵氏日后不再生发动乱而采取的缓冲之策。赵氏后人获得土地后自然不会再有怨言，反而对政府感恩戴德，实际上他们的首领赵朝胜已被五马分尸，其后人再也难以积聚大规模力量为乱地方了。这就无怪乎后人对这几位抚瑶官的作为持有较高的评价：

独是徭苗绣错，如连州之板寮洞、本邑之荆竹洞、宁远之莽山洞、广东之大罗山洞、广西之黄洞，一当鼎沸，乘间窃发，掳

① 民国《蓝山县图志》卷6《事纪上》。

② 钟才濂：《徭俗轶闻录》，收入民国《蓝山县图志》卷14《礼俗》。

掠不堪。苟遇才干邑令，屹立如山，又得纠桓武职，戮力同心。且有成应钦、成世仁、钟富光辈供其驱策，则荣带为垣，高不可登。①

据《湖南氏族迁徙源流》载，成、钟二家在成为世袭抚瑶官员之后所获利益延续了数百年，直至清代、民国时期依然在地方社会中拥有较为稳固的地位，这与两家能灵活处理好瑶民与政府间的关系、保持地方的稳定的作用密不可分。《湖南氏族迁徙源流·蓝山富阳里成氏》篇称：

本族名人成应钦，明洪武九年（1376）充布政司，以抚傜功授土巡检，子孙世袭。成俞卿，清咸、同间长江水师江阴营镇，至1948年，已递传50余代，约6000余人。②

《湖南氏族迁徙源流·蓝山钟氏》篇称：

明嘉靖时九世富光公平傜有功，奖抚傜世职。清道光三年（1823）建宗祠于蓝山县城内西街。康熙二十三年（1684）始修族谱，1936年八修，时有男丁447人，女口398人。二十世钟伯毅，曾任国会参议院议员、湖南省财政厅长。③

不过，由于抚瑶官毕竟只是州县政权机关增设的人员，因而当瑶人不足为患或抚瑶官抚瑶作用减弱时，明廷为节省开支，往往会把抚瑶官当作冗员加以裁革。④ 所以抚瑶官权力具有很强的不确定性，其在地方所能掌握的资源也比较有限，仅有解决一些小规模动乱事件的能力。一旦遇到大规模的地方动乱，仅凭这几个士绅是很难解决问题的。这一事实直观表现在崇祯年间爆发的临蓝矿乱事件中。依然在朝胜起事的高粱紫粱二源之地，流寇再次猖獗，只是作乱者的身份已不仅是瑶民。

据民国《蓝山县图志》载：

---

① 康熙《蓝山县志·瑶峒》。

② 湖南图书馆编：《湖南氏族迁徙源流》，长沙：岳麓书社，2010年，第83页。

③ 湖南图书馆编：《湖南氏族迁徙源流》，长沙：岳麓书社，2010年，第1243页。

④ 吴永章：《瑶族史》，成都：四川民族出版社，1993年，第320页。

崇祯十一年，高梁紫梁二源，流寇猖獗，衡州副使李嵩以兵屯蓝山平之。先是崇祯八年，临武砂贼刘新宇郭子奴等倡乱，结连莽山九峰洞徭，聚党万余，剽掠州县。砂贼者，矿夫也，临武蓝山桂阳所在皆有之。其冬十月，有指挥同知闵师孔来县，战新宇于江口，失利，师孔遇害。是时湖湘州郡，流贼将徧，新宇故狡悍，乘乱为盗。明年攻郴及桂，明年屠常宁乡民数千家。十一年复攻桂阳州，偏沅巡抚陈睿谟先后调黔赣兵讨平之，余党窜入蓝山高梁紫梁二源，衡州副使李嵩率兵驻境，搜讨平定，嵩有传，新宇党以禾仓堡为巢穴，既平，而以十二年成就堡地，始置嘉禾。①

又引萧玉春记刘新宇事的内容：

临武刘新宇、蓝山李荆楚，据山砦，亡命同出，犯常宁衡州，围桂阳州。总兵尹先民，率裨将贡王猷、土司谭仰庭来援，围始解。寻以二百余艘，由衡州犯长沙，攻十余日不克，乃引去。攻袁州，转图永州，将由东安水道，拦入广西。于是湖广、广东、广西、福建合兵会剿，沅抚陈睿谟暨先民将主客兵万五千人来讨，败新宇于今嘉禾东南三十里之铜梁桥，用计缚新宇诛之。余贼推新宇弟秀宇为主，婴险阻以扼官军，秀宇俄被擒。闽广兵复分道搜山，入蓝山藤木轇轕，不得进，遂纵火焚之。②

与此同时，“大桥堡黄王陈杜邹五户被匪围，杀男女六百余口，掳去五十八人”。事件发生始末如下：

初嘉靖三十三年，民人成贵端、户丁成志元等，冒籍徭户成卯生占田三百四十亩，经大桥堡大林洞小河坊黄王陈杜邹五姓人等，控争在案。志元等事不直，争田之欲不得逞。及崇祯六年六月，志元纠合成志凤、成志显等自称刬平大王，勾结徭寇陈朝龙、赵朝胜等，率众围五户人口于水楼。水楼者，民众筑以避

① 民国《蓝山县图志》卷6《事纪上》。
② 民国《蓝山县图志》卷6《事纪上》。

匪，即炮楼之旧称也，五户丁口同避于此。楼破，烧杀六百余人，掳去男女五十八人，逃出数人。有王大伦、黄大楚、陈积元三人者，走粤东朱罔司，间道赴江西赣州府，哭愬于陈总督，事闻，遂有四省添兵合剿高紫二源贼寇之役。志元、志凤禽诛之。并承李案院（即李嵩）兵备道谳断令成姓出银六百四十两，为六百余冤魂追荐费，又判云，成氏之族再行肆害，定行诛灭……[1]

这里提及了地方动乱时又一次涉及瑶民，“赵朝胜”的姓名再次出现，志书编者认为这固然不可能是当年的荆竹源徭酋，但“或赵朝胜下漏‘余党’二字，亦未可知”，可见当年的赵朝胜之乱后，瑶民虽表面上被平定，实则由于土地冲突依然不断等因素，矛盾依然在积聚，地方社会暗流汹涌。一旦他们生活的区域附近产生了动乱的苗头，便可一呼百应，无论瑶汉民族身份一同揭竿而起，在土地问题上备受压迫的瑶民和因矿政严苛难以承受的矿工联合造反，最终导致了唐立宗所论述的“倡乱势力的合作”[2] 的局面。

郡人谢岳生[3]就崇祯年间郴州地区整体的矿盗作乱情形这样概括：

郴僻处万山外，联处粤、内接衡永，其韶赣瑶峒屡肆虐害，犹曰：邻省乃衡之临蓝，嘉桂永之新田等处，其人专以坑冶为生，动集数千名曰矿夫，或有衅可乘，平仓劫村，攻城掠邑□为砂贼。忆崇祯子丑间，临蓝坑徒乱，流毒郴桂韶赣，攻常宁，攻桂阳，下衡山，劫湘潭，往来几三，如入无人之境……郴壤瘠，民贫无足。当贼党□延，总以坑□□祸。譬投骨于地遂信然而

① 民国《蓝山县图志》卷6《事纪上》。

② 唐立宗：《坑冶竞利——明代矿政、矿盗与地方社会》，[台湾] 国立政治大学历史学系，2011年5月，第298页。

③ 谢岳生：《崇祯末砂贼四功郴州纪略》，收入康熙《郴州总志》卷12《志余·兵燹》。

争，况骨有大于此者乎？故郴受砂贼之害更甚瑶僮。

这里指出，崇祯年间的“砂贼”动乱势力远超过去的“瑶僮”，攻城略地战果颇丰，并在各城镇间流窜。这样广阔的作乱范围，地方社会自然难以控制。邑人王可宪①也同样指出：

明崇祯九年乙亥，临武、蓝山饥，坑徒起衅，平仓嘉桂常新在效，尤势同鼎沸。当事悯其迫于饥寒，且人众不胜诛，置勿究。其焰益张，焚劫益之大黄大围数村。邑侯杨公本厚秘尚书，当事言临蓝县贼不独为郴宜患，燎原势成必为湖南大忧，后果结西莽九峰诸僮瑶啸聚万计，始犯郴桂，继犯祁常，甚而犯衡长，犯湘攸，并袁吉昌韶咸被其毒，宜密迩贼巢，害犹剧……追之宜自洪武时，蓝山杜回子乱屠戮几尽，后此无时不受寇患。至崇祯末，坑徒啸集，几成大变。

可见动乱因为具有长久的历史渊源而更难以处理，终成燎原之势，对地方社会造成了极大的危害。

洪武末杜回子作乱，将宜章四十九里屠戮十分之七八，今止存八里。固蓝山之砂贼也，正德间瑶寇大作，兵连三省，征剿数年始定，固溪峒诸蛮也。崇祯丁丑砂贼□□□□数万犯郴桂，劫衡湘并袁吉昌韶诸郡邑，致四省大兵云集……②

面对如此规模的动乱，作为普通抚瑶官的士绅自然没有能力控制乱局，只能依靠四省调兵联合围剿。当然抚瑶官们并非不作为，他们也在平定动乱中试图贡献力量，只是限于能力范围，只能协助中央派来剿寇的官员做一些小事，无法起到更大的作用：

又据监军道刘士祯呈，据连州申据吏目程维寰解到拏获原疏，有名贼首陈容和当鞠，本犯吐称：系下山瑶人，住梨树坪，与曾介奴同伙打劫湘潭及广西等处。八月初四日在高良源闻大兵进剿，先于初八日逃走至根竹、麻冈。九月二十三日被擒至陈家

① 王可宪：《临蓝矿徒三犯宜章纪略》，康熙《郴州总志》卷 12《志余 · 兵燹》。

② 康熙《郴州总志》卷 6《风土志》。

岭，妹郎盘连得银脱放。今被捕壮何英等再来拏获，认供是的。当验本犯颈上有三刀痕，吐称被广东捕壮先拏获，后有蓝山瑶官钟万秋争功，要将容和斩级，有此刀痕……又据监纪推官吴鼎元塘报，七月初八等日，陆续差家兵韦三等，成参将塘报，廖子玉等瑶官、钟万文、乡勇雷玉、陈魁、龙朝学等，哨探大罗界、青函、后□山等处，斩获贼首五级，生擒活贼十五名、大小妇女十三口、小马一匹，塘报到。①

在上述材料中，钟万秋、钟万文二人均为抚瑶官钟富光的后代，世袭官职，而他们在平乱剿寇过程中很少能立下战功，只能偶尔斩获几名贼首，还需要“争功”来稳固自身的地位，无法像嘉靖年间的先人那样在地方抚瑶治安事务方面起到决定性的作用。

概言之，作为地方精英的抚瑶官，其能力和作为具有一定的偶然性，行事往往趋利而动，面对大规模事件时同样束手无策，但这些也无不是明中后期瑶区管控状况的鲜活体现。

四、明中后期瑶区治理逐渐失控的原因

明末湖南临武、蓝山等地爆发的矿徒倡乱可以说是这一时期华南地区最严重的矿盗事件。针对其的专门系统研究目前仅有向祥海的《明末临蓝矿夫起义初探》② 一文。唐立宗分析向文，认为向文旨在说明地方荒歉和明季各地动乱是临蓝矿乱爆发的直接原因，而必须指出的是湘南矿盗起事有着长久的历史背景，亦与

---

① 《两粤赣偏会剿湖南楚寇残件一》，收入《明清史料》，乙编第八本，页723a、页724a。

② 向祥海：《明末临蓝矿夫起义初探》，《湘潭大学学报》（社会科学版）1989年第1期。

政府开矿政策息息相关，并非一时一地的现象。[1] 具体到蓝山瑶区的问题，崇祯年间，当地爆发的众多与瑶民势力相联合的动乱，是与长期的地区不稳定而多发的社会矛盾有关。

唐立宗描述崇祯年间以桂阳州蓝山县的高良源、紫良源等处为根据地的“倡乱”势力时指出，“徒众常与当地少数族群串联倡乱，‘窜入瑶内’。自嘉靖年间就有‘大盗踞此，官兵不敢进攻，卒以诱歼渠魁，抚散余党而罢’，乃至崇祯年间，‘众至数万’”。[2] 赵朝胜作乱被杀一事，很可能便与这里所提到的“诱歼渠魁”一事相对应。因此，在赵朝胜之后的蓝山社会中，其秩序的稳定性实际上是极为脆弱的，在周边动乱势力与日俱增的同时，中央政府和地方社会对这一地区的控制能力都越来越弱，以至于到了崇祯年间，任何对其的官方层面的治理方式都基本失效，且明廷在地区管理中的失控问题还表现在国家广泛的疆域内。造成这样渐趋失控的局面，在于以下几个方面问题的长期存在：

第一，瑶民因不能稳定地获得土地而不断反抗。赵朝胜及其家族的奋斗史很明显地反映出瑶民对于确定其自身土地所有权问题的重视。当其经济利益被侵害时，其族群内部的领袖往往选择聚集武力与政府官军抗争，若其内部稳定团结，则战胜或与明中后期的官军长期周旋也并非不可能。如果其经济利益能得到满足，接受官方招抚也是不错的选择。不过由于上层官府对待地方动乱总是简单粗暴，尤其是受明中后期经历大藤峡起义的长期拖累，已没有耐心采取怀柔之策，故而总是忽视地方瑶民的经济诉求，直接进行镇压，这便激起了瑶民的长期对抗。

第二，明廷强力镇压反而激化了官民冲突。随着生产方式的

---

① 唐立宗：《坑冶竞利——明代矿政、矿盗与地方社会》，台湾政治大学历史学系，2011 年 5 月，第 294 页。

② 唐立宗：《坑冶竞利——明代矿政、矿盗与地方社会》，台湾政治大学历史学系，2011 年 5 月，第 298 页。

进步、人口的繁衍，人地矛盾必然会导致以农业经济为主要生活来源的普通民众之间出现土地纠纷，这无论在瑶区还是汉地都是不可避免的。而瑶民因其生产力水平相比汉人较低，在面临这一问题时往往因自身实力过小而蒙受损失、利益被侵害。所以，渴望争夺权利的瑶民一般会联合同宗同族力量、扩充武力，与官军相抗衡。明廷在对待这一现象时，并不将其判断为普通的土地冲突，而受到大藤峡瑶民起义的影响，对瑶民较为反感，直接将其升级为民族矛盾，以处理叛乱的方式强力镇压。瑶民在与官军对抗一段时间后可能因力量的薄弱而不得不接受明廷的所谓“安抚”政策，但明廷却由于其过激的镇压手段而无法获得日后瑶民的信任和长期稳定支持，瑶民内部实则逐步积累了对政府的怨气，一旦地方社会中其他矛盾引发了较大规模的动乱，瑶民便会与之相呼应，使得之前积聚的仇恨力量迅速爆发。崇祯年间，瑶民趁官军力量微弱之时，与矿盗相呼应，联合作乱，最终一发不可收拾，几乎失控，只能以四省联合剿捕的方式勉强压制。到面对全国范围内更大规模的李自成、张献忠等的叛乱势力时，明廷则再也无暇、无力控制。

第三，大规模动乱下地方中间阶层管控的失效，这是在瑶区特殊存在的机制问题。由于长期以来中央政府对瑶民利益诉求基本忽视，而为了瑶区社会稳定发展，瑶民生活中存在的一些经济问题又必须得到解决，一些充当抚瑶官的地方士绅便从中间进行协调，基于其自身对地方社会的控制实力，努力创造条件满足瑶民的土地需求，并对为首起事者施以惩戒，借机削弱民族内部的动乱势力，以达到招抚瑶民、使其不再作乱的效果，也同时获得了中央政府的期望结果。这一手段固然在一定时期内有效，但瑶民获得土地后，会将其归功于他们的英雄祖先，铭记其先人为争夺本族地权利益而做出的牺牲，并不会认为这是明廷为使瑶民不再为乱地方而实施的安抚之策，日后瑶民若再要争夺地权，则依然会采取由民族领袖带领抗争的方式。而明廷由于对地方下级官员究竟如何平乱并不关心，更不知瑶民起事根由，只知其镇压手段更为有效，在日后面对瑶乱也依然不会真正实行安抚之策。所以，这样的地方社会互动中，若要保持稳定，则必须借助中间阶层，而中间阶层若要起到有效的作用，则必须使问题在其能力可控制范围内。在地方大规模的动乱下，仅靠中间阶层个人的努力着实难以协调，何况中间阶层亦有在大规模动乱中带头起事者。在这样的形势下，晚明地区社会管控状况基本取决于地方中间力量的自我平衡控制水平，其完全失效也便成为可能。

赵朝胜作乱一事的前因、过程、策略、结果和遗产的全方位考量，带给我们以关于明中后期官方对瑶区的控制力如何被削弱以致最终失控的更进一步的思考。在控制瑶区的过程中，除了关照瑶民利益、实施抚慰和强化军事力量、完善卫所建置，来自中间阶层的利用其身份和地方实力进行灵活斡旋、上下沟通的力量亦不容小觑，他们的努力程度和行事策略，甚至决定了官方对瑶区的实际控制力的强弱。

明代朱仙镇回族的“本土化”

——以“相思槐”故事演变为例*

中央民族大学历史文化学院　巴晓峰

摘　要：朱仙镇在明嘉靖以后才真正发展起来，当地清真寺的修建时间早不过嘉靖十年，至晚为明末，它的创建与历次重修和朱仙镇的商业兴衰有密切关系。朱仙镇清真寺内的“相思槐”古树，与南宋岳飞和明代于谦都有关联，从它的故事演变中可以看出明后期以来朱仙镇当地回族向主流社会靠拢，努力实现自身“本土化”的意愿。

关键词：朱仙镇；相思槐；岳飞；于谦

朱仙镇位于河南省开封市西南部，因战国朱亥故里而得名①，又因岳飞于此大破金兵而名扬天下。回族穆斯林很早就开始在朱仙镇定居生活，镇南部今日依然为重要的回族聚居区。朱仙镇历史上曾经有五座清真寺，分别是东寺、西寺、南寺、北寺和中心寺，由于历史原因，现仅存朱仙镇清真寺和南北两座清真女学，今朱仙镇清真寺即历史上的清真北寺。

李长傅发表于1964年的《朱仙镇历史地理》② 为朱仙镇研

---

* 中央民族大学一流大学一流学科经费资助。

① 李长傅认为朱仙镇以朱亥故里而得名，仅仅是一个传说，只能证明朱仙镇的出现应当在战国以后。见李长傅：《朱仙镇历史地理》，《史学月刊》1964年第12期，第36页。

② 李长傅：《朱仙镇历史地理》，《史学月刊》1964年第12期。

究的开山之作，周宝珠《宋代开封朱仙镇考》[1] 严谨考证了朱仙镇的建镇时间和名称，此二文为研究朱仙镇历史的大成之作。探索伊斯兰教和朱仙镇关系的文章，著名的有李兴华的《朱仙镇伊斯兰教研究》[2]，分析伊斯兰教传入朱仙镇的时间，全面梳理了朱仙镇现存文物、伊斯兰教的繁荣，以及朱仙镇伊斯兰教和开封伊斯兰教的关系等问题。文章提到朱仙镇当地流传着一个有关岳飞、“相思槐”和朱仙镇清真寺的传说。此传说有两个版本：

其一，据说岳飞北上抗金，大战金兵时的帅府设在朱仙镇清真北寺，寺内有一棵古槐树，曾为岳元帅系马所用，当地群众称“系马槐”，“古槐浓荫”为朱仙镇八景之一。

其二，据说在南宋绍兴年间，岳飞的元帅府就设在清真寺内。岳元帅非常喜欢寺内这棵古槐树，经常在树下运筹兵法，召集会议，老槐树见证了岳元帅的赤胆忠心。岳飞被十二道金牌召回被害后，老槐树一片槐叶一个泪泉，为岳元帅的冤屈悲鸣不已，以至于全部树叶都枯萎了，故称“相思槐”。

李兴华根据此传说及其他资料佐证，认为此传说故事是可信的，并据此认为宋时伊斯兰教已经传入朱仙镇。然而此说颇有些臆断的成分，历史上岳飞领导的朱仙镇大捷是否确有其事？朱仙镇清真寺始建于何时？岳飞、“相思槐”和朱仙镇清真寺的故事又是如何联系在一起的？这些问题都需要一一考证。

一、朱仙镇清真寺的修建时间

按李兴华所言，假定“相思槐”故事是可信的，那么宋代时伊斯兰教已经传入朱仙镇。这是否就说明朱仙镇清真寺的始修年代为宋代呢？

---

① 周宝珠：《宋代开封朱仙镇考》，《史学月刊》1994 年第 4 期。

② 李兴华：《朱仙镇伊斯兰教研究》，《回族研究》2004 年第 4 期。

（一）阿拉伯商人和朱仙镇

《朱仙镇伊斯兰教研究》在论证伊斯兰教在宋代已经传入朱仙镇时提到两个例子：（1）至今朱仙镇穆斯林中仍有“北宋时阿拉伯商人来这里经营香料，尤其是玉器，都用斗量，本钱很大”的说法；（2）民谣“悠悠惠民水，浩浩宋都门，阿贾得回赐，建寺谢主恩”，意思是大食、波斯穆斯林商人依赖原为梁惠王开挖的惠民河从广州、扬州等地来到了宋都的门户朱仙镇，为感谢真主的回赐，这些落户朱仙镇的阿贾们便建清真寺以报答主恩。① 这两个例子其实都并不站得住脚。其一，宋时来华的阿拉伯商人以香料和玉器为贸易的大宗，而且多为朝贡贸易，资金雄厚，这属于常识，放在全国任何一个地方都可以这样来说，并非为朱仙镇所特有。其二，李兴华对民谣的解释是商人依赖原为梁惠王开挖的惠民河来到了宋都门户朱仙镇，并建造了清真寺，此处有两点错误：第一，惠民河和梁惠王无关。惠民河的开凿，是宋政府为了解决蔡河上游水源问题，于建隆元年（960）开凿，开宝六年（973）始定名为惠民河。《宋史·史珪传》记载：“督浚惠民河，自尉氏达京90里，数旬而毕，民咸便之。”② 只提到从尉氏到东京90里，并没提到朱仙镇，按地理位置而言，朱仙镇位于尉氏和开封之间各距45里，这样的地理位置，设立驿站或市镇是很有可能的，但也只能是驿站或小镇，商业有限，并不足以吸引和支撑阿拉伯商人在此建寺并定居。第二，北宋都城东京“城南一边，东南则陈州门，傍有蔡河水门；西南则戴楼门，傍亦有蔡河水门。蔡河正名惠民河，为通蔡州故也。……穿城河道有四。南壁曰蔡河，自陈蔡由西南戴楼门入京城，缭绕自东南陈州门出，河上有桥十一……出戴楼门外曰四里桥”③。开封和

① 李兴华：《朱仙镇伊斯兰教研究》，《回族研究》2004年第4期，第81页。

② 《宋史》卷274《史珪传》，北京：中华书局，1977年标点本，第9358页。

③ 孟元老等：《东京梦华录（外四种）》，上海：古典文学出版社，1956年点校本，第8页。

惠民河有关的门有陈州门和戴楼门，都位于南城，北面为汴河，再北即城内东大寺位置。李兴华把“浩浩宋都门”解释为宋都门户朱仙镇，笔者则认为“宋都门”不应是都城门户，而是都城城门之意。可能是虚指，只为显示东京城规模宏大的城门，即便为实指，也应该为陈州门或戴楼门。“回赐”也可有两个意思，除了“真主的回赐”外，宋时阿拉伯商人朝贡贸易后，也多会得到朝廷的回赐。不论哪种，阿拉伯商人如果得到回赐修建清真寺以谢主恩的话，近在城内东南的东大寺更为符合条件，而非远在开封城外 45 里的朱仙镇。北宋时期的朱仙镇还远没有发展到成为开封城外著名的卫星城镇的地步，《史珪传》只说尉氏不提朱仙镇，孟元老也没提到城外著名的朱仙镇，可见一斑。

（二）朱仙镇的兴起

李长傅认为朱仙镇在宋代主要为军事要镇，属开封附近的战略要地，为屯兵驻防之用，明末清初最盛，是典型的历史商业城市之一①。周宝珠经过详细考证，认为朱仙镇“最早是京城南去的重要驿站，曾有简单的市场商铺，但在宋神宗以前，还未发展成为一个正式镇市。北宋末年，朱仙镇又名延嘉镇。仍为驿站，是否为镇市，还不甚清楚”②。无论是屯兵之所，还是驿站，都说明北宋时期朱仙镇还并没有发展成为重要的商业市镇。

一般认为，朱仙镇的兴起以贾鲁河开通为转折点。元顺帝至正二十一年（1361），黄河决于祥符义唐湾，贾鲁乃导京、索、须、郑四水，经朱仙镇南达于淮③，朱仙镇逐渐成为开封周边重要的水陆码头，清代更达到空前的繁荣。早在 1964 年，李长傅就详细论证了对朱仙镇发展产生重大影响的贾鲁河并不是元臣贾

① 李长傅：《朱仙镇历史地理》，《史学月刊》1964 年第 12 期。

② 周宝珠：《宋代开封朱仙镇考》，《史学月刊》1964 年第 12 期，第 110 页。

③ 吴小伦：《河道变迁与明清朱仙镇的兴衰》，《兰台世界》，2015 年 1 月下旬，第 86 页。

鲁所开的贾鲁河，而是孙家渡河，不是元末开通，而是明末开通①。邓亦兵同意此观点，并认为只要把各种记载排列出来，自然就能发现现在的贾鲁河并非元代贾鲁所修河，而是孙家渡河。② 据李长傅推断：“初明正统十三年（1448）河决荥泽孙家渡口，漫流祥符、尉氏、扶沟、通许、洧川、临颍、郾城、商水、太康、项城诸县，至寿州入淮。弘治七年（1404）刘大夏浚孙家渡口，别凿新河七十余里，导水南行，经中牟、朱仙镇下至项城、南顿入颍，以杀黄河水势，并资通运，这就是今贾鲁河。因为和贾鲁河同是黄河故道，因此相混。”③《朱仙镇历史地理》一文中有更为详细的论证，此处不再赘述。李濂对这条河的评价是：“今所谓孙家渡河者，亦自荥泽而下，引河为渠，由朱仙镇东南，达于淮、泗……特以不近都会，而转漕非其所资，故任其浅涸，而不为之疏浚耳。”④ 嘉靖二十五年（1546）李濂的《汴京遗迹志》刻板印刷，可见直到嘉靖二十五年时，贾鲁河额漕运功能还没有发挥出来。不过自汴河淤塞以后，河南便没有了对外联系的水路，改造孙家渡河势在必行。因此，嘉靖以后，至迟到明末，贾鲁河已经完全开通，自此开始了朱仙镇的鼎盛繁荣。随着朱仙镇的真正繁荣兴盛，回族在当地落籍就是自然而然的事情，修建清真寺也是必然。

（三）刘智、舍蕴善和朱仙镇清真寺

据寺内所立1986年碑文介绍，朱仙镇清真寺初建于北宋太

① 李长傅：《朱仙镇历史地理》，《史学月刊》1964年第12期，第37页。

② 邓亦兵：《清代的朱仙镇和周家口》，《中州学刊》1988年第2期，第121页。

③ 李长傅：《朱仙镇历史地理》，《史学月刊》1964年第12期，第38页。

④ 李濂：《汴京遗迹志》，北京：中华书局，1999年点校本，第87页。

宗兴国年间（977—984）[①]，扩拓于明嘉靖十年（1531），重修于乾隆九年（1744）。前文已证嘉靖以后朱仙镇才开始全面繁荣，此前回族并没有落籍朱仙镇的理由。那么，朱仙镇清真寺始建于何时？

刘智在《天方至圣实录·著书述》中写道："闻陈留许氏多藏经，访之，过朱仙镇，偶得赛氏家藏《至圣录》，西经原本也。阅之，与吾昔所得者大较真详，愕然快然……"[②] 考之刘智生平，他于雍正元年（1723）在朱仙镇意外得到赛氏家藏的阿拉伯文原本《至圣录》[③]，可见赛氏是一直居住在朱仙镇的，可以肯定朱仙镇最晚在雍正之前就已经有回族定居了。舍蕴善"过汴，素性不入城市，不答拜客，不侨寓于寺，盖不贪其馈贶也。乃借秀峰李师之经，携至朱仙镇，愚乡耆某请诣其家……引至一空院……先生嘱以除日送饮食，而钥其外，人以其年幼，暮夜必怯，而先生朝暮咏读于中，恰如也"[④]。舍蕴善生于明崇祯十一年（1638），卒于清康熙四十二年（1703）[⑤]，他路过开封，在朱仙镇闭门读经3个月，其时年仅21岁，也就是说他在朱仙镇寓居的时间是1659年，即清顺治十六年。他当时寓居在一户乡耆家中，且此乡耆颇有家财，结合刘智所见赛氏家藏阿文《至圣

---

① 李兴华提到他早年去朱仙镇时见到的是该寺始建于明嘉靖十年，现今改为北宋太平兴国年间，他就这个问题请教当地回族学者兰振山，得到的答复是兰振山任职期间向上级汇报文件中的一个提法。可惜兰退休后文件再也没有见到，所以并不知道始建于北宋太平兴国年间的根据。见李兴华：《朱仙镇伊斯兰教研究》，《回族研究》2004年第4期，第82页；另，兰振山本人此前也认为朱仙镇清真寺始建于明嘉靖十年，见兰振山：《朱仙镇北大寺旧貌换新颜》，开封市政协文史资料委员会编：《开封文史资料》，1990年第十辑《民族宗教专辑》，第257页。

② 刘智：《天方至圣实录》，《续修四库全书》，上海：上海古籍出版社，1995年影印版，第1296册，第154页上栏。

③ 马在渊：《刘介廉先生编年考》，兰州：甘肃人民出版社，2012年。

④ 赵灿：《经学系传谱》，西宁：青海人民出版社，1989年，第86页。

⑤ 河南省襄城县委员会文史资料研究委员会编：《襄城文史资料第1辑》，内部资料，1986年，第42页。

录》，可见清初朱仙镇就有颇多回族定居，而且家资不薄，生活质量当为不低，这样条件下，在其聚居区修建清真寺是顺理成章的，且清真寺的修建肯定早于清顺治十六年。明清鼎革之际，战乱频仍，此时修建清真寺的可能性不大，因此朱仙镇清真寺的修建年代很有可能是在明代。

寺内现存的碑刻及实物资料皆为清时期文物，并不能佐证清真寺的修建年代。李兴华在《朱仙镇伊斯兰教研究》中将伊斯兰教传入朱仙镇的时间定在“可能是唐，确切为宋”①，一个重要的理由是“北讲堂屋东五间为宋代木架结构建筑”，据此认为宋时伊斯兰教已经传入朱仙镇了。然而笔者认为，即便有宋代木架结构建筑，又怎能确定就一定是清真寺建筑？也有可能此建筑当时只是普通民居或其他建筑，在其后清真寺创建时直接拿来使用了。所以仅凭此建筑，并不能确定朱仙镇清真寺的修建时间。李兴华也认为“从清真北寺的现建筑来看，它是在明嘉靖十年（1531）奠定规模的”②。目前对于朱仙镇的始建年代，流传最为广泛的即明嘉靖十年说，有蓝振山③、郭瑞钧④、高文德⑤等，但没人能对此说的具体来历加以解释，实不知此说从何而来？不过一本旅游介绍类图书倒是给我们一个提示，书中提到“寺里边尚且保留着一座明嘉靖十年的阿拉伯文碑，记载着当时朱仙镇穆斯林朝拜真主的盛况，是河南省保存最完整的阿文碑”⑥。朱仙镇

① 李兴华：《朱仙镇伊斯兰教研究》，《回族研究》1964年第12期，第81页。

② 李兴华：《朱仙镇伊斯兰教研究》，《回族研究》1964年第12期，第82页。

③ 蓝振山：《朱仙镇清真寺》，《河南省民族宗教史志资料通讯》1984年第1期，第87页。

④ 郭瑞钧主编：《开封名胜与特产》，郑州：河南人民出版社，1987年，第24页。

⑤ 高文德编：《中国少数民族史大辞典》，长春：吉林教育出版社，1995年，第794页。

⑥ 《亲历者》编辑部编著：《河南旅行》，北京：中国铁道出版社，2012年，第159页。

清真寺里现存有清嘉庆十年阿文碑一方，是河南省保存最完整的阿文碑，极为罕见。可知此处的“明嘉靖十年”为清“嘉庆十年”之误，有可能是二者发音相似，导致以讹传讹？那么，是不是可以怀疑诸多著作中所提到的明“嘉靖十年”实际上是清“嘉庆十年”，大家因着尽量把历史往久远了说的美好想法，就想当然地认同了此种说法？当然，这只是一种假设，具体如何还有待更多研究成果。

二、岳飞领导的“朱仙镇大捷”的真实性

日本学者市村瓒次郎早在1904年发表《岳飞班师辨》① 时，就认为根本没有岳飞进军朱仙镇之事。邓广铭亦认为朱仙镇之役是岳珂虚构的，他在《岳飞传》中提出质疑：“岳飞在绍兴十年夏间率师北上，迎击南侵的女真兵马，其历次接战的奏报，全部被岳珂收录在《金佗粹编》的《经进鄂王家集》当中，计为克复颍昌府、克复西京洛阳，以及在郾城、在小商桥、在临颍等地打败金军的捷报共十二件，其中全未涉及朱仙镇这一地点。”②《三朝北盟会编》《建炎以来系年要录》和《中兴十三处战功录》中都没有朱仙镇之役的记载，《宋史·岳飞传》中却有：

方郾城再捷，飞谓云曰：“贼屡败，必还攻颍昌，汝宜速援王贵。”既而兀术果至，贵将游奕、云将背嵬战于城西。云以骑兵八百挺前决战，步军张左右翼继之，杀兀术婿夏金吾、副统军粘罕索孛堇，兀术遁去。梁兴与太行忠义及两河豪杰等，累战皆捷，中原大震。飞奏：“兴等过河，人心愿归朝廷。金兵累败，兀术等皆令老少北去，正中兴之机。”飞进军朱仙镇，距汴京四

① 转引自徐规：《朱仙镇之役与岳飞班师考辨》，《杭州大学学报》1978年第1期，第96页。

② 邓广铭：《岳飞传》，《邓广铭全集》第2卷，石家庄：河北教育出版社，2003年，第445页。

十五里，与兀术对垒而阵，遣骁将以背嵬骑五百奋击，大破之。兀术遁还汴京。飞檄陵台令行视诸陵，葺治之。先是，绍兴五年，飞遣梁兴等布德意，招结两河豪杰……①

邓先生认为：“在这段文字里，岳珂只是笼统地说是‘对垒而阵’，‘遣骁将奋击’，却没有明确指出所遣骁将为谁，接战在何时日，与他述写前此各战役的行文体例大不相同。”因此，“我们有充分理由可以断言，所谓朱仙镇的这次大捷，完全是岳珂为了提高他的先祖的威望而虚构出来的”。而《宋史·岳飞传》是从岳珂的《鄂王行实编年》中转引过来的。② 诚然，《宋史·岳飞传》中诸多战役都详细列举了带兵将领，侧翼将领，斩杀敌酋何人，甚至部将王刚以五十骑御敌，岳飞本人以四十骑突战③，都详细到个人，只有朱仙镇之役出动“背嵬骑五百”，却只写“遣骁将”，并没具体人名，且文中关于朱仙镇战役记载的前后行文，都在讨论两河豪杰问题，朱仙镇战役像是硬塞进来似的，使人不得不怀疑此战的真实性。

然而，徐规 1978 年发表《朱仙镇之役与岳飞班师考辨》对邓先生的观点予以驳斥。他认为朱仙镇之役是存在的，原因有两点：一是史料问题。邓先生根据岳飞存世的、多有残缺和散佚的、并不完整的历年奏疏中没有提到朱仙镇，就否定朱仙镇之役，这是“凭借不完备的资料而运用默证”，并不能得出正确的结论。二是时间和岳飞进军目标问题。岳家军打下颍昌府后，下一步进军目标就是北宋故都开封，朱仙镇位于颍昌去开封的大路上，岳飞如果从颍昌府进军开封，必经过朱仙镇。此外，“绍兴十年闰六月二十日，张宪部攻克颍昌；二十四日，岳飞又遣牛皋等部与张宪部会合收复了淮宁。其间经过几场战斗，为时还不到

① 《宋史》卷 365《岳飞传》，北京：中华书局，1977 年点校本，第 11390 页。

② 邓广铭：《岳飞传》，《邓广铭全集》第 2 卷，石家庄：河北教育出版社，2003 年，第 446—448 页。

③ 《宋史》卷 365《岳飞传》，北京：中华书局，1977 年点校本，第 11389 页。

四天。颍昌东北距朱仙镇尚较去淮宁近五十里许，行师日期当可缩减。……岳家军乘虚而入，进抵朱仙镇是有可能的”①。

二位先生皆学识渊博，对宋代史料极为熟悉，分析得极为深入透彻，各持己见，然笔者在仔细拜读后，更倾向于接受邓先生的观点，认为岳飞领导的朱仙镇大捷历史上并不存在，因有三条矛盾之处无法解释。

1. 朱仙镇大捷的领导者是否为岳飞本人？

徐规认为岳家军是从颍昌府出发攻打朱仙镇的，而岳飞却一直坐镇郾城岳家军总部，并未到过颍昌，只是派岳云增援驻扎在颍昌的王贵所率中军，因此“驻颍昌及其附近的岳家军曾一度攻抵朱仙镇的可能性是存在的”②。可知是岳家军攻抵朱仙镇而非岳飞本人。从时间上来看，岳家军主力在闰六月二十五日已经稳定了颍昌府局势，七月十四日才与金军大战，这期间是有充分时间和可能进抵朱仙镇的。但《宋史·岳飞传》却明确记载“（岳）飞进军朱仙镇”，此第一不可解释处。

2. 五百骑破十万兵马的奇迹是否可能？

二位先生皆认可在岳家军占领颍昌府后，岳飞原本打算以颍昌府为北上抗金基地，但张俊和王德部队的后撤，导致岳家军孤悬深入，进退无据，打乱了岳飞的计划。七月十三日杨再兴战死小商桥后，十四日时张宪仍在临颍小商桥，所以当十四日兀术集结各路金军攻打颍昌府城时，岳家军在王贵和岳云的率领下一场鏖战，虽然最终取得了胜利，却也付出了很大的代价。在岳家军孤立无援、金军大举南下、誓要消灭颍昌府岳家军主力的严峻形势下，岳飞是否还有时间和可能进逼朱仙镇，并大破之，使得兀术遁还汴京？如果朱仙镇战役发生在七月十四日前，也就是十一

① 徐规：《朱仙镇之役与岳飞班师考辨》，《杭州大学学报》1978年第1期，第98页。

② 徐规：《朱仙镇之役与岳飞班师考辨》，《杭州大学学报》1978年第1期，第98页。

日至十三日之间，兀术在刚刚被岳飞以五百骑破了十万大军的情况下，是否还有能力以极快的速度集结三万余人进犯颍昌府？如果朱仙镇战役发生在七月十四日之后，即十五、十六日，兀术攻打颍昌府全部兵力三万余人，刚刚大败，又如何会有十万人和岳飞对垒朱仙镇？而且，兀术攻打颍昌府岳家军主力部队时纠集了三万余人，岳家军同样以三万精兵对之，打胜仗还极其艰难，岳飞又是如何以五百骑兵破了兀术十万兵马的？此第二不能解释处。

3. 巩县至朱仙镇的距离问题

《宋史·岳飞传》朱仙镇大捷后，“飞檄陵台令行视诸陵，葺治之”。岳飞在朱仙镇大捷后，行视诸陵并修葺之，这里的诸陵当为北宋皇陵，位于西京河南府巩县，巩县西距西京 110 里，西京距东京 382 里，故巩县距东京开封约有 272 里。[①] 这么远的距离、这么短的时间，岳飞为什么在大战之后去修葺皇陵呢？路途遥远、原因不明，此第三不可解释处。

再者，从岳飞班师的线路来看，七月十七日开始班师，七月十八日张宪发现临颍县东北有金军骑兵出现，主动出击打了一场小规模的胜仗，其目的正是为迷惑金军。岳家军从颍昌撤到郾城、裴城，再撤蔡州，是一路南归的。更由于张俊和王德的提前撤退、颍昌大战的消耗，使得岳家军和金军的兵力差距悬殊，岳飞不可能这时亲冒矢石、孤军深入跑到朱仙镇与金军交战，所以朱仙镇之役也不可能发生在岳家军撤军之时。

综合分析以上三处不可解释处，笔者认为岳飞领导的朱仙镇大捷是没有可能发生的。岳珂之所以杜撰出朱仙镇大捷，兵峰直至开封，并刻意提到战后岳飞修葺皇陵，只是为了更加凸显岳飞之忠义及被迫撤军之悲壮，并没有考虑到宋金双方兵力的客观

① 王存：《元丰九域志》卷 1《西京》，北京：中华书局，1984 年点校本，第 4—5 页。

现实。

三、“相思槐”和朱仙镇回族“本土化”

（一）于谦和“相思槐”故事

如果岳飞亲自领导的朱仙镇大捷为杜撰，那么岳飞和“相思槐”的故事也必然没有发生过。但这个杜撰的故事不但没有随着时间流逝而失传，却更增加了新的内容。为了证明岳飞确实曾经到过朱仙镇清真寺，故事在流传过程中又出现了另一位英雄人物的身影，他就是明代兵部尚书于谦。据传于谦听说“相思槐”和岳飞的故事后，特前往瞻仰，并题诗一首：

匹马南来渡浙河，汴城宫阙远嵯峨。
中兴诸将谁降敌？负国奸臣主议和。
淡叶古刹寒积雨，青山荒冢白云多。
如何一别朱仙镇，不见英雄奏凯歌。①

李兴华把此诗称作《颂相思槐赞岳飞》②，认为是于谦听说此故事后特意瞻仰并作此诗，从而认为“明代即有此诗此树，往上推算，南宋战乱，不会创建寺庙，只有北宋了”的分析有一定的道理，把朱仙镇清真寺的修建时间提到了北宋时期。如果此诗名为《颂相思槐赞岳飞》，那必然是跟朱仙镇、相思槐都有关系，但纵览全诗，并没有一处提到“相思槐”。查《于谦集》，此诗名为《钱塘岳忠武王祠》：

匹马南来渡浙河，汴城宫阙远嵯峨。
中兴诸将谁降虏，负国奸臣主议和。
黄叶古祠寒雨积，青山荒冢白云多。
如何一别朱仙镇，不见将军奏凯歌！③

---

① 屈春山：《开封画卷录》，北京：中国旅游出版社，1983 年，第 75 页。
② 李兴华：《朱仙镇伊斯兰教研究》，《回族研究》，第 81 页。
③ 于谦：《于谦集》，杭州：浙江古籍出版社，2013 年点校本，第 652 页。

两诗题目不同，内容基本相似。屈氏的《开封画卷录》为散文随笔作品，对诗作的转引并不特别严谨，容易造成文字谬误，且屈氏因说开封事迹，故把于谦写此诗的时间定在其路过朱仙镇时有感而发，李兴华据此亦认为此诗为于谦路过朱仙镇时所作。然据《于谦集》诗后附钱塘丁立中所述，于谦诗文集的最早刊本是嘉靖丁亥（1526）河南大梁书院刊本，凡诗文集八卷，附录一卷，内里并没有此诗。文集里之所以收录此诗，是因“（丁立中）先府君於同治己巳监修公墓及旌功祠……又辑公祠墓录，三十年来，随见随钞，积四巨册……刻未竟，而府君已病……今补刊拾遗……”可见此诗补入文集的时间在同治己巳（1868）以后，是丁立中之父在监修于谦祠墓时“随见随钞”，陆续增补的，此诗最早载于《万历钱塘县志·纪制·忠烈庙》①。在流传于世的于谦诗文集中，嘉靖刻本是最早的，而且是大梁书院所出，如果于谦此诗真是在河南任内时专程去往朱仙镇凭吊岳飞时所作，河南所辑刊的于谦诗文集不可能不收录此诗，可嘉靖刻本全8卷、附录1卷里皆没有此诗，此诗却出现在杭州栖霞岭的岳王庙，并明确命名为《钱塘岳忠武王祠》，考虑到于谦本就为杭州人士，可见此诗当是于谦凭吊杭州岳王庙时所作。既然此诗跟朱仙镇无关，那更不可能会是于谦听说了朱仙镇清真寺及“相思槐”的传说后所作。因此，于谦和“相思槐”的故事也并没有发生过，这也从另一方面驳斥了用于谦诗作来证明朱仙镇清真寺的修建时间早于明代的观点。

（二）朱仙镇的兴起和当地回族“本土化”意愿的体现

明清时期，随着贾鲁河的疏浚，水路交通便利，朱仙镇成为开封外围最主要的商业重镇，与湖北汉口镇、江西景德镇和广东佛山镇合称全国四大名镇。随着朱仙镇水陆交通地位的日益重

① 光绪《钱塘县志》卷3《纪制·忠烈庙》，清光绪十九年刻本，第21—22页。

要，当地民众希望能有英雄人物的英雄故事来彰显地方的特殊性。岳珂《金佗粹编》之后，《宋史·岳飞传》《皇宋十朝纲要》《中兴大事记》以及元人马端临的《文献通考》都记载了岳飞的朱仙镇大捷[①]，而且是岳飞以五百骑败兀术十万大军的故事，富有戏剧性和激励作用，在百姓中广为流传。朱仙镇居民喜欢传播岳飞和朱仙镇大捷的故事，也有经济实力为岳飞立庙。随着当地经济实力的提升，需要有这样的故事来突出朱仙镇的历史地位和影响力。

于谦曾前后两次巡按河南、山西，广施惠政，老百姓感念良多。他左迁大理寺少卿时，"山西、河南吏民付阙上书，请留谦者以千数"，正统十四年（1449）秋，也先大举入寇时，朝里大臣主张南迁避难，于谦却坚决主张留守京师以御敌，厉声曰："言南迁者，可斩也。京师天下根本，一动则大事去矣，独不见宋南渡事乎！"[②] 他的这种忠义气节和岳飞抗金的事迹十分相似。明朝鞑靼瓦剌之患是北方游牧民族对中原王朝的侵犯，岳飞所抗击之金朝也是如此，在当时历史条件下，老百姓心目中，把于谦想象为和岳飞一样的抗击外来侵犯的民族英雄，于谦自己也以岳飞为榜样，所以才有《钱塘岳忠武王祠》，以古喻今。土木堡之变后朱仙镇民众修建岳飞庙，正是符合民众心声、适应社会需要之举。同样，关于岳飞和朱仙镇大捷的故事会被更加渲染，朱仙镇当地百姓也乐于主动去传播这些故事。

居住在朱仙镇的回族同样希望能把岳飞抗金的故事和自身发生一些联系。槐树属北方常见树种，一些树龄较长的老槐树总会被附会上许多神奇的故事。如南乐留固店的刘秀系马槐、清丰玄武庙的曹操拴马槐、胡村的宋太祖挂皇袍槐、濮阳小集的穆桂英

---

① 徐规：《朱仙镇之役与岳飞班师考辨》，《杭州大学学报》1978年第1期，第99页。

② 《明史》卷170《于谦传》，北京：中华书局，1974年标点本，第4544—4545页。

“拴马槐”[①] 等，朱仙镇清真寺的“相思槐”此时恰巧充当了英雄故事传播的载体。于谦巡按河南、山西时的良好官声，他抗击北方入侵的态度，以及“如何一别朱仙镇，不见将军奏凯歌”的诗作，演绎出岳飞和“相思槐”故事的后半部分。

明代中期，回族正经历从外来客变为土著的过程，他们需要一些本土的记忆来证明自己的合法性，彰显自己和汉民族的一致性而不是差异化，岳飞抗金的故事和于谦抗击瓦剌的故事正是很好的例子。随着贾鲁河的疏浚，朱仙镇的经济地理位置越来越重要，逐渐发展成为开封城南的重要市镇，商贾贸易发达。回族善于经商，在朱仙镇落户的人逐渐增多，岳飞抗金、“相思槐”及于谦凭吊“相思槐”的故事正符合社会需要，就这样流传下来，代代相传，终于成为当地回族集体记忆的一部分。

① 王培勤：《筚路蓝缕》，澳门：中华出版社，2012 年，第 304 页。

甘文焜满汉文碑述略

中国人民大学历史学院　关　康

摘　要：甘文焜是清代著名的八旗汉军大臣，曾出任直隶总督、云贵总督，在处理庶政、办理军务方面证明了自己的能力。康熙十二年，他在三藩之乱殉职，受到清圣祖的褒奖，子孙亦获得恩封，成为八旗世家。本文利用甘文焜的墓碑、谕祭碑碑文及其他文献史料，考察甘文焜本人的事迹及其家族在有清一代的变化。

关键词：甘文焜；汉军八旗；三藩之乱

甘文焜，字炳如，天聪六年生，[①] 隶正蓝旗汉军。康熙初年出任直隶总督，后迁云贵总督，在任上对巩固中央在当地的统治起到一定作用。康熙十二年，吴三桂起兵反清，甘文焜猝不及防，自杀殉国。清圣祖为此赏赐其墓碑、谕祭碑各一通，撰写碑文，并恩荫其一子。从此甘文焜家族跻身汉军世家。

---

① 道光二十六年《沈阳旗汉甘氏宗谱》记甘文焜生于天启壬申年十一月二十四日未时。但天启一朝没有壬申年。王熙为甘文焜撰写的神道碑记为天聪壬申年十一月二十四日未时，即崇祯五年，并提到康熙十二年殉国时为42岁，推算出生应为天聪六年（崇祯五年）。显然甘氏后人在撰写宗谱时，误将“天聪”写作“天启”。

一、甘文焜的墓碑和谕祭碑

甘文焜的墓碑和谕祭碑原在海淀区万寿寺甘家坟。根据道光二十六年的《沈阳旗汉甘氏宗谱》（以下简称《宗谱》），该家族祖茔在辽宁塔山。入关后，随着家族成员不断迁徙，在北京及山西、云南等地相继形成新的墓葬。甘文焜遇难后，清圣祖将西直门外斗府闸闸东的土地赐为墓地。① 此后甘文焜的子孙皆入葬于此，故后有甘家坟之称。其兄弟的子孙则在朝阳门外日坛东北等其他墓地安葬。遗憾的是西直门外周边经过多年城市建设，已经难寻坟墓遗迹，仅有拓片传世。目前甘文焜墓碑的确切位置及其与墓葬地上、地下建筑的位置关系无法考察。此外，其他家族成员的墓碑下落不明。

甘文焜谕祭碑单面刻字，拓片高200厘米，宽75厘米，左侧满文9行328字，右侧汉文7行275字。碑额拓片高33厘米，宽24厘米，左侧为满文“hesei wecehe”，右侧汉文“谕祭”。满文碑文如下：

1. elhe taifin i orin emuci aniya nadan biyai uyun de

2. hūwangdi hese, dorolon i jurgan i ici ergi ashan i amban bime bithei yamun i ashan i bithei da kamciha emu jergi nonggiha fu hūng gi be takūrafi, dade yūn nan gui jeo i dzungdu coohai jurgan i ici ergi ashan i amban uheri be baicara

3. yamun i iciergi ashan i baicara amban kamciha jobolon de akū oho seme amcame coohai jurgan i aliha amban nonggifi tondo dacun gebu buhe g'an wen kun de wecere gisun, bi gūnici gurun boo jase jecen i tušan be ujeleme ofi, doshon

4. hesei jiyai yuwei bume wesihulembi, amban jui oho urse

---

① 东洋文库藏：《沈阳旗汉甘氏宗谱》，道光二十六年，清写本。

mangga suilacuka ucuri be ucaraci, tondo akdun be juhe hecen i gese hūsutuleci acambi, aikabade fejergi de ergen be šelere unenggi bici, dergi ci teni tondo be saišara

5. dorolon be isibure be dahame, cohome dabali gosire be iletuleme, ferguwecuke kesi be tuwabumbi, g'an wen kun sini erdemu bodohon daci algifi, kiceme faššaha ba iletulere jakade, ging hecen i hanciki baci tukiyefi, yūn nan gui jeo de

6. sindaha, wargi julergi be uheri kadalabufi, elhe obume toktobure gung be mutebukini, bithe coohai hafasa be bilume dasafi, ubašara fudarara hebe be akū obukini serede, gūnihakū amba hūlha fudarame ubašafi, holkonde akdun amban i

7. akū oho benasambi, mangga be sujara de aisilarangge komso ofi, unenggi mujilen šeri fejile umesi korsocun oho, gurun i jalin beyebe waliyafi oroko senggi julergi bade enteheme toktoho, te amba hūlha mukiyefi, giran be amasi gajiha be dahame

8. sini butu fayangga be gūnime, mini dolo šar seme gosime ofi, tuttu fe kooli be baicabufi, halame sain gebu be buhe, eifu musen be weilebufi, derengge be iletulehe bime, geli sain amtan be tobofi wecembi, ai, mangga suilacuka de tušafi, jurgan be

9. akūmbure jakade, amban i mujilen i tondo sijirhūn yargiyan i iletu oho, bata de akū oho be gosime, kesi isibure de gurun i kooli i maktara saišara be jiramin obuha, si sara gese oci, alime gaisu

汉文碑文如下：

1. 维康熙二十一年七月十九日

2. 皇帝遣礼部右侍郎·兼翰林院学士·加一级富鸿基

3. 谕祭原任云贵总督·兵部右侍郎·兼都察院右副都御史·因殉难加赠兵部尚书谥忠果甘文焜之灵曰：朕惟国家任重封疆，宠命聿隆乎节钺

4. 臣子时逢危难，忠贞宜励于冰霜。苟下有授命之诚，斯

土锡褒忠之典，特彰优恤，用示殊恩。尔甘文焜才略夙闻，勤劳克著。擢之畿甸，委以滇

5. 黔。总领西南，伫奏辑宁之绩；抚绥将吏，庶销反侧之谋。何期大逆之猖狂，顿悼贞臣之殒逝。扦艰寡助，丹心永恨于黄垆；为国捐躯，碧血长沦

6. 于炎峰。兹长鲸之既殄，乃旅榇以言旋。睠尔幽魂动朕恻悯。式稽曩制，爰易休名，载颁窀穸以昭荣，复沛苾芬而致享。于戏。际艰而效节臣

7. 心之正直允彰；恤死事以施恩国典之褒扬惟厚。尔其不昧，庶几来歆①

甘文焜墓碑单面刻字，拓片高 195 厘米，宽 75 厘米，左侧满文 8 行 272 字，右侧汉文 7 行 226 字。碑额高 32 厘米，宽 24 厘米，左侧为满文"hesei ilibuha"，右侧为汉文"敕建"。满文碑文如下：

1. yūn nan guijeo i dzungdu bihe jobolon de akū oho seme coohai jurgan i aliha amban nonggifi amcame tondo dacun gebu buhe g'an wen kun i bei bithe

2. julge be kimcici jurgan be jafafi jobolon de bucehe amban de gurun boo ci urunakū kooli dorolon be isibume hafan i jergi be derengge obuha be suduri bithe de arafi fe kooli de iletu bi hūsun be akūmbume ergen be šelerengge

3. amban ijurgan sain be temgetuleme tondo be iletulerengge gurun i kooli huwekiyebure yendebure be tuwabume amaga jalan de tutaburengge cohome ede bi , g'an wen kun si hafan tefi aniya goidaha bime jobome faššaha ba umesi iletulere

4. jakade bi tukiyefi yūn nan gui jeo de dzungdu obume unggifi harangga hafasa be kadalame alhūdabume, julergi babe elhe obume to-

① 国家图书馆藏：《甘文焜谕祭碑》拓片，编号北京 6137—6138。

ktobukini sehe bihe, fudaraka hūlha kesi be cashūlafi, abkai an be efuleme facuhūrame, jalingga araga be balamadame

5. yabume, bengneli de kūbulin tucinjihe manggi, si hūsun mohofi, aisilarangge akū, geren ubašafi cooha komso i turgunde gui yang ci tucifi jen yuwan i bade beyebe araha, udu hūlha be geterembufi, gung be mutebuhekū bicibe, inu banjire be waliyafi

6. jurgan be gaiha seci ombi, sini baturu jurgangga be gūnime, mini dolo umesi šar seme gosimbi, sain gebu bume, amba jurgan be iletuleci acame ofi, cohome amcame tondo dacun gebu bufi, geli kooli songkoi hafan nonggifi, jui be in šeng obuha, ai

7. tondoi jobolon ci jailahakū ojoro jakade, amban jui de entehe-me durun oho, dacun i mujilen be akūmbure jakade, alin bira i sukdun be nonggime eldengge obuha, tuttu bei wehe de folofi, unenggi mujilen be temgetulehe

8. elhe taifin i orin juweci aniya juwan biyai juwan juwe de ilibuha

汉文碑文如下：

1. 云贵总督 · 殉难加赠兵部尚书谥忠果甘文焜碑文

2. 稽古仗节死难之臣，国家必贵之典礼，荣其服命，载在史册，厥有旧章。夫效力尽命，臣之经也；旌善显忠

3. 国之宪也。昭激劝而垂奕叶，于是焉在。惟尔甘文焜服官有年，劳绩懋著朕擢授旄节往莅滇黔。俾都率

4. 乃僚，绥靖南服。属逆臣悖德，败乱天常，狂逞狡谋，变生仓猝。尔以势穷援绝，众畔军孤，遂出贵阳，捐躯镇

5. 远。虽不克殄贼成功，亦可谓舍生取义。睠尔壮烈，深恻朕怀。宜赉嘉名，式扬大节。特赐谥曰忠果，仍赠官

6. 荫子如例。于戏。忠不避难，永为臣子之型。果以矢心，尚壮河山之气。勒诸贞石，以表丹诚。

7. 康熙贰拾贰年拾月拾贰日立[1]

两通碑文的行文结构大同小异，皆首先阐述国家褒奖功臣的意义，其次简单叙述甘文焜从政经历，以及以身殉国的情况，最后表达惋惜之情。因为赏赐大臣的御制碑文撰写皆有一定的规程和标准，故甘文焜的墓碑和谕祭碑与其他清代功臣的碑文差异不大。

两通碑文的满汉文翻译无出入。值得一提的是，清代的汉文墓碑、谕祭碑皆使用典雅的文言，故有时今人阅读偶有困难。但满文碑文采用口语，故通过满文有助于对汉文的理解。例如谕祭碑的“式稽曩制，爰易休名，载颁窀穸，以昭荣复，沛苾芬而致享”一句，“窀穸”指坟墓，语出《左传》“若以大夫之灵，获保首领以殁于地，惟是春秋窀穸之事，所以从先君于祢庙者，请为‘灵’若‘厉’，大夫择焉”，[2] 今人或不易知。但碑文的满文为“tuttu fe kooli be baicabufi，halame sain gebu be buhe，eifu musen be weilebufi，derengge be iletulehe bime，geli sain amtan be tobofi wecembi”，直译成汉语为“因此查照旧例，授予美谥，修建坟墓，以表光荣，并以佳肴祭祀”，将“窀穸”直接翻译成eifu musen，即坟墓，为满文的常用词。此外，有时出于修辞的考虑，汉文行文会稍有隐晦。如墓碑提到“擢授旄节，往莅滇黔”，没有点明甘文焜被授予的官职，而满文“yūn nan gui jeo de dzungdu obume unggifi”一句译为“授为云贵总督”，比汉文原文更明确。

谕祭碑的“擢之畿甸，委以滇黔”对应满文“ging hecen i hanciki baci tukiyefi yūn nan gui jeo de sindaha”，直译为“由京城附近选拔，简任云贵”。康熙七年，甘文焜由直隶总督外任云贵总督，此句即指此事。但“yūn nan gui jeo de sindaha”的翻译略

① 国家图书馆藏：《甘文焜墓碑》拓片，编号北京6147—6148。

② 杨伯峻：《春秋左传注·襄公十三年》，北京：中华书局，1990年，第1001页。

显生硬。句中的“sindaha”（sindambi 的完成体，汉语意为简任了）通常与官职搭配，碑文中则置于表示地名的“yūn nan gui jeo”（汉语云南贵州）之后，并不符合满语的习惯。此处满文翻译似乎有故意模仿汉语之嫌。因此，笔者认为满文谕祭碑有可能直接从汉文翻译，而非汉文译自满文。

以上两碑为御赐墓碑和谕祭碑，其意义在于皇帝褒奖功臣、激励后人效法。没有必要记述甘文焜的家系、殉难过程。因此考察甘文焜本人及后世的情况，还需要其他史料的补充。

二、甘文焜生平事迹

有关甘文焜生平的文献，一种是王熙根据甘文焜之子甘国均提供的自述和墓志铭撰写的《甘公文焜神道碑》（以下简称《神道碑》），另一种是前文提到的《宗谱》，两种文献皆为私撰，写法与御制碑不同，更详细地记录甘文焜本人及其家族的信息，部分可补《八旗通志初集》《钦定八旗通志》《清史列传》之不足。

《墓碑》和《谕祭碑》都没有提到甘文焜家世。《宗谱》记载甘文焜先祖：“自丰游宦粤东，寄居于茂名，至受和公从明成祖北征辽东，以功授沈阳中卫指挥佥事，数世皆守其职，迨至我朝定鼎，曾叔祖讳应魁、应祥二公从龙出塞，乃为旗人。”① 文中的“丰”，据《神道碑》记载应为江西丰城。由此处记载可知，甘氏家族曾在南方生活，明初参加明成祖对辽东的讨伐，随后定居关外，获得世袭沈阳中卫指挥佥事之职。

甘氏家族投顺后金的时间不见于史料。《满文老档》等入关前文献皆未给出线索。据《钦定八旗通志·旗分志》，该家族于崇德七年获得一个佐领。不过八旗汉军佐领大多编设于此时，故

① 东洋文库藏：《沈阳旗汉甘氏宗谱》，道光二十六年，清写本。

不能作为甘氏入旗时间。《清史列传》亦语焉不详，仅记载“（甘文焜）父应魁，从世祖章皇帝入关，隶正蓝旗汉军”[①]。因为该家族世袭沈阳中卫指挥佥事，故笔者认为天命四年清太祖攻克沈阳时，甘氏投降成为后金国一员的可能性比较大。因史料缺载，该家族在投降后金至入关的二十余年中的作为无从考证。

清圣祖在御制碑文中盛赞甘文焜“才略夙闻，勤劳克著，擢之畿甸，委以滇黔。总领西南，伫奏辑宁之绩；抚绥将吏，庶销反侧之谋”，可见其对甘文焜的办事能力相当认可。据《宗谱》及《清史列传》等史料，此人自官学生历任兵部笔帖式、兵部他赤哈哈番、礼部启心郎、大理寺少卿，并以册封使的身份奉命前往朝鲜。[②] 康熙二年，出任顺天府府尹。因在任有政声，遂于康熙六年升直隶巡抚，次年任云南贵州总督。值得一提的是，甘文焜担任云贵总督时还不到四十岁，没有显赫的家族背景和卓异的军功，凭借自己在文官任上处理政务的成绩获得清圣祖垂青，因此出任边疆地区的总督。甘文焜到任云贵后，兴利除弊，“至则严饬官方，绥怀荒远，革宿弊之不便于民者”[③]。康熙初期的云贵地区，有很多民族村寨尚未归顺，因此西南地区存在不少动荡因素。甘文焜履任后积极招抚、安置，取得了一定成果。如康熙八年，招抚赧牛等四十九寨苗民。[④] 次年，又招抚定番州所属岗渡等一百四十五寨苗民。[⑤] 同时，他对拒绝归顺的村寨采取强硬手段。康熙十一年，以“臻剖、凯里二司所属苗蛮，狡悍非常，素称难治”，发兵逮捕首领阿福。又在地五等寨及白崖地方

① 《清史列传》卷6《甘文焜》，北京：中华书局，1987年，第378页。

② 东洋文库藏：《沈阳旗汉甘氏宗谱》，道光二十六年，清写本。

③ 王熙：《甘公文焜神道碑》，钱仪吉：《清碑传全集》卷118，上海：上海书店，1988年，第1441页。

④ 《清圣祖实录》卷31，康熙八年十二月庚申，北京：中华书局，1987年，第426页。

⑤ 《清圣祖实录》卷32，康熙九年二月己巳，北京：中华书局，1987年，第431页。

“擒斩一千三百余人、其余悉就安插”①。

甘文焜作为云贵总督，治所在贵阳。时平西王吴三桂驻扎云南，已形成强大的势力。吴三桂“恶其不附己”②，于康熙八年，“欲藉边衅以固兵权，诡报土番康东入寇，又阴趣凯里诸苗煽乱，羽檄交驰，以睹文焜措置”。甘文焜认为康东不足为患，凯里近在肘腋，因此督兵进攻，并要求吴三桂出兵康东。吴三桂以康东远遁为词搪塞。③

康熙十一年，吴三桂突然起兵反清，揭开“三藩之乱”的序幕。甘文焜在变乱之初即遇难。《墓碑》记：“属逆臣悖德，败乱天常，狂逞狡谋，变生仓猝。尔以势穷援绝，众畔军孤，遂出贵阳，捐躯镇远。”此处仅以寥寥三十余字简单介绍甘文焜殉难经过。《神道碑》对此事原委记载简明扼要，与《清圣祖实录》《清史列传》等记载无出入。兹录于下：“比公营葬北归，(吴三桂——笔者注）乃尽调督标五营兵赴滇，私恩约结。及公复返，未两月而三桂作乱。一时变起仓促，公闻报即急递上闻，有城存臣存，城亡臣亡之语。闻者皆为陨涕。时方出家财享军，欲西向普安，以塞由滇入黔之路，而提督李本深已助逆，据贵阳。公念镇远为贵竹咽喉，守此则外调楚师，可以刻期扫荡。乃即省署缢其妾盛氏，率子国城及二笔帖式轻骑赴之。至则守将江义闭门从贼，官兵不得入矣。公知势不可为，乃下马北面拜曰：臣死封疆，此犹黔地。于是命国城先缢，随抽佩刀自刭于镇远府吉祥寺前。”④

甘文焜作为云贵总督，掌握兵权，对吴三桂而言无疑是一个威胁。但他是否在吴三桂起事前对其有所戒备？《谕祭碑》有

① 《清圣祖实录》卷39，康熙十一年五月戊午，北京：中华书局，1987年，第518页。

② 《清史列传》卷80《吴三桂》，第6637页。

③ 《清史列传》卷6《甘文焜》，第379页。

④ 王熙：《甘公文焜神道碑》，钱仪吉：《清碑传全集》卷118，第1441页。

"庶销反侧之谋"（满文 ubašara fudarara hebe be akū obukini serede）的表述。曾任甘文焜之子甘国壁幕僚的倪蜕在《又附甘忠果公传后序》提到："当吴逆潜谋不轨之时，诸方镇大臣皆燕雀煦煦。及公至烛其奸反，所以收人心而备窃发者，靡不至。而吴逆亦严惮之，卒不能趋动。"[①] 据此则甘文焜早已洞悉吴三桂叛意，并有所防备。然而从三藩之乱初期的情况来看，以上说法颇有可疑之处。首先，吴三桂借甘文焜回京治母丧的机会，将总督麾下军队调往云南。以致危难之时，甘文焜无兵可用。此事《钦定八旗通志》也有记载："先是，文焜回京治丧，三桂请以总督印付云南巡抚署理，因假训练为名，尽调督标弁兵赴滇厚结之。"[②] 从后来形势的发展来看，甘文焜暂时离任，确实令吴三桂有机可乘，为随之而来的举兵埋下祸根。其次，变乱初期，提督李本深、贵州巡抚曹申吉纷纷投降，甘文焜令妾盛氏等自尽，[③] 自己率甘国城轻骑逃往镇远。据川湖总督蔡毓荣奏报，随行者仅十余骑，可见当时困窘已极。镇远守将江义已经归顺吴三桂，甘文焜见事不可为遂自刎。如果甘文焜事前确有所戒备，绝不至于狼狈如此。故《谕祭碑》和《又附甘忠果公传后序》对甘文焜事先防范吴三桂的说法有误。

当然，甘文焜也确实有功之处。首先，一闻有变他立即奏报，并通知川湖总督蔡毓荣，使朝廷及周边地区督抚得以及时调遣军队。康熙十二年十二月，差往贵州备办吴三桂夫船刍糗事务的兵部郎中党务礼、户部员外郎萨穆哈驰驿到京，奏称："云南贵州总督甘文焜向臣等言，吴三桂于十一月二十一日杀云南巡抚

---

① 倪蜕：《又附甘忠果公传后序》，钱仪吉：《碑传集》卷118，第1442页。

② 《清史列传》卷6《甘文焜》，第379页。

③ 《清史列传》记载甘文焜"令妾盛氏率妇女等七人自经死"，《神道碑》记为"乃即省署缢其妾盛氏"，两处对甘文焜下令女眷自尽还是亲手将其杀死的记载略有差异，因没有更详细的记载，故无从考证。

朱国治，以所部兵反。前差往搬移吴三桂家口侍郎折尔肯等被留。"[①] 此应为清圣祖第一次听到吴三桂叛乱的消息。蔡毓荣也于获悉警报后调兵进剿。[②] 甘文焜的及时奏报，为朝廷展开军事行动赢得了一定时间。

其次，吴三桂举兵之初，贵州巡抚曹吉甲、提督张国柱、李本深、布政使崔之瑛及多名总兵先后投降，云南巡抚朱国治、按察使李兴元被杀。此时，甘文焜手下无兵，走投无路，父子自尽。一如清圣祖所言"忠不避难，永为臣子之型。果以矢心，尚壮河山之气"，对于清代统治者而言，甘文焜壮烈殉国，已尽臣忠。

康熙二十年，为了表彰甘文焜的臣节，清圣祖发布上谕："殉难云南贵州总督甘文焜榇回京师，遣大臣一员、侍卫十员，往奠茶酒。加赠兵部尚书，予祭葬，谥忠果。荫一子入监读书"，[③] 并加赠兵部尚书，进阶荣禄大夫，赐谥忠果，令葬西直门外。并赐谕祭碑、御制墓碑，敕建专祠于云贵两省，御书劲节匾额，春秋与祭。雍正七年奉旨入祀昭忠祠。

三、甘文焜后人

两通御制碑都没有提到甘文焜子孙情况。仅《墓碑》有"荫子如例"一句，由此可知甘文焜殉国后，清圣祖特令其一子入仕。据《宗谱》，甘文焜有七子，分别为国均、国培、国基、国璧、国城、国奎、国坦。获得恩荫的是第四子甘国璧。根据《宗谱》等文献的记载，除了与父殉国的甘国城外，皆有官职。

长子国均，荫生，历任多罗信郡王护卫，直隶正定府粮储、

① 《清圣祖实录》卷44，康熙十二年十二月丙辰，第585页。

② 《清圣祖实录》卷44，康熙十二年十二月丁巳，第585页。

③ 《清圣祖实录》卷95，康熙二十年四月丙申，第1203页。

福建泉州府分防各同知、刑部山东司员外郎。

次子甘国培，出任湖南辰州府同知，京营守备，升授游击，湖广提标参将，功加左都督，本旗参领，江西南昌镇总兵，江南京口副都统署京口将军。

三子甘国基，甘肃巩昌府、广西南宁府各同知，山西太原府、福建巡海道、河南按察使、布政使，护理巡抚。有政声，能兴利除弊，克己奉公。被列入《钦定八旗通志》的《循吏志》。①

四子甘国城，补国学生。甘文焜赴任云贵时，同父前往任所。吴三桂变起，甘文焜自刎，国城“哭泣具棺殓讫，即自经于父柩之旁”。后贵州巡抚阎兴邦奏准建祠祭祀甘文焜，云南官绅以国城从祀。②

五子甘国奎，太学生，历任浙江温州府、严州府各同知，升湖北襄阳府知府，山西河东道、浙江按察使。③ 雍正三年缘事革职。④

六子甘国璧，以父荫入仕，成为甘文焜诸子中官职最高者。此人初任河南陕州知州，累迁苏州府同知、宁波府知府，随后升任江苏按察使、山东布政使，康熙五十四年任云南巡抚，但在为噶尔璧大军进藏筹粮时办理不周被革职。雍正二年任镶白旗汉军副都统、正黄旗汉军都统，又被揭发曾经蒙混奏免西安粮道祖允焜应追军需，清世宗非常不满，痛斥其种种不堪：“甘国璧以挽运军需贻误革职，已成废弃之员。前岁朕因办理旗务，一时不得其人，念伊尚无贪赃劣迹，将伊用为副都统，旋授都统之职。实冀其殚心供职，以图后效。乃伊狡猾性成，诸事瞻徇沽誉，毫无抒诚报效之处，深负朕恩。著革职，在都统任内效力赎罪。”⑤

① 《钦定八旗通志》卷239《甘国基》，第4399页。

② 《钦定八旗通志》卷240《甘国城》，第4406页。

③ 东洋文库藏：《沈阳旗汉甘氏宗谱》，道光二十六年，清写本。

④ 《清世宗实录》卷38，雍正三年十一月丁酉，第558页。

⑤ 《钦定八旗通志》卷207《人物志八十七》，第3699页。

此后甘国璧负责八旗井田。乾隆三年授绥远城右翼副都统。乾隆五年四月，因绥远城将军伊勒慎弹劾原任将军王常贪墨，甘国璧受此案牵连遭革职处分。

七子甘国坦，贡生，随征效力，军功议叙，以笔帖式即用。[①]

根据《宗谱》推算，甘文焜遇难时，长子甘国均20岁，幼子甘国坦1岁未成年。成年后，他们皆获得职位，笔者认为六子甘国璧得到恩荫，但其他几个儿子入仕也应在一定程度上得益于甘文焜的殉国。

不过，从孙辈开始，甘文焜子孙获得的官职迅速降低。其6子中，有4人出任地方高官。但是《宗谱》显示，甘文焜孙辈19人中，同知3人，知府2人，知县、兵备道、通判、吏目各1人，与上一代相比差距很大。曾孙辈38人，有官职者仅6人。玄孙辈19人，仅有王府八品固山大和捐职官各1人。下一辈则无人入仕。从《宗谱》、实录等文献中也看不到他们的事功。显然，甘文焜子孙没能利用较高的职位通过自身努力维持家族地位，导致家族的地位不断下降。

甘文焜子孙地位的降低从《宗谱》记载的婚配情况也可看出。宗谱记载甘文焜一房自第六世至第十二世共有男性成员246名，其中有婚姻信息者98名。其中娶入145人，嫁出51人。此外，甘氏家族的通婚对象以官员为主，但官阶逐步降低。甘氏多次与八旗高官家庭通婚。例如，甘国培娶户部尚书一等公英额尔岱孙女、正红旗蒙古都统喀尔汉长女，甘国基娶理藩院尚书阿公穆呼朗女；孙甘士调娶镶黄旗蒙古一等子奇舞温咕喽长女，甘士琇娶一等公鄂伦岱长女，甘士璨娶兵部侍郎汲尔他浑女；曾孙甘运通娶浙江提督王无党孙女以及镶黄旗提督鄂善孙女。此外，甘氏的通婚对象还包括汉军世家名臣。例如，甘国奎娶奉天府府尹耿效忠长女，甘士瑞娶镶红旗汉军松茂道孟以恂长女，甘士珍娶正红旗汉军耿

① 东洋文库藏：《沈阳旗汉甘氏宗谱》，道光二十六年，清写本。

纮祚女，甘恪栋娶正蓝旗汉军佟国启女。其他通婚对象以中低级地方官、八旗基层官员为主。不过以上记录都出现在甘氏在八旗内担任官职较高的时期，而此后通婚对象的官职明显降低，甚至第十世开始出现大量平民，这也从一个侧面说明甘文焜殉国虽然给子孙带来荣誉，但子孙能力有限，未能克绍箕裘。

值得一提的是，甘文焜家族曾经拥有一个世管佐领和两个世袭爵位，亦不见于《墓碑》《谕祭碑》和《神道碑》的记载。该家族的佐领为正蓝旗汉军第四参领第三佐领，编设于崇德七年，但因与佟氏争夺佐领所有权被改为公中：“第四参领第三佐领，系崇德七年编设，初以甘应举管理。甘应举随征阵亡，以其兄之子甘四管理。甘四故，以其子甘国柱管理。甘国柱故，以其弟甘国标管理。甘国标年老辞退，以其子举人甘士琏管理。甘士琏故，以旗员周缉武管理。谨案：此本系佟姓勋旧，甘姓世管之缺。乾隆二十七年，以因两姓争控，作为公中佐领。”①

《钦定八旗通志》记载的第二任牛录章京“甘四”，《宗谱》写作“甘体镇”。因《八旗通志初集》也写作“甘四”②，故笔者认为此人最初担任牛录章京时的确名叫甘四，甘体镇为后改。此外，《钦定八旗通志》没有说明甘体镇之父为何人，仅记为甘应举之兄，据宗谱可知为甘应期。以下为承袭简表：③

<table>
<tr><td colspan="2">甘崇教</td><td>甘崇照</td><td>甘崇贤</td></tr>
<tr><td colspan="2">甘应期</td><td>甘应举（1）</td><td>甘应魁</td></tr>
<tr><td colspan="2">甘体镇（甘四）（2）</td><td></td><td>甘文焜</td></tr>
<tr><td>甘国柱（3）</td><td>甘国标（4）</td><td></td><td></td></tr>
<tr><td></td><td>甘士琏（5）</td><td></td><td></td></tr>
</table>

① 《钦定八旗通志》卷28《旗分志二十八》，第481页。

② 《八旗通志初集》卷16《旗分志十六》，长春：东北师范大学出版社，1985年，第285页。

③ 本表横向表示平辈，纵向表示前后辈，数字表示承袭顺序。

由表可知，截至甘士琏一任，牛录章京之职一直由甘崇照之子承袭。其中甘应举绝嗣，改由甘应期子孙继承。因乾隆二十七年之后佐领不再属于甘氏，所以宗谱也没记载。该佐领由甘氏家族承袭五次，但始终与甘文焜一房无关。

甘氏还拥有骑都尉、恩骑尉两个世爵。骑都尉属于甘文焜叔父甘应举："以人材布衣授本旗佐领，破流贼，平定河南、江南，以红衣炮克四城，授云骑尉，准袭一次。顺治七年，太祖高皇帝配祀上帝，升授骑都尉，准袭二次。顺治九年攻大同阵亡，加一云骑尉，准袭三次。"① 甘应举绝嗣，此后爵位由其弟甘应士一房承袭。情况见下表：

甘崇照	
甘应举（1）	甘应士
	甘体裕（2）
	甘国棠（3）
	甘士钰（4）

截至甘士钰一代，爵位已经承袭满三次，袭次已完，遂被取消。此处记载与《钦定八旗通志》一致。②

甘氏的另一个爵位为甘文焜一房的恩骑尉。乾隆五十七年，清高宗在阅读实录时发现其祖父对甘文焜等殉难大臣的赏赐不足以恤忠，因此特授予其子孙恩骑尉世爵："朕恭阅圣祖仁皇帝实录，内载前任福建总督范承谟、云贵总督甘文焜遇吴三桂、耿精忠二逆之变，抗节不屈，殉难捐躯。忠荩深堪嘉悯。因命查该二臣殉节后所得恤典，范承谟、甘文焜俱赠尚书，并荫一子入监……所有范承谟、甘文焜子孙，亦著照此例，各赏给恩骑尉世

① 东洋文库藏：《沈阳旗汉甘氏宗谱》，道光二十六年，清写本。

② 《钦定八旗通志》卷308《世职表三十一》，第6634页。

袭罔替。其有现任职官者，即准其兼袭。”① 因康熙十二年，甘国城殉难绝嗣。故甘文焜诸子尚余六房。截至乾隆五十七年追授爵位时，其他各房皆有男性继承人。但因甘恪栋一房为长房，故获得爵位。截至宗谱成书的道光二十六年，该恩骑尉承袭两次，情况如下表：

一世	甘文焜
二世	甘国均
三世	甘士调
四世	甘运复
五世	甘恪栋（1）
六世	甘守仁（2）

恩骑尉属于世袭罔替，不须降等承袭，年俸为银 45 两，禄米 45 斛。因为爵位与官职没有必然关系，相比属于职官的世袭佐领，爵位并不一定能给拥有者带来入仕方面的机会，且甘氏获取的恩骑尉是清代爵位中最低的一种，所以象征意义大于实际意义，无助于甘氏家族的振兴。

综合甘文焜的《谕祭碑》《墓碑》等史料，我们可以比较清楚地梳理出该家族从明末到清中后期的变化过程。甘文焜的祖先跟随明成祖征战，定居辽东，拥有世袭武职。清太祖起兵后，甘氏投顺，成为后金国的成员。入关后，甘文焜从低级官职开始，通过自己的能力逐步获得了总督职位。他在云贵总督任上表现优异，促进西南地区的安定。康熙十二年，吴三桂发动叛乱，甘文焜自尽。此后，清圣祖赏赐其两通御制碑作为褒奖，并恩荫其子。乾隆朝，甘氏后人又获得一个恩骑尉世爵，使该家族成为八旗世家。但是甘文焜子孙没有显著的事功，故地位和影响逐渐降低。

① 《清高宗实录》卷 1413，乾隆五十七年九月乙丑，第 1012 页。

"改土归流"与清代广西土司地区行政隶属关系变动*

中央民族大学历史文化学院　崔继来

摘　要："改土归流"过程中，土司地区行政区划的调整是一项重要的工作，是保证国家权力有效施行，保证国家对其疆域进行有效管理的重要举措。清朝政府在广西地区进行"改土归流"时，采取降低土司政区级别、扩大流府辖区、调整道的监察区域、在改流地区置厅、划定省界等措施，将土司完全置于流官管理之下，借此使国家权力进一步深入土司地区，进一步增强国家对土司地区和改流地方的控制。

关键词：清代；广西；改土归流；土司地区；行政隶属关系

"改土归流"过程中，调整土司地区的行政区划是一项重要的工作。这一问题的研究，学界有以下主要成果：蓝武《从设土到改流——元明时期广西土司制度研究》① 第五章第二节第七部分论述明朝广西土司辖属关系的调整，认为"从总体上看，明代广西土司统治地区在土司辖属关系上，已全然构筑起一个流官直辖土官的新格局，表明明代封建统治势力已进一步深入到桂西少数民族地区，中央王朝对土司地区的管理与控制明显得到进一步

---

* 本研究受中央民族大学一流大学一流学科经费资助。

① 蓝武：《从设土到改流——元明时期广西土司制度研究》，桂林：广西师范大学出版社，2011 年。

强化"。郭红、靳润成《中国行政区划通史·明代卷》第十四章《广西布政司》[1] 和傅林祥、林涓等《中国行政区划通史·清代卷》第二十一章《广西省》[2] 稽考了明清时期广西政区及变迁过程的全貌。裘晓刚《清代广西政区变迁研究》[3] 与本文研究最为相关，论文第三章《清代土司政区的演变》分前、中、后三个时期，从广西土司的数量、分布的地域以及土司政区变动的原因三个方面介绍了清代广西土司政区的演变。郑维宽《历代王朝治理广西边疆的策略研究——基于地缘政治的考察》[4] 一书考察了历代王朝治理广西边疆的策略，但在大的研究框架涉及土司地区行政区划调整，不少问题如对西隆州为直隶州与降州属泗城府原因的分析，则显单薄。

总体而言，广西土司地区行政隶属关系的研究已涉及元、明、清等时期，理清了明、清时期广西土司的沿革和隶属。蓝武、裘晓刚和郑维宽的研究关注到行政区划调整背后的深意——行政区划调整是中央政府加强对土司地区控制的重要举措，《中国行政区划通史》对此关注则显不足。笔者在前人研究基础上，着重讨论清朝政府调整广西土司地区行政区划的措施——行政区划调整的几种类型，包括降低土司政区级别、扩大流府辖区、调整道的监察区域、在改流地区置厅、划定省界等，这正是前人研究的不足之处。

明朝中央政府已经着手处理广西土司地区的行政隶属问题。明朝地方行政区划，"分天下为十三布政司统府，府统州，州统

---

① 郭红、靳润成：《中国行政区划通史·明代卷》，上海：复旦大学出版社，2007年。

② 傅林祥、林涓等：《中国行政区划通史·清代卷》，上海：复旦大学出版社，2013年。

③ 裘晓刚：《清代广西政区变迁研究》，广西民族大学硕士学位论文，2013年。

④ 郑维宽：《历代王朝治理广西边疆的策略研究——基于地缘政治的考察》，北京：社会科学文献出版社，2014年。

县。有州不属府而属布政司者，亦有县不属州而属府者，因道路远近，相时制宜故也”[①]。明朝政府打破府辖州、州辖县的成例，将不少土司不论其行政级别，均以广西布政使司直辖。直辖土州有十二个，明朝或改或降者三：利州，明初隶布政司，嘉靖二年（1523）归并泗城州；[②] 思恩军民府原为州，永乐二年（1404）直隶布政司，正统六年（1441）升军民府；[③] 奉议州，洪武二年（1369）直隶广西行省，洪武二十八年废州改卫，后复置，直隶布政司，嘉靖六年（1527）改属思恩府。[④] 清初因明旧者九：田州（洪武八年，1375）、泗城州（洪武九年，1376）、龙州（洪武九年，1376）、江州（洪武二十年，1387）、思陵州（洪武二十一年，1388）、都康州（建文元年，1399）、向武州（建文二年，1400）、凭祥州（成化十八年，1482）、归顺州（嘉靖初）。[⑤] 此外，安隆长官司先属泗城州，后归布政司直辖[⑥]，上林长官司亦直辖于布政司。[⑦] 明廷如此措置是出于两方面考虑，一是为控

① 康熙《广西通志》卷3《沿革志》。该志卷数问题存疑。该志系康熙二十二年刻本，修志者广西学政王如辰在序文中谓之，“于是集诸搢绅教员，搜括前乘，增以近闻，焚膏继晷，两月间成书三十二卷”。文中所引该志系日本京都大学图书馆藏近卫本，32卷。朱士嘉的《中国地方志综录》、中国科学院北京天文台主编的《中国地方志联合目录》、广西通志馆等主编的《广西地方史志文献联合目录》皆谓该志四十卷，国家图书馆藏康熙《广西通志》（胶卷）确为四十卷。

② （清）张廷玉：《明史》卷319《广西土司三》，北京：中华书局，1974年，第8262页。

③ （清）张廷玉：《明史》卷45《地理六》，第1160页。

④ （清）张廷玉：《明史》卷45《地理六》，第1161页。

⑤ （清）张廷玉：《明史》卷45《地理六》，第1164—1166页。括号里是土属地方直隶广西布政司的时间。改为直隶的原因，按杨芳《殿粤要纂》（范宏贵点校，南宁：广西人民出版社，1993年）的记载，是因军功而升改，如凭祥州，“后以讨服安南与有攻伐，乃由县升州”（第467页）；归顺州，“后以战功升州，得直隶”（第515页）。

⑥ （清）张廷玉：《明史》卷45《地理六》，第1167页。

⑦ （明）王圻：《续文献通考》卷229《舆地考》，续修四库全书第766册，上海：上海古籍出版社，2002年，第480页。

扼边关，防御安南，以龙州为例，洪武九年（1376），以左江太平府龙州隶广西布政司，“时龙州土官赵帖坚言，本州地邻交趾，所守关隘二十七处，设有警急，须申报太平达于总司，比报下，已涉旬月，恐误事机，乞以奉议、泗城二州，隶广西为便。诏从之”①。龙州土州接壤安南，直辖于布政司，便于上传下达，不致延误军机。二是尽量避免土官辖土官，甚至土官辖流官的现象，使之不相统属，相互制衡，进一步强化中央政府对土司的管理和控制。但以布政司直辖土州的行政层级结构是不成熟的，入清后便加以改革。

地处土司之中的流官辖区，明朝政府以扩大辖区的手段加强其实力，以便控驭土司。正德二年（1507）将荔波、思恩二县划归弘治间改流的河池州便是一例。其原因：“河池初由县改州，孤处东兰、那地、南丹三州间，土地人民多被侵掠，而二县与河池接壤，改隶以为羽翼，则可互为应援。”② 明朝为控驭土司，还添设新州县，如隆庆六年（1572）置新宁州“西南接忠州界，思明、陀陵、罗阳枕西北隅，三面皆土辖，惟东南连宣化，田园庐舍犬牙杂比焉”，又有忠州、江州二土州争夺四都之地，明廷置新宁州后，“湮没界壤，以次恢复，如那投等十五村、便杨等村，原三里地也，则取诸忠州；渠吞等十六村，原四都地也，则取诸江州。总之，编户得九百有奇，即不当横槎诸旧郡什之一，而在西粤所辖较之区区焉。守溪峝，长猺獞，令人畏瘴虞险，逡巡却步，不敢深入之乡，视此已大不相侔矣。治者诚念里户之多虚而加意调停，思都村之新集，而劳心抚字，勿薄边壤而怠，勿

① 《明太祖实录》卷106，洪武九年六月壬子，台北：台湾中央研究院历史语言研究所校勘影印本，1962年，第1777页。又见张廷玉《明史》卷319《广西土司三》，第8263页。《明史》记龙州直隶广西布政司的时间是洪武八年，同书卷45《地理志》及《大明一统志》卷85则作洪武九年。郭红、靳润成和裘晓刚并未注意到该问题。

② 《明武宗实录》卷10，正德元年二月庚申，第308页。

欺惷愚而罔，特殷然生聚怀来，日陪月积，又终不与诸旧邑相轩轾也”[①]。既收回了被土忠州、土江州侵占的土地，削弱了土司的势力，又可以新州制衡土司。张岳在广西按察使任上时，疏议割两江之地归南宁府，使该府“自为牧镇，此所谓臂指之义也。则两江谿洞，可以驯服。两江既治，虽以南略交趾可也”[②]。此一措置，可收挟制土司、控驭交趾双重之效。

清朝政府在明朝“改土归流”的基础上对广西土司进行大规模“改土归流”，调整土司地区行政隶属关系成为一项更为重要、系统的工作，一个总的原则，不能以土司辖管流官流地。具体实施中，主要有以下六种情况：

其一，降低土司政区的级别。将明代遗留下来的直隶广西布政司的土司或降级或改流，辖于流官府州。顺治时，将江州、思陵州、龙州、凭祥州降州，属太平府。[③] 康熙三年（1664），将田州降州，属思恩府。[④] 雍正七年（1729），再将都康州、向武州、归顺州降州，属康熙二年改流的镇安府。[⑤] 除此，泗城土知州岑继禄从征云南有功，顺治十五年（1658）升府，后因土知

① 光绪《新宁州志》卷5《艺文志》，成文出版社影印光绪四年刊本，1975年，第463、第466—468页。

② （明）张岳著，林海权、徐启庭点校：《小山类稿》卷11《序一》，福州：福建人民出版社，2000年，第206页。

③ 赵尔巽：《清史稿》卷73《地理二十》，北京：中华书局，1977年，第2315、第2317页。除此，康熙《广西通志》卷3《沿革志》、雍正《太平府志》卷4《沿革》、乾隆《太平府志稿》卷2《沿革》记四土州明朝已属太平府，但三部方志都未记载改隶的具体时间。万历《广西通志》刊于万历二十七年，该志卷3《沿革》、卷32《外夷》太平府所辖都没有这四个土州，所以，四土州改归太平府所辖，时间应在万历二十七年以后。此一问题存疑。

④ 光绪《百色直隶厅志》卷2《舆地·沿革》，成文出版社影印光绪十七年刻本，1967年，第24页。

⑤ 雍正《广西通志》卷8《沿革》，景印文渊阁四库全书第565册，台北：台湾商务印书馆，1986年，第220页。

府岑映宸不法，经鄂尔泰疏请，雍正五年（1727）改流。① 安隆长官司、上林长官司也于康熙五年（1666）改流设西隆州、西林县，辖于流官。至此，明代遗留下来的直隶布政司的11个土司皆辖于流官府州。降低土司政区级别的过程，清朝政府灵活而为，新改流地区采取"行政飞地"的形式，由流官管领，而不辖于就近土司。西隆州、奉议州、归顺直隶州和西林县便是如此。四地行政隶属关系的变动：西隆州，明为安隆长官司，康熙五年（1666）改流置西隆州，属思恩府，雍正十二年（1734）升直隶州，领西林县，乾隆七年（1742）复为州，属泗城府。② 西林县，明为上林长官司，万历时省入泗城州，康熙五年改流置西林县，隶思恩府，雍正十二年改属直隶西隆州，乾隆七年改属泗城府。③ 归顺直隶州，明为归顺土州，直隶广西布政司，顺治初仍为土州隶思恩府。雍正七年（1729）改流隶镇安府。乾隆十二年（1747），湖润寨土巡检司来属。光绪十年（1884）升直隶州，隶太平思顺道。④ 奉议州，洪武二十八年改奉议卫，不久复为州，直隶布政司。嘉靖中改属思恩府，顺治初为土州，仍属

---

① 赵尔巽：《清史稿》卷516《土司五》，第14297页。

② 赵尔巽：《清史稿》卷73《地理二十》，第2306页。西隆州升为直隶州的时间史载不一，《清史稿》是一种说法。又有雍正四年升直隶州说，据民国《田西县志》第一编《地理·沿革》，"康熙五年改为西隆州，雍正四年升为直隶州，辖西林县，八年，泗城府改土归流，以西隆州属焉"。又有雍正五年升直隶州之说，据《西隆州志·建置》记载，"康熙五年抚平之，改置西隆，设汉官，隶思恩府辖，雍正五年，奉文改为直隶州，辖西林县，雍正八年改，去直隶，归泗城府辖"。据《清世宗实录》卷60，雍正五年八月乙未条，"户部议覆署广西巡抚甘汝来疏言，思恩府属之西隆州、西林县僻处西北，距府千里之外……请改西隆为直隶州，西林县距州百四十里，可以就近分归管辖，应如所请。从之"。又据鄂尔泰《直隶西隆州改属泗城疏》（雍正《广西通志》卷113，第566册，第390—391页），雍正七年鄂尔泰上此疏，建议将雍正五年所升西隆直隶州降州属思恩府。州志、实录、章奏皆记西隆州于雍正五年升直隶州，当以为准。而且，所引《清史稿》四处记载仍有与其他史料记载相左者，但所记不影响论文主旨的探讨，故将此问题列入注释，以待方家。

③ 赵尔巽：《清史稿》卷73《地理二十》，第2306页。

④ 赵尔巽：《清史稿》卷73《地理二十》，第2319页。

思恩府，雍正十年改掌印州判属镇安府。①

西隆州、西林县在改流之初皆以思恩府遥领而不归就近的泗城土府辖管，归顺直隶州、奉议州为土州时便已遥领于思恩府。关键问题是，明弘治七年（1494）时思恩府已改流府，而泗城府雍正五年（1727）方改流府，镇安土府原属思恩府，康熙二年（1663）设流官通判，属思恩府。为解决四地管领问题，有两种方案：为解决西隆州和西林县辖属问题，将西隆州升为直隶州，直隶于布政司，西林县划归其管辖，泗城府改流之后划归泗城府辖，其中原因，正是鄂尔泰所言，“盖缘彼时泗城尚属土府，故议升为直隶州，兹泗城土府既经改流，并无属邑，似应请将西隆、西林二州县改归泗城府统辖”②，一来可解决西隆、西林二地管领问题，二来可增强新改流之泗城府的势力，与明正德元年划荔波、思恩归河池州有相同之考量。为解决归顺直隶州、奉议州的辖属问题，鄂尔泰疏请将镇安升为流府，从思恩府中划出，将距思恩府甚远而距镇安府较近的归顺土州、上映土州、都康土州、向武土州以及小镇安等划归镇安府辖。原设镇安知事一员照旧存留，巡防本府事务。③

行政飞地并不利于其上级知府管理州县事务，但这是特殊形势之下的特殊对策，政治、社会安定是其主要目的，广西巡抚李绂所言“郡县建置，历朝沿革不同，皆因时制宜，求务有裨于政治”④ 正是如此。

其二，扩大流府辖区。思恩府辖区的扩大最具代表性。该府

---

① 赵尔巽：《清史稿》卷73《地理二十》，第2319页。

② （清）鄂尔泰：《直隶西隆州改属泗城疏》，见雍正《广西通志》卷103《艺文》，景印文渊阁四库全书第568册，第390页。

③ （清）鄂尔泰：《镇安升流府疏》，见雍正《广西通志》卷103《艺文》，第388—389页。

④ 民国《上林县志》卷13《艺文》，成文出版社影印民国二十三年铅印本，1968年，第797页。

辖土司较多，扩大辖区可增强其实力，以便制衡土司。明朝政府将思恩府改流后，为顺土情，嘉靖七年（1528）设兴隆、白山、定罗、古零、旧城、那马、下旺、都阳土巡检司，同年，上林土县来属。① 如此，造成该府东、西、北三面为土司环绕，无直辖政区，无公廨，知县等官只能“借居民居，或寄其家眷于宾州诸处，而迁徙无常，如流寓者然”② 的尴尬局面。明朝官员已言其弊端，提出要增设县治，扩大辖区。正德六年（1511）七月，置凤化县为府首邑，嘉靖八年（1529）十一月废。③ 嘉靖时，议将武缘县止戈二里、上林县拨属思恩府，止戈二里割归之事无异议。④ 上林县拨属之事，王守仁认为可行，如此“则思恩始可成一府之规模，而其间有无相须，缓急相援，气势相倚，流官之体统益尊，则土俗之归向益谨，郡县之政化日新，则夷民之感发日易，固有不可尽言之益也”⑤，陈逅在代巡抚两广都御史林富所上奏疏中提出不同意见，认为拨属会导致“不惟宾州失其屏障，而两江声援阻绝，易致生变”⑥，其议也未得行。上林县后于万历七年（1579）改属南丹卫。⑦ 万历五年（1577）十

① （清）张廷玉：《明史》卷318《广西土司二》，第8242页；卷45《地理六》，第1161页。

② （明）王守仁撰，吴广、钱明等编校：《王阳明全集》卷15《别录七·奏疏七》，上海：上海古籍出版社，2011年，第571页。

③ （清）张廷玉：《明史》卷45《地理六》，第1160页。凤化县设置时间史载不一，《明武宗实录》《国榷》与《明史》同，皆为正德六年七月，但《明武宗实录》系此事于正德七月癸酉日（《明武宗实录》卷77，正德六年七月癸酉条，第1699页），《国榷》系此事于七月壬申日（《国榷》卷48)。顾祖禹《读史方舆纪要》卷111《广西六》、《粤西文载》卷11《郡县志》、《明史》卷318《广西土司二》谓正德七年增置。

④ （清）张廷玉：《明史》卷318《广西土司二》，第8242页。

⑤ （明）王守仁撰，吴广、钱明等编校：《王阳明全集》卷15《别录七·奏疏七》，第573页。

⑥ （明）陈逅：《题为处置地方以图永安事》，见氏著《省庵漫稿》卷2，北京图书馆古籍珍本丛刊第109册，北京：书目文献出版社，1989年，第813页。

⑦ （清）张廷玉：《明史》卷45《地理六》，第1160页。

月，又议将南宁府武缘县拨属思恩府，“广西思恩府自弘治中岑濬叛乱，后改土为流。嘉靖初，土酋王受作乱，新建伯王守仁抚平之，始迁府治于荒田，割南宁府武缘县止戈一二图为编户，裂思恩旧治为九土巡简司而统于府。至是，两广总督凌云翼以九土司种类日悍，汉官府治编民甚少，缓急难恃。议改武缘一县全属思恩，以资弹压”①，思恩府始辖流县。

雍正十二年（1734），广西巡抚金鉷请将宾州直隶州降州来属，“以重要郡规模，以专汉土责成”，具体来看，“上林由古零土司至思恩府仅一百八十里，迁江县由上林县至思恩府亦止二百八十里，此皆大路程站，尚有小路更近便。请改去直隶州，将宾州上林、迁江二县隶思恩府管辖，则思恩一府共有一州三县，环绕郡治之东南北三面，与西北一带各土司形势相称，气脉联络，郡治居其中，有呼即应。各州县听命于知府，与受辖于直隶州者，体统固已有间，土司听命于知府，与待隔属之关移者，迟速更有不同，至于相验审转，差委盘查各案件，属员既多，可以随宜调遣，不借员于邻属，而事无迟误。即山箐藏奸之薮，因汉土事权之归一而易于缉捕，不致有窜匿据险之患”②。至此，思恩府辖一州四县：宾州、武缘县、迁江县、上林县，土流势力相睁。

其三，调整道的监察区域。清朝设有分守道、分巡道、海关道、粮道等，“国初，设布政司左右参政及参议，曰守道，按察司副使、佥事兼督学道曰巡道，以三四五品为差……乾隆癸酉（乾隆十八年，1753），省参政等兼衔，定为守巡各道，秩正四

---

① 《明神宗实录》卷68，万历五年十月乙未，第1476页。但《明史》卷318《广西土司二》却有万历九年督抚吴文华议将武缘县拨属思恩府的记载，时间虽史载不同，改属思恩府的原因则是一致的。

② 民国《上林县志》卷13《艺文志》，第799—780页。

品"①。而且，雍正时各省道员有封章奏事之权，后废止，嘉庆时又得密折封奏之权。② 可见，有清一代道员之权日重。就广西而言，分守道：广西桂平梧道由盐法道兼任，驻省城；分巡道：太平思顺道驻龙州，左江道驻南宁，右江道驻柳州。③

道在控驭土司方面的作用，康熙时广西巡抚郝浴谓之，"粤西地处极边，多有土司猺獞。虽设郡县，若控制呼应，非道员不可"④。变更道与府州的行政隶属关系，兹举以下几例。康熙三年（1664）广西巡抚金光祖疏言，"左江守巡二道所辖者，浔、南、太三府并思明土府与南宁、太平所属二十八土司，自巡道裁撤，归并守道，非一官所能兼摄"。"查桂林巡道事务甚简，应改为左江巡道，仍驻扎南宁，左江守道仍驻浔州，将桂林巡道事并桂平守道兼管。"⑤ 这样一来，又有左江巡道，以便稽查浔州、太平、南宁及其所属土司并思明土府。雍正十年（1732），广西巡抚金鉷请镇安府改隶左江道，以便就近稽查该府事务。据《吏部议覆巡抚金鉷请镇安府改隶左江疏》记载，"镇安府离所辖右江道驻扎之柳州府相距窎远，呼应实属不灵，改隶左江道管辖，则一切稽察边境、盘查仓库、督率属员等事皆可亲身查察，自无鞭长不及之虞。又南宁府属之湖润寨及下雷土州地方与南宁境壤渺不相接，而与镇安府所属地方均犬牙相错，改隶镇安府管辖，则一切稽查、督率、催饷、提犯等事呼应皆灵，于边方形势实有裨益"，吏部对此的议覆是，"查道府管辖，有盘查督率之则，自必地方

① （清）徐珂：《清稗类钞·爵秩类·守道巡道》，北京：中华书局，1984年，第1377页。

② （清）徐珂：《清稗类钞·爵秩类·各省道员准奏事》，第1378页。

③ 赵尔巽：《清史稿》卷116《职官三》，第3353—3354页。

④ （清）郝浴：《中山郝中丞全集》中山奏议卷四《题留右江道员疏》，清代诗文集汇编第83册，上海：上海古籍出版社，2010年，第240页。

⑤ 《清圣祖实录》卷12，康熙三年六月壬子，第186—187页。

附近，方于诸务无误”[①]，同意了金鉷的疏请。

光绪十二年（1886），广西巡抚李秉衡疏请增设太平归顺兵备道，驻扎龙州厅，称“该道兼辖太平一府、归顺一直隶州所有汉土厅州县、土司，管理整饬边防、监督关税以及经理一切中外交涉事宜”[②]。清末，我国边疆危机既深，李秉衡的建议，无疑可以强化边防、加强对土司的控制。

其四，在改流地区置厅。厅是清朝特有的行政区划，有直隶厅和散厅之分，“凡抚民同知直隶于布政司者为直隶厅”“凡抚民同知、通判，理事同知、通判有专管地方者为厅”[③]。清代广西直隶厅有二：百色直隶厅（光绪元年，1875）、上思直隶厅（光绪十八年，1892），散厅有八：龙州厅（雍正七年，1729）、明江厅（雍正十一年，1733）、龙胜厅（乾隆六年，1741）、那马厅（同治九年，1870）、安化厅（光绪三十一年，1905）、中渡厅（光绪三十二年，1906）、信都厅（光绪三十四年，1908）、凭祥厅（宣统二年，1910）。[④] 其中，百色直隶厅、上思直隶厅及龙州厅、明江厅、那马厅、凭祥厅都由土司改流后沿革而来。直隶厅与散厅皆辖于流官，多设于边疆民族地区不宜设置府州县之地，是过渡性质的行政区。直隶厅“直隶于各省布政司，在保留了原有的土司机构的同时，朝廷派出抚民同知为主官，掌地、治民、控土司、兼防汛”[⑤]，还有加强边防的作用。广西之厅多为清末所置，在清末边疆危机的背景下，加强边防的作用凸显出来。

---

① （清）金鉷：《吏部议覆巡抚金鉷请镇安府改隶左江疏》，见光绪《镇安府志》卷2《沿革表》，第57页。

② （清）李秉衡：《奏筹议广西边隘移添提督镇道并请拨的饷折》，见李秉衡著，戚其章辑校：《李秉衡集》上编《奏议》，北京：中华书局，2013年，第88页。

③ 光绪《大清会典》卷4《吏部·尚书侍郎职掌一》，续修四库全书第794册，上海：上海古籍出版社，2002年，第51页。

④ 赵尔巽：《清史稿》卷73《地理二十》。括号里是置厅的时间。

⑤ 陆韧：《清代直隶厅解构》，《中国历史地理论丛》2010年第3辑。

以百色直隶厅为例。雍正七年（1729），以思恩府理苗同知驻百色，置百色厅。[①] 光绪元年，土田州改流，十一月，广西巡抚刘长佑在《田州改土归流添设事宜疏》中言，“查土田州地方，内外共分十里，每里分三都，每都分四图，每图之广十里、二十里不等，多与百色厅、奉议州紧相毗连。今请改流，应于燕崗险要之地设立知县一员，作为苗疆冲要紧缺，管辖上隆、下隆、上恩、下恩、上田里及篆里之一二三都等处，拟请名县曰恩隆。其余各里附近百色者拨归百色管辖，将百色同知升为苗疆直隶厅，即以恩隆新县之附近奉议者拨归奉议管辖，即将奉议州州判升为简缺知州，以资控制”，兵防、学额、属官皆有规制。[②] 如此，百色直隶厅归左江道分巡，领恩隆县、恩阳州判、上林土县、下旺土司，[③] 收控制新改流地方和土司之效。

散厅亦起到控制土司、加强边防的作用。以龙州厅为例，“雍正三年，土州赵殿灯褫职，后裂其地，降为上、下二龙土巡检。雍正五年，下龙土巡检赵墉暴敛横征，激成民变，遂削其官，以本府（太平府）粮捕通判分驻弹压，带管下龙土司事。时□宪杨以已革土司，承袭无人，请改土归流，设立知州等因奏，奉部议，边疆地方宜于因仍为理，无事纷更。准将下龙土巡检司印缴销，仍令通判弹压带管，至今七十余年，一切俱循土例。乾隆五十七年安南内讧平定后，将用同知总理边务，资控制焉，改吏目为照磨，管监狱兼上下冻土州吏目”[④]。龙州改流后一直未设州县，乾隆五十七年平定安南后，为加强边防才置厅。龙州厅吏目兼上下冻土州吏目，又收以汉官监督土司之效。

其五，划定省界，主要是桂黔两省边界。康熙五年，安隆长

① 赵尔巽：《清史稿》卷73《地理二十》，第2304页。

② （清）刘长佑：《刘武慎公全集》卷18，上海：上海古籍出版社，2010年，第540页。

③ 赵尔巽：《清史稿》卷73《地理二十》，第2304页。

④ 嘉庆《龙州纪略》卷上《沿革》。

官司改流设西隆州。历年来，西隆州土目王尚义与贵州普安州捧鲊苗目阿九等争夺歪染、乌舍、坝犁、鲁磉等寨，边界不宁，广西巡提各官多次审理无果。雍正五年（1727）鄂尔泰提议：“原有大江（南盘江）为界，祇因犬牙相错，以致彼此纷争。今若画江而理，江以南属之粤，江以北属之黔，则界限井然，防守稽查，皆易为力，庶几两省纷争永绝，又不独完结目前案件。”① 如此，既解决了两省土司相争的遗留问题，也明确了两省边界，明晰了各自事权。

除此，还有一种情况。土司地方改流后未派任正官，留任的佐贰官品级低微且不实心任事，导致社会不安，清政府在不变更辖属的前提下灵活处置，以其地归就近流官管理，思明土州便是一例。雍正五年，署广西巡抚甘汝来疏言，“广西太平府属之思明州自土官革除，归并知府衙门管理，止留吏目一员，仍驻其地，官卑职小，又难得实心任事之人，如退□吏目马宗李，不惟不能弹压，而且贪赃坏法，生事扰民”。“知府王恭尧贪庸昏懦，不能管辖约束，地方日见罢□”，甘汝来建议，“该州地方远处极边，临近交趾，土民犷悍，积习未除，吏目一官，万难任此盘错之区。知府远在百里外，实有鞭长不及之虞，思明土府同知相距州治仅七八里。以臣管见，似应将思明一州就近归并该同知衙门管理，地方倘有仇杀抢掳等事，可以一呼即应，如扞格不过之虑，所有一切钱粮案件应行移归专管，仍听太平府知府统辖，嗣后地方大小事务，责成同知督率吏目、巡捕约束，庶事机重而责任专，边疆实有裨益。”② 这一建议切中要害，思明州可得有效管理。

明人沈德符曾感慨道：“西南土府知府，仅得统土知州、

① 俞冰、杨光辉编辑：《硃批鄂太保奏折》第一册，北京：全国图书馆文献缩微复制中心，2005 年，第 323—326 页。

② 中国第一历史档案馆主编：《雍正朝汉文朱批奏折汇编》第十册，南京：江苏古籍出版社，1989 年，第 49 页。

土知县而已。惟广西思明府之上石西州，云南丽江府之通安、巨津二州，其知府俱土，而州守则为流官，不知堂属体统亦如内地否？又如广西泗城州，其属程县为流官。正德中，土知州岑豹亡状，逼逐流官知县，而自领其事，朝廷遂不除吏，以至于今。”① 明清两朝在“改土归流”过程中不断调整土司地区的行政区划与行政隶属关系，行政职责明确起来，土官辖流官问题得以解决。据光绪《大清会典》记载，至光绪二十五年（1899），广西所遗46家土司已全部辖于流官。其中，庆远府河池州辖南丹土司，东兰州辖那地土司、东兰土司，宜山县辖忻城土司、永定土司、永顺土司，天河县辖永顺副土司，百色直隶厅辖田州土司、阳万土司、上林土司、定罗土司、都阳土司、下旺土司，武缘县辖白山土司、兴隆土司、那马土司、旧城土司、安定土司、古零土司；南宁府新宁州辖忠州土司，上思州辖迁隆峝土司，隆安县辖果化土司、归德土司；太平府龙州辖上下冻土司、上龙土司，养利州辖下石西土司、万承土司、全茗土司、龙英土司、茗盈土司，左州辖安平土司、太平土司、罗白土司，永康州辖结安土司、佶伦土司、都结土司、镇远土司、罗阳土司，宁明州辖思州土司、凭祥土司、思陵土司，崇善县辖江州土司，归顺州辖下雷土司，奉议州辖都康土司、上映土司，天保县辖向武土司。② 广西土司已完全置于流官的管理之下，国家权力借此进一步深入土司地区，中央政府对广西土司地区的管理与控制进一步加强，为“改土归流”的最终实现奠定了基础。

民国时期，新旧桂系继续在广西进行“改土归流”，将清朝遗留下的土司，或改置为流县，或省并入流县。民国十八年

---

①（明）沈德符：《万历野获编》卷30《土司·流官属土府》，北京：中华书局，1959年，第762页。

② 光绪《大清会典》卷16《户部·尚书侍郎职掌四》，续修四库全书第794册，上海：上海古籍出版社，2002年，第156页。

(1929) 八月三十日，国民政府批准广西省政府将万承土州改设万承县的呈请，设立万承县。[①] 至此，最后一个广西土司改流，广西土司地区的行政区划也更趋简省、合理。

土司制度下，各土府州县、宣慰司、安抚司等是大一统政治体制下的特殊地方行政区，各级土官掌握着辖区内的行政权力。"在中国历史上，国家的权力是由各个行政机构来承担的，各个行政机构的权力是由掌握权力的官吏来行使的，机构的撤并裁减和官吏的选拔任用换个说法则是国家权力的拆分与组合。"[②] "改土归流"的过程是国家权力和话语在土司地区推行和表达的过程。"改土归流"过程中以流官代替土官，只是完成了国家权力交接的一部分，政府通过设置新的政区，调整土司的行政隶属关系，割断土司之间的辖属关系，将土司置于流官管理之下，以期更好地在这些地区推行国家权力，更好地控制改流地方和土司地区。

明清两朝在云、贵、川、桂等地区进行"改土归流"时，以加强中央集权为最终目的，以构建成熟、稳定的流官辖土官行政层级结构为原则，灵活而为，全面系统地调整土司地区的行政区划，保证国家权力深入土司地区，加强中央政府对土司地区的管理与控制。清朝政府在广西土司地区采取降低土司政区级别、扩大流府辖区、调整道的监察区域、置厅、划定省界等措施，达到了行政区划调整的目的。"改土归流"是一场长时期、全方位的社会变革，土司地区行政区划调整的推行与完成，加强了中央集权，为进一步的"改土归流"奠定基础。

---

① 《呈据内政部转呈广西省政府补报万承土州改设万承县治请鉴核备案并请将县印侯饬局汇造由》，国民政府民国十八年第1809号指令，见国民政府文官处印铸局印行：《国民政府公报》，中华民国十八年九月二日，第258号，成文出版社影印本，1972年，第10页。民国时期广西改土归流及置县情形，可参阅葛剑雄主编：《中国行政区划通史·中华民国卷》，上海：复旦大学出版社，2007年，第283—297页。

② 王占魁：《权力的拆分与组合》，北京：中国档案出版社，2005年，第393页。

论傅清的政治命运和治藏贡献

中国社会科学院研究生院　杜　望

摘　要： 傅清是乾隆帝孝贤皇后和大学士傅恒之兄，两次出任驻藏大臣之职。本文通过考证其生平、考察傅清与乾隆帝君臣关系嬗变，探究皇权主导下傅清的政治命运。傅清在驻藏期间综理各项事务、完善西藏地方政权建设，通过协调各方势力维护西藏地区稳定。傅清之死为转变西藏体制提供契机，此后，清廷对西藏的治理进入新阶段。

关键词： 傅清；驻藏大臣；西藏；乾隆帝；珠尔默特那木扎勒

傅清（？—1750），富察氏，满洲镶黄旗人，初为蓝翎侍卫，乾隆初年累迁至正黄旗副都统、直隶天津镇总兵官，后曾两次担任驻藏大臣，乾隆十五年（1750）在珠尔默特那木扎勒事件中殉职，谥襄烈。傅清是清代百余位驻藏大臣中比较突出的一个，他驻藏期间正值颇罗鼐家族主政时期，学界多关注这一时期特殊的藏王体制，以及终结这一体制的珠尔默特那木扎勒事件①。虽然也

---

① 如汤池安：《论珠尔默特那木扎勒之死》，《中国藏学》1988 年第 3 期；佘万治：《珠尔默特那木札勒事件的真相》，《西南民族学院学报》1992 年第 6 期；陈志刚：《论清代前期对西藏的统治》，《社会科学战线》2006 年第 1 期；邓锐龄：《1750 年珠尔默特那木札勒事件的再思考》，《中国藏学》2006 年第 2 期；陈志刚：《颇罗鼐家族总理藏政与清朝治藏》，吉林大学硕士学位论文，2003 年；陈志刚：《清代前期珠尔默特那木扎勒总理藏政研究》，《求索》2006 年第 6 期；陈志刚：《乾隆朝西藏体制变革——以珠尔默特那木扎勒事件为中心》，《中国边疆史地研究》2009 年第 1 期等。

有学者进行过与傅清相关的考证①，但研究成果主要集中在其驻藏事迹上②，对其驻藏前的仕途经历鲜有涉及。本文拟在前人研究的基础上，运用现有史料考证傅清生平，探究他与乾隆皇帝的关系，总结其驻藏政绩，以期对傅清有更全面、深入的认识。

一、生平考略与仕宦历程

傅清生于人才辈出的世家大族——富察氏家族，高祖父哈什屯、祖父米思翰都曾官至议政大臣。其父李荣保去世较早，但李荣保的三个兄长马斯喀、马齐、马武，均为康雍时期的文武重臣。傅清是乾隆帝孝贤皇后之兄，其弟傅恒文武双全，在乾隆朝功勋卓著，其侄福康安更是位极人臣，成为清朝唯一一位满族异姓王。在这样一个众星闪耀的家族中，人们对傅清的关注度不高，关于傅清的记载失之简略、较为混乱③。

---

① 邓庆《清初马齐、马武、傅恒与孝贤皇后关系考辨》提及，历史中常常提到的“孝贤皇后兄”应系傅清，《社会科学集刊》1997年第1期，第108页。

② 吴丰培、曾国庆编：《清代驻藏大臣传略》，拉萨：西藏人民出版社，1988年；邓忠先、王益志编：《为国捐躯的驻藏大臣傅清》，《紫禁城档案》，北京：红旗出版社，1998年；曾国庆：《驻藏大臣傅清、拉布敦和珠尔默特那木扎勒》，《中国西藏》1998年第6期。

③ 许多纪传体史书为傅清立传：《清史稿》卷312《傅清》，北京：中华书局，1977年，第10655—10657页；《满洲名臣传》卷37《傅清列传》，《清代传记丛刊》46册，台北：明文书局，1985年，第365—394页；《钦定八旗通志》卷142《大臣传八·傅清》，台北：台湾学生书局，1968年，第9077—9106页；《清史列传》卷19《傅清》，北京：中华书局，1987年，第1403—1410页；（清）钱大昕：《都统赠一等伯富察氏富察公傅清传》，钱仪吉纂：《碑传集》卷121《忠节下之中》，《清代传记丛刊》112册，第719—722页；（清）李桓辑：《国朝耆献类征初编》卷348《傅清》，《清代传记丛刊》173册，第791—808页；（清）李元度：《国朝先正事略》卷19《名臣·傅清》，长沙：岳麓书社，1991年，第557—559页。这些传记记载详略不一，但内容大同小异。记载的混乱也影响到后世学者的研究，如邓锐龄《1750年珠尔默特那木札勒事件的再思考》中称“傅清是傅恒之堂弟”，显系以讹传讹之故，《中国藏学》2006年第2期，第127页。

首先需要说明的是，《清史稿》载傅清是“傅恒弟”[①]，误。据《茶余客话》记载，李荣保为“孝贤皇后之父，长子广恒，次子傅清，三子傅宁，四子傅文，袭公；六子傅宽，八子傅玉，九子傅谦，俱任侍卫。十子傅恒”[②]。邓庆根据傅恒卒年推断出其为孝贤皇后之弟[③]，《啸亭杂录》《清稗类钞》中载傅清为孝贤皇后兄[④]。另外，《清实录》中乾隆帝：“谕户部右侍郎傅恒：据汝兄傅清奏……”[⑤] 傅恒是乾隆帝的亲信，傅清与傅恒又是孝贤皇后的亲兄弟，乾隆帝必然不会弄错。故傅清应为傅恒之兄。傅清的生年仍有待考证，仅根据孝贤皇后出生时间[⑥]推断，必然早于1712年。

傅清的仕途生涯可分为驻藏前的仕途经历（1723—1744）、第一次驻藏（1744—1748）、两次驻藏之间的过渡时期（1748—1749）和第二次驻藏（1749—1750）四个阶段。富察氏家族号称“禁卫军世家”，家族多数成员都是以武立身，傅清也不例外。据《八旗通志》记载，傅清于雍正元年（1723）由闲散授蓝翎侍卫，正六品。五年（1727）授三等侍卫，正五品。十二年（1734）授云麾使，正四品。乾隆元年（1736），傅清晋正二品銮仪使[⑦]，应与乾隆帝继位、富察氏成为皇后有直接关系。二

① 赵尔巽：《清史稿》卷312，第10655页。

② （清）阮葵生：《茶余客话》卷8《李荣保》，北京：中华书局，1959年，第192页。

③ 邓庆：《清初马齐、马武、傅恒与孝贤皇后关系考辨》，《社会科学集刊》1997年第1期，第108页。

④ （清）昭梿：《啸亭杂录》卷9《拉傅二公》，北京：中华书局，1980年，第307页；徐珂：《清稗类钞》第6册《忠荩类·拉傅以诛朱尔墨特扎布而自死》，北京：中华书局，2010年，第2529页。

⑤ 《清高宗实录》卷261，乾隆十一年三月壬辰，北京：中华书局，1985年。

⑥ 据《星源集庆》载为康熙五十一年（1712），《星源吉庆》，北京：学苑出版社，1997年，第66页。

⑦ 《钦定八旗通志》卷142《大臣传八·傅清》，第9077页。

年（1737）六月甲子，傅清晋正黄旗满洲副都统[①]，五年（1740）十一月辛未授天津总兵[②]。六年（1741）二月丙午，傅清“患病，不能办事”[③]，回京调理。同年十一月，傅清奏“前以津镇不便营伍之事”[④]，应已病愈。八年（1743），傅清任济南巡盐监察御史[⑤]，闰四月癸酉还曾“暂行兼管江宁织造事务”[⑥]。九年（1744）四月，因天津提督保祝患病，其提督印务由傅清署理[⑦]。

以上是傅清仕途的第一阶段，也是傅清为官的探索学习阶段。虽然他凭借上三旗出身和皇亲国戚的身份，仅用13年时间便官至正二品，仕途可谓平顺，但这并不能掩盖他政治上的不成熟：《实录》中关于傅清陈奏的最早记载，是乾隆六年“前以津镇不便营伍之事：公费不敷、马乾不一、墩拨坍塌、偏汛残缺四条陈奏，部议止将营房修葺迟延，原有严例，应遵例随时催饬修葺。其余三事，概未准行”。可见，此前傅清的四条陈奏仅有一条被采纳。傅清不服，仍坚持己见，遭到乾隆帝警告：“如此致辨非镇臣之体，戒之慎之。……若此奏不但不可行，亦且不便交议，看来汝颇自大而自是。如此，则是无福之人矣。”[⑧] 乾隆八年，傅清任巡盐监察御史期间受命调查盐臣三保。傅清的奏疏只是简要汇报三保及其家人的基本情况，并认为长久下去“恐朦混

---

① 《清高宗实录》卷44，乾隆二年六月甲子。

② 《清高宗实录》卷130，乾隆五年十一月辛未。

③ 《清高宗实录》卷136，乾隆六年二月丙午。

④ 《清高宗实录》卷155，乾隆六年十一月。

⑤ 道光《济南府志》卷29《秩官七·国朝·巡盐》，“傅清，满洲人，八年任。伊拉齐，八年再任”，《中国地方志集成·山东府县志辑一》，南京：凤凰出版社，2004年，第604页。如果该书记载可靠，即使傅清曾任巡盐御史，任职时间亦不超过一年。

⑥ 《清高宗实录》卷191，乾隆八年闰四月癸酉。

⑦ 《清高宗实录》卷215，乾隆九年四月庚午。

⑧ 《清高宗实录》卷155，乾隆六年十一月。

滋弊”。乾隆帝回旨：“已有旨命汝查办，非谓如是而已，须清查胥役家人乘机滋弊，重处以示警。三保若有应行参处者，不妨参奏，岂有如此糊涂具奏之理？”① 同时又告诫傅清：“虽署理数日，不可不尽心。慎之。”② 所谓“爱之深，责之切”，乾隆帝对傅清严格要求，侧面反映出他对傅清寄予厚望。乾隆九年六月，由于“驻藏副都统索拜期满，以副都统傅清代之”③。傅清开始了第一段驻藏生涯。

此时西藏尚且安稳，虽然某些地区还和准噶尔藕断丝连④，但颇罗鼐依靠自身的实力和威望稳住了各方势力，令乾隆帝颇为放心。乾隆十一年（1746），傅清经办了颇罗鼐选定继承人一事。颇罗鼐因“长子珠尔玛特策卜登已属残疾，次子珠尔默特那木扎勒堪以奋勉出力”，固“将珠尔默特那木扎勒封为长子，珠尔玛特策卜登因从前带兵……今虽有残疾不能效力，并著加恩封为镇国公”⑤。乾隆十二年（1747）三月，颇罗鼐病故，珠尔默特那木扎勒袭封郡王。但由于珠尔默特那木扎勒统治经验不足⑥，西藏各部势力又开始蠢蠢欲动。因“颇罗鼐在时，凡事俱由伊主张，不过商同傅清斟酌办理。今非颇罗鼐时可比，著传谕傅清逐处留心访查。如有珠尔默特那木扎勒意见不到之处，即行指示，不得稍有疏忽”⑦。乾隆帝企图借机提高驻藏大臣的权力，也使傅清的任务更为艰巨。

乾隆十三年（1748）四月庚申，傅清完成第一次入藏使命⑧，这次驻藏是傅清仕途生涯的第二阶段。傅清因驻藏期间的

---

① 《清高宗实录》卷191，乾隆八年闰四月。
② 《清高宗实录》卷191，乾隆八年闰四月。
③ 《清高宗实录》卷219，乾隆九年六月癸丑。
④ 《清高宗实录》卷237，乾隆十年三月壬寅。
⑤ 《清高宗实录》卷256，乾隆十一年正月甲戌。
⑥ 《清高宗实录》卷286，乾隆十二年三月乙巳。
⑦ 《清高宗实录》卷286，乾隆十二年三月乙巳。
⑧ 《清高宗实录》卷312，乾隆十三年四月庚申。

出色表现进一步赢得乾隆帝信任。闰七月己巳，傅清以直隶天津镇总兵暂署古北口提督[①]。九月丙寅，正式就任古北口提督[②]。乾隆十四年（1749）二月庚寅，傅清调补固原提督[③]，直至本年十月[④]。作为两次驻藏的短暂过渡，这一年零三个月是傅清仕途生涯的第三阶段。

乾隆十四年十月，西藏局势再次紧张，乾隆帝想到傅清“从前曾经在藏，彼处事体，谅属稔知。著赏给都统衔前往……不必来京，可即由彼驰驿赴藏”[⑤]。可见情况之紧急。傅清到藏后不久，形势愈不容乐观：先是珠尔默特那木扎勒声称其兄珠尔玛特策卜登意欲谋反，可后者尚未发兵便于十四年年底病故，死因不明。随后，珠尔默特那木扎勒开始频繁调兵。[⑥] 傅清和另一位驻藏大臣拉布敦确定珠尔默特那木扎勒有不轨之意后，制订计划：“欲俟其由打克萨回来接见时，擒拏剪除。”[⑦] 十月十三日，傅清和拉布敦“召珠尔默特那木扎勒至通司冈驻藏大臣署，言有诏，使登楼，预去其梯，若将宣诏。珠尔默特那木扎勒方拜跪，傅清自后挥刀断其首。于是其党罗卜藏扎什始率众围楼数重，发枪炮、纵火，傅清中三创，度不免，自刭死”[⑧]。史称“珠尔默特

① 《清高宗实录》卷 321，乾隆十三年闰七月己巳。

② 《清高宗实录》卷 324，乾隆十三年九月丙寅。

③ 《清高宗实录》卷 334，乾隆十四年二月庚寅。

④ 《钦定八旗通志》卷 341《八旗大臣提名三·各省提督》载：傅清“乾隆十三年闰七月任直古北口提督。十四年二月调固原提督，三月调陕西提督，是年十一月卒”，第 24862 页。由于对傅清卒年记载有误，其“三月调陕西提督”的记载是否真实，因无其他史料相印证，存疑。

⑤ 《清高宗实录》卷 351，乾隆十四年十月丙申。

⑥ 如《清高宗实录》卷 364，乾隆十五年五月丙午，“傅清、拉布敦所奏珠尔默特那木扎勒现经奏明前往萨海地方，有调动部兵、搬运炮位等情形”；《清高宗实录》卷 366，乾隆十五年六月壬午，“据驻藏办事侍郎拉布敦奏称：珠尔默特那木扎勒将恭布等处火药携去四十九驮，调去兵一千五百名”。

⑦ 《清高宗实录》卷 375，乾隆十五年十月辛卯。

⑧ 赵尔巽：《清史稿》卷 312，第 10657 页。

那木扎勒事件”。

傅清“性忠鲠，其弟文忠公贵，公尚于人前呵叱之”[1]。在当时孤立无援、剑拔弩张的危机时刻，傅清做出这样的选择可谓性格使然。第二次驻藏是傅清仕途生涯的最后一个阶段，其仕途也随着他生命的结束而终止。傅清死后被追封为一等伯，谥襄烈，入贤良祠、昭忠祠，并于藏地立祠，另与拉布敦合祀双忠祠。

二、傅清与乾隆帝：嬗变中的君臣关系

现今笔者所能看到有关傅清的汉文资料主要出自《清高宗实录》，而实录又是以皇帝为中心编纂而成，从中可管窥乾隆帝与傅清的君臣关系，尽管这种关系以乾隆帝为绝对主导。

（一）“为所钦信”和“惟事偷安”——关于傅清的两极评价

乾隆帝选用边臣有“重视家世”“仰副血亲”[2] 的传统，傅清镶黄旗富察氏的高贵出身和乾隆帝妻兄的显赫身份，无疑成为乾隆帝治边的首选。

一方面，傅清深受乾隆帝倚重。在傅清第一次驻藏期间，乾隆十年（1745）三月，准噶尔请求进藏熬茶，乾隆帝对其动机十分怀疑：“准噶尔素性嗜利。现在赴藏熬茶，不惜重费，终未给与喇嘛，或萌觊觎西藏之意，亦未可定。”[3] 密谕傅清对其动态予以严密监视。后虽准许准噶尔往藏熬茶，但同时“暗令傅清调兵数千名，于紧要处严防，方为妥协”[4]。

---

① 徐珂：《清稗类钞》（第六册）《忠荩类·拉傅以诛朱尔墨特扎布而自死》，第2529页。

② 白丽娜：《清乾隆朝富察家族与涉藏事务》，《中国边疆史地研究》2010年第3期，第71页。

③ 《清高宗实录》卷237，乾隆十年三月壬寅。

④ 《清高宗实录》卷292，乾隆十二年六月癸亥。

傅清第二次入藏可谓临危受命，《实录》载："提督傅清前经驻藏，为所钦信，令以都统衔前往，与纪山一同驻扎，既足增纪山之气势、以壮其胆；且凡事亦有商量，不致有轻发之虞。亦不致有缓不及事之虑，于要地当有裨益。"① 尽管傅清与纪山同为驻藏大臣，"其钦差大臣关防，著傅清收掌"②。不难看出，乾隆帝对傅清极为信任。即便是在两任驻藏大臣的间隙，乾隆帝调傅清为固原提督，实因"固原地方，甚属紧要"，令"傅清即驰驿速赴新任"③。

另一方面，傅清任职时不敢有任何怠慢，否则亦要受到乾隆帝的严厉斥责。如傅清间或用汉语写奏折，乾隆帝大为不满。一些满臣因在汉地任职，为方便传阅用汉字书写奏折；而傅清作为满臣，办理的又是藏地事务，"所有事件理应用清字奏折。伊等竟仿效外省大臣，用汉字奏折，殊属非是。……嗣后奏事，俱著缮写清字奏折"④。

因傅清是傅恒之兄，傅恒又是乾隆帝的肱股之臣，乾隆帝有时会通过这层亲情关系，通过传谕傅恒，令他以家书方式转达傅清。有一次傅清突发奇想，奏请开发西藏的煤矿，在乾隆帝看来根本就不切实际。但他没有直接告知傅清，而是传谕傅恒：

据汝兄傅清奏请踏看藏内附近山中产煤处所等语，此并非伊任内应办之事。盖因该处驻扎绿营人等，欲藉此希图获利，开挖银矿，亦未可定。即该处柴薪价值昂贵，实有产煤山厂，亦当作伊自己主见，告知彼处人等。京师之人，皆系挖煤烧用，汝等何不寻产煤处所挖取，实伊等有益之事。其挖与否，听其自便可也，奚用具奏请旨耶？况西藏乃极边之地，非内地可比，其生计风俗，自当听其相沿旧习，毋庸代为经理。所奏非是，汝可寄信

① 《清高宗实录》卷 351，乾隆十四年十月戊戌。

② 《清高宗实录》卷 351，乾隆十四年十月丙申。

③ 《清高宗实录》卷 334，乾隆十四年二月庚寅。

④ 《清高宗实录》卷 258，乾隆十一年二月丁酉朔。

晓谕之。①

另有一次，傅清帮达赖喇嘛、颇罗鼐等转递“奏请宽宥瞻对逆匪班滚之罪”的奏折，乾隆大为恼怒：

据驻藏办事副都统傅清转递达赖喇嘛、颇罗鼐等奏请宽宥瞻对逆匪班滚之罪一折。逆贼班滚玩法，显肆攘夺抗拒官兵，悖逆之罪国法难逭，为中外所共知。今贼势大败，班滚只身逃避，巢穴俱毁，早晚即当就擒。达赖喇嘛、颇罗鼐等必平日彼此通信，始为班滚乞恩具奏。似此代叛国贼匪奏请之事，傅清理宜不接。伊等如再三求告，谓恐压搁其事，始可据情转为陈奏。乃傅清率尔接折代奏，甚属糊涂不知大体。况令伊驻藏，原于照料之中寓以防守之意。今逆贼班滚与藏人彼此关通信息，伊岂不知之？伊既明知，又代为转奏，罪即不赦。若云竟不知晓，又奚用伊在彼驻扎为耶？今班滚势穷，往求于藏，达赖喇嘛等容留潜匿，事所必有。傅清既有兵五百名，务须留心详细查拏，倘有疏忽，使贼赴藏，复致远扬，即将傅清在彼正法，断不宽贷。著迅速发往，将傅清严行申饬。②

随即又谕傅恒，表达对傅清的不满：“自伊到彼以来，于应奏之事并未具奏，不应奏之事妄行具奏。”③ 并再次威胁“倘或贼匪班滚潜逃赴藏，伊若不能督兵拏获，将伊即在该处正法”，令傅恒“将此寄谕知之”④。不过乾隆帝不是真的想杀掉傅清，只是希望通过严厉申斥引起傅清的重视。一个月后，乾隆帝得到班滚最新消息，“著迅速札寄傅清，于贼匪通藏一带道路，分遣妥干人员，各处详加访查。倘有确信，即一面擒拏解京，一面奏闻，不可轻忽”⑤。仍以督促、勉励为主。

---

① 《清高宗实录》卷 261，乾隆十一年三月壬辰。
② 《清高宗实录》卷 267，乾隆十一年六月丙辰。
③ 《清高宗实录》卷 267，乾隆十一年六月丙辰。
④ 《清高宗实录》卷 267，乾隆十一年六月丙辰。
⑤ 《清高宗实录》卷 268，乾隆十一年六月丁卯。

虽然相隔遥远，但乾隆帝对西藏情形十分关切，一旦傅清没有及时汇报，或奏折言辞含糊，有苟且偷安、得过且过的迹象，乾隆帝必定会追根究底。如在颇罗鼐死后，乾隆谕傅清："彼处众人情形若何？即应奏闻，乃并未具奏，殊属疏忽。此际彼处众人意见情形及珠尔默特那木扎勒袭爵办事后，各处人心输服与否？俱著一一加意体访，具折奏闻。"① 此外还多次斥责傅清："伊应办一切事务，俱不留心，惟事偷安，即缮写奏折，俱甚潦草。"② "奏折内落字，经朕用朱笔添写，应奏事件任意迟延……伊应将彼处情形早行奏闻，至今未奏，可见凡事疏忽，毫不留心。试问伊在彼所为何事？著饬行。"③

尽管多次受到乾隆帝斥责，但傅清一心为国，尽心尽力，还是得到了乾隆帝的信任和认可。

（二）从"深为悯恻"到"标名青史"——乾隆帝对傅清殉职态度的转变

对于乾隆帝来说，傅清的死非常突然。乾隆帝收到傅清和拉布敦制订计划、题请"便宜从事"的奏折是十月初八日，十三日两大臣已殉职④。珠尔默特那木札勒是否真的有叛乱意图，已有学者专门进行讨论⑤。本文仅从乾隆帝的角度探究他对珠尔默特那木扎勒事件认识的变化，这也直接影响到对傅清殉职后的抚恤情况及后世对傅清的评价。

当乾隆帝在看到傅清、拉布敦的计划时，就表示不赞同：

---

① 《清高宗实录》卷286，乾隆十二年三月乙巳。

② 《清高宗实录》卷285，乾隆十二年二月丙戌。

③ 《清高宗实录》卷288，乾隆十二年四月壬戌。

④ 《清高宗实录》卷377，乾隆十五年十一月乙卯。

⑤ 汤池安《论珠尔默特那木扎勒之死》认为："就目前看到的藏、汉文史料，还找不到珠尔默特那木扎勒有反叛中央朝廷的确凿证据。"《中国藏学》1988年第3期，第128页；佘万治《珠尔默特那木札勒事件的真相》认为："珠尔默特那木札勒事件是由篡权活动上升为反对驻藏大臣，对抗中央清廷的事件。"《西南民族学院学报》1992年第6期，第72页。

"朕即虑其所办太险，不可轻发。"[①] 并对他们诱杀的策略不以为然："即使便宜办事，亦于国体有关，且非万全之道。"[②] 在乾隆帝看来，即使要杀珠尔默特那木札勒，也应"明正其罪、以申国法"[③]。尽管傅清等人不惜性命，但乾隆帝首先要考虑是否于"国体"有损。因此在得知他们殉难的消息后，乾隆帝只是"深用悯惜"，"另颁旨加恩优恤"[④]，并未给予额外追封。

随着对西藏局势的深入分析，乾隆帝的看法有所改变："珠尔默特那木札勒反形已露，倘不先加诛戮，傅清等亦必遭其荼毒。"与其坐以待毙，不如发挥最后的价值："其心较苦，而其功为尤大。"[⑤] 思至此，乾隆帝"深为悯恻，不觉涕零。……以如此实心为国之大臣，不保其令终，安得不倍加轸悼？傅清、拉布敦著加恩追赠为一等伯，著入贤良祠、昭忠祠，春秋致祭。傅清并入伊家祠从祀。伊等子孙，给与一等子爵，世袭罔替，以示朕褒忠录庸之至意"[⑥]。并将傅清、拉布敦"二人为国捐躯之大节，明白宣示，使天下共知其不得已之苦心"[⑦]。次日，乾隆帝传谕："傅清加恩赏给之职，著伊长子明仁承袭。……俱著赏翎，傅清之次子明义亦著赏翎。又谕曰：傅清、拉布敦之家，加恩各赏银一万两。"[⑧] 追恤傅清及其家人，体现出乾隆帝对其殉职一事态度上的转变。

此后，乾隆帝就珠尔默特那木扎勒事件进行自我反省："朕静而思之，此固由珠尔默特那木扎勒赋性凶顽，亦因朕之加恩过厚，有以纵之。藏地之人虽怨彼，而以朕所封之王，不敢如何，

① 《清高宗实录》卷376，乾隆十五年十一月甲寅。
② 《清高宗实录》卷377，乾隆十五年十一月乙卯。
③ 《清高宗实录》卷377，乾隆十五年十一月乙卯。
④ 《清高宗实录》卷376，乾隆十五年十一月甲寅。
⑤ 《清高宗实录》卷377，乾隆十五年十一月乙卯。
⑥ 《清高宗实录》卷377，乾隆十五年十一月乙卯。
⑦ 《清高宗实录》卷377，乾隆十五年十一月乙卯。
⑧ 《清高宗实录》卷377，乾隆十五年十一月丙辰。

朕实深为追悔。"[①] 云南提督冶大雄也指出："伊之所以敢于肆逆，而二臣之所以竟至被害者，皆因藏内无兵之故，是以一旦有事、鞭长莫及。"[②] 可以说，傅清等做出这样的决定，和乾隆帝长期姑息纵容有关，也和他们孤悬藏地、毫无兵权，即便调兵也需时日的尴尬处境有关。[③]

由于对珠尔默特那木扎勒事件的深入分析，乾隆帝逐渐对傅清等人的做法表示理解："朕犹以伊等虽为国除逆，要是并无筹画、草率举事，以致捐躯。今观班第所奏，则珠尔默特那木扎勒逆迹已露，实属时不可待，而傅清、拉布敦即乘机办理，可谓奋不顾身、尽忠报国者矣。"[④] 傅清等"奋不顾身为国家殄除恶逆，自足光耀伦常、标名青史"[⑤]，对其所做的贡献给予充分肯定。

十五年十一月己巳，乾隆帝令策楞将傅清的骨殖送回京师[⑥]。乾隆十六年（1751）三月庚子，乾隆帝降旨："将从前驻藏大臣居住之通司冈为傅清、拉布敦祠堂。"[⑦] 通司冈是傅清殉难的地方。四月辛巳，因"二臣之心甚苦，而有功于国家甚大，应特建双忠祠，合祀二人。春秋致祭，丕昭劝忠令典。傅清既有专祠，著不必从祀家庙"[⑧]。《清史稿》认为傅清"合昭忠、贤良而复建专祠者，他无与比也"[⑨]。四月，傅清"柩至京"[⑩]。五月丁未，乾隆

① 《清高宗实录》卷376，乾隆十五年十一月丁巳。

② 《清高宗实录》卷379，乾隆十五年十二月。

③ 后乾隆帝又将傅清、拉不敦之死的责任全部推到纪山身上："设令纪山早能持正，珠尔默特那木扎勒亦必自知敛戢，是傅清、拉布敦之死，皆纪山之丧心无耻、曲意逢迎，有以致之也。"有失公允。《清高宗实录》卷385，乾隆十六年三月乙丑。

④ 《清高宗实录》卷383，乾隆十六年二月辛卯。

⑤ 《清高宗实录》卷383，乾隆十六年二月丙申。

⑥ 《清高宗实录》卷377，乾隆十五年十一月己巳。

⑦ 《清高宗实录》卷384，乾隆十六年三月庚子。

⑧ 《清高宗实录》卷386，乾隆十六年四月辛巳。

⑨ 赵尔巽：《清史稿》卷87，第2604页。

⑩ 《钦定八旗通志》卷142《大臣传八 · 傅清》，第9097页。

帝“至安定门外临奠驻防西藏原任都统傅清”①，并御制诗纪其事：

卫藏西南夷极边，入我王化百余年。始犹羁縻后执贶，置兵为守防呼韩。蒙古习俗尚黄教，得失视此为转旋。其何小丑背厚泽，夜郎自大轻王臣。

托词承平劳物力，示之大信休兵屯。
戕兄虐下遂无忌，更与外贼为牵援。
血人于牙攫财贿，中梗驿路军书传。
惟时奉命监彼土，曰傅清暨拉布敦。
目睹逆势日猖獗，炎炎不息将燎原。
战守不可兵力弱，官军万里阻蜀门。
国事为重余度外，二人同心利断金。
知无一生有九死，但期济事酬深恩。
珠尔默特那木扎，汝来示汝大义存。
天无二日尔二日，尔忘尔父叨藩翰。
凶渠稔祸力已张，藐视二人何有焉。
笼中之鸟砧上鱼，西藏指日据有全。
挺身来见忽疑虑，潜呼群丑施戈鋋。
傅卿直前扼其臂，逆王命者诛无延。
拉卿拔刀剸其脰，罪在魁首无牵连。
罗藏扎什其羽翼，走险叫呶豕突然。
桀犬吠尧各为主，蜂屯蚁聚来獶狿。
吁嘻二臣力不逮，如归视死双捐躯。
小丑乌合旋就缚，骈首就戮长竿悬。
逆诛顺抚妖氛靖，卫藏万众如一言。
忠臣报主有如此，智勇兼济诚通天。
昔每椎心今吐气，如披云雾瞻苍旻。

① 《乾隆帝起居注》（第十册），乾隆十六年五月十一日丁未，桂林：广西师范大学出版社，2002年，第105页。

不劳一旅翦渠寇，岂止万命免沉沦。
尸祝社祭众夙志，虔伸绝域千秋传。
灵舆肃肃归故里，建祠临奠恩频宣。
锡爵赐封延后世，志予哀悼旌勋贤。
双忠之气浩千古，双忠之力敌万军。
骂贼有似奋常山，诱致大异斩楼兰。
双忠迹略传斯篇，他年以待信史编。①

傅清从生前备受倚重，到死后乾隆帝给予充分肯定，都经历了一个过程。这一时期皇权空前强化，傅清的生前身后，无不系于乾隆帝一人决断。

三、傅清驻藏的历史贡献

（一）遵照乾隆帝旨意，综理各项事务

傅清进藏后，积极保持与中央政府联络，及时汇报西藏最新动态，便于乾隆帝准确把握西藏局势。作为乾隆帝和西藏地方势力的中间人，傅清的作用不可替代。

颇罗鼐掌权期间，乾隆帝密饬颇罗鼐，均由傅清转达。② 颇罗鼐与中央联络亦多由傅清转奏③，转奏不当，亦受斥责④。珠

① 《钦定八旗通志》卷142，《大臣传八·傅清》，第9097—9100页。

② 如《清高宗实录》卷234，乾隆十年二月乙巳，“著传谕驻藏副都统傅清：令其密饬颇罗鼐，务使留心。有应如何防范豫备之处，详慎办理”；《清高宗实录》卷256，乾隆十一年正月甲戌，“关系紧要，著谕知驻藏办事之副都统傅清，将朕此旨晓谕颇罗鼐。……寻经驻藏大臣傅清等询明奏覆……”

③ 如《清高宗实录》卷252，乾隆十年三月壬寅，“驻藏副都统傅清奏：遵旨，饬令郡王颇罗鼐于今年卡隘处，派素所深信之人远出侦察准噶尔踪迹。十月初三日，据颇罗鼐呈称……胜负未知如何，报闻”；《清高宗实录》卷255，乾隆十年十二月甲寅，“谕曰：驻藏副都统傅清奏：扎萨克头等台吉、齐旺多尔济病故。据郡王颇罗鼐请将齐旺多尔济职衔赏给伊侄旺对……著照所请施恩”。

④ 即瞻对事件中傅清转奏为班滚求情一事。

尔默特那木扎勒掌权时期依然如此。[①] 此外，傅清还代乾隆帝传递赏赐。[②] 乾隆帝了解西藏局势几乎全部有赖于驻藏大臣奏报，如果驻藏大臣误判形势、办事不当，会直接对乾隆帝的决策产生消极影响，纪山[③]即是一例。他被珠尔默特那木扎勒“愚弄”[④]，“不但不能慑服其心，更已堕其术中”[⑤]。乾隆帝对此十分不满：“因西藏地处僻远，特命大臣驻扎其地，所冀得其情伪，控制由我。今乃为所笼络，岂委任驻防本意耶？”[⑥] 同样，如果不能将乾隆帝的意志准确传递给西藏负责人，导致中央与地方的误会、猜疑，后果亦不堪设想。因此，傅清在其中所起的作用十分关键。

此外，因相距遥远、通信往来周期长，傅清在秉承旨意的同时，还需极强的应变能力。如珠尔默特那木扎勒初袭封，因年幼不能服众，乾隆帝谕：“今非颇罗鼐时可比，著传谕傅清逐处留心访查。如有珠尔默特那木扎勒意见不到之处，即行指示，不得稍有疏忽。……倘有一二不肖滋事之人，亦著傅清即行酌量办理，以示警戒。”[⑦] 珠尔默特那木扎勒请求赏恤时，应允与否，“尚在两可之间，著傅清、拉布敦查察酌量”[⑧]。之后西藏局势发

---

① 如《清高宗实录》卷293，乾隆十二年六月戊寅，“著再传谕傅清、令其转谕珠尔默特那木扎勒：此次夷使到藏时，虽毋庸循照旧例……”

② 《清高宗实录》卷280，乾隆十一年十二月丙寅，“谕军机大臣等：汝等扎寄傅清：朕手敕颁给颇罗鼐，初降手敕时，本欲加赏物件，因驿站遥远，是以只赏大荷包一对、小荷包一对。傅清接到时，可将此情节晓谕颇罗鼐”。

③ 学者汤池安《论珠尔默特那木扎勒之死》中为纪山正名，认为纪山是乾隆帝决策失误的替罪羊，《中国藏学》1988年第3期，第129页；邓锐龄在《1750年珠尔默特那木札勒事件的再思考》一文中也表达了类似的观点，2006年第2期，第129页。但纪山驻藏期间与珠尔默特那木扎勒关系较好，与乾隆帝的意志相违背，应是无疑。

④ 《清高宗实录》卷358，乾隆十五年二月己卯。

⑤ 《清高宗实录》卷377，乾隆十五年十一月乙卯。

⑥ 《清高宗实录》卷358，乾隆十五年二月己卯。

⑦ 《清高宗实录》卷286，乾隆十二年三月乙巳。

⑧ 《清高宗实录》卷358，乾隆十五年二月己卯。

展超出乾隆帝掌控，其谕旨中多次出现“随宜相度”[①]“审度时势、酌量办理”[②]等语，既“不可轻发启疑，亦不可坐失机会”[③]。可见乾隆帝在许多问题的处理上仅提供思路，具体办理仍需傅清根据情况随机应变。而傅清之死，正是他“未及奉到谕旨”后“便宜行事”[④]的结果。

（二）结合当地实际，为西藏治理出谋划策

前文已提到，尽管傅清的陈奏多次遭到乾隆帝驳斥，但这并没有影响他参政的热情。乾隆十年（1745）十一月傅清奏请更定驻藏办事大臣、章京、笔帖式换班成例：

查哈密、瓜州、西宁办事大臣、章京、笔帖式，均系三年一换。其驻西藏办事大臣、章京、笔帖式等，令错综更换者。原为新旧相参、易于办事起见。今该副都统既称藏内事务可随到随办，无庸交代娴习。且错综更换，必须拨兵护送，转多劳费。应如所请。[⑤]

乾隆十一年，傅清奏请恢复自打箭炉至藏地之间的塘汛，畅通讯息，加强驻守，增强守备：

西藏处边末番蛮错处，西北界准噶尔，北通青海，为四川西南外郛打箭炉之门户，是以特派大臣并文武各员驻兵弹压。自雍正十二年设立塘汛，不特以传送公文，且联络声势、法本周详。上年副都统索拜议改番塘，以免糜费，乃撤站。未几，抢劫累累，而里塘一带夹坝更甚于昔。又，准噶尔不惜重费赴藏熬茶，或萌觊觎意。况番塘初设，递送即不妥协，倘因循久遇，紧要事难保无误。请自藏至炉沿途塘汛官兵仍旧，第酌冲僻远近，布置

① 《清高宗实录》卷355，乾隆十四年十二月庚子。

② 《清高宗实录》卷374，乾隆十五年十月丁丑。

③ 《清高宗实录》卷358，乾隆十五年二月己卯。

④ 《清高宗实录》卷376，乾隆十五年十一月甲寅。

⑤ 《清高宗实录》卷252，乾隆十年十一月己卯。

总在一千兵数内。军机大臣议如所请行。①

乾隆十二年六月，针对准噶尔进藏熬茶所带来的隐患，傅清拟进行严密部署：

夷使赴藏熬茶，要地俱应添兵防范。阿哈雅克腾格里淖尔一路前派兵六千，令珠尔默特那木扎勒防守，今珠尔默特那木扎勒留藏办事。已派宰桑那旺根敦策凌达什在彼管辖，应即交伊等防范驻守。至准噶尔进藏时，臣另派噶卜伦策凌旺扎勒等前至喀喇乌苏，带兵三百名护送至藏，其防守阿里克一路。已令公珠尔默特策卜登前往，带兵五千名驻扎。又，查工布与达克布及藏内地方共备过兵四千名，臣仍照数防备。现在调用兵共一万五千名。再，从准噶尔至藏路径共五处，每处安设卡座，每卡派兵一百名、头目一名，小心侦探。又，归并藏内之那克素三十九部落番子，原系罗卜藏丹津属下，罔知法纪，闻夷使入藏，难保无滋事之处。应于夷使将到时，令其游牧移至别处，仍派人约束防范。其准噶尔人等往各寺庙熬茶时，仍派官兵与原护送之官兵一同约束，并密饬各寺庙喇嘛之处，已俱交珠尔默特那木扎勒小心办理。②

乾隆帝认为“调兵至一万五千，不免张皇，且准噶尔此次尤极恭顺，诸事俱遵旨而行，应外示宽和”③。尽管计划没能执行，但从中仍可看出傅清准备充分、思路清晰、富有全局意识。他诱杀珠尔默特那木扎勒的计划能够一举成功，和他此前的积累和历练分不开。此外，傅清还“在任期内制订了《驻藏大臣例规》和《达赖所属各机构例规》等规定，强化军队训练，加强边境防御”④，完善西藏地方政权建设。

① 《钦定八旗通志》卷142《大臣传八·傅清》，第9078—9080页。

② 《清高宗实录》卷292，乾隆十二年六月癸亥。

③ 《清高宗实录》卷292，乾隆十二年六月癸亥。

④ 曾国庆：《论驻藏大臣对治理西藏的影响》，《中国藏学》2009年第1期，第178页。

（三）协调各方势力，维护西藏地区稳定

傅清第一次驻藏，经历了罗卜藏丹怎事件、颇罗鼐选定继承人、瞻对事件、珠尔默特那木扎勒承袭郡王、准噶尔第三次进藏熬茶事件；第二次驻藏，经历了珠尔默特那木扎勒与青海亲王旺淑克联姻、珠尔默特车布登之死、珠尔默特那木扎勒事件。每个事件背后无不暗藏危机、矛盾重重。傅清在遵照乾隆帝意志的前提下，调解西藏各方势力，凡事“持重妥协办理”[①]，“惟期计出万全”[②]，“务期地方宁谧……不致滋事”[③]。

乾隆十一年二月，由于西藏台吉冷宗鼐纵酒妄为、失去控制[④]，傅清及时奏请将冷宗鼐正法[⑤]，消除不安定因素。颇罗鼐与达赖喇嘛一向关系不好，乾隆担心其子“或念伊父，动生猜疑，与达赖喇嘛不睦。或达赖喇嘛又信人言，即照所行于颇罗鼐者，行之于珠尔默特那木扎勒，则更有关系。傅清于此两人，善为和解，惟期地方安静，不生事端，伊等彼此和好”[⑥]。傅清从中斡旋，有效缓解了两者矛盾。[⑦] 傅清第二次进藏，常派驻藏大臣变为两人[⑧]，傅清还需要处理好与另一个驻藏大臣的关系，先是与纪山共事，“纪山过于拘谨，遇事每无定见……今藏内又添驻藏大臣一员，彼处之人，不无猜疑，傅清凡事当与纪山妥商，

① 《清高宗实录》卷280，乾隆十一年十二月乙丑。

② 《清高宗实录》卷366，乾隆十五年六月壬午。

③ 《清高宗实录》卷280，乾隆十一年十二月乙丑。

④ 《清高宗实录》卷259，乾隆十一年二月壬子。

⑤ 《清高宗实录》卷259，乾隆十一年二月庚申。

⑥ 《清高宗实录》卷286，乾隆十二年三月乙巳。

⑦ 《清高宗实录》卷296，乾隆十二年八月戊辰：“颇罗鼐病故后，达赖喇嘛即欲吊奠诵经，伊子珠尔默特那木扎勒未允。经副都统傅清申饬，旋即悔过。愿请达赖喇嘛吊祭，现在彼此和睦，并无异词。”

⑧ 《清高宗实录》卷351，乾隆十四年十月丙申：“谕军机大臣等：从前藏地，常派大臣二员驻扎办事，后乃裁去一员。朕思藏地关系甚要，彼处应办事件，有二人相商，较为有益；且换班先后更替，有一旧人，尤觉妥当。”

务期有裨。勿因彼此意见不同，自生猜嫌。"① 后是与拉布敦一起，凡事均需"同心密商妥协"②"公同详酌"③。傅清通过妥善处理与各方势力的关系、竭力保持统治集团内部团结，维护了西藏的稳定。

（四）诱杀珠尔默特那木扎勒，为西藏体制转变提供契机

珠尔默特那木扎勒事件后，西藏陷入群龙无首的局面。但敏锐的乾隆帝很快发现这是一次机会，"以藏地应多立头人、分杀其势，正当乘此机会，通盘筹画，务彻始彻终，为万全之计"④。他断然拒绝了达赖喇嘛立班第达为郡王的提议⑤，认为"办理噶隆之人，权势不可使太专"⑥。乾隆十六年三月，即珠尔默特那木扎勒事件发生后半年，清廷通过制订、颁布《西藏善后章程十三条》，彻底废除藏王制，结束了清朝在西藏百余年的间接统治。⑦ 自此，西藏进入驻藏大臣和达赖喇嘛共理藏政时期，驻藏大臣的职权大为提高。⑧ 傅清诱杀珠尔默特那木扎勒的做法与乾隆帝本意相违背，却阴差阳错，为西藏治理体制转变提供了契机，成为清朝治理西藏的重要转折点。这也应是乾隆帝在傅清死后多次对其追加封赏的原因之一。

① 《清高宗实录》卷354，乾隆十四年十二月乙酉。

② 《清高宗实录》卷358，乾隆十五年二月己卯。

③ 《清高宗实录》卷359，乾隆十五年二月癸巳。

④ 《清高宗实录》卷376，乾隆十五年十一月甲寅。

⑤ 《清高宗实录》卷377，乾隆十五年十一月乙卯。

⑥ 《清高宗实录》卷376，乾隆十五年十一月丁巳。

⑦ 陈志刚：《论清代前期对西藏的统治》，《社会科学战线》2006年第1期，第162页。

⑧ 张羽新：《驻藏大臣政治地位和职权的历史考察》，《中国藏学》1998年第2期，第53页。

清代审理鄂尔多斯蒙古人命案的一份满文题本译释

中央民族大学历史文化学院　王桂东

摘　要：本文选取了一份清代审理鄂尔多斯部蒙古人命案的满文题本，对其进行拉丁字母转写并给予汉译。关于题本中所反映出来的乾隆年间鄂尔多斯部蒙古案件的审理方式及特点、相关法律条文的适用以及蒙古人的民俗习惯等问题，亦进行了深入的解读分析。

关键词：清代；蒙古人；命案审理；满文题本

中国第一历史档案馆与中国人民大学国学院西域历史语言研究所合编的《清朝前期理藩院满蒙文题本》于2010年由内蒙古人民出版社出版，该书收录了清前期重要的满、蒙文合璧官方文献，内容涉及外藩蒙古各扎萨克旗与理藩院的文书往来以及理藩院奏呈皇帝的奏折等，是研究清代蒙古历史的第一手史料，因此该书一经出版便受到了学术界的关注。有学者利用丰富的题本资料厘清了一些先前研究因资料缺乏而较为模糊的史实①，亦有学

① 乌云毕力格、宋瞳：《关于清代内札萨克蒙古盟的雏形——以理藩院满文题本为中心》，《清史研究》2011年第4期。

者通过题本资料对某些问题进行了细化的微观考察[①]，此外还有学者鉴于部分同仁不懂满、蒙文无法直接利用满、蒙文题本这一客观状况，便选取若干份史料价值较高的题本进行汉译并给予初步研究，从而使得更多的研究人员能够利用到这些珍贵的历史文献。[②]

笔者受前辈启发，亦从《清朝前期理藩院满蒙文题本》中选取一份关于审理鄂尔多斯部蒙古人殴伤人命案件的题本进行汉译，并结合其他史料就题本中所反映出来的某些问题给予初步探讨。不确之处，敬请方家教正。

一、题本的主要内容

本文所选取的《兼管理藩院事务兵部尚书福隆安等题议鄂尔多斯贝子旗披甲那孙殴毙人命按律拟绞监候秋后处决本》[③]，是关于清朝派驻神木办理蒙古事务的主事七十九（人名）审理鄂尔多斯蒙古人互殴致死的案件。

罪犯披甲人那孙，时年 29 岁，父母俱已过世，亦无兄弟，

① 关康：《理藩院题本中的蒙古发遣案例研究——兼论清前期蒙古地区司法调试的原则及其内地化问题》，《清史研究》2013 年第 4 期；宋瞳：《从四份理藩院满文题本中所见清代顺治朝听事制度》，载《历史文献研究》（第三十三辑），2014 年 5 月；［美］贾宁：《满文题本揭示的清代蒙古各部贵族女性对爵位承袭事务的参与——以青海蒙古为中心的对比和分析》，载《中国边疆民族研究》（第八辑），2014 年 11 月。

② 达力扎布：《清代审理哈密和吐鲁番回人案件的两份满文题本译释》，载《中国边疆民族研究》（第七辑），2013 年 11 月。

③ 《兼管理藩院事务工部尚书福隆安等题议鄂尔多斯贝子旗披甲那孙戳毙人命按律拟绞监候秋后处决本》（乾隆四十一年六月初五日），见中国第一历史档案馆、中国人民大学国学院西域历史语言研究所编：《清朝前期理藩院满蒙文题本》，呼和浩特：内蒙古人民出版社，2010 年，第 15 卷，第 26 件，第 400—411 页。另按：原标题福隆安官为“工部尚书”，实误！应为“兵部尚书”；披甲那孙“戳毙人命”，亦与实际案情不符，笔者将其改为“殴毙人命”。

唯有一妻，但尚无子嗣。乾隆四十年（1775）十二月十五日，他在前往马蹄口购物的路上遇见了从马蹄口归来的闲散台吉那孙和毛脑海、陶吉三人于路边饮酒，由于平日里与此三人熟识，遂被邀请同坐共饮。[1] 饮至日暮时分，陶吉（闲散台吉那孙的舅父）因年长不胜酒力熟睡于路旁，闲散台吉那孙塞上酒瓶想把剩下的酒带回家中，披甲人那孙则言说瓶中所剩之酒业已不多莫如饮尽再走，但闲散台吉那孙却执意不肯。披甲人那孙便上前抢夺酒瓶，在二人争抢酒瓶的过程中不慎酒瓶落地摔碎，闲散台吉那孙于是怒不可遏地扑向披甲人那孙，二人便胡乱厮打起来。在旁的毛脑海尽力解劝，二人反而厮打得更为激烈，毛脑海只好从身后抱紧披甲人那孙的双手，但披甲人那孙此时已经酒醉，见闲散台吉又一次近前来厮打，双手又被毛脑海紧紧抱住，便抬腿向迎上来的闲散台吉那孙重重踢去，闲散台吉惨叫一声便倒地不起。毛脑海松开披甲人那孙近前查看闲散台吉的伤情，见他已不能言语。披甲人那孙以为是闲散台吉吓唬他，便不予理睬地骑马离开。毛脑海看护闲散台吉至半夜时分，闲散台吉那孙终因伤重而亡。

十二月十六日晨，毛脑海托人将闲散台吉那孙的死讯告知其母宝木陶格尔。十九日，披甲人那孙在家中被抓获。驻神木办理蒙古事务的主事七十九会同有关人员对本案进行了初步审理，并将审判结果上报给理藩院。理藩院认为初审结果疑点尚多，即殴伤人命的披甲人那孙究竟是哪个牛录、哪个台吉的属民，是否为死者闲散台吉那孙的属民（如此则可断定是否为“属民杀主”）？而且死者那孙既然为闲散台吉，那么凶手披甲人那孙理应按照杀害平常人拟罪，但是究竟应援引何例惩处，初审结果亦未陈明。因此，理藩院责成该主事七十九迅速查明来报，再给予酌定。

---

① 本案之罪犯披甲人与死者闲散台吉的名字相同，均为“那孙”。

该主事七十九接到理藩院委任后，即令斗殴双方所属的旗扎萨克贝子纳木扎勒多尔济查明相关情况①，获悉：死者那孙为松都伊牛录未封等级的闲散台吉，而凶手披甲人那孙则是得勒戈楞古伊牛录台吉古木布多尔济的属民，因此死者与凶手虽是属于同一旗，但分属于不同的牛录，凶手披甲人那孙并非死者闲散台吉那孙的属民，故而也就排除了“属民杀主”这一情况。

其后，驻神木主事七十九又会同该扎萨克贝子纳木扎勒多尔济、府谷县知县叶鲁对凶手披甲人那孙以及死者之母宝木陶格尔、一同饮酒的陶吉、毛脑海一干人等给予详审。披甲人那孙承认其在与闲散台吉那孙互殴中导致对方伤重不治，但并非是故意杀人，而是酒醉后误伤人命，结合案发时在场的陶吉、毛脑海的供词，主事七十九等审案官员认定凶手披甲人那孙所供属实。参照《刑例》，若行凶者非死者奴仆，即便是杀害五品以上官员，亦仅是以杀平常人之罪名拟罪，又查照《蒙古律例》，“凡斗殴伤重五十日内死者，下手之人绞监候”②，故而依照蒙古律平常人殴伤人命定以绞罪之例将凶手披甲人那孙判处拟绞监候；一同饮酒的陶吉案发时醉睡未醒，毛脑海抱住披甲人那孙解劝不成，皆无庸议罪。

主事七十九将以上判决方案呈报给理藩院，兼管理藩院事务兵部尚书福隆安会同刑部、都察院、大理寺等衙门官员共同核审此案，认为主事七十九等人对凶手披甲人那孙以及陶吉的判处与例相符，但依照《刑例》则认为毛脑海明知罪犯行凶杀人而未能劝阻，应处以杖八十，因其为蒙古人，改以鞭八十，并将此判

① 纳木扎勒多尔济，蒙古鄂尔多斯左翼前旗（俗称“准格尔旗”）扎萨克，为该旗第五任扎萨克，乾隆五年袭封为扎萨克固山贝子，晚年曾担任伊克昭盟副盟长、盟长，乾隆四十二年卒。（参见包文汉、奇·朝克图整理：《蒙古回部王公表传》（第一辑），呼和浩特：内蒙古大学出版社，1998 年，第 53 页。）

② 中国社会科学院中国边疆史地研究中心编：《蒙古律例》卷 7，北京：全国图书馆文献缩微中心，1988 年，未标页码。

决结果呈奏给乾隆皇帝。乾隆皇帝御批："那孙按律拟绞监候，余依议。"

二、对题本相关内容的解读

本文所选取的满文题本蕴含了丰富的信息，尤其是在涉及清代乾隆年间鄂尔多斯部蒙古人案件的审理方式、相关法律条文的适用以及蒙古人的民俗习惯等层面，具有重要的史料价值，有必要给予深入的解读分析。

（一）题本中所反映的审案特点。首先需要明确的是，负责审理本案的核心人员是清朝派驻神木办理蒙古事务的主事七十九。[①] 其实，按照理藩院的相关规定，本案纯属蒙古内部案件，应由蒙古各旗自行审理后呈报理藩院核审。七十九作为理藩院派驻地方的官员，本不应直接受理此案。[②] 但是通过阅读题本，笔者却发现主事七十九在审理这起纯蒙古内部案件时扮演着极为重要的角色。这一不符常规的现象，无疑彰显了该题本的重要价值。事实上，清朝最早在康熙末年就开始向内扎萨克蒙古地区派驻理藩院司官，至乾隆朝，宁夏、神木、乌兰哈达、巴沟、三座塔、塔子沟以及回部的哈密、吐鲁番等地方均驻有理藩院的派出官员，他们主要负责办理蒙古人（维吾尔人）与民人交涉事务的同时，亦参与审理蒙古（回部）案件。特别是自乾隆初年以后，在清廷的许可下理藩院派驻在各地的司官越来越多地参与会

① 按：七十九之官职即通称的"神木理事司员"，其主要职责是"管理鄂尔多斯蒙古六旗蒙古民人交涉事件"（参见道光朝《钦定理藩院则例》第1册，载故宫博物院编《故宫珍本丛刊》第299册，海口：海南出版社，2000年，第104页）。

② 关于驻神木理事司员的相关情况可参见王伏牛：《清代神木理事司员研究》，中央民族大学历史文化学院硕士学位论文，2012年。

审当地民族的内部案件，尤其是命盗等大案。[1]

至于贝子纳木扎勒多尔济作为准格尔旗的扎萨克原本应是本案的主审人员[2]，此时却更像是担当了主事七十九的协助者这一角色，但他作为涉案双方的旗主在案件审理过程中还是体现了自身的职责。正是他派人调查清楚凶手披甲人那孙与死者闲散台吉那孙虽属同旗之人，但却分属不同牛录，由此得以确定披甲人那孙根本不是死者那孙的属人，这就理清了是否为“属民杀主”这一案件疑点。因为在清代“奴杀主”是重罪，与普通的人命案件在量刑上存在巨大差异，《蒙古律例》亦载明：“家奴杀其主者，凌迟处死。”[3] 属民虽属平民阶层但杀主也是要从重处罚的。排除了“属民杀主”这一疑点，有助于完成本案的初审拟罪。

审理本案的另一个特点即是，与主事七十九、贝子纳木扎勒多尔济一同参加会审的尚还有陕西府谷县的知县叶鲁。府谷县位于陕西北部，隶属榆林府，紧邻蒙古鄂尔多斯部的准格尔旗，该县知县在处理鄂尔多斯蒙古人与民人的交涉事务时，确有参与会审之责。然本案纯属蒙古内部案件，府谷县知县叶鲁相比于主事七十九而言，更无权参与审理。究其缘由，笔者揣测可能是本案拟罪时多处参照《刑例》，而府谷县知县叶鲁作为内地管理民人的官员，其对《刑例》的熟悉程度显然要超过其他两位审案官员。

本案初审拟罪完成后，由主事七十九呈文上报给理藩院。由于涉及死刑，因此理藩院会同三法司（刑部、都察院、大理寺）

---

① 达力扎布：《清代审理哈密和吐鲁番回人案件的两份满文题本译释》，载《中国边疆民族研究》（第七辑），2013年11月，第95、第97页。

② ［法］康斯坦：《从蒙古法看清代法律多元性》，《清史研究》2008年第4期，第133页。

③ 中国社会科学院中国边疆史地研究中心编：《蒙古律例》卷7，北京：全国图书馆文献缩微中心，1988年，未标页码。

对案件进行复审。[①] 复核认定主事七十九等人对罪犯披甲人那孙以及一同饮酒的陶吉的处置结果与例相符，给予支持；但却认为毛脑海明知行凶杀人而解劝不力，故而参照《刑例》处以“杖八十”，因其为蒙古人，改为“鞭八十”。可见，在复审环节对初审结果的改判时有发生，并非流于形式。至于其改判是否合适，下文再论。复审结果由兼管理藩院事务兵部尚书福隆安领衔，会同其他相关衙门官员呈奏给乾隆帝，皇帝御批同意复审结果，将罪犯那孙判定绞监候，秋后处决，以此作为本案的终审结果。

（二）题本中所反映的相关法律适用问题。清代蒙古地区属于典型的游牧社会，与内地的农业社会相比在生产生活方式上存有较大差异，因此在司法领域也体现出与内地不同的特点。蒙古民族在长期的历史进程中，从最初蒙古部落的习惯法到成吉思汗的大札撒，以及后来制定的一系列成文法典，形成了具有其自身鲜明特色的法律制度。[②] 清朝渐次统一蒙古地区以来，在尊重蒙古习惯法的基础上先后颁布了《蒙古律书》《蒙古律例》和《理藩院则例》，作为审理蒙古案件的基本法。[③] 本案作为蒙古人互殴致死案件，当时通行于蒙古地区的《蒙古律例》必然成为其适用法律，按照《蒙古律例》“凡斗殴伤重五十日内死者，下手之人绞监候”的相关条文，最终判定凶手披甲人那孙拟绞监候，秋后处决。

本案在法律适用层面上除了主要援引《蒙古律例》之外，亦体现了对《大清律例》中《刑例》的参照。《蒙古律例》作为

① ［日］荻原守：《清代蒙古的刑事审判事例》，哈剌古纳译，《蒙古学资料与情报》1991年第3期，第11页。

② 吴振平、海棠：《清朝对蒙古地区的立法原则探微》，《内蒙古大学学报》（人文社会科学版）1999年第3期，第86页。

③ ［法］康斯坦：《从蒙古法看清代法律多元性》，《清史研究》2008年第4期，第130—131页。

游牧社会的基本法，其内容比较简略，在实际审案过程中不免会出现无例可依的尴尬。清廷对此缺憾亦早已洞知，因此在乾隆五年九月刑部等衙门议覆原任山西巡抚觉罗石麟奏归化城应行事宜中就提及，“嗣后凡会审之件，民人照内地律治罪，蒙古照蒙古律治罪。如蒙古无正律，援引刑部律例定拟”①。嘉庆年间，这项规定被收入《理藩院则例》成为例文，广泛推行。② 本案中的死者那孙是一个尚未获得等级封号的闲散台吉，且凶手披甲人那孙亦并非是其属人，因此主事七十九等在初审拟罪时参照《刑例》，将案件定性为殴伤平常人之命案。

此外，在理藩院和三法司官员会同复审此案时，亦参照《刑例》对初审中毛脑海的判决给予改判，认为毛脑海明知凶手行凶杀人却未能加以劝阻致使闲散台吉那孙殒命，故而判处其“杖八十”，因其为蒙古人，改以“鞭八十”。但是，笔者细读题本后认为，此处援引《刑例》改判有太大的随意性，并与事实严重不符。实际上，披甲人那孙与闲散台吉那孙属于酒醉后互殴，披甲人那孙也并非是故意将闲散台吉踢死，而是醉酒后的过失杀人。这就表明：连行凶者披甲人那孙自已都未能明知其要杀人，一旁极力解劝的毛脑海如何又能够明知凶手要行凶杀人呢？复审官员随意援引《刑例》，便判处毛脑海“鞭八十”，而握有终审权的乾隆帝对此给予支持。如此，年仅 20 岁且没有任何背景的孤儿毛脑海便难逃鞭刑了。这体现了在审理蒙古案件时存在着援引《刑例》的随意性，判案结果对底层民众很难确保公正。

至于复审中判处毛脑海“杖八十”，因其为蒙古人改以“鞭

---

① 《清高宗实录》卷 127，乾隆五年九月壬辰，北京：中华书局，1985 年，第 858 页。

② 包银海校注：《理藩院则例》（蒙古文）卷 43《审断·蒙古例无专条引用刑例》，北京：民族出版社，2006 年，第 465 页。转引自达力扎布：《清代审理哈密和吐鲁番回人案件的两份满文题本译释》，载《中国边疆民族研究》（第七辑），2013 年 11 月，第 98 页。

八十”，这表明了清代在审理蒙古案件援引《刑例》时，会尊重蒙古的民族习惯做适当的变通与调适。[①] 这也充分彰显了清代蒙古地区法律的多元性，以及在实际运作过程中的灵活实用。

（三）题本反映的清代蒙古民俗习惯。本文所选取的题本除了具有清代蒙古法律史研究的史料价值外，还反映出当时蒙古社会的某些民俗习惯。如题本中出现的蒙古人的名字就有着一定的民俗意义，值得关注。[②] 毛脑海（满文拉丁字母转写为“moo nothai”），在蒙古语中的意思是“恶狗”“丑狗”，从字面意义上理解这似乎是一个“恶名”，但是在蒙古人的观念里，“毛脑海”却并非是贬义，狗作为一种重要的家畜往往也受到蒙古人的特别喜爱。蒙古人之所以会给孩子取一个类似的“贱名”，是希望孩子不被鬼怪纠缠而健康成长。另外，本案的凶手与受害者名字相同，均为“那孙”，显得颇为巧合。同时也体现出蒙古人中存在着不少的同名现象，而且披甲兵丁可以和闲散台吉使用相同的名字，表明至少在命名层面并没有太深的身份与地位的鸿沟。

另外，在蒙古地区阴历十二月中旬气候已相当寒冷，闲散台吉那孙和他的舅父陶吉以及毛脑海三人却在购物返回的路上于野外饮酒，还邀请巧遇的披甲人那孙一同畅饮，足见蒙古人热情豪爽、豪迈奔放的性格。但陶吉不胜酒力却不加节制，饮醉后竟然在隆冬之夜席地熟睡；至于披甲人那孙与闲散台吉那孙更是酒后失态，互相殴打以至于酿成惨剧，这又反映出蒙古人嗜酒以及酒后行为有失检点的一面。[③]

---

① 关于蒙古鞭刑的传统，可参见牛嘉、韩中义：《蒙古时期鞭刑略探》，《西部蒙古论坛》2008 年第 3 期。

② 本案的审判官员主事七十九（其族属应为“八旗蒙古”或者“八旗满洲”二者之一）的名字同样具有民俗意义，大概是其出生那年，他的祖父虚岁为七十九岁，故而将其命名为“七十九”。

③ 清廷为了体现对蒙古民族习惯法的尊重，对于蒙古人酒后犯罪一般会给予从轻处罚，这客观上也助长了其酒后行为之不检［参见吴振平、海棠：《清朝对蒙古地区的立法原则探微》，《内蒙古大学学报》（人文社会科学版）1999 年第 3 期，第 88 页］。

三、满文题本拉丁字母转写及汉译

(一)《兼管理藩院事务兵部尚书福隆安等题议鄂尔多斯贝子旗披甲那孙殴毙人命按律拟绞监候秋后处决本》拉丁字母转写

[第 400 页下]

nasun be beidehe songkoi tatame wara weile tuhebufi gindana de horifi bolori be aliyafi wa. gūwa be gisurehe songkoi obu.

wesimburengge

taidzi taiboo, hebei amban, hiya kadalara dorgi amban, coohai jurgan i aliha amban, dorgi faidan be kadalara yamun i uheri tuwara amban, weilere jurgan tulergi golo be dasara jurgan i baita be kamcifi kadalara, yafahan coohai uheri da, booi amban, ilan namun i baita be kadalame icihiyara, uju jergi tondo baturu gung, hošoi efu amban fulungga sei beidere jurgan i jergi yamun i emgi acafi gingguleme wesimburengge. niyalma be fesheleme bucebuhe weilengge niyalma be beidefi weile toktobure jalin.

šen mu detefi monggo irgen i baita be icihiyara ejeku hafan cišigio baci alibume benjihe bithede. boolara jalin. abkai wehiyehe i dehi emuci aniya ilan /401 上/ biyai gūsin de. amba jurgan ci afabume unggihe bithede. sula taiji nasun be fesheleme bucebuhe uksin nasun wei niru, ya taiji i jušen albatu be umai getukeleme tucibuhekū bime weile tuhebure de damu taiji nasun sula taiji be dahame. giyan i uksin nasun be an i niyalmai adali weile tuhebuci acambi sehe gojime. ya kooli be yarume icihiyaha babe inu umai kooli hacin be tucibuhekū. jurgan ci kimcime toktobure de mangga be dahame harangga ejeku hafan cišigio de afabufi hūdun getukeleme baicafi boolajiha erinde jai kimcime toktobuki seme.

afabume unggihe be dahame fiyenten i hafan uthai harangga jasak beise namjaldorji de baicaname yabubufi. sirame harangga jasak namjaldorji i alibume boolajiha bade. bucehe nasun sungdui niru niyalma jergi /401 下/ bahara unde sula taiji. weilengge uksin nasun delgerenggui nirui taiji gumbudorji i harangga albatu inu umai bucehe nasun i harangga albatu waka seme boolajihabi.

fiyenten i hafan geli harangga jasak beise namjaldorji, fu gu hiyan i hiyan i saraci ye lu i emgi weilengge uksin nasun sebe gindana ci tucibufi yargiyalame beideci. bucehe nasun i eniye jabuhangge mini gebu bomtoger bi jasak beise namjaldorji gūsai sungdui niru niyalma. bucehe nasun mini ahūngga jui, taiji jergi bahara unde. minde kemuni ajige jui bi. jorgon biyai juwan ninggun i erde, sarim jifi alaha bade, mini jui nasun moo nothai kemuni mini deo tooji i sasa, tofohon de ma di geo ci hūcisiri sere bade isinafi. ceni ilan niyalma arki omicara de / 402 上/ uksin nasun be ucarafi. ceni duin niyalma uhei omicara de mini jui nasun uksin nasun i baru arki malu be durime temšere turgunde, ceni juwe niyalma ishunde becunume tantame , mini jui be feshelefi koro bahafi bucehe seme alaha. gosici ergen todabureo sembi.

tooji i jabuhangge, bi ere aniya dehi nadan se, bomtoger oci buya niyalma eyun, bucehe nasun mini tara jui, jorgon biyai tofohon de bi ma di geo ci booi baru marire de moo nothai mini tara jui nasun sabe ucarafi, meni ilan niyalma sasari yabume hūcisiri sere bade isinafi, mini tara jui nasun i gamaha arki malu be tucibufi, enduri be wecefi , arki omire de an i ucuri takara uksin nasun be /402 下/ sabufi be hūlame jifi ishunde omicara de, bi neneme soktofi na de dedufi amgaha , ce ai turgunde becunume tantara be bi fuhali sarakū, dobori dulin de, bi teni getefi, mini tara jui nasun na de dedure be sabufi, ibefi eitereme hūlaci jaburakū, geli kimcime tuwaci teni bucehe be saha, tere nerginde moo nothai inu tubade akū, ede bi neneme marifi niyalma be takūrafi mini eyun de mejige isibufi, bi dasame giran i bade isinjifi, moo nothai inu jihe bi uthai nasun adarame bucehe babe fonjire jakade, i uksin nasun i baru arki malu durime temšere turgunde tantanume, uksin nasun de feshelebufi, koro bahafi bucehe seme alaha de bi teni bahafi saha, ede meni juwe /403 上/ nofi giran be tuwakiyahabi, yargiyan tašan be moo nothai de fonjici enderakū sembi.

moo nothai i jabuhangge, buya niyalma ere aniya orin se, mini ama eme gemu akū oho, jorgon biyai tofohon de bi ma di geo ci boode mariki serede, sula taiji nasun tooji sebe ucaraha, be an i ucuri takame ofi, meni ilan niyalma sasari boode mariki seme, yabume hūcisiri sere bade isinafi teyere de bucehe nasun ini gamaha arki malu be tucibufi, enduri be wecefi, membe omibure nerginde an i ucuri takara uksin nasun be sabufi, hūlame jifi uhei omime, yamjishūn ofi sula taiji nasun arki malu be gaifi yoki sere jakade, uksin nasun i gisun muse wacihiyame omiki sefi sula taiji /403 下/ nasun bi kemuni udu funcebufi boode gamambi sehebe uksin nasun inu soktoho emdubei ojorakū sere turgunde, ceni juwe nofi uthai durime deribuhe tere sidende tooji emgeri soktofi na de dedufi hiri amgaha, gūnihakū, arki malu na de tuhefi meijehebi, ede sula taiji nasun uksin nasun i baru ishunde balai tantame fesheleme deribuhe, bi eitereme tafulacibe ele tantanume daišaha turgunde, bi uksin nasun i fisa i amargi ci juwe gala be tebeliyehe, sula taiji nasun ishun ci aburame dosifi tantaki serede, uksin nasun uthai bethe tukiyefi feshelehe taiji nasun geli aburame ibeme uksin nasun de emgeri feshelebure jakade sula taiji nasun ara seme hūlafi na de tuheke ede bi gala sindafi ekšeme /404 上/ taiji nasun be tuwaci i uthai gisun gisureme muterakū oho, uksin nasun uthai morilafi genehe bi tuwakiyame dobori dulin de taiji nasun teni bucehe, tere fonde tooji subure unde, hūlaci geterakū, bi morin be kutulefi, boode marifi sarim de si taiji nasun i eme de mejige isibu seme alafi, bi dasame giran i bade isinjifi, tooji teni subufi getehe taiji nasun adarame bucehe seme minde fonjire jakade uksin nasun i baru adarame jamarame tantara adarame uksin nasun de feshelebufi koro bahafi bucehe, bi boode marifi mejige isibuha babe gemu alaha bihe, tereci meni juwe nofi giran be tuwakiyahangge yargiyan sembi.

uksin nasun i jabuhangge, buya niyalma gebu nasun beise namjaldorji gūsai delgerenggui nirui /404 下/ taiji gumbudorji i albatu ere aniya orin uyun se mini ama eme gemu akū oho ahūn deo inu akū damu sargan bi, juse inu akū, bi sula taiji nasun i baru an i ucuri banjirengge sain umai kimun akū. duleke aniya jorgon biyai tofohon de, buya niyalma bi ma di geo sere bade hiyan i jergi jaka be udame genere de hūcisiri sere bade isinafi sula taiji nasun tooji moo nothai ilan niyalma gemu tubade arki omihabi, ce mimbe hūlafi sasa omibure jakade bi inu sasa teceme omiha bihe, omihai yamjishūn erinde, tooji soktofi uthai dalbade amgaha sula taiji nasun arki malu i angga be sibufi boode gamaki sere jakade bi uthai ini /405 上/ baru funcehe arki labdu akū, wacihiyame omiki serede i fuhali ojorakū ede bi ini baru durime gaire de gūnihakū, arki malu na de tuhefi meijehe turgunde i uthai fancafi toome aburame ibefi mimbe tantara de bi šosiha be gaifi sujara de i ele jilidafi balai jamarame šukilame mimbe tantambi tere fonde buya niyalma inu soktoho, meni juwe nofi ishunde šukilara feshelere be moo nothai tafulame ilibume muterakū ofi mini fisa i amargici mini gala be suwaliyame tebeliyehe sula taiji nasun geli aburame dosifi mimbe tantara jakade mini gala aššame muterakū de bi emgeri feshelehe ede i ele jilidafi geli aburame emdubei mimbe tantara turgunde bi yargiyan i hafirabufi bi geli /405 下/ imbe feshelehe de, taiji nasun ara seme hūlafi na de tuheke manggi, moo nothai teni mimbe sindaha tere fonde i mimbe gelebume holtombi seme gūniha, bi uthai morilafi ma di geo sere ba i baru genehe tere fonde bi inu soktofi meni juwe nofi balai ishunde tantara feshelere jakade ini ya babe feshelehe be ejeme muterakū moo nothai mini juwe gala be tebeliyefi bi ini baru šukilame muterakū bime sula taiji nasun geli emdubei aburame mimbe tantara jakade bi hafirabufi juwe mudan feshelehengge yargiyan juwan uyun de boode isinafi, beise damba kundu be takūrafi mimbe jafahabi buya niyalma soktofi ishunde tantame becunure de bucebuhengge yargiyan umai gūnin bifi tantame bucebuhengge waka /406 上/ damu kesi be baimbi sembi.

edegeli moo nothai sini gala be tebeliyefi si juwe mudan feshelehe, emgeri šusihalame tantaha sembi, ne tuwame tucibuhe feye jakūn ba bi, ere gemu sini beyei teile feshelehe tantahanggeo kemuni gūwa niyalmai aisilame tantahanggeo seme mohobume fonjici.

uksin nasun i jabuha bade buya niyalma arki omire de, damu ini nakcu tooji, kemuni moo nothai bi uheri duin niyalma bihe, buya niyalma sula taiji nasun i baru arki malu be durime gaire jalin bucunume tantara de, buya niyalma soktofi neneme imbe udunggeri tantahangge yargiyan amala moo nothai mimbe tebeliyefi, sula taiji nasun geli aburame mimbe tantara jakade, buya niyalma hafirabufi geli juwe mudan feshelehengge yargiyan tere /406 下/ nerginde, tooji soktofi dalbade amgaha moo nothai buya niyalma be tebeliyeme tafulambi, umai gūwa niyalma akū, ne bisire feye gemu buya niyalma beyei teile feshelehe tantahangge bi ai gelhun akū holtome jabumbi, ere gemu buya niyalmai yargiyan jabun, bi cihanggai weile alime gaimbi sembi.

geli dahūn dahūn i beideci kemuni neneme jabuha songkoi acinggiyarakū jabumbi, baicaci beidere fafun i bithede, harangga kadalarangge waka sunjaci jergi ci wesihun hafan be argai waci bai niyalmai argai waha kooli songkoi weile gisure sehebi, geli baicaci, monggo fafun i bithede, yaya becunume tantaha de ujelefi susai inenggi dolo buceci, tantaha niyalma be tatame wa gindana de horifi aliya sehebi, te bucehe nasun serengge jergi akū sula /407 上/ taiji emu gūsa bicibe, niru giyalabuhabi, umai harangga taiji waka, weilengge uksin nasun delgerenggui nirui taiji gumbudorji i albatu umai bucehe sula taiji nasun i harangga albatu waka bime geli ishunde omicame soktofi arki malu be durime gaire jalin ishunde becunume deribufi sula taiji nasun i duhen babe feshelefi nerginde bucebuhe be dahame weilengge uksin nasun be uthai monggo fafun i bithei songkoi an i jergi niyalma ishunde becunume tantame waha kooli songkoi tatame wara weile tuhebufi, gindana de horifi bolori be aliyafi tatame waki, jai sasa arki omire monggo tooji soktofi hiri amgaha moo nothai uksin nasun be tebeliyeme tafulaha jabduhakū de bucebure de isibuha be dahame monggo tooji moo nothai be gemu gisurere ba /407 下/ akū obuki, acanara acanarakū babe amba jurgan ci toktobume icihiyaha erinde, dahame yabuki sembi seme alibuhabi.

amban bebeidere jurgan, uheri be baicara yamun, beiden be tuwancihiyara yamun i emgi acafi duilehengge, šen mu de tefi monggo irgen i baita be icihiyara ejeku hafan cišigio i baci alibume benjihe bithede, ordos namjaldorji gūsai sula taiji nasun uksin nasun de tantame bucebuhe emu baita be beideci uksin nasun i jaburengge, bi delgerenggui nirui taiji gumbudorji i albatu ere aniya orin uyun se ama eme ahūn deo akū damu sargan teile bi, ere sula taiji nasun sungdui nirui niyalma bi an i ucuri sula taiji nasun i emgi umesi /408 上/ sain, umai kemun akū, duleke aniya jorgon biyai tofohon de, bi ma di geo sere bade jaka udame genere de, hūcisiri sere bade isinafi sula taiji nasun jai tooji moo nothai i jergi ilan niyalma tubade omicara be ucarafi, mimbe sasa omicakini seme anahūnjara de bi tesei emgi omicahai abka yamjifi tooji soktofi dalbade amgaha sula taiji nasun funcehe arki be boode gamafi jai omicaki seme arki malu be jafafi yabuki serede, mini gisun funcehe arki labdu akū oho, omime wacifi jai yabuki serede, sula taiji nasun ojorakū ofi bi ini baru temšeme becunure de nasun mimbe tantara de bi inu nasun be balai tantaha feshelehe, moo nothai membe tafulame facabume /408 下/ muterakū turgunde moo nothai mimbe amargici tebeliyehe sula taiji nasun ishun ci aburame dosifi tantaki serede bi bethei ici emgeri feshelehe de ini duhen i bade goifi, uthai na de tuhefi bucehebi, damu bi soktoho meni juwe niyalma ishunde balai tantanure de, imbe udu ba feye araha be sarakū umai gūnin bifi sula taiji nasun be tantame bucebuhengge waka seme jabumbi. tooji be beideci jaburengge bi ere aniya dehi nadan se bi ma di geo ci boode marire de, hūcisiri sere bade mini ina sula taiji nasun moo nothai sebe ucarafi ishunde arki omicara de an i ucuri takara uksin nasun be ucarafi anahūnjafi emu bade sasa arki omicara de bi neneme soktofi uthai /409 上/ dalbade amgaha, ce adarame becunuhe, uksin nasun sula taiji nasun be tantame bucebuhe babe bi sarakūngge yargiyan seme jabumbi. moo nothai be beideci, gemu weilengge niyalma uksin nasun i emu songkoi jabumbi seme beidefi, uksin nasun be monggo fafun i bithei songkoi tatame wara weile tuhebufi, gindana de horifi bolori be aliyafi tatame waki sasa arki omire tooji soktofi amgaha moo nothai uksin nasun be tebeliyeme tafulaha jabduhakū de bucebure de isibuha be dahame, gemu gisurere ba akū obuki seme benjihebi.

baicaci monggo fafun i bithede, yaya becunume tantaha de feye ujelefi susai inenggi dolo buceci, tantanha niyalma be tatame wa, gindana de horifi aliya, geli beidere fafun i bithede, harangga kadalarangge /409 下/ waka sunjaci jergi ci wesihun hafan be tantame bucebuci, yaya niyalma becunume tantaha songkoi gisurere, geli niyalma be nungnere be sambime tafulame ilibume muterakū oci, jakūnju šuwarkiyan tanta sehebi, geli baicaci, uksin nasun delgerenggui nirui taiji gumbudorji i albatu, umai sula taiji nasun i harangga niyalma waka be dahame, giyan i yaya niyalma becunume tantaha songkoi weile tuhebuci acambi, te šen mu de tehe ejeku hanfan cišigio baci, uksin nasun sula taiji nasun be fesheleme bucebuhe turgunde, monggo fafun i bithei songkoi tatame wara weile tuhebufi, gindana de horifi, bolori be aliyafi tatame wara, tooji soktofi dalbade hiri amgaha turgunde, gisurere ba akū obure babe beidefi boolajihangge kooli de acanaha be dahame, uksin nasun, tooji sebe gemu /410 上/ harangga ejeku hafan cišigio i tuhebuhe songkoi wacihiyabureci tulgiyen, moo nothai dalbade bimbime, umai tafulame fakcabuhakū sula taiji nasun feshelefi bucere de isibuha be dahame, an i fafun i bithei songkoi jakūnju šuwarkiyan tantaki, monggo be dahame, jakūnju šusiha tantaki, jai ere baita tulergi golo be dasara jurgan ci alifi jise toktobuha babe, giyan i suwaliyame getukeleme tucibuci acambi, amban meni cisui gamara ba waka ofi, gingguleme wesimbuhe.

hese be baimbi.

/410 下/ abkai wehiyehe dehi emuci aniya ninggun biyai ice sunja.

taidzi taiboo, hebei amban, gocin amban , hiya kadalara dorgi amban, coohai jurgan i aliha amban, gulu šanyan i manju gūsai gūsa be kadalara amban, booigon i jurgan i ilan namun i baita be kadalame icihiyara, weilere jurgan tulergi golo be dasara jurgan i baita be kamcifi kadalara, dorgi baita be uheri kadalara yamun i booi amban, yafahan coohai uheri da, dorgi faidan be kadalara yamun i uheri tuwara amban, silin dacungga kūwaran i hafan cooha be uheri kadalara amban, buku keifu i baita be kadalame icihiyara, dergi amsu cai boo, yang sin diyan i weilere arara ba fayasi jurgan, dorgi belhere yamun i baita be uheri kadalara, iowan ming yuwan i jakūn gūsa booi ilan gūsai hafan cooha be uheri kadalara amban, hošoi efu, uju jergi /411 上/ tondo baturu gung amban fulungga.

taidzi šoboo, hebei amban, gocin amban , hiya kadalara dorgi amban, booigon i jurgan i aliha amban, coohai jurgan tulergi golo be dasara jurgan i aliha amban i baita be daiselame icihiyara, dorgi baita be uheri kadalara yamun i booi amban, manju tuwai agūrai kūwaran buku keifu i baita be kadalara amban, booigon i jurgan i ilan namun i baita be kadalame icihiyara, kubuhe lamun i monggo gūsai gūsa be kadalara amban, dacun kiyangkiyan sirangga baturu gung amban fengšengge.

hashū ergi ashan i amban, gulu suwayan i monggo gūsai meire i janggin sidan niru janggin, coohai gungge de sunja jergi nonggiha, coohai gungge de duin jergi ejehe emu jergi nonggiha jakūn jergi ejehe amban becingge.

icihiyara hafan amban fulai.

icihiyara hafan amban decing.

aisilakū hafan amban haraldai.

/411 下/ aisilakū hafan amban lešan.

ejekū hafan amban fušengge.

aliha bithei da beidere jurgan i baita be kadalame icihiyara amban šuhede.

aliha amban amban ingliyan.

hashū ergi ashan i amban amban ayangga.

iciergi ashan i amban amban defu.

aisilakū hafan amban ulingga.

uheri be baicara yamun i hashū ergi alifi baicara amban amban surne.

ashan i baicara amban amban □□.

ashan i baicara amban amban yohai.

baicame tuwara hafan amban mingšan.

beiden be tuwancihiyara yamun i aliha hafan amban dacun.

ilhi hafan amban deceng.

sirame hafan amban fuju.

（二）《兼管理藩院事务兵部尚书福隆安等题议鄂尔多斯贝子旗披甲那孙殴毙人命按律拟绞监候秋后处决本》汉译文

［第400页下］（御批：）那孙按律拟绞监候，秋后处决。余依议。

呈奏

太子太保，议政大臣，领侍卫内大臣，兵部尚书，总理銮仪卫大臣，兼管工部、理藩院事务，步兵统领，内务府总管，管理三库事务，一等忠勇公，和硕额驸臣福隆安等与刑部等衙门会议谨奏，为踢死人之罪犯定罪事。

驻神木办理蒙古事务主事七十九（人名）呈文称，乾隆四十一年三月三十日，（第401页上）大部（理藩院）札文内称，踢死闲散台吉那孙之披甲那孙为何牛录何台吉之属民全然没有叙明，拟罪时既然台吉那孙为闲散台吉，因而理应将披甲那孙依杀平人拟罪，但援何例惩处亦未陈明。故经院议定后委任该主事七十九迅速查明来报，再予酌定。

委任到后，司官即令该扎萨克贝子纳木扎勒多尔济前去查勘，该扎萨克纳木扎勒多尔济报称，死者那孙为松都伊牛录未封等级之闲散台吉，（第401页下）罪犯披甲那孙为得勒戈楞古伊牛录台吉古木布多尔济之属民，绝非是死者那孙之属民。等因。呈报之后。

司官又会同该扎萨克贝子纳木扎勒多尔济、府谷县知县叶鲁将罪犯披甲那孙一干人等从牢里提出详审。死者那孙之母供曰，我名为宝木陶格尔，是扎萨克贝子纳木扎勒多尔济旗下松都伊牛录之人。死者那孙是我长子，为未封等级之闲散台吉，此外我还有一幼子。腊月十六日晨，萨里木来报信称，我儿那孙同毛脑海、还有我的弟弟陶吉一起于十五日自马蹄口来至名为呼察西里[①]之地方，在他们三人饮酒之时遇见了披甲那孙，（第 402 页上）遂四人共饮，其间因我儿那孙与披甲那孙争抢酒瓶以致相互殴打，我儿被踢伤致死。请怜悯偿命。

陶吉供曰，我今年四十七岁，宝木陶格尔为小人之姊，死者那孙为我外甥，十二月十五日我从马蹄口返家途中，得遇毛脑海及外甥那孙二人，我三人遂同行至名为呼察西里的地方，我的外甥取出所携带之酒瓶，祭神后三人共饮，这时看到了平素相识的披甲那孙，（第 402 页下）故招来同饮。我最先醉倒席地而睡，他们因何斗殴我全然不知，半夜时分，我方醒来，看见我的外甥那孙躺于地上，近前再三呼叫其全无回应，又仔细查看方知已然死去。彼时毛脑海亦不知去向，因而我返回家中，遣人报信于姐姐。其后我又来至尸体所在之处，毛脑海亦来至此，遂向其询问那孙因何而死。其言曰，因为披甲那孙抢夺酒瓶之故二人互殴，被披甲那孙踢伤致死，至此我方知其死因，后我二人一同看守尸体。(第 403 页上）我言之真假若问毛脑海则不辩自明。

毛脑海供称，小人今年二十岁，父母俱已过世，十二月十五日，我从马蹄口返家途中，得遇闲散台吉那孙及陶吉二人，因我们平素熟识，故三人一同返家。行至名为呼察西里的地方休息之时，死者那孙取出其携来之酒瓶，我们遂祭神后共饮。这时，又得遇平素相识的披甲那孙，因而招其来一同饮酒。日暮时分，闲散台吉那孙收起酒瓶欲走，披甲那孙却言说我们喝尽再走，闲散台吉那孙则曰欲剩些酒带回家中，（第 403 页下）披甲那孙此时亦醉执意不从，故而二人争抢酒瓶。彼时，陶吉已经醉倒在地熟睡不醒。不料，酒瓶却（在争抢时）落地摔碎，因而闲散台吉那孙与披甲那孙互相胡乱踢打起来，我虽再三劝阻，二人互殴反

---

① 该地名满文拉丁字母转写为“hūcisiri”，金海等学者将其汉译为“呼察西里”，见金海等编译：《准格尔旗扎萨克衙门档案译编》（第一辑），呼和浩特：内蒙古人民出版社，2007 年，第 208 页。

而更加严重，我只好自披甲那孙背后抱住其双手，这时闲散台吉那孙仍旧胡乱厮打，披甲那孙亦抬腿还击，当闲散台吉那孙又一次扑来厮打之时，披甲那孙也再次向台吉那孙踢去，只听得闲散台吉那孙“哎呀”一声惨叫，随即倒地不起。我即松开（披甲那孙）之手，急忙去查看台吉那孙之伤情，（第 404 页上）见其已不能言语。披甲那孙则随即上马离去，我看守至夜半时分台吉那孙方为断气。那时陶吉仍旧酒醉不醒，我只好上马回家，并让萨里木报信于台吉那孙之母，其后，我又来至尸体所在之处，此时陶吉已经酒醒，并问我台吉那孙因何而死，我便将其与披甲那孙如何争吵殴打、如何被披甲那孙踢伤致死，以及我已返家报信等事一一告知陶吉，之后我二人一同看守尸体。小人所言句句属实。

披甲那孙供称，小人名为那孙，是贝子纳木扎勒多尔济旗下得勒戈楞古伊牛录台吉古木布多尔济之属民，（第 404 页下）今年二十九岁，父母俱已过世，亦无兄弟，唯有一妻，尚无子嗣。我与闲散台吉那孙平素相处很好，绝无仇怨。去年十二月十五日，小人前往马蹄口欲买香等物件，行至名为呼察西里地方，看见闲散台吉那孙、陶吉、毛脑海三人在此饮酒，因他三人叫我来一同饮酒，我遂与他们同坐共饮。饮至日暮时分，陶吉已醉睡于一旁，闲散台吉那孙塞上瓶口并言说将把（剩下的酒）带回家中。我向其说道，所剩之酒已经不多，（第 405 页上）莫如饮尽再走。可他却执意不肯，因而我向他抢夺酒瓶，不料，酒瓶却落地摔碎，台吉那孙因而大怒口出恶言并扑上来打我，我便持鞭相抵，他愈加愤怒，胡乱出拳打我。那时小人亦醉，我二人遂厮打起来，毛脑海解劝不住，故从背后抱住我双手，闲散台吉那孙又进前打我，我因双手不能动弹，遂抬脚踢他，台吉那孙更加怒不可遏，一再进前打我，我被逼无奈便又踢他一脚，（第 405 页下）但听得他“哎呀”一声倒在地上，然后毛脑海才放开我。那时我以为是台吉那孙吓唬哄骗于我，就径自上马奔马蹄口而去，而且我当时已醉，我二人因何厮打、踢伤其何处均已不能记得。毛脑海抱住我双手，故而我无法出拳还击，闲散台吉那孙又一再扑来打我，我被逼无奈两次抬脚踢他，均是实情。十九日，我返回家中，贝子达姆巴派遣昆都将我捉拿。小人因醉酒殴伤人命属实，但绝非是有意害人性命，（第406页上）唯请施恩宽恕。

又讯问披甲那孙道，尔言说毛脑海抱住尔之双手，你踢了两脚，打了一鞭子，如今却查明死者身上有八处伤口，此是尔一人所为，还是另有帮手？

披甲那孙供称，小人饮酒之时，唯有死者之舅父陶吉，以及毛脑海在场，一共只有四人。与闲散台吉那孙争夺酒瓶厮打时，小人已醉，的确是先打到台吉那孙几下，后来毛脑海将我抱住，台吉那孙又扑过来厮打，我被逼无奈又踢其两脚。其时，（第406页下）陶吉在旁醉睡，毛脑海正抱住小人劝架，因而绝对无有他人相助。所有伤口均是小人一人所为，我岂敢说谎？小人所言，句句属实，我情愿接受惩罚。

又再三审讯，仍坚供不移。查照刑部律例，若（行凶者）非其属人，即便是杀死五品以上官员，亦仅是以杀平常人之罪名拟罪。又查照蒙古律，“凡斗殴伤重五十日内死者，下手之人绞监候”。今死者那孙为无等级之闲散台吉，（第407页上）故虽为同旗之人，却属不同牛录。罪犯披甲那孙为得勒戈楞古伊牛录台吉古木布多尔济之属民，绝非是死者闲散台吉那孙之属民。又因一同醉饮且争抢酒瓶相互殴打，并踢中闲散台吉那孙腹部致其毙命，着将罪犯披甲那孙依蒙古律平人殴伤人命定以绞罪之例拟绞监候，此外一同饮酒之蒙古人陶吉（事发时）醉睡未醒，毛脑海抱住披甲那孙解劝不成，因而蒙古人陶吉与毛脑海皆无庸议。（第407页下）合否，待院拟定札付后，依照执行。等语。

臣等遂会同刑部、都察院、大理寺等衙门共审，据驻神木管理蒙古人事务主事七十九呈文称，“审理鄂尔多斯纳木扎勒多尔济旗下闲散台吉那孙被披甲那孙殴伤致死一案之时，披甲那孙供称，小人为得勒戈楞古伊牛录台吉古木布多尔济之属民，今年二十九岁，父母兄弟俱无，唯有一妻。闲散台吉那孙为松都伊牛录之人，我平素与其相处很好，（第408页上）并无仇怨。去年十二月十五日，我前往马蹄口购买物件，行至名为呼察西里之地时，得遇闲散台吉那孙、陶吉、毛脑海三人在此饮酒。他们邀我一同饮酒，我便同坐与其饮酒，饮至日暮时分，陶吉已醉睡于旁，闲散台吉那孙言说欲将饮剩之酒带回家中再饮，并拿起酒瓶欲走。我言说所剩之酒已经不多，莫如饮尽再走。闲散台吉那孙却执意不肯，因而我向其抢夺酒瓶且厮打起来，那孙打我，我亦胡乱踢打还击。毛脑海因无法劝开我二人，（第408页下）遂从背后将我抱住，台吉那孙又进前打我，我便抬腿踢他一脚，正中其腹部，他随即倒地而死。其时我已酒醉，在我们厮打之时，究竟造成他几处伤口我亦不知，但绝非是有意将闲散台吉那孙殴伤致死。又审讯陶吉，其供称，我今年四十七岁，（那日）我从马蹄口返家途中，于名为呼察西里地方得遇我的外甥闲散台吉那孙和毛脑海，便一同饮酒，这时，又看见平素相识之披甲那孙，便邀他来共饮。我先饮醉且熟睡于旁，（第409页上）他们因何厮打，以及披甲那孙将闲散台吉那孙打死之事，我委实不知。毛脑海所供与罪犯披甲那孙之供词并无二致，故依照蒙古律将披甲那孙拟绞监候。一同饮酒的陶吉醉倒熟睡，毛脑海抱住披甲那孙劝解不成，均无庸议”等语。呈送至院。

查照蒙古律例载，“凡斗殴伤重五十日内死者，下手之人绞监候”。又查照刑例，若非其属人，（第409页下）即便是杀死五品以上官员，亦仅是以杀平常人之例议罪；且查得，明知行凶杀人而未能劝阻者，处以杖八十。又查披甲那孙为得勒戈楞古伊牛录台吉古木布多尔济之属民，绝非是闲散台吉那孙之属民，因而理应照平常人斗殴之例拟罪。今驻神木主事七十九呈报，因披甲那孙将闲散台吉那孙踢死，依蒙古律判处其拟绞监候；陶吉在旁醉睡，故无庸议。其所呈报审理事项与例相符，故除披甲那孙、陶吉均依该主事七十九之判处拟罪完结外，（第410页上）毛脑海（案发时）在场却未能解劝，致使闲散台吉那孙被踢伤殒命，依常例（刑部律例）应“杖八十”，以蒙古人故，改以“鞭八十”。又此事合该由理藩院拟奏一并呈报，臣等莫敢专擅，谨奏请旨。

（第410页下）乾隆四十一年六月初五日

太子太保，议政大臣，御前大臣，领侍卫内大臣，兵部尚书，正白旗满洲都统，管理户部三库事务，兼管工部、理藩院事务，总管内务府大臣，步兵统领，总理銮仪卫大臣，健锐营总领大臣，管理善捕营事务，尚膳正，养心殿造办处总管大臣，奉宸院总管，圆明园八旗内务府三旗护军营总统，和硕额驸，一等忠勇公臣福隆安；①（第411页上）

太子少保，议政大臣，御前大臣，领侍卫内大臣，户部尚书，署理兵部理藩院尚书，总管内务府大臣，总统满洲火器营、善捕营，管理户部三库事务，镶蓝旗蒙古都统，世袭果毅公臣丰升额；

左侍郎，正黄旗蒙古副都统、公中佐领，因军功加五级，记录四次，加一级，记录八次臣博清额；

郎中臣福来；

郎中臣德庆；

员外郎臣哈拉勒代；

（第411页下）员外郎臣勒善；

主事臣富升额；

大学士管刑部事务臣舒赫德；

尚书臣英廉；

左侍郎臣阿扬阿；

---

① 按：题本末尾中联合署名的官员其名字大部分参照《清史稿》《清实录》等文献作出汉译，个别较低品级官员的名字笔者未见到相关汉文文献记载，遂依据满文人名的汉译习惯而给予译写。

右侍郎臣德福；
员外郎臣乌龄阿；
都察院左都御史臣苏日额；
副都御史臣□□；
副都御史臣岳海；
监察御史臣明善；
大理寺正卿臣达椿；
少卿臣德承；
监丞臣福朱。

附识：本文是在笔者的博士课程《北方民族史史料研读》期末论文的基础上修改而成，关于满文题本的汉译部分导师达力扎布教授多有教正，特此致谢！文中若有不确之处，则由笔者本人承担完全责任。

四川总督与乾隆朝第二次金川战争的爆发

中国人民大学国学院西域历史语言研究所　张　闶

摘　要：乾隆朝第一次金川战争结束后，如何妥善处理番务，保障川西土司地区的稳定是每一任四川总督的重要职责。本文认为，四川总督处理番务能力的高低，与第二次金川战争的爆发之间存在密切联系。两次金川战争之间共有四位总督，策楞、黄廷桂熟悉番情，处事果断，基本维护了川西土司地区的稳定。而开泰、阿尔泰则迷恋“以番攻番”，大大激化了土司之间的矛盾，使清廷逐步深度介入土司事务，对第二次金川战争的爆发负有不可推卸的责任。

关键词：四川总督；杂谷事件；金川战争

清朝乾隆年间，位于四川省西北部的大小金川土司地区爆发了两场战争，第一次战争时间为乾隆十二年至十四年（1747—1749），第二次战争时间为乾隆三十六年至四十一年（1771—1776）。这两场战争的持续时间之长，兵力投入之巨，军费开支之大，为清朝前期战争所罕见，因此历来吸引着学者的关注。①

---

① 研究现状主要见徐法言：《乾隆朝金川战役研究评述》，《清史研究》2011 年第 4 期。另外，曾现江：《嘉绒研究综述》，《西藏研究》2004 年第 2 期；叶小琴：《近六十年来嘉绒十八土司研究综述》，《西藏民族学院学报》（哲学社会科学版）2012 年第 4 期；邹立波：《国外嘉绒研究的回顾与反思》，《思想战线》2014 年第 4 期等文章，也部分涉及金川战争。

其中，为何在第一次战争结束后 20 余年，两金川地区再次爆发战争，成为关注的焦点之一，学界已经从清廷、土司等角度进行了很多探讨。[①] 但是，四川总督与第二次金川战争的爆发之间有何关系，尚有待进一步探究。

这是因为，尽管战争的决策主要出自乾隆帝，但四川总督作为四川省的最高行政、军政长官，仍然具有相当大的自主权。四川与京师相隔千里，天高皇帝远，总督作为直接处理番务的负责人，具有很大的自由裁量空间。换言之，总督处理番务水平的高低，同川西土司地区的稳定有着密切联系。

两次战争之间，一共有四任总督，分别是策楞、黄廷桂、开泰和阿尔泰。考察他们对番务的处理，无疑会为我们了解第二次金川战争爆发的原因提供一个不同的视角。

一、策楞与杂谷事件

第一次金川战争时，经略讷亲因“贻误军机”被乾隆帝屡次斥责，后被乾隆帝下令用其祖遏必隆之刀斩于军前。而策楞，恰恰是讷亲之兄。在第一次金川战争结束后，乾隆帝令策楞担任四川总督，策楞背负的压力可想而知，在处理番务时十分谨慎。不过，策楞又有自己的主见，没有完全拘泥于乾隆帝的要求。

第一次战争后，维护川西地区的稳定是头等要务。策楞注意缓解清军和土司之间的矛盾，做出了一些减轻土司负担的举措。

松潘镇属之各番寨自归顺清朝以来，在额赋之外又有派纳青稞、小麦等项。这种额外的征收，给松潘镇各寨带来沉重负担，乾隆元年六月曾加恩蠲免。但是，松潘镇标记漳腊、叠溪、平番、小河等营地地处边寒，不产五谷，该镇“遂巧为筹划，议定

---

① 这方面最为精辟的论述，首推戴逸、华立：《一场得不偿失的战争——论乾隆朝金川之役》，《历史研究》1993 年第 3 期。

官价于兵丁米折内扣出银两，分发各番派买稞粮，运供兵食”。“自乾隆二年以来，每年酌量岁收之丰歉，以定采买之多寡。大约三四千石以至五六千石不等。”自瞻对和金川用兵以后，番民负担愈发沉重，难以承受，纷纷往成都控告，请求免除派买。松潘镇总兵马良柱认为，采买一事施行许久，现在却来要求免除，是少数番民的闹事行为。但策楞经过调查发现，事实并非如此。他上奏乾隆：“臣等伏思各番效顺有年，屡蒙圣恩，加意抚恤，务俾休养得所，岂容镇将等私行派累。虽稞粮给有价值，非同前此之私征，而派买滋扰究属违例。且现在番民已多不愿，更闻呷竹土千户所属之六关一处番蛮，有宁死不买之誓，此亟宜严行禁革者也。”① 最终，乾隆帝批准，日后凡各营发价私派番民认买粮石之处，永行禁革。

郭罗克土司长期“夹坝”（拦路抢劫之意），给清朝带来很大困扰。乾隆十六年，郭罗克派遣番人抢劫班禅额尔德尼和达赖喇嘛的队伍。几年之间，郭罗克在青海、甘肃、四川一带作案多起，严重威胁了入藏交通的安全。对此，策楞态度十分坚决，派遣熟悉番情人员前往晓谕，令其必须把清廷赏赐达赖喇嘛等的各件交回，不可生事。但仍谨慎地处理，权衡利弊，避免出兵。他非常赞同乾隆帝关于处理罗克夹坝问题的上渝：“该处乃通藏要路，不可听其恣行劫掠。是以应化诲约束，使之畏服，庶以禁其将来耳。用兵一事谈何容易，必当权其轻重，值与不值。彼并非骚扰边境，自无须轻用兵威，驯致不可收拾。亦非谓此时封疆宁谧，习于恬熙，以偃武为了事也。”② 应当说，这是比较务实的处理态度，轻易动兵很可能重蹈第一次战争的覆辙。

---

① 策楞、岳锺琪：《奏请禁派松潘番民认买粮石折》，乾隆十六年八月二十七日，国立故宫博物院印行：《宫中档乾隆朝奏折》第1辑，台北：国立故宫博物院，1982年，第524页。

② 策楞、岳锺琪：《奏报郭罗克番呈献赃物情形折》，乾隆十七年三月十七日，《宫中档乾隆朝奏折》第2辑，第456页。

策楞密切关注距离成都较近的土司，因为只有这个区域的土司才可能对省城成都带来直接威胁。瓦寺土司扩展势力，将成都府属之灌县三江口、寨子坪一带地方侵占，公然修筑城堡，建造衙署。这种挑衅性的行为为策楞所不能容忍，他“令其拆毁退地，并查勘定界，另招汉民垦种，应设汛防”①。

策楞在川督任上，处理的最重要的番务莫过于乾隆十七年对杂谷土司用兵。第一次金川战争中，杂谷土司苍旺从征有功，被授为宣慰司。此后的苍旺变得愈发狂妄自大，和众土司结怨。十七年四月，苍旺杀害头人易沙，并谋划杀害梭磨头人阿忠、卓克基头人阿甲，但梭磨土司勒儿悟和卓克基土司娘儿吉均不肯交出此二人，双方结怨，杂谷、梭磨、卓克基这三位原系共祖兄弟的土司同室操戈起来。八月，策楞、岳锺琪以剖断三家纠纷为名，率兵直抵杂谷脑，经过月余的战斗，苍旺被生擒后正法。此后，策楞、岳锺琪对杂谷实行改土归流。②

在战斗结束时，总兵马良柱上奏招抚杂谷黑水后番的情形，乾隆帝对马良柱的兵贵神速感到欣慰，他朱批：“如此兵威，何不指向之金川及今之郭罗克用之？将此旨寄策楞、岳锺琪知之。”③ 然而仅仅过了一个多月，乾隆突然态度大变，对策楞、岳锺琪如此办理杂谷事件感到十分不满，措辞相当严厉：

国家帑项正供于边防要计，应动用之处本不应惜费，然亦不可因一二好事之人以致虚靡，掷之无用之地。今既冒昧办理，则现在已费几何，将来每年需用几何，所入不偿所出者为数几

① 策楞、岳锺琪：《奏请抽拨官兵以资防范土司折》，乾隆十六年八月二十七日，《宫中档乾隆朝奏折》第1辑，第525页。

② 有关杂谷事件的过程，李涛：《试论清代乾隆年间的杂谷事件》，《西藏研究》1992年第1期和刘埠超：《乾隆朝杂谷事件及其善后事宜探》，苍铭主编：《民族史研究》第12辑，北京：中央民族大学出版社，2015年，第417—432页。两文已经有了详细论述，在此不再多费笔墨。

③ 马良柱：《奏陈招抚杂谷黑水后番情形折》，乾隆十七年十月十五日，《宫中档乾隆朝奏折》第4辑，第126页。

何？……

向时内外地界原属犁然，官兵尚有阑入番境需扰土司者，今即令此辈其地，益恐鱼肉番徒，一不相安，必致激成变故。况环蜀皆番，设或他处土司望风惊骇，谓天朝畏强凌弱，掩袭邀功，人怀疑惧，则开无益之疆，启莫大之衅，策楞、岳锺琪其能置身事外乎？①

这让策楞和岳锺琪觳觫不已，赶紧上了一份长奏折详细解释。岳锺琪在奏折最后写道："仰蒙我主上格外隆恩，放归田里，此生已属再造；金川之役，又蒙天恩录用，异数频加，臣即捐糜顶踵，实难报称。况臣犬马之齿，已近七旬，抵杂谷闹之后，得受瘴气失血，旧病复发，日呕数次。虽近已医痊，而自问报日有限，凡智虑所及及识见所到，但有关于国计民生，无不竭尽驽骀，实心报效，死而后已，又何敢存掩袭邀功之心？"②

一个多月以后，策楞在一份奏折上说杂谷用兵之所以成功，是乘了杂谷番众士心解体的好机会。但乾隆帝在此朱批："尔等不过乘人之危耳！"③ 足见其对策楞办理杂谷的轻蔑。因为此事，乾隆帝一怒之下将策楞调离四川总督的职位，转而由黄廷桂接任。

乾隆担心，杂谷事件可能导致大量财政支出，以有用之钱掷于无用之地，还可能因此令周边土司恐惧，开启大规模边衅。或许是受到乾隆帝这一看法影响，研究者虽然多对杂谷事件改土归流持肯定态度，但仍认为杂谷事件从战略全局上是错误的，打破

① 岳锺琪：《奏覆办理征杂谷及各土司并无惊骇情形折》，乾隆十七年十一月二十日，《宫中档乾隆朝奏折》第4辑，第364—365页。

② 岳锺琪：《奏覆办理征杂谷及各土司并无惊骇情形折》，乾隆十七年十一月二十日，《宫中档乾隆朝奏折》第4辑，第369页。

③ 策楞：《奏报平杂谷及郭罗克不必用兵原因折》，乾隆十七年十二月二十一日，《宫中档乾隆朝奏折》第4辑，第666页。

了川西土司的均势，为第二次金川战争爆发埋下伏笔。①

但是，这一主流观点，对策楞、岳锺琪的评价是不公正的。

第一，策楞、岳锺琪为官成熟老练，善于处理番务。上文列举了策楞、岳锺琪办理松潘镇私派番民认买粮石一案、郭罗克一案等，均比较妥当。且二人为第一次金川战争结束之后担任四川总督、提督，为保证川西安宁，处处汲取纪山、庆复、张广泗、讷亲等失败的教训。他们在办理杂谷时，曾对乾隆说：

> 臣策楞、臣岳锺琪俱系第一受恩深重之人，又曾身列行间，洞知瞻对金川前后用兵情形。四载以来，凡有事涉番情，每恐文武员弁好大喜功，或经理不善激成事端，无不仰体皇仁，时时事事亲为指授办理之法，总期宁人息事，边境肃清。乃不谓逆酋竟尔自速厥辜，一至于此，良缘夷性诡谲，止知畏威不知怀德。若非大加一番惩创，川省所在界邻蛮部终无以寒其胆而慑其非心。②

策楞和岳锺琪办理杂谷时如果没有充分把握，是不会轻举妄动的。策楞作为讷亲的兄长，讷亲血的教训就在眼前，他完全不必冒此风险。岳锺琪从雍正至乾隆年间几次大起大落，重任四川提督时已经近七十岁，为办理杂谷事件甚至染上瘴气吐血。如果时机不成熟，他又何必拼了这把老命呢？

---

① 如李涛在《试论清代乾隆年间的杂谷事件》一文中认为："嘉绒各土司中最为桀骜不驯的大金川土司未灭，就先铲除金川的主要对立面、一向对朝廷忠顺的杂谷土司，从政治上来说，认为是失策；从道义上来说，是避强凌弱，是利用土司内部不和睦而乘人之危的行为。"彭陟焱在《乾隆朝金川之役研究》（北京：民族出版社，2010年）第125—126页认为："杂谷一直是以金川土司的主要竞争对手及其遏制力量的身份出现的，且是嘉绒藏区唯一能制约大金川土司的力量，它的消失，意味着大金川的主要对手的消失，使金川土司从此在没有竞争对手的空间里自由发挥，尽情拓展。"贾霄锋在《藏区土司制度研究》（西宁：青海人民出版社，2010年）第313页认为："（杂谷事件）说明清地方官员未能领会清廷'均衡'政策的旨意，清政府并不想消灭金川土司的抗衡者——杂谷土司。"

② 策楞、岳锺琪：《奏报杂谷土司苍旺图谋不轨拟进剿折》，乾隆十七年八月二十二日，《宫中档乾隆朝奏折》第3辑，第649页。

第二，持这种论调的人，多把杂谷土司看作制约金川土司的主要力量，以为杂谷土司一倒，金川土司就更加肆无忌惮起来。但这种观点也很有问题。

川西土司之间的关系复杂而多变，相当不稳定。杂谷和金川确实曾长期不睦，但只需通过一次偶然的机会，就可以重归于好（如第二次战争前，大金川和小金川长期斗争，但联姻后迅速成为同盟就是明证）。指望两土司之间相互制约，清廷坐收其成，无疑有着巨大的变数与风险。即使两土司关系一直不好，杂谷也不是金川的对手。试想，清军用了五年时间才打下两金川，而只用了一个多月就平定杂谷，两者的军事实力怎么可能在一个水平线上？清军总兵马良柱深知“金川地虽不及杂谷之大，番民亦无杂谷之众，但系上下同心，番众用命，防范严密，是以攻克甚难，非若杂谷之残刻，上下离心者数年，人无斗志，进兵迅速，是以一鼓成擒也”①。因此，杂谷的实力远逊于金川，指望杂谷制约金川是不现实的。

第三，杂谷土司内斗伊始，策楞和岳锺琪原本先打算调停，“剀切化导，务令各释嫌疑，永归和好，以宁边陲”②，在逐渐了解到杂谷处于空虚的状态后，才决定迅速出兵将其平定。策楞和岳锺琪认为，杂谷土司苍旺虽然在金川战争中曾顺服清朝，做出了一定贡献，但这是见大兵压境时的权宜之计，其本怀有二心，在最初甚至“暗附逆酋”，沆瀣一气。且杂谷是嘉绒土司中最大者，如将其平定，对川西地区的安定大有裨益。

出于这种考虑，他们秘密调兵，以剖断三家曲直为名，直抵杂谷寨穴，扼其要隘，并于八月二十四日至二十六日在杂谷西北一带布兵，截断其勾结郭罗克的道路。在用兵的同时，他们还注

① 马良柱：《奏报金川杂谷郭罗克实在情形折》，乾隆十七年十二月十五日，《宫中档乾隆朝奏折》第4辑，第601页。

② 策楞、岳锺琪：《奏报办理杂梭卓三土司自相滋衅折》，乾隆十七年七月初四日，《宫中档乾隆朝奏折》第3辑，第291页。

意招徕番人，令马良柱负责招抚事宜，使各番人心悦诚服。

从打算调停到决心平定，中间只隔了一个多月的时间。在如此短的时间，要完成如此巨大的转变，不得不令人佩服策楞和岳锺琪的敏锐和果敢。这个机会稍纵即逝，稍有迟疑苍旺可能就有所戒备，付出的代价就会大大增加。在决心平定之后，迅速做了细致的筹备工作，不仅做好了军事准备，截断了杂谷一切去路，还招揽人心，使得杂谷番众和周边土司甘心效力。策楞和岳锺琪于九月十七日未时进兵，连夜攻剿，十九日就逼近松岗，擒获苍旺，兵贵神速可见一斑。这样雷厉风行的壮举，在两次金川战争中，少有统帅能够做到。他们二人做事果断坚决、干净利落，理应得到更高的评价。

第四，改土归流是历史发展的趋势，但总要有先有后，一个一个来。最先对哪个土司改土归流，则要看历史的机遇。如果按照杂谷改土归流打破土司均势的逻辑，那川西地区只能维持原状，因为只要对任何一个实力稍大的土司改土归流，都是对土司势力平衡的冲击。假设乾隆帝先对两金川改流成功，那岂不是也要批评只剩杂谷一家独大了呢？显然这是非常荒谬的。

周伟洲认为，雍正年间大规模改土归流，基本未涉及川边地区，主要原因在于“川边的地理环境复杂与藏族人口众多，清朝刚从青海蒙古和西藏地方接管该地区，不敢贸然改土归流，以免引起该地区藏族及西藏地方的反抗；同时，清廷还需要借助土司的力量来控制藏区，并利用土司所属之土兵东征西讨，而川边土司也多为清廷立功受赏，封官加爵，故其势日盛”①。在当时的条件下，川西地区大规模改土归流的时机并未成熟，只能抓住有限的机会，逐个进行。杂谷土司就是当时最好的对象。

杂谷土司距离内地较近，汉番杂处，语言、风俗受汉文化影

---

① 周伟洲：《试论清代松潘藏区的“改土设弁”》，收入氏著：《藏史论考》，兰州：兰州大学出版社，2010 年，第 156 页。

响较深。同时地广人稠，具有较大的辐射影响力。最重要的是，杂谷土司苍旺倒行逆施，致使内部离心离德，外强中干，具备了迅速平定的可能性。正是已经具备了如此良好的条件，对杂谷改土归流才能得以成功实施。

在杂谷设置五土屯，是清廷在川西第一次实行改土归流，未拘泥于雍正时期滇黔改土归流的经验，而是建立起了适应当地条件的土屯制度。杂谷改土归流获得了巨大的成功，设立的3000名屯兵拥有很强的战斗力，多次调遣征战。这一模式也为日后两金川改土归流提供了范本。

既然杂谷改土归流如此成功，那乾隆帝为什么还要怒斥策楞和岳锺琪呢？这主要是因为乾隆帝自己对善后之策考虑不周，对改土归流信心不足所致。在第一次金川战争之初，乾隆帝雄心勃勃，希望通过此战争不但平定金川，而且绥靖川边地区。但随着战局的僵持，乾隆帝的壮志屡受摧残，变得缩手缩脚，从计划改土归流到战后土地仍属之土司，经历了一个过山车式的改变。因此，他害怕杂谷改流后为清政府带来沉重财政负担，甚至成为引发川西不稳定的导火线。但是，由于策楞和岳锺琪考虑极为周密，避免了一切可能出现的问题，乾隆帝的担心从未出现。

最后，杂谷事件和两次金川战争相比，真可谓“成败异变，功业相反”。杂谷事件仅历时一个多月，调兵4000余人，花费白银21000余两，就达到改土归流的效果。两次金川战争共历时8年，调动20余万军队，耗费军饷8000余万两，最终也只是将两金川改土归流而已。两者结果类似，但耗费的代价可是天壤之别。

尽管两次金川战争早已被戴逸、华立定性是“得不偿失”，但不少研究者仍要强调其“积极意义”。他们认为，两场战争代价虽然大，但对民族统一和安定的贡献是无法用金钱来衡量的，它结束了嘉绒土司长期战乱的局面，加强了该地区经济和文化的发展，对国家长治久安具有十分深远的影响。这样的看法实际是总体上肯定了两场战争。[①] 但对杂谷事件这一事半功倍的行动，却要鸡蛋里挑骨头，认为它破坏全局，总体上持否定态度。这岂不是匪夷所思？

经过以上论证，我认为策楞、岳锺琪对杂谷事件的处理完全恰当，通过极小的代价消除掉了一个潜在不安定的土司，更为日后两金川改流提供了范本。策楞和岳锺琪担任总督、提督期间，番务的办理最为成功，他们的水平远远超过几个继任者。

二、黄廷桂的治番举措

黄廷桂也具有丰富的治番经验。早在雍正时期，黄廷桂就曾担任四川总督。雍正十年，金川、杂谷土司相互构衅，黄廷桂调查后认为曲在金川，“倘复玩法狂肆，则其罪断不可宽。……应即发兵剿除，以儆各土司效尤”。尽管如此，黄廷桂主张要特别慎重：“查金川界址远在瓦寺、杂谷、沃日、木坪、明正各土司之外，雪山数重，与内地隔别，番丁万余，多习枪火，碉寨险塞，林箐深密。若兴师问罪，必须于瓦寺、杂谷、沃日、明正、木坪并其他附近各土司部落酌调土兵用为前驱，又军行窎远，经过俱属彝巢，一切粮输亦需土夫接运，方可源源有济。惟是各枝土司半系金川姻娅，若不先行明白晓谕，诚恐临期瞻顾，有碍机宜。”[②] 黄廷桂对金川的优势和清军的劣势有着深刻的理解，这使他在处理番务时老成持重，非常谨慎。

乾隆十八年二月，黄廷桂重新署理四川总督印务，二十年七

① 实际上，平定两金川并没有那么大的“积极意义”，尽管战后两金川地区从未发生过大的动乱，但如果把目光调整得稍微大一些就可发现，该战争辐射力非常有限，稍远一些的瞻对、郭罗克、松潘等土司，仍然多次滋事，威胁清廷对藏区的治理。这一点日后笔者还将有专文论述。

② 黄廷桂：《奏为金川土司汤鹏抗断不遵并陈暂缓进剿情形事》，雍正十年九月初五日，第一历史档案馆藏，档号 04-01-30-0380-016。

月升任大学士。在升任大学士后，仍在四川留任几个月。这段再任四川总督的时间虽然不长，但他基本延续了自己以往的方针，处理了一些土司间的争端。

黄廷桂认为，川边土司虽多，只有西南两路最为狡黠，稍有嫌隙，便要仇杀，习以为常。而双方对土地、人口的争夺等事，多是远年无据，空口无凭，谁也不愿屈服，很难说谁完全占理。在这样的情况下，只有“镇定弹压，酌察夷情，设法驾驭，使之逐渐消释，庶不致酿成事端”①。

乾隆二十年，泰宁口外孔撒土司泽登朗结和麻书土司登津汪溥互相争竞。原因系孔撒、麻书土司系嫡堂叔侄关系，有伊祖寺院一所，原系两家公共香火，此外又有科则、图根、草竇、管冲四小土百户，亦系帮贴孔撒、麻书当差。孔撒、麻书二土司均嫌对方控制管理得多，以致起衅。大金川、绰斯甲布土司系麻书亲戚，上中瞻对系孔撒亲戚，双方各自派遣头人助威。

显而易见，此事如处理不好，就很容易引发土司之间的大规模争执，危及川西稳定。黄廷桂一方面派人晓谕双方，秉公剖断；一方面派兵严守打箭炉附近各隘口，保护商旅贸易安全。黄廷桂还注意同双方的头人交流，根据他们的诉求对症下药。如绰斯甲布土司派遣头目阿结来成都求见，黄廷桂对他说：“你天朝受印土司，应该知道王法，才是就有不公平的事，只管禀请听候剖断，如何擅自发兵攻打革什咱，这就很有罪了。我们仰体皇上爱养土司土民，所以屡次差官晓谕，不肯便就发兵去剿除你们。幸你土司还不十分迷昧，将角洛寺之兵遵令撤去，又打发你来禀断，尚有悔罪恭顺的心肠。想你们不肯把兵全撤的意思，一定为怕先撤兵去，恐被别家子抄截后尾，吃了亏。是这个缘故不是？”

阿结称是：“这原是我们的实情。”

---

① 黄廷桂、岳锺璜：《奏报办理土司争执情形折》，乾隆二十年五月二十二日，《宫中档乾隆朝奏折》第11辑，第465页。

黄廷桂见如此，说："我们再打发三四个差官分持令箭，送你们金绰德革（金川、绰斯甲布、德尔格忒、革什咱）四家子的兵各自安稳归巢，不致吃亏。至孔麻（孔撒、麻书）的事情，我们自然另遣大员前往公断。其角洛寺既是你们赴炉做买卖的道路，我们将来量派些官兵在彼驻劄弹压，革什咱自然不敢抢夺你们的东西了。"

阿结听到黄廷桂如此表态，连连合掌称是："如此公断，不但土司沾恩，就是小的们土民都沾恩了。"①

二十年八月，黄廷桂会同开泰、岳锺璜等，一面将各番民先行招集安插，酌量赏给口粮，进行抚恤。一面唤麻书土司，令孔撒将侵夺之地方、番民照旧归还。再剖断了各土司之间应行剖断之事。孔撒、麻书土司的争执，黄廷桂处理比较成功。

在离开四川之前，黄廷桂以大学士的身份，会同四川总督开泰、提督岳锺璜，在十月初九日连续上了四封奏折，为处理番务提供了四条重大建议。

第一封奏折名为"奏为炉地请建城垣以资保障折"。打箭炉为川藏大道上最重要的城镇，也是汉番贸易的集会点，其战略地位不言而喻。但是打箭炉只设有城门三处，周围垣墙及垛口城楼俱未修立，且城门也已日久倾圮。黄廷桂认为"无论白昼黑夜任人通行，居民铺户时虞匪窃，而以远近番蛮出入往来之区，未建金汤以壮形势，尤非保障所宜"。因此建议应尽快修建打箭炉城垣，以策安全。同时，考虑到打箭炉地处偏远，缺乏工匠物料，如果按照内地工程兴造，靡费太巨，转而依照本地番民垒碉之式，采取山石，夹用石灰，砌石为城。②

第二封奏折名为"奏为设法操练番屯以收实用折"。番人生长于崇山峻岭之中，个体作战素质普遍较高。平日里因多仇杀，

---

① 黄廷桂：《奏报处理麻书革什咱等番互相攻击事情形折》，乾隆二十年七月十九日，《宫中档乾隆朝奏折》第12辑，第152—153页。

② 《宫中档乾隆朝奏折》第12辑，第634页。

性命攸关，军事技艺不得不常加演习。但杂谷脑改流后，他们安享太平，“秋冬则下坝以趁钱，春夏则尽力于农亩卖刀买犊，行且变兵为民矣”，作战能力一落千丈，显然违背了改土为屯的本意。黄廷桂认为必须设法鼓励番人，方可令其效力。为此主张“于钱局各炉加带一卯，约计铸出钱文。除归还工本外，可获余息银五千两上下，似应于秋冬之际派委标员前往，公同维州副将调集土练，逐名点验精壮，毋许老弱充数。即令协属干弁率领于崇冈峻岭之处行围一月，操其步伐，演其武艺，不致日久懈弛”①。经过这番整顿，杂谷屯兵的战斗力得到恢复。

第三封奏折名为“奏为酌裁简僻之弁兵移设边冲之营汛折”。打箭炉为西藏一路台站、粮运出入的咽喉要地，必须严加防范，但却只驻有阜和一营马步兵500名。这500名还要分防多处，兵力非常分散，“所以存营兵丁除去亲丁公费及将弁衙门书役之外，实在不过百拾余名，为数无几”。黄廷桂认为普安、安阜二营的辖区虽然也属番地，但番民日久无事，驻兵甚属富余。为此，他决定裁去普安营马步兵150名，千总1员；安阜营裁去马步兵50名，把总1员。将此千总、把总及200名士兵移调阜和营，以增强打箭炉的控驭力量。②

第四封奏折名为“奏报招抚安抚麻书情形折”。黄廷桂认为，麻书土司为受印土司，却与孔撒等土司构衅，按理天朝应当加以诛戮。但却将其安抚，可见天朝开恩。除此之外，他还调解了其他土司之间的矛盾。以往甘孜地区的土司由于距离省城成都遥远，从没有土司头目前往。经黄廷桂“一番驾驭，该酋等情愿各遣大头人前来，则其敬畏龚顺可知”③。

由黄廷桂主导的这几封奏折，增强了清廷对战略要地打箭炉的控制力度，保障了杂谷屯兵的战斗力，并一定程度上缓和了土

① 《宫中档乾隆朝奏折》第12辑，第635页。
② 《宫中档乾隆朝奏折》第12辑，第636—637页。
③ 《宫中档乾隆朝奏折》第12辑，第637—641页。

司之间的矛盾，处理番务是比较成功的。直至第二次金川战争时期，清军都一直在享用黄廷桂的遗产。战争中，清军始终牢牢掌控着打箭炉，丝毫没有给两金川南侵的可能性。杂谷屯兵在战争中表现了很强的战斗力，是各路军营争相添调的对象，为清军的胜利做出了巨大贡献和牺牲。

但可惜的是，黄廷桂的后继者开泰和阿尔泰并未继承正确的方针，而是将“以番制番”发展为“以番攻番”，错误处理了土司间的矛盾，从而为第二次金川战争的爆发埋下了祸根。

三、开泰、阿尔泰的“以番攻番”

“以番制番”，是清朝前期对川西土司地区长期推行的一种治理方针，目的在于维护川西地区的基本稳定。应当说，这一方针曾起到过积极的作用，对宁谧边疆不无裨益。但是，这一方针实行的效果如何，很大程度上取决于四川总督的个人能力。在处理土司事务时，尤其需要注意两条原则：一是不应轻易介入土司内部事务，二是避免偏袒一方。[①] 遗憾的是，继策楞、黄廷桂之后担任川督的开泰和阿尔泰，违背了这两条至关重要的原则，使土司之间的矛盾日益激化，从而引发了第二次金川战争的导火线。

乾隆二十三年，金川和革布什咱因结亲而构衅，革布什咱番众倒戈，加入金川，反攻革布什咱土司色楞敦多布。章谷、绰斯甲布等土司则加入革布什咱，打击金川。这本是土司之间习以为常的争斗，并不值得大动干戈，只需剖断曲直、处理调停即可。但是，开泰认为：“番性顽劣，既非言语所能速化，而伊等互斗之事又未便遽用内地兵力。臣等详细筹计，惟有驾驭各土司，令其以番攻番，并招抚金附金川之革布什咱番众仍复归心旧主，庶

① 事实上，这也是清廷处理外藩（如哈萨克、布鲁特部等）事务的重要原则。

几易于就绪。”①

在这里，开泰明确提出“以番攻番”。从“以番制番”到“以番攻番”，看似只有一个字的变化，其实意味着处理番务方针的巨大转变。“以番制番”强调“制”，即制衡，强调保持土司势力之间的相对均势，便于清廷控驭，指导思想上总体而言是比较保守的；“以番攻番”强调“攻”，即支持、利用某一个或几个土司，打击另外一些土司，指导思想上总体而言强调积极进取。显然，要保障“以番攻番”的施行，要求清廷扶植利用一些土司，必然会导致清廷一步步介入土司内部事务；利用这些土司打击其他土司，又必然会带有倾向性，处理番务时也就很难持平公正。

金川、革布什咱等土司相互斗争两年多，双方长期僵持，均疲惫不堪。开泰没有趁此机会公平剖断，平息双方矛盾，而是担心“若仍令各土司驻兵攻守，既不能克日奏功，转恐日久生懈”②。他唯恐几土司日久松懈，完不成平灭金川的目标。此后，丹坝、绰斯甲布等九土司并请攻剿金川时，开泰和岳锺璜甚至担心：“臣等查九土司内绰斯甲布、革布什咱、小金川、巴旺、丹坝俱与郎卡挟有嫌仇，至梭磨、卓克采、从噶克、鄂克什相距金川较远，别无仇隙，诚恐诸酋心力不齐。”③ 梭磨、卓克采、从噶克、鄂克什四土司与金川并无仇隙，开泰本应拒绝丹坝、绰斯甲布要求这四土司参战的请求，避免产生新的矛盾，但却害怕这四个和金川无仇的土司不好好攻打金川，“心力不齐”。开泰的做法，无异于火上浇油。

需要说明的是，金川土司和周边土司结怨，固然有金川土司的因素，但革布什咱等土司也绝非处处占理，很难把责任完全归

① 阿桂等撰：《平定两金川方略》卷1，乾隆二十三年五月丙戌，《四库全书》第361册，上海：上海古籍出版社，1987年。

② 《平定两金川方略》卷2，乾隆二十六年四月癸丑。

③ 《平定两金川方略》卷2，乾隆二十八年七月壬午。

咎于某一方。在这种情况下清廷处理时应警戒双方，不宜偏私。退一步讲，即使曲全在金川，消灭金川确有必要，那就应该充分做好预案，衡量得失比，仿效策楞、岳锺琪对杂谷土司的处理，当机立断，以最小的代价迅速获得成功。如果做不到这一点，就意味着武力消灭金川的时机还不成熟，不宜轻易出兵。

金川土司虽然与周边土司不睦，也不无扩张势力的野心，但对清廷还是比较恭顺的。土司郎卡长期寄希望于开泰的调停，曾多次派遣使者至成都。开泰均予以接见，许下美妙的诺言，显得公正无比。但私下里却认为金川势力强大，十分狡黠，“不可不加以惩创”，转眼就暗中支持丹坝、绰斯甲布、革布什咱等土司攻击金川。

开泰的这一做法，造成了严重后果。一是绰斯甲布、革布什咱等土司以为得到清廷背后撑腰，愈发肆无忌惮，敢于大规模进攻金川土司，甚至屡次阻挠金川向清廷遣使。二是以郎卡的政治敏锐感，不可能对开泰口蜜腹剑的行径毫无察觉。金川土司见清廷并不秉公对待，而是在背后处处削弱自己，对清廷的信任自然削弱，怀恨在心。因此，乾隆帝也对开泰十分不满，批评他“既用谲以笼络郎卡，复隐为援助各土司，殊失控制大体”①。

开泰担任川督八年，始终未能解决金川与革布什咱等土司的争端。乾隆对开泰失望透顶，认为其庸懦无能，种种谬误，深负简任，于乾隆二十八年六月十二日下了一道上谕，革去其四川总督职务，赏给头等侍卫衔发往伊犁效力，由四川总督著鄂弼补授。但四天后，乾隆闻知鄂弼病故，川督一职转由阿尔泰补授。但是，阿尔泰治番同样全无创见，继续执行开泰的错误政策。他生怕绰斯甲布等土司围攻金川不利，乾隆二十九年八月，竟然提出：

恐金川疲而众土司之力不能不与之俱疲，必须时为策励，酌

① 《平定两金川方略》卷2，乾隆二十八年七月壬午。

加赏邮，以致其奋往，务于每岁金川种植收获时并力环攻，使之四面应接不暇。至于时常攻袭，惟在相机而进，俾各土兵亦得稍事休息，庶为有益。臣等酌议明年各处土兵进攻紧要时，量给口食之费，并照现在赏例，其有割获首级耳记及阵亡受伤者，量予赏邮，庶各部番兵可期得力。①

阿尔泰的做法较之开泰更进一步，清廷为绰斯甲布等提供口粮，并给予赏恤，意味着态度已经十分明晰，即帮助绰斯甲布等剿灭金川。不过，绰斯甲布等并未如阿尔泰所愿，在得到清廷支持后继续加大进攻力度，而是各怀鬼胎，保存实力，“自为保守之意多，努力进攻之念少”②，反而成了清廷的累赘。乾隆帝的担心“若董之以官，则各土司方以为当官差而犹豫，日生气渐馁而势渐涣，不肯奋勇攻拒，久之将孱弱难振”③，愈发成为现实。

连续多年九土司围攻金川，金川也感到疲敝。乾隆三十年初，维州协副将董天弼、知州王采珍、游击宋元俊、同知盛英等先后派员赴所属土司查验碉卡，并督促各土司相机攻剿。郎卡听闻清廷官员来到毗连金川地方的边界的穆尔津冈，屡次遣头人差求，称见清方官员如“儿女见得父母”，急思叩见。为防止其他土司加害，不敢下山，恳请“父母官”到达金川官寨，如有要求定会遵奉。清方对郎卡的这一举动并不以为然，但却对进入金川内部调查路径、查看虚实颇有兴趣，便派遣通事等前往。郎卡率领大小头人跪接，请至勒乌围官寨具禀一切。

郎卡对通事说，“乾隆十三年大兵压境，郎卡与番众已无身家性命，蒙大皇帝天恩赦罪免死，我郎卡才有今日，如何还敢多事”。但丹坝起事的根由，在于乾隆二十三年丹坝无缘无故杀伤金川五十多人，当时金川并未报仇。至二十七年，丹坝欲杀害其

① 《平定两金川方略》卷3，乾隆二十九年九月癸酉。

② 《平定两金川方略》卷5，乾隆三十一年十月甲辰。

③ 中国第一历史档案馆编：《乾隆朝上谕档》，乾隆三十一年三月初四日，北京：档案出版社，1991年，第842页。

头人阿咱尔纳木结，阿咱尔纳木结逃往金川，甘愿带路指引金川攻击丹坝，报二十三年时的一箭之仇。郎卡深知，丹坝系有印信的土司，不能攻克其官寨，只占据穆尔津冈山岭。通事谕以如今的局面，均为金川攻占穆尔津冈所致，如果诚心悔罪，就应将穆尔津冈山梁碉卡悉数拆毁，将丹坝人口尽数交还。郎卡称，退地还人不敢不遵从，但“丹坝上年抢夺金川作固顶一带山梁，添修碉卡甚多，其间又有三杂谷土兵营盘，我若全毁山梁战碉，恐众土司乘空进攻”，请求“将战碉拆去五座，其丹坝人口全数退还，以见悔罪诚心，惟求分付众土司撤兵赏结印信，令与众土司一体承恩，郎卡愿出甘结，此后再不多事。即或有欺凌者，亦不敢私与报仇，惟陈明父母官听候剖断。今欲遣头人赴省叩见总督提督大人禀明心事，再听如何分付”①。

金川的这一重大示好举动，阿尔泰如能利用，是可能和平解决土司纷争的。但阿尔泰派遣通事的目的，就不在于秉公剖断，而在于打探金川内部情报，因此并未给予郎卡明确的答复。乾隆帝的态度也影响到了阿尔泰的决定。乾隆帝对金川素无好感，认为其反复无常，提醒阿尔泰万不可迁就了事。在这种情况下，阿尔泰对金川的示好表现得比较冷落，丧失了一个解决争端的绝佳机会。

乾隆三十五年，小金川又和鄂克什土司发生严重冲突。两土司素有嫌隙，在彼此仇杀中小金川占据上风。鄂克什见实力不济，便想出了毒辣的一招，土司色达拉命令苯教喇嘛将小金川土司泽旺及其子僧格桑的年庚写于咒经埋于地下，对其进行诅咒。小金川认为，鄂克什此举心狠手辣，致使其土司父子患病，泽旺长期难以痊愈。小金川百姓对自己土司受到如此侮辱心有不甘，纷纷前往鄂克什抢夺咒经，又被鄂克什伤毙多人。双方冲突因此

① 《平定两金川方略》卷4，乾隆三十年二月壬子。

升级。①

由于苯教信仰的原因，小金川番民对鄂克什土司的诅咒自然十分介意，从心理上他们是很难接受的。正确做法是谴责鄂克什的行为（至少表面上装装样子），以安抚小金川，待小金川番民情绪稳定后再处理其滋事的行为。但阿尔泰却没有意识到这一点，他认为小金川恃强凌弱，亲赴杂谷调集各土司合力围攻小金川，并派遣董天弼赴达木巴宗，督促小金川速还鄂克什之地。乾隆帝此时倒是保持克制，建议阿尔泰传集小金川，面为开导，晓以利害，详切申谕，“小金川土司自必感发天良，帖然服教，胜于派兵会剿多矣”②。面对阿尔泰率领众土司之兵的攻势，小金川非常惧怕，僧格桑于八月十九日亲自叩见，提出愿将达木巴宗附近之墨穆尔吉日古噜各地方及所抢鄂克什之母舅僧格并番民24名一并交出，鄂克什原来给予之地仍听众土司调处。由于乾隆帝的指示，阿尔泰这一次接受了小金川的求和。

仅一年不到，革布什咱和金川再起狼烟。革布什咱土司策楞多布丹与郎卡素有仇隙，但乾隆三十五年郎卡去世后，策楞多布丹便以为不复有敌手，遂无防范。他驭下无方，致使头人、百姓离心离德，多有不满。策楞多布丹还与表妹霍尔章谷之女私通生子，于是与金川嫁过来的土妇发生矛盾。三十六年正月，该土妇去世，该土妇所带头人怀疑为策楞多布丹加害，于是更加愤恨。在策楞多布丹因病赴热水塘坐汤沐浴，毫无防备时，革布什咱头人勾结郎卡之子索诺木连夜发兵，攻占革布什咱寨落。③ 这一次，阿尔泰终于按捺不住，提出“此时即将两金川一并剿除，亦所应得”，他彻底引爆了战争的火药桶。

由此可以看出，阿尔泰处理番务时，先是给予某些土司物质

① 《平定两金川方略》卷5，乾隆三十五年四月辛未。
② 《平定两金川方略》卷5，乾隆三十五年七月壬子。
③ 《平定两金川方略》卷6，乾隆三十六年六月戊寅。

支持，再尝试指挥土司军队打击小金川，最后直接调动清军平定两金川，一步步使清廷的深度介入，滑向了战争的深渊。他处事常常操之过急，手段死板，放弃了和平解决的可能性，使事件的回旋余地越来越小。

然而，阿尔泰却怎么也想不到，此举为他本人敲响了丧钟。乾隆帝原本已经于三十六年五月升任阿尔泰为大学士，川督由德福接任。但是，德福生怕川省对小金川用兵一事会使自己骑虎难下，便以缅甸战事尚未结束难以脱身为由，拒不赴任。乾隆帝虽然震怒，但也无可奈何，只能免去德福川督职务，仍令阿尔泰兼管，准备令阿尔泰处理好小金川之后再调往京师任职。但阿尔泰在战场上毫无建树，被乾隆帝一再羞辱，最后落得个自尽的下场，吞下了自己种下的苦果。

综上所述，两次金川战争之间的四位四川总督，办理番务的水平逐任下降。策楞和岳锺琪熟悉番务，办事老成持重，注重将争端消弭在萌芽状态。他们不完全拘泥于乾隆帝的意志，敢于当机立断，对杂谷事件的处理便是明证。黄廷桂处事同样谨慎，注重因势利导，而非主动制造、激化矛盾，也能维护川西土司间的基本安宁。开泰和阿尔泰迷恋“以番攻番”，不但始终未能解决土司之间的固有矛盾，还激化了新的矛盾，一步步使清廷介入土司间的争斗，最终无法自拔。第二次金川战争的爆发，开泰和阿尔泰有着不可推卸的责任。假使策楞或黄廷桂仍任川督，很可能将会是另一番局面，第二次战争或许就不会发生。

《滇省夷人图说》中祀田祝丰夷人图像解析

中央民族大学历史文化学院　刘星雨

摘　要：《滇省夷人图说》[①] 是清嘉庆时云贵总督伯麟主持编修的云南民族图册，该图册描绘了云南108种民族的外貌特征、生产生活场景以及风俗习惯等内容。其中，有5幅图说记录了云南少数民族祭田祝丰的习俗，本文从火炬的应用、土地神的祭祀仪式以及农业增产中的性巫术三个方面入手，剖析图说中各种具象事物背后蕴藏的丰富民俗文化内涵。

关键词：《滇省夷人图说》；祭祀；丰产

作为清代具有代表性的官方绘制的“滇夷图”，《滇省夷人图说》以图文并茂的形式介绍了嘉庆年间云南108种少数民族的民族体貌特征、经济生产方式以及民间风俗文化等诸多内容。其中，有5幅夷人图描绘了该民族祭祀土地以求农田丰产的民俗场景，为云南少数民族稻作农耕文化的研究提供了极其宝贵的素材。

---

① 该图册包括《滇省夷人图说》《滇省舆地图说》两册，本文所用为中国社会科学院民族学与人类学研究所图书馆藏版，北京：中国社会科学出版社，2009年。

表 1

族称	特征
猓猡	燃炬田间
僰卜	白羊、童子
阿戛	花草相赠、抚掌而讴
黑土獠	携榼之野
蒙化彝	酒食、燃炬歌舞

中国自古以来就是农业大国，农业社会文明深深根植在各个以农耕经济为生的民族之中。从远古狩猎采集的原始生产方式，到进入农业手工业结合的小农经济时代，人们与土地的关系日益密切。农业之本在于土地，《说文》解释土为："地之吐生万物者也。"土地给予我们生存必需的各种农作物，先民们围绕土地在万物有灵的神灵观下形成了各种各样的土地信仰，从而演化出多样的祭祀方式。不管是王朝官方的社稷祭祀还是民间普通的城隍神与土地神的祭祀，土地祭祀成为上至统治者下达百姓日常生活中不可缺少的重要活动。《滇省夷人图说》[①]作为云贵总督伯麟主持编修为嘉庆帝了解云南民族情况的重要文献，研究图说中的民族土地信仰，有助于我们认识这些信仰背后所反映出的清代云南地区少数民族群体的经济生活、价值观念以及伦理道德等文化内涵。

一、"火"的法术

在诸多的土地祭祀以祈求丰收和消除灾害的民间习俗中，火

① 祁庆富、史晖：《清代少数民族图册研究》，北京：中央民族大学出版社，2012 年，第 63—67 页。

常常在这些活动中扮演着重要角色。《滇省夷人图说》中就出现了两幅夷人图在祭祀土地的过程中用到了这类“火”的法术：猓猡（图005）和蒙化彝（图072）。猓猡（图005）：图中绘有一男一女行进于山间，男女皆戴头巾，上衣下裤赤足而行。男子身披羊皮打绑腿，女子肩背背篓载物。其文曰：“……其俗于六月二十四日燃炬田间，祝丰年也。云南府及他郡皆有之。”蒙化彝（图072）：图绘四男三女聚会于一间田舍前，男女皆绑头巾，男子赤足女子穿鞋。其中两男子身披羊皮手持燃烧的火炬站立其中，其余五人或围坐一起喝酒饮食，或在旁边载歌载舞。文曰：“蒙化彝略似猓猡，其俗于除夕前六日，设酒食，燃炬歌舞，照耀田庐，逐来岁之疫也。顺宁府属云州有之。”猓猡即为现在彝族，蒙化彝同属彝族支系。云南府大致辖今昆明地区，顺宁府辖境包括今云南凤庆、昌宁和云县一带，这些地区气候温和、日照充足，雨量充沛利于农业的生产。

猓猡（图005）

蒙化彝（图072）

1. 火把节与星回节

猓猡与蒙化彝虽都使用燃烧的火炬祈求丰年，但前者的时间在农历六月，后者则选择农历的十二月。“猓猡”“六月二十四日”“祝丰年”，从这些关键词中我们不难判断，图册绘制者记录的是彝族的火把节。火把节多在农历六月二十四或二十五日举行，节期三天，是为彝语支民族重要的传统节日。明朝谢肇淛所撰《滇略》载：“火把花一名酒吊藤，诸山俱有叶如杏，大毒，服无不立死者，干之亦可毒人。滇中以六月廿五日火把节，则采此草束而燎之，故名。”① 雍正《云南通志》卷二十九记载：“六月二十四日为星回节，切生猪肉杂椒姜食之，燃炬以多为胜，携照田塍，云可避虫。迤东西处处皆然。”② 道光《昆明县志》也记载到：“星回节俗曰火把节，当六月二十四五两日，斫松为燎，高丈余，入夜争燃之村落，用以照田，以炬之明暗占岁丰歉。”③ 有关火把节风俗的相关记述还有很多，描述也大都相似，由上述材料不难发现，火把节的庆祝一般在农历六月二十四日左右进行，庆祝人群范围广，多以驱除灾害，祈求丰年为目的。这些记载与《滇省夷人图说》中猓猡的描述是相印证的，可以判断，猓猡：“其俗于六月二十四日燃炬田间，祝丰年也。”正是火把节用以土田祭祀的生动记述。

在诸多有关火把节的史料中，火把节也被称作星回节，即同节不同名。关于火把节与星回节的关系，学界多有争论，这里不再一一赘述。所谓“星回”，《鬻子》一书中解释为：“星回于天，数将几终，此则日月星辰运行至十二月，皆周匝于故处。

---

① （明）谢肇淛撰：《滇略》卷3，清文渊阁四库全书本。

② （清）鄂尔泰修：雍正《云南通志》卷29，清文渊阁四库全书本。

③ （清）戴絅孙纂修：道光《昆明县志》卷2《风土志》，清道光二十七年刻本，文庙桂香楼藏版。

纪，犹会者也。”[①]《礼记·月令》：“星回于天，数将几终，岁且更始。”[②] 从词语意义来讲，星回节应是庆祝于岁终的节日，汉代《太平广记》有引五代时期《玉溪编事》：“南诏以十二月十六日谓之星回节，日游于避风台，命清平官赋诗。”[③] 由此可见，《滇省夷人图说》中蒙化彝的节俗更贴近星回节的定义：“蒙化彝略似猓猡，其俗于除夕前六日，设酒食，燃炬歌舞，照耀田庐，逐来岁之疫也”，但查阅同为官修民族图册集大成者的《皇清职贡图》，发现这样的记录：“苦葱，爨蛮之别种……土宜禾稻，岁输粮赋，其在三猛者，以六月廿四日为年，十二月廿四日为岁首，至期烹羊豕祀先，醉饱歌舞。”[④] 曾官至云南按察使的许瓒曾自云南归途中所作《东还纪程》也有载：“云南马龙州，六月二十四日为年节，是晚，妇女俱艳妆，燃炬照屋谓之照岁。焜耀如同白日，大家小户俱盛陈酒馔，合家欢乐，名为过年。”[⑤] 结合上述种种材料，不难看出有关火把节的源流记载自古以来就多有差异，且多为汉文文献，都是外来观察者的记录而非主体民族的自我论述，但无论火把节和星回节是否应是同一节日，庆祝日期是在农历六月抑或十二月，猓猡和蒙化彝这两幅夷人图所传递出的信息都是清代云南地区彝族各支系以燃炬、歌舞、酒食等形式来祭祀土地，祈求丰年的风俗文化。

2. 增产与驱除

在猓猡“祝丰年也”与蒙化彝“逐来岁之疫也”这两幅图

---

① （周）鬻熊撰，（唐）逄行珪注：《鬻子》卷下《汤政汤治天下理第七》，明正统道藏本。

② （汉）郑玄注，（唐）陆德明音义：《纂图互注礼记》卷5，四部丛刊景宋本。

③ （宋）李昉撰：《太平广记》卷483《蛮夷四》，民国景印明嘉靖谈恺刻本。

④ （清）傅恒等纂：《皇清职贡图》卷7，乾隆十六年编，嘉庆十年增修，哈佛大学哈佛燕京图书馆藏本。

⑤ （清）许瓒曾撰，王锡祺辑：《东还纪程》，清光绪十七年版，铅印本，上海着易堂。

中，火炬的使用对于祈求农田丰收兼具增产与驱除两种意义。在人类漫长的进化过程中，火的使用可谓是极其重要的，一方面，火给人带来温暖和光明，火对食物的加工更进一步促进了人类的进化。另一方面，《说文解字》对火的解释为："毁也。南方之行，炎而上。"火的这种破坏功能，能够为人类驱逐野兽害虫，使得人们相信火能够驱除不详和灾害。范成大有诗《照田蚕行》云："乡村腊月二十五，长竿燃炬照南亩。近似云开森列星，远如风起飘流萤。今春雨雹茧丝少，秋日雷鸣稻堆小。侬家今夜火最明，的知新岁田蚕好。"这首诗描写了宋代苏州一带腊月燃炬照田的风俗，苏州地区农业发达，有"天下粮仓""鱼米之乡"之称，有宋以来，更是有"苏湖熟，天下足"的美誉。由此看来，这种燃炬照田祈求新岁丰收的风俗不仅为云南少数民族所特有，更为广大农业生产区所共有。

不管是燃炬照田还是驱除虫害，其现实意义都在于祈求农田丰产，同时伴随燃炬照田活动中的聚会歌舞，共享酒食也大大促进了民族内感情交流。直到当代这种借由传统祭祀习俗保留下来的火把节，不但反映着农耕文明的精神内涵，更是成为这些民族展示自身民族民俗文化的重要载体。

二、土地神的祭祀

傒卜（图 006）和黑土獠（图 038）两幅夷人图描绘的都是土地神祭祀的情景。傒卜（图 006）这幅图中描绘的是彝族傒卜（即彝族毕摩，祭司）进行土地神祭祀的场景。图中傒卜头戴蔑笠法帽，身披斗篷，手中执铜铃行进在河边桥旁，身后跟随一牵羊男童。跋曰："傒卜能为农人祭田祖，以纸囊盛螟蟥，白羊负之，令童子送之境外。云南府属有之。"黑土獠（图 038）图绘两男一女相聚于河边的山头上，三人皆上衣下裤头扎布巾。女子手执酒瓶，年长男子席地而坐正在喝酒，年轻男子跪坐于地，双手捧托盘向长者男子敬食，两人中间食物盘中有鱼和猪头等食物。跋曰："黑土獠勤慎明礼，居多傍水，田事竣携榼之野，以报土神。祀毕，长者席地坐，少者跽进酒食，若享宾然。开化府属有之。"黑土獠今为壮族，开化府今属云南文山一带，农业生产也较为发达。

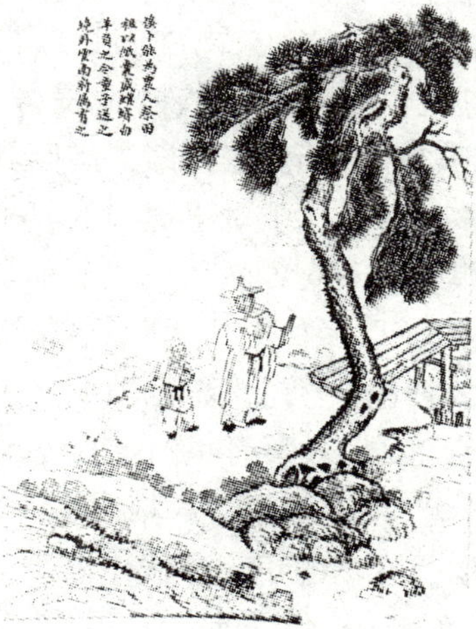

傒卜（图 006）

黑土獠（图 038）

1. 童子与羊

在傒卜祭祀土地神的仪式中，童子的存在成为沟通人与神之间的桥梁，在古代，祭祀仪式中的童子又被称作侲子，《后汉书·邓皇后纪》有："太后以阴阳不和……减逐疫侲子之半"注曰："侲子，逐疫之人也"①。童子们将人的愿望传予神灵，为农业生产驱逐虫疫，"令童子送之境外"巫师们借由神的使者将灾害虫疫"送"出去，背后蕴含的是原始的宗教信仰和巫觋之术。"白羊负之"有着两层文化内涵，首先，羊作为古代家庭财富的

① （南北朝）范晔：《后汉书·邓皇后纪》，北京：中华书局，1965 年，第 424、第 425 页。

象征，其重要地位不言而喻，用羊作为祭祀工具表示的是对土地神的敬重。其二，《说文》中解释羊："祥也。"也是对新岁土地能够丰产的美好祈求。

2. 酒与牲祭

在黑土獠的祭祀图中，酒和牲畜成为土地神祭祀的必备之物。酒在西南很多少数民族的日常生活中都占有着重要地位，黑土獠为今壮族，开化府属今云南文山一带，云南文山壮族喜喝酒，更是有"坐地酒三碗"的习俗，在云南壮族的婚丧嫁娶、农事祭祀、招待宾客等各种活动中都能找到酒的踪影。酒因其由粮食酿造，是珍贵的食物，用酒祭祀既表达了对土地神的尊敬也被人们认为是能够与神灵沟通的媒介。《说文解字》中解释祭祀用酒"鬯"："以秬酿艸，芬芳攸服，以降神也。"酒在这幅图中的除了敬神作用外，还有着敬老的功能，"黑土獠勤慎明礼……祀毕，长者席地坐，少者跽进酒食"，很多学者也对文山壮族酒文化中的敬老现象做过研究调查，"文山壮族群聚饮酒时，按年龄大小和辈分的高低摆放杯子斟酒，在场的年轻小伙子更是要双手捧杯躬身给老人敬酒①"，以酒敬老与这些民族文化中的祖先崇拜也不无关系。图中祭祀中的食物可以看出的有鱼和猪等肉食，这类食物的选择既拥有对土地神尊敬的含义在其中，也是因为在"祀毕"后能被人享用，具有现实意义。

三、性巫术与农作物的繁殖

阿戛（图034）图中共绘有四人，两对男女嬉戏于山林间，周围都是枝繁叶茂的树木。图中北侧男女两人手持花枝，其中女子腰间系有方形布袋，南侧男女拉手奔跑于山坡上，四人皆赤

① 蔡世保：《壮族酒文化的民俗现象及功能》，《文山师范高等专科学校学报》2009年第2期。

足，女人头扎布巾，男人椎髻。跋曰："阿戛性柔，当春耕时，拾花草相赠答，抚掌而讴，期田禾之茂也。开化府属有之。"阿戛也是彝族支系之一。乾隆《开化府志》："阿戛性顽，种地资生……俗多淫，每春男女卜日跳，掌心愿即成夫妇，男女各佩锦布袋……"①《开化府志》中的阿戛形象印证了这一民族以农业生产为生，并有春日男女相聚谈情的习俗，而这种男女于春季花草相赠以求田禾茂盛的行为，同时也传达着一种原始巫术信仰。

阿戛（图 034）

1. 桑林桃花

在阿戛这幅图中，除却人物的塑造，绘画者着重勾画了背景中的桑树和桃花树，颜色浓烈富有冲击感，人物手中的桃枝与周围桃树相映成趣。绘画者选用桑林桃花的寓意，可归结为以花喻

① （清）汤大宾、周炳原纂：《开化府志》卷 9，据清乾隆二十三年刻本。

女，以桑林传情。《生殖崇拜文化论》[①] 一书中将花卉喻女阴的原因总结为外形可状女阴之形，年年开花结果有无限繁殖能力，所以古人以盛开的花朵和茂密的枝叶作为女阴象征而崇拜，以求人类自身的生殖繁衍。养蚕种桑一直是古代重要的经济生产方式，桑树在传统文化中保有重要地位，桑林不仅是求雨等祭祀活动重要地点，更是与传统生育崇拜有着密切联系，成为男女幽会情爱之所。《墨子》有言："燕之有祖，当齐之有社稷、宋之有桑林、楚之有云梦也，此男女之所属而观也。"[②]《诗经》中更是有大量诗歌可以印证，《墉风·桑中》："爰采麦矣？沬之北矣。云谁之思？美孟弋矣。期我乎桑中，要我乎上宫，送我乎淇之上矣。"阿戛一图以两对男女互赠花草，抚掌而讴，桑林桃花等诸多意象塑造了春耕季节男女相会祝祷农田丰收的生动情景。

2. 万物新生

古代先民们以万物有灵的观念赋予春天和土地生命，春天具有复苏、新生的功能，而土地也因养育人类被先民们崇拜和敬畏。因而，每当春耕来临之际，人们希冀通过对土地之神的祭祀来达到促进五谷生长、土地新生的目的。这种春季新生的概念则又包括了人类的繁衍和农作物的繁殖，这两种生命新生的祭祀往往又是伴随而进行的，考古学家宋兆麟先生在《民间性巫术》一书中列举了诸多国内外关于将交媾巫术应用到农业生产的研究例子：印度尼西亚爪哇居民的农人夫妇每当稻花开时要于夜间绕田行走并性交，以促进稻的成熟；《周礼》："中春之月，令会男女，于是时也，奔着不禁。""于是时也"正是要播植五谷的季节，"而会之"是以男女相会来影响禾稼的丰收；古代皖南地区也有在水稻扬花灌浆的时节夫妻到田头过性生活的习俗。[③]

---

① 赵国华：《生殖崇拜文化论》，北京：中国社会科学出版社，1996 年，第 215 页。

② （春秋战国）墨翟：《墨子》卷 8，明正统道藏本。

③ 宋兆麟：《民间性巫术》，北京：团结出版社，2005 年，第 170—172 页。

这种人类繁衍与农作物的繁殖紧密相连的原始信仰广泛存在，除却因为后代的延续和以农业生产为基本物质生存条件是该民族得以延续的支柱，更重要的是不发达的社会生产力所带来的认知的局限性。人们无法掌握这些不可预知的事物，因而产生了鬼神信仰，希望依靠祭祀和巫术等手段摆脱灾害，以求得自身更好地生存发展。

结 论

《滇省夷人图说》的5幅祀田祝丰夷人图都体现着一种原始自然宗教信仰，由于生产力的低下，人们对自然灾害有着本能的畏惧，这种不可知的力量支配着古人对自然万物尤其是直接关系自身生存利害的事物加以崇拜。火的力量被人们用以驱除虫害，增殖田产；酒、童子、巫师等人神沟通媒介显示着人们最朴实的神灵价值观；男女相交更是将人的生育与农作物的繁殖联系起来。《滇省夷人图说》以图文形式将这些民族土地信仰中的民俗文化以其最原始的形态记录保留下来，再现了清代云南少数民族最真实的民间社会生活状态，不仅为当时统治者了解这些民族的情况提供便利，更是成为后人研究清代少数民族民间民俗文化的生动画卷。

清代奉天地区旗民案件审理职权的演变

吉林师范大学历史文化学院　李小雪

摘　要：本文通过对奉天地区上层、基层管理机构审理旗民案件职权的演变，揭示出奉天地区上层审理职权由旗民统管到旗民分治的演变趋势，基层审理职权则表现为由旗民分治到统归民管的演变趋势，而奉天地区特殊的历史地位及社会发展趋势则成为造成这一相反演变趋势的主要原因。

关键词：旗民案件；审理职权；奉天地区

奉天是满洲的发祥之地，有清一代，清廷特别强调对该处满洲风俗的保持，特设八旗驻防并建立陪都体制进行管理。同时，为了促进该地区农业的发展，清初又颁布招垦令，鼓励关内汉民迁居此地耕种。由于起初未严格要求旗民分离，导致该地区存在严重的旗民杂处现象。那么，在如何保护旗人权益的基础上，更好地处理旗民问题，成为清廷反复思考的问题，体现在对该地区旗民案件的处理上，便表现出相关规定的不断演变。在这一演变中，奉天地区上层和基层的审理职权却表现出了不同的变化趋势。本文通过对这两种不同变化趋势的论述，对奉天地区旗民案件审理职权演变的特点加以探讨，以求教于诸位方家。

一、上层审理职权的演变

入关前，清（后金）国家直接统治的区域主要集中在明辽东都司统辖的地区（后文简称辽东地区），与清入关后的奉天地区大致相同，当时辽东地区刑狱事件的处理，主要由八旗各自负责，只有遇到重要的事件或者各旗无法处理的事件时，才会上交由汗、贝勒及大臣组成的三级会议来处理。天聪六年（1632），皇太极根据宁完我的建议仿效明朝的制度，改革后金官制，在盛京增设吏、户、礼、兵、刑、工六部。之后，便由刑部负责处理辽东地区的刑名案件。顺治元年（1644），清军入关后，将盛京设为陪都，并任命盛京总管驻守盛京城，负责对辽东地区进行管理，而原设在盛京的六部也随清帝迁往北京，刑部便在“顺治元年迁都后奉裁”①。其原负责处理的辽东地区刑名事务，“皆属奉天昂邦章京及将军管理”。② 随着辽东招垦令的颁布，到康熙初年，奉天地区“丁口渐盛，其赋税、刑名、简练士卒等事有饶于昔”③，盛京总管需要处理的事务也随之增多。面对盛京仿效北京六部先后设立盛京户部、礼部、工部分别处理各项事务，于是时任盛京总管的乌库理便提议参照户、礼、工三部的设立而设置盛京刑部专管盛京等处的刑名事务，“先是盛京设户部、礼部、工部侍郎等官，而兵民狱讼悉隶其事于总管，未设刑部，至是乌库理请增设”④。康熙三年（1664），盛京刑部设立，开始负责处

① 伊巴汉等总裁：《盛京通志》卷14《职官志》，康熙二十三年（1684）刻本，第20页b。

② 伊巴汉等总裁：《盛京通志》卷14《职官志》，康熙二十三年（1684）刻本，第20页b。

③ 昭槤：《啸亭杂录》卷4《盛京五部》，北京：中华书局，1980年，第106页。

④ 纪昀等：《钦定八旗通志》卷168《人物志四十八》，《影印文渊阁四库全书》，台北：台湾商务印书馆，1982年影印本，第667册，第29页上。

理整个奉天地区的刑名案件。

盛京刑部设立之初，负责处理刑名事件的情况是：

开元凤凰城、边城以内，山海关、奉天府所属地方，一应刑名事件，听本部审谳。犯军罪以下者，按律例审结。死罪以上者，取供定招，移咨刑部，具题发落。……其每年秋审重囚，听刑部会同九卿科道官员会议，将情真、缓决、矜疑情由，分别具题，请旨定夺。命下之日，咨行本部，将情真者，遵照定限行刑，矜疑者，照例发落，其余缓决人犯，牢固监候。①

由此可见，盛京刑部设立之初，代替盛京总管处理整个辽东地区的刑名事件，案件不分种类，皆由盛京刑部审理。量刑为军罪以下的案件，盛京刑部可以自行结案，死罪以上的案件，盛京刑部量刑后，还要转咨北京刑部复核。每年的秋审，盛京刑部可以自行将重案上报北京刑部及九卿科道审核。奉天地区刑名案件的种类，清入关前因为该地主要以旗人为主，所以相关案件也主要是旗人事件，入关后，特别是辽东招垦令颁布后，民人不断涌入，奉天地区的刑名案件中民人及旗民交涉案件逐渐增多。此时，盛京刑部负责处理的刑名案件便主要以旗民案件为主，旗民案件又具体分为单旗、单民及旗民交涉三种。当然除了旗民案件之外，盛京刑部还负责一些特殊案件，诸如边外蒙古案件、私刨私挖人参案件、逃人案、造买赌具案及私入围场案等。这些案件都有各自审理量刑的规定，本文主要对奉天地区旗民案件审理职权的演变进行探讨。

虽然设立之初，盛京刑部负责处理整个奉天地区的刑名案件，但是随着民人的不断迁入，而且清廷为了鼓励民人迁居，对旗民混居未进行严格的限制，进而导致盛京等地旗民杂处严重，争告颇多。盛京刑部需要处理的旗民案件也随之增多，盛京刑部

① 伊桑阿等纂修：《大清会典（康熙朝）》卷130《盛京刑部》，《近代中国史料丛刊三编》第七十二辑，台北：文海出版社，1992年影印本，第6488—6489页。

侍郎兆惠曾言道："臣部职司刑名，承办奉天通省案件，较之盛京各部，实为繁剧。"① 为了减轻盛京刑部繁重的工作，此后清廷对盛京刑部需要直接承办的旗民案件做了调整。雍正十三年（1735），清廷下令奉天地区的旗民案件由盛京刑部侍郎一人负责，改为由盛京刑部侍郎会同将军、府尹共同处理，"盛京旗民命盗案件止刑部侍郎一人办理，咨达刑部题覆，虽有锻炼草率等弊，在内法司无由覆驳。嗣后令侍郎会同将军、府尹详悉审拟具题"②。不久，清廷又下令"盛京旗民命盜案件原应有司衙门审理，既有该侍郎会同府尹办理，将军乃属武职，嗣后无庸会审"③。即又取消了盛京将军参与刑名案件处理的职能，至此奉天地区的旗民案件便由之前的盛京刑部侍郎一人负责，变成由侍郎和奉天府尹共同负责。具体负责对案件进行审理的是盛京刑部的司员和奉天府的民员，奉天府府尹宋筠曾指出："奉属事关旗民例送盛京刑部审结，虽名为司员同民员承审，实皆司员主稿。"④

乾隆三年（1738），因奉天各地远近不一，涉案的犯人及证人遇盛京刑部提解复审时，要往返赶路，不仅耽搁时间且不免奔波之苦，所以清廷下令"除附近盛京六十里以内地方所有旗民交涉案件，旗民官会报盛京刑部。其各城旗民交涉之户婚、田土、

① 《清高宗实录》卷229，乾隆九年十一月庚子，北京：中华书局，1985年影印本，第3册，第956页上。

② 允祹等撰：《钦定大清会典则例》卷139《盛京刑部》，《钦定四库全书》，上海：上海古籍出版社，1987年影印本，史部，第382册，第387页上。

③ 允祹等撰：《钦定大清会典则例》卷139《盛京刑部》，《钦定四库全书》，史部第382册，第387页下。

④ 中国第一历史档案馆编：《雍正朝汉文硃批奏折汇编·雍正十三年六月二十日奉天府府尹宋筠奏报奉属审讯犯人徒事刑求殊乖体制各情折》，南京：江苏古籍出版社，1991年，第28册，第629页。

私烧、掏摸细事交理事通判审理完结”①。也就是说，盛京城附近六十里以内地区发生的旗民交涉事件，不论重轻，一律由盛京刑部负责审理，而其他地方发生的旗民交涉案件，诸如户婚、田土、私烧、掏摸等轻案，交由理事通判处理，重案仍由盛京刑部审理。由此，盛京刑部由审理盛京等处一切案件，改为只负责审理盛京 60 里以内的旗民交涉案件和各地方的旗民交涉重案，但是这一规定只持续了三年。

六年（1741），盛京将军便指出：

各城应审旗民交涉事件，自改令该地方旗民官审理以来，每遇命盗案件，虽令审拟送部，但地方旗员原系行伍出身，署中又无案卷可稽，多有不合律例，致令驳覆。而管民官承行定稿，则有互相推诿偏庇、袒护之嫌，以致牵连人等转有久候之苦。②

不久，清廷针对奉天地区旗民案件审理存在的问题又做出了调整：

嗣后，奉天旗民交涉命盗并重大案件及军流徒罪等案之首从罪犯并应质紧要证佐人等，一并解部审拟，其案内牵连人犯及罪止杖笞者，俱免解部，听旗民各员讯供申详，即行分别保释，仍将缘由逐一声明，听候部议。至赌博斗殴及一切细小事务罪止枷号杖笞者，俱无庸解部。仍令该地方旗民各员就近审拟完结日，将所办各案，造具清册，报部查核。③

据即规定，之后旗民交涉案件及单旗、单民命盗重案仍由盛京刑部处理，而赌博、斗殴等单旗、单民轻案则由地方旗民官会同办理后，报部查核。

二十九年（1764），盛京将军舍图肯等又指出：“命盗重案

① 允祹等撰：《钦定大清会典则例》卷 139《盛京刑部》，史部第 382 册，第 387 页下—388 页上。

② 允祹等撰：《钦定大清会典则例》卷 139《盛京刑部》，史部第 382 册，第 388 页下—389 页上。

③ 《清高宗实录》卷 143，乾隆六年五月壬辰，第 2 册，第 1063 页下。

及实犯军流者，旗人由州县呈送盛京刑部办理，民人由州县详解府尹覆核题咨。”① 即盛京刑部不再负责处理盛京地区全部的命盗重案，只负责处理单旗的命盗重案，此后，盛京刑部便主要承担对旗民交涉案件及单旗命盗重案的审理，单民命盗重案则由奉天府负责审理。嘉庆《大清会典》中对盛京刑部下属各司职能的叙述，也恰好说明了这一情况，其记载道，“肃纪前司……肃纪左司……掌治十五城旗人之狱及其与民交涉者。……肃纪右司，掌治边外蒙古之狱。……肃纪后司……掌治私刨参者与私贩者”②。即盛京刑部负责处理的案件主要有旗人及旗民交涉案件，边外蒙古案件以及私刨私贩人参案，这其中负责审理的旗民案件便主要是单旗及旗民交涉案件。

综上所述，奉天地区上层管理机构对旗民案件的审理，最初由盛京总管负责，康熙三年设立盛京刑部后，改为由盛京刑部负责。雍正十三年，改为由盛京刑部会同奉天府共同审理，但是由盛京刑部主审。乾隆六年，盛京刑部与奉天府只负责会同审理旗民交涉案件及单旗、单民命盗重案。乾隆二十九年，改为盛京刑部负责对旗民交涉及单旗命盗重案的审理，奉天府负责对单民命盗重案的审理。

二、基层审理职权的演变

顺治初年，在辽东地区生活的人们以驻防旗人为主，因为驻防是他们的主要职能，所以多数旗人都按照旗分佐领聚居于驻防城中，相关事务自然由所在旗负责处理。随着辽东招垦令的颁布，民人开始陆续迁入辽东地区，为了加强管理，州县等民署机构逐步设立，辽东地方民人的相关事务便由州县民官负责处理。

① 《清高宗实录》卷720，乾隆二十九年十月癸巳，第9册，第1033页上。

② 托津等：《钦定大清会典（嘉庆朝）》卷44《盛京刑部》，《近代中国史料丛刊三编》，台北：文海出版社，1991年，第2096—2098页。

康熙年间，由于辽东地区发生严重的旱灾，驻防城内的旗人也开始纷纷迁往村屯地区，“盛京地方官兵初皆驻一处，自康熙二十八九等年始，因年景不好，陆续变卖房舍，有田者随田而住，无田者亦变卖房舍，前往各城村庄分散以居”①。旗人的迁入使得村屯中旗民混杂严重，居于村屯之中的旗人因离驻防城较远，而其所在旗分的佐领官多居于城中，所以，对其日常纠纷事务的处理，主要由所在地方的民官负责，但是，因为民官是民籍，涉案旗人多不服从。由此，雍正四年（1726），在盛京将军噶尔弼的建议下，盛京地区开始实行保甲制度。保甲制下旗人的管理，于同时期京畿驻防旗人采用保甲制度对住屯旗人的管理方式可见一斑：

今既设官专办旗人之事，似应仿保甲之例，不计旗分佐领，第以屯住之旗人，酌量以若干户口，设立屯目一名。再合附近各庄村，更设乡长一名统辖，各令其于屯乡之内，互相防闲。遇有不务恒业，酗酒赌博，夜聚晓散，以及来历不明、踪迹可疑者，目、长立即纠举，以听该管官员分别处置。②

住屯旗人不按旗分，同住一屯的若干户为一整体，设一屯目管理，相近的若干庄屯设一乡长管辖，屯目与乡长的职能是对村屯中“不务恒业，酗酒赌博，夜聚晓散，以及来历不明、踪迹可疑者”进行观察和举报，配合地方官维持村屯的治安。盛京地区村屯中的屯目也称为屯领催，在堡中则称为守堡。为了防止来历不明之人混入屯堡，屯堡给各住户都发有户牌，在屯堡中屯领催、守堡之下还有牌头、百家长等头目。若干村屯同处一界中，设界官管理。每一驻防城外都按八旗划有八界，每界设一佐领为

① 中国第一历史档案馆编译：《雍正朝满文朱批奏折全译·雍正四年十月初九日盛京将军噶尔弼奏报盛京兵丁驻防情形折》，合肥：黄山书社，1998年，第1407页。

② 鄂尔泰等：《八旗通志初集》卷18《土田志一》，长春：东北师范大学出版社，1985年，第324页。

界官，对本界内各村屯中旗人的土地和治安进行管理，而总管旗界事务的协领和佐领，隶属所在驻防城的城防守尉管理。至此，州县官及城守尉、界官便成为具体负责奉天地方管理的旗民官员。

奉天地方旗民案件的处理，最初的情况在奉天府府尹杨超曾上疏清帝的奏折中有所反映："从前盗案题参疏防，如失事之家系民地民人，则参民官，旗地旗人则参旗员。"[①] 即地方旗民官要对旗民案件承担失察的责任，民人案件由民官负责，旗人案件由旗官负责，之后又改为按照案件发生地，由该处管官负责，即"旗员管辖地内有民人失事者，将该管旗员查参疏防，限年缉获，民官免其查参，仍令与旗员协缉"。"其民官管辖之地，有旗人失事者，亦照此例处分。"[②] 而"遇有人命等案，请令旗民官员，会同查验，仍照该管地址，分别议处"[③]。即遇人命重案，不分旗民，一律由旗民官会同查验，仍由管辖地的官员承担失察之责。可见，奉天基层旗民官员起初对地方旗民案件的处理，只是会同查验、略具案情，并不具有审断案件的权力。

乾隆三年（1738），奉天基层旗民官员获得了对旗民案件的审断权，但是旗民交涉案件按例仍由盛京刑部负责审理，所以地方旗民官主要负责对单旗、单民事件的审理，具体规定是：

嗣后，凡锦州副都统所属之锦州府、宁远州、义州、广宁县等处，如有命盗案件，令地方旗民各官就近会审，取供定拟，将有罪人犯送部，其余牵连之人审明，即行保释，仍将取供释放缘

---

① 中国第一历史档案馆编：《雍正朝汉文硃批奏折汇编·雍正十年三月二十七日奉天府尹杨超曾奏请划一办案定例以便查处疏防旗民官员折》，南京：江苏古籍出版社，1991年，第22册，第61页。

② 中国第一历史档案馆编：《雍正朝汉文硃批奏折汇编·雍正十年三月二十七日奉天府尹杨超曾奏请划一办案定例以便查处疏防旗民官员折》，南京：江苏古籍出版社，1991年，第22册，第61页。

③ 《清世宗实录》卷122，雍正十年八月丁卯，第2册，第608页下。

由报部，并令旗员报明该副都统转报将军衙门，民官呈报府尹察核，其辽阳州、开原、铁岭、盖平等县及牛庄等处，皆照锦州府例会同办理。至熊岳副都统所属之复州、宁海县、熊岳、旅顺水师营、岫岩、凤凰城等处，除复州、锦州均有民官会审，熊岳虽无民官，然南界与复州相近，北界与盖平相近，凡南界命盗案件会同复州知州，北界会同盖平知县办理，旅顺水师营亦无民官，与宁海县相近，照熊岳例令该旗员会同宁海知县办理。惟兴京、凤凰城、岫岩三处向无民官，与临境州县相去三四百里，应仍令该城守尉讯取确供，将有罪人犯送部复审。①

奉天地方单旗、单民的命盗案件，不分轻重，皆由本处的旗民官会同进行初审，拟定罪责后，再将相关罪犯连同案件审理缘由上报盛京刑部查核，无民官设置的地区会同就近州县官审理，就近也无州县民官，则由旗官单独审理上报。

到了乾隆六年（1741），这一规定便因为地方旗官不擅刑案，民官多有偏袒徇私等原因，改为“嗣后奉天旗民交涉命盗并重大案件及军流徒罪等案之首从罪犯并应质紧要证佐人等，一并解部审拟，其案内牵连人犯及罪止杖笞者，俱免解部，听旗民各员讯供申详，即行分别保释，仍将缘由逐一声明，听候部议。赌博斗殴及一切细小事务，罪止枷号杖笞者，俱无庸解部，仍令该地方旗民各员就近审拟完结日，将所办各案，造具清册，报部查核”②。即地方旗民官由负责对地方所有单旗、单民命盗案件进行初审，改为只对赌博、斗殴等轻案具有审理权。二十九年（1764），因地方州县官俱改为满缺，又规定“嗣后请将旗民徒罪以下事件责令各城就近办理，俟完之日呈报将军、府尹查核，一面知照该管旗员约束”③。即地方旗民官负责处理的单旗、单

① 允祹等撰：《钦定大清会典则例》卷139《盛京刑部》，《钦定四库全书》，史部第382册，第388页。

② 《清高宗实录》卷143，乾隆六年五月壬辰，第2册，第1063页下。

③ 《清高宗实录》卷720，乾隆二十九年十月癸巳，第9册，第1033页上。

民命盗案件进一步限定为量刑为徒罪以下的案件。四十四年(1779)，经刑部议覆，奉天地方原由旗民官共同处理的单旗、单民事件具改为由州县民官负责。嘉庆十年（1804)，奉天地方各州县官，除了职责需要仍用满员外，其他州县官相继改为汉缺，“奉天省所属州县，从前只用旗员。原以各该地方旗人生计及一切交涉事件，惟旗员乃能熟悉。嗣因齐民编户渐多，遂参用汉员。今承平日久，闾阎生齿日增，地方事务较形繁剧。州县为亲民之官，旗员等多有从部院笔帖式等官铨补者，初膺外任，于吏治未经练习，转不足以资治理。著该部即将奉天省所属州县各缺，详细查核。……寻议奉天所属州县内，义州、广宁、开原、铁岭四州县，系附近蒙古边界地方，自应专用满洲人员。其辽阳、宁远、复州、海城、盖平、宁海六州县，应请专用汉员”①。因州县官陆续改为汉缺，盛京将军便上疏要求将地方单旗案件划归地方旗官处理，道光元年（1821)，经军机大臣和刑部议覆，仍由地方民官处理，为此道光帝指出：

奉天省所属州县，自乾隆四十四年，经刑部议定，凡遇旗民词讼事件，悉归州县审理，迄今四十余年，毫无窒碍。原以州县管理词讼，是其专责，若如该将军所奏，单旗事件，即令旗员办理，旗员于刑名例案，非所素习强使听讼，必难保其明允。设武职人员，任性妄为，其弊尤不可言，至谓旗员一切处分，与州县一体查参。若无专司，旗人易于玩视，京城五营与各省绿营武职，均与司坊州县官一例开参，岂能令武职各员俱赴文职衙门共理词讼？该将军所奏，尤为非理。所有奉天州县旗民事件，著仍照定例，悉归州县自行审理，旗员不得干预。②

道光帝的这段话，不仅表明乾隆四十四年奉天地方单旗、单民案件审理权统归民官负责是实，也说明了这一变化的原因，即

① 《清仁宗实录》卷149，嘉庆十年八月己亥，第2册，第1035页下—1036页上。

② 《清宣宗实录》卷19，道光元年六月乙酉，第1册，第349页上下。

处理词讼案件本是州县官员的专责，地方旗员属于武职，自然不应该负责审理刑名案件，单以旗民分治来强迫旗民官员从事不熟悉的工作，结果必然是弊端丛生。

综上所述，奉天基层旗民案件的审理，起初地方旗民官只具有查验、督察而无审理权，乾隆三年，清廷规定旗民地方官可以共同对地方所有单旗、单民案件进行初审，六年又改为只对赌博、斗殴等单旗、单民轻案会同审理，二十九年，进一步限定为徒罪以下的单旗、单民案件会同审理，四十四年，则由地方旗民官会同审理改为由民官独自审理。

三、审理职权演变的特点

由奉天地区上层、基层旗民案件审理职权的演变可见，上层管理机构由最初的盛京刑部独自负责，逐渐演变为由盛京刑部和奉天府共同负责，而且盛京刑部负责审理的案件类型也由不分旗民、一律统管变为只负责旗民交涉和单旗的命盗重案，而单民命盗重案则由奉天府负责，也就是说，奉天地区上层管理机构对旗民案件的处理由不分旗民发展为旗民分治。奉天基层旗民案件的审理职权则表现为由旗民地方官分别承担旗民案件的缉捕、查验之责到共同审理细小案件再到统归民官审理，旗官不再干预，即基层旗民案件审理职权表现为由旗民分治到统归民管。这样，上层管理机构与基层管理机构对旗民案件审理职权的演变便表现为完全相反的发展趋势，这成为奉天地区旗民案件审理职权演变的最大特点。笔者认为这与清代奉天地区的特殊地位以及该地区社会发展的状况有关。

首先，清代奉天地区的特殊历史地位。有清一代，清廷在奉天地区设立将军、建立陪都进行统治，名为隆重满洲发祥之地，实为将奉天地区作为清朝的军事重心加以建设，希望盛京的八旗兵能保持良好的战斗能力，当关内的八旗兵作战不力时，盛京及吉、黑的八旗兵作为一支奇兵，在关键时刻帮助清廷扭转败局。清初，东北八旗兵的确发挥了这一作用，雍正朝对准噶尔用兵时，伯都讷副都统塔尔岱即率领东北八旗兵在和通泊和额尔德尼昭战役中有不凡的表现，和通泊一战中清军主力被围，塔尔岱仅率两千东北八旗兵便成功帮助主帅傅尔丹突围，为清军部署反击赢得时间。之后的额尔德尼昭一战，塔尔岱更是率领东北八旗兵冲锋在前，高超的骑射功夫瞬间打乱敌军的作战部署，塔尔岱带领的东北八旗军发挥了奇兵的作用，一次次力挽狂澜，扭转败局。为了将盛京变为清廷的军事中心，就必须要保持盛京乃至整个东北八旗兵的作战能力。各朝清帝都非常强调盛京等处旗人对满洲风俗的保持，而影响盛京八旗保持满洲风俗的诸多原因中，不免要提到盛京等处民人的作用。奉天地区的旗民关系自驻防建立之初就表现出与关内八旗驻防地区截然不同的情况。直省驻防，是八旗兵迁入汉民聚居的地区，这使得清统治者自迁入之初便十分注意保持本民族的风俗，因而关内的八旗兵无论居住还是耕种都十分强调旗民分离，例如，直省驻防地区普遍建有满城，严格限制汉民进入。而盛京等处因为是八旗官兵的老家，入关之初主要以旗人为主，之后，清廷为了招垦才鼓励汉民迁往盛京等地，一来是民人迁入旗人聚居之地，二来清廷支持民人迁入，所以，在民人迁入之初，清廷并未严格要求旗民分离，导致盛京等处出现了严重的旗民杂处现象。当旗民杂处危及旗人的利益时，清廷才开始采取措施进行限制，但因为存在时间颇久，一时无法根决，进而康、雍两朝不断采取措施来缓解旗民杂处现象。康熙帝曾下令："奉天等处旗民田地，所立界限不明，著将各部贤能司官，具题差往，会同盛京户部侍郎及该府尹将旗民田地并牧厂，逐一确察，各立界限，详议具奏。"① 之后还规定："嗣后民

① 允禄等监修：《大清会典（雍正朝）》卷215《盛京户部》，《近代中国史料丛刊三编》第七十九辑，台北：文海出版社，1994年影印本，第14133页。

人不许在旗界内垦种，旗丁不许在民界内垦种。”[①] 五十四年(1715)，康熙帝发布上谕指出：“奉天地方，旗民杂处，生事之人及盗贼人命之事甚多，必照驻防省份旗民分居，方可无事，亦于地方有益，著九卿会同议奏。”[②] 雍正时期，又对奉天地区的土地进行了大规模的清丈划界，同时开始对旗民人等按照保甲制度进行管理。这一系列措施的施行，使得奉天地区旗民分治的管理模式逐渐形成。乾隆二十七年（1762），乾隆帝便指出：

向例，盛京将军管辖旗人，奉天府府尹兼理民事，原无统辖。嗣因盛京系满洲根本之地，所有州县官员皆定为满缺，凡应行查拿私参，经将军派委官兵前往，地方各官自宜会同查缉。乃近日拒捕殴差之事，不一而足，地方官竟视同膜外，乡长、保甲并不协力擒捕。此皆因将军、府尹不相关涉，各分畛域之所致，是以各属员亦存旗民分管意见，并不和衷办理。[③]

可见，此时奉天地区旗民分治的管理模式已经形成，而奉天地区上层管理机构对旗民案件审理职权的演变就是伴随着旗民分治管理模式的形成而表现出来的。

其次，奉天地区的社会发展状况。旗民分治的管理模式是清廷主导下为了维护旗人利益而建立的，主要是出于维护自身的统治，并非从奉天地区社会发展状况出发。实际上，奉天地区社会发展的状况表现为旗人逐渐趋近于民人。住屯旗人离城远居，而其所在旗的佐领多生活在驻防城中，这样，传统的以旗管人的方式显得无力，而住屯旗人的最大特点就是与地域和土地联系紧密，这与民人的生活状态十分相似，所以可以参照管理民人的方式管理。雍正初年，即将住屯旗人的土地交由地方官管理，“盛京旗人所种地亩，仍照旧例。在何界内种地，即将彼界协领、城

① 允禄等监修：《大清会典（雍正朝）》卷 215《盛京户部》，第 14133—14134 页。

② 《清圣祖实录》卷 262，康熙五十四年二月癸巳，第 3 册，第 582 页上下。

③ 《清高宗实录》卷 676，乾隆二十七年十二月己亥，第 9 册，第 564 页上。

守尉为督催之员，佐领、拖沙喇哈番品级旗员、骁骑校为经催之员，如有抗欠不交者，该督催官员即行拘拿治罪。如有催追不完之数，计分数题参"①。所属旗分佐领只起到辅助作用。这一尝试没有遭到上层统治者的否定，由此，清廷便利用这种将八旗制度与管理汉民的制度相结合的办法来管理住屯旗人，表现最突出的就是将住屯旗人不按旗分，只按居住的地域，编制保甲，进行管理。从城防守尉到界官再到村屯中的屯领催、守堡及其下属的牌头、百家长等头目，对住屯旗人的这种管理，在一定程度上打破了八旗制度以旗管人的形式，建立起与民人管理方式相同的按照地域管理的模式。

奉天地方旗民案件审理职权的演变，由旗民共管改为民管，也与旗官职能的属性有关。旗官作为武职，并不擅长刑案的处理，且旗官多本地人，碍于情面，徇私包庇的情况多有出现。雍正十二年（1734），奉天府府尹吕耀曾上疏雍正帝的奏折中，就指出：

奉天地方，旗民杂处，人命检验尸伤，不分旗民，具会同办理。旗员自城守尉而下，土著者多，情面嘱托势所必有。雍正十年十月内，有山东民周天兰在岫岩旗地身死不明一案，该旗员并不知会民员同检，捏称病死，骤报将军，行咨盛京刑部，转咨前尹存案。至十一年四月，有伊兄周天芳到彼访，知系彼地旗人景四、姜二、胡林保、达太等打死，向盖平胡世仁控告，详明前尹，臣杨超曾在案，未经查验。臣九月到任后卷查未结等案，即咨明盛京刑部，转咨奉天将军派出旗员，会同检验。延至十一月初六日，该城守尉又不亲到，委骁骑校文喜会同该县审，现被犯并不拘齐，又不服审验而去，详报到臣。臣思该县民员，例难办理，即于开印日，报委理事通判运泰前往该处，而副城守尉米兰

① 鄂尔泰等：《八旗通志初集》卷18《土田志一》，长春：东北师范大学出版社，1985年，第329页。

太等二月初八日方到，三面开检，事隔两载，仅存骸骨，如例蒸验，太阳、耳根、至前后两肋，木伤、铁伤共七处，致命骨更有断碎者，填具图格，先解盛京刑部审理，向无周天芳控告，完不伸矣。①

由此可见，在周天兰身死不明一案中，地方旗官最初并未按例与民官会验尸身，且对案情的调查草草了之，待死者家属控告时，复核案情又多有延误，严重影响了案件的处理。正像道光帝所说的“州县管理词讼，是其专责……旗员于刑名例案，非所素习，强使听讼，必难保其明允”②。奉天地方旗民案件的审理权统归民官所有，是由旗民官本身的职能属性决定的，出于维护旗人的利益而人为进行的分治管理，最终只会阻碍甚至破坏相关事件的处理，对地方的管理造成不良影响。所以，奉天地方旗民案件的管理趋于民管是必然的。

综上所述，奉天地区上层管理机构对旗民案件的审理职权，先后由盛京总管、盛京刑部全面负责，后改为盛京刑部与奉天府会同审理旗民交涉案件及单旗、单民命盗重案，乾隆二十九年，又改为盛京刑部负责对旗民交涉及单旗命盗重案的审理，奉天府负责对单民命盗重案的审理。奉天地区基层管理机构对旗民案件审理职权的演变，经历了地方旗民官只具有查验、督察而无审理权，到负责对赌博、斗殴等单旗、单民的细小案件进行审理，乾隆二十九年，进一步明确为对徒罪以下的单旗、单民案件具有审理权，四十四年，旗民官共同审理的形式改为由民官独自审理。由奉天地区上层、基层管理机构对旗民案件审理职权的演变可见，清廷为了将盛京等处变为清朝的军事中心，加强对盛京等处旗人满洲风俗的保持，面对民人的迁入，采取一系列的措施维护

① 中国第一历史档案馆编：《雍正朝汉文硃批奏折汇编·雍正十二年三月十五日奉天府尹吕耀曾奏陈旗地审案积弊并请添设理事通判稽查揭报折》，南京：江苏古籍出版社，1991年，第26册，第32页。

② 《清宣宗实录》卷19，道光元年六月乙酉，第1册，第349页下。

旗人的利益，进而逐渐形成旗民分治的管理模式，但是旗民分治只是清廷人为规定的管理旗民的措施，并未遵循奉天地方社会的发展及旗民官员自身的属性。到了清末，当清廷衰微，清帝无暇顾及奉天地方管理，以及盛京八旗战斗力下降不可遏止时，旗民分治的管理模式无法维持下去，在地方社会发展的推动下，旗民分治最终统归民管。

太平天国“反满”思想研究*

长江大学历史系　陈　力
中国人民大学清史研究所　张永江

摘　要： 咸丰元年，太平天国运动爆发，其革命矛头直指清廷和满人集团。为了号召全国人民的革命情绪，进行“反满”运动，太平军领袖们从政治、经济、文化、军事等各个方面建构、宣扬、扩大满汉矛盾，千方百计将满人集团妖魔化，从而撕裂民族关系，达到掀起“反满”狂潮之目标。太平天国运动不仅打破了自清中叶以来趋于平静的满汉关系，也为孙中山等人提供了一条反清的革命思路。

关键词： 太平天国；“反满”；“屠满”

在中国古代历史中，“华夷之辨”或“夷夏之辨”的思想源远流长，意思是华夏民族居于中原，为文明中心，合于或归化华夏文明者为华、为夏、为华夏、为中国人等；不合者或者反对者为夷、为蛮、为化外之民。这股传统思想被洪秀全等人继承利用、发扬光大，并注入了新的时代精神和民族主义因素。太平军在军事领域坚持“屠满”的同时①，在思想领域也在进行舆论战

* 2014 年国家社会科学基金后期资助项目（编号：14FZS026）；2015 年湖北省教育厅人文社会科学重点项目（编号：15D025）阶段性成果。

① 陈力、张永江：《太平天国屠满问题研究》，《史林》2014 年第 2 期，第 66—72 页。

争。“华夷之辨”的思想，成为太平天国打击满人政权最强有力的思想理论武器。但是，如此重要的课题，在中国近代史研究中却相对薄弱，仅有为数不多的论文和专著涉及此问题，且未进行深入的探讨、阐述。[①] 所以，该问题研究的空间比较广阔。笔者根据清朝、太平天国和西方人三方的记录，力图勾勒出太平天国“反满”思想及其影响，以求教于方家。

一

英国传教士苏慧廉见证了晚清一些重大事件，他分析太平天国运动之所以爆发，其中一个重要的因素就是满人对汉人统治的“失误和不当”[②]。基于此，太平天国运动“反满”政治色彩自然就极为浓厚。“太平天国唯以种族之义相揭橥，而致力于除民疾苦，顺应人心。”[③] 1853 年 3 月 25 日，麦多士在写给阿尔考领事报告书中谈道：“余所确信者，即是此次革命运动，乃是中国人反抗满洲人暴虐政治之民族运动也。”他们将太平天国建立的政权称为“完全中国人的政府”，并相信如果洪秀全统一了中国，

① 唐自斌《洪仁玕反满思想论略》（《湘潭师范学院学报》1992 年第 2 期）一文论述了洪仁玕的反满思想表现及其产生的原因。姜涛曾写过《关于太平天国的反满问题》（《清史研究》2011 年第 1 期）一文，但是该文比较单薄，许多重要的反满思想一笔带过，屠满也仅限南京一地。陈力、张永江《太平天国屠问题研究》（《史林》2014 年第 2 期）一文，主要探讨太平军对全国八旗驻防体系的冲击与破坏，未涉及反满思想。美国汉学家路康乐《满与汉：清末民初的族群关系与政治权力（1861—1928）》一书，是研究近代满汉关系的力作，可惜该书对太平天国时期的满汉关系着墨亦少。

② ［英］苏慧廉：《李提摩太在中国》，桂林：广西师范大学出版社，2007 年，第 19 页。

③ 徐凌霄、徐一士：《曾胡谭荟》，太原：山西古籍出版社，1995 年，第 87 页。

一定会“依据旧有的民族政策以施行治道焉”[①]。

翻开太平天国时期的档案、政书、文件、文书，“反满”和“排满”的民族主义意识、思想与言语俯首皆是，清廷认为太平天国“严种族之见”[②]。他们称清朝当朝皇帝为“满妖咸丰”，蔑称大清为“妖朝”，将清朝的文臣武将贬为“胡官”“妖将”等，把满人称为“夷狄”“胡虏”“妖人”。而将以自己为代表的汉人称为“华人”“天朝人”“花人”等。杨秀清本人自封为“开国平满大将军”[③]。一些太平军将领封侯之时，往往会加上“胡”字，如林凤祥曾为靖胡侯、李开芳为定胡侯、吉文元为平胡侯、黄益芸为灭胡侯、朱锡琨为剿胡侯。[④] 太平军每占一地，均给当地人发放出入凭据，中间刻空心篆文“奉天诛妖”[⑤]。当时一些反对太平军的文人在著作中也如此记载：“贼称本朝曰妖朝，官曰妖头官，兵曰妖兵，神像曰死妖，骂人曰妖魔鬼。”[⑥] 即使是在太平天国运动后期，农民政权风雨飘摇，即将土崩瓦解之际，其官方文件仍规定：汉人均称为“华人”或者“天人”，而将满人以“妖”专称“鞑妖鬼类”[⑦]。在《太平天日》中，洪秀全将满人化为“妖怪”“妖魔”[⑧]。

---

① 《英国政府蓝皮书中之太平天国史料》，《中国近代史资料丛刊·太平天国》（第6册），上海：上海人民出版社，2000年，第885页。

② 《清史稿》卷475《洪秀全传》，北京：中华书局，2010年，第12966页。

③ 赵烈文：《落花春雨巢日记》，《太平天国史料丛编简辑》（第3册），北京：中华书局，1962年，第29页。

④ 王明前：《太平天国的权力结构和农村政治》，北京：中国社会科学出版社，2012年，第318页。

⑤ 张德坚：《贼情汇纂》卷8《中国近代史资料丛刊·太平天国》（第2册），第235页。

⑥ 《太平天国史料专辑·避难纪略》，上海：上海古籍出版社，1979年，第63页。

⑦ 王庆成：《太平天国的历史和思想》，北京：中国人民大学出版社，2010年，第257页。

⑧ 洪秀全：《太平天日》，《太平天国资料》（第2册），台北：文海出版社，1976年，第647页。

朕在高天作天王，尔等在地为妖怪。
迷惑上帝子女心，腼然敢受人崇拜。
上帝差朕降凡间，妖魔诡计今何在。
朕统天军不容情，尔等妖魔须走快。

《钦定英杰归真》一文，是洪仁玕为“反满”而写的一篇政治性宣传文章，其中一些情节反映了当时激烈的满汉矛盾。故事讲的是一位世受国恩的清朝高级官员“弃暗投明”，归降太平军。他曾向洪仁玕解释自己为何会主动放弃荣华富贵，投奔天国，“实因我祖父名为他官，实为他奴。虽受六七代功名官爵，较之宋明前代，十无一二……天兵说我是鞑子，我实天人。说我是胡妖，我实华人，骨肉毛血都是中土人。不过暂受妖权所制，妖官污弄，一时不能脱满洲鬼迷耳。今愚弟来归，实是去暗投明，脱鬼成人之幸。从今欲做英雄豪杰，不愧为中土天朝人也”[①]。在太平军的精神世界中，“汉”是一个被美化的理想与追求，“华人”“花人”“天人”等和“妖”“胡”“虏”等也凝固为政治符号，掀起一股浓郁的大汉族主义，并以此为一种强大而无形的武器，形成了狭隘的民族偏见、仇恨的政治神话，激发了潜藏在汉人心中类似于“反清复明”的政治理想。

二

“正确的理论必须结合具体情况并根据现存条件加以阐明和发挥。”[②] 太平天国利用民族主义为武器，以实现阶级斗争的目标。“一切民族斗争，说到底，是一个阶级斗争的问题。”[③] 恩格

① 洪仁玕：《钦定英杰归真》，《中国近代史资料丛刊·太平天国》（第2册），第568—569页。

② 马克思：《马克思致达哥贝尔特·奥本海姆》，《马克思恩格斯全集》（第27卷），北京：人民出版社，1975年，第433页。

③ 刘大年：《辛亥革命与反满问题》，《人民日报》1961年10月22日。

斯也讲过："一切历史上的斗争，无论是在政治、宗教、哲学的领域中进行的，还是在任何其他意识形态领域中进行的，实际上只是各社会阶级的斗争或多或少明显的表现。"① 在太平军领袖眼中，"满族鞑靼人成了罪恶的化身，吸干了中国的生命要素"②。

洪仁玕认为："慨自明季凌夷，鞑妖乘衅，窜入中华，盗窃神器，而当时官兵人民，未能共愤义勇，驱逐出境，扫清膻秽，反致低首下心为其仆从，迄今二百余年。浊乱中华，钳制兵民，刑禁法维，无所不至；而一切英雄豪杰，莫不为其所制而甘为之用。吁，实足令人言之痛心，恨之刺骨者矣！"③ 即使在被俘之后，他曾用诗歌的形式来表达自己坚定的"反满"思想：④

春秋大义别华夷，时至于今昧不知。
北狄迷伊真本性，纲常文物倒颠之。
志在攘夷愿未酬，七旬苗格德难侔。
足根踏破山云路，眼底空悬海月秋。
意马不辞天地阔，心猿常与古今愁。
世间谁是英雄辈，徒使企予叹白头。
英雄吞吐气如虹，慨古悲今怒满胸。
猃狁侵周屡代恨，五胡乱晋苦予衷。
汉唐突厥单于犯，明宋辽元鞑靼凶。
中国世仇难并立，免教流毒秽苍穹。
北狄原非我一家，钱粮兵勇尽中华。
诓于兄弟相残杀，豪士带兴万古嗟。

① 恩格斯：《卡尔·马克思"路易·波拿巴的雾月十八日"一书德文第三版序言》，《马克思恩格斯全集》（第21卷），北京：人民出版社，1975年，第291页。

② ［美］魏斐德：《大门口的陌生人：1839—1861年间华南的社会动乱》，北京：中国社会科学出版社，2002年，第148页。

③ 洪仁玕：《诛妖檄文》，《太平天国资料》（第2册），台北：文海出版社，1976年，第624页。

④ 洪仁玕：《洪仁玕亲书自述、诗句》，《近代史资料文库》（第5卷），上海：上海书店出版社，2009年，第19—20页。

在文化上，洪仁玕等领导人大骂满人为胡狗，“鞑靼妖出，则文武衣冠异于往古。父母毛发强为毁伤口，其言语说甚什么巴图鲁之鬼号”①。“薙我毛发，毁我冠裳，辱我祖宗。”② 满人的统治使华夏文明蒙尘，以夏化夷，“改中国之服制，变中国之形容”，结果是使中国人变成妖类。③ 满人要求汉人剃发留辫，使中国人民变为禽兽之类。太平军首领反复劝告：“仰尔四民人等知悉，嗣后务要从真向化，蓄发留须，勿从妖形。”④ “应知乃祖若宗并非胡种，自当蓄须留发，脱去妖形。”⑤ 在衣冠方面，“坏中国之制度，变中国之衣冠，逼人令中国人民均行剃发，变成孤鬼之形”⑥，破坏了中国的服饰制度，使中国人忘其根本，所以为了“反满”，必须恢复汉人衣冠制度。因为冠服是区别满汉之别的标志，更是华夏民族与八旗蛮族的等级差别。杨秀清与萧朝贵在诏文中号召，中国人从满人衣冠，是极为愚蠢的。“既是中国人民，何其愚蠢，雉发从妖，胡衣胡服，甘做妖胡奴狗，足上首下，尊卑颠倒。”⑦ 而洪仁玕等则鼓吹中国人应该以死拒绝满人衣冠。“况服胡服而冠胡冠，于心何忍；忘真圣主而役匈奴，

① 洪仁玕：《颁新政宣谕》，载《太平天国史料》，台北：文海出版社，1976年，第144页。

② 洪仁玕：《钦定英杰归真》，《中国近代史资料丛刊·太平天国》（第2册），第582页。

③ 何震川：《贬妖穴为罪隶论》，载《影印太平天国文献十二种》，北京：中华书局，2004年，第281页。

④ 《太平天国文书汇编》卷2《殿右陆拾肆指挥赖劝四民从真向化谕》，北京：中华书局，1979年，第116—117页。

⑤ 《太平天国文书汇编》卷2《绍天福朱缵天福陆告四方士民亟早投诚各安生业海谕》，北京：中华书局，1979年，第137页。

⑥ 《太平天国文献史料集》，北京：中国社会科学出版社，1982年，第13—14页。

⑦ 《太平天国文书汇编》卷2《东王杨秀清西王萧朝贵发布救一切天生天养中国人民谕》，北京：中华书局，1979年，第109页。

誓死难從。”① 太平天国曾规定：“凡参加革命者，都要脱去满洲服装，改穿明代祖先胸前开缝的袍子。”② 太平军所到之处，将清廷官服随意抛弃、践踏，对藏有此类衣物之人，加以惩罚。“贼以官为妖，见朝衣、朝冠、补褂、翎顶之类，以为妖器，人家有此服物，则蹂躏益甚。”③ 而太平军士兵却衣衫破旧，甚至宁可穿着明朝的戏服打仗，也不愿意着清朝衣冠。

在发制方面，太平军更为重视。其一，“拒绝留辫发而改蓄长发。这种‘长毛’的形象不仅仅是太平军的特征，更成为反清的鲜明标志。”④ 归服太平军的清方将领，曾就留发问题请教洪仁玕。这位将领认为留长发多有不便。“每至半月不剃则痒不可耐，前代虽留长发，究不如今之为便。”洪仁玕对其进行耐心训导，首先剃发对身体不利。“盖发之生于首，犹草之生于山也。山无草则崩破消磨不足以悦人观，头剃发则洩气坏脑多生头晕善忘之病。夫脑为一身之总会，脑清则明，脑浊则钝，脑浆少则摇头失神，于坐船荡桨时必晕闷可验，而失撞倾跌必不省人事可徵。若脑充实，则心灵善悟，脑热则谵语多梦，脑之为用甚大，实为灵魂生命，故剃发之人定有所损。”其二，头发系上帝所赐，不能逆天剃发。“发为上帝生成，发于肌肤，鞠于母胎”，非袍裳可比。“上帝欲生之，尔偏削之，岂不逆天?”其三，发肤关乎“春秋大义”。剃发是忘记自己为花人，“甘为鞑妖，瞒天不孝之举”。在明末清初，列祖列宗不肯“剃发从妖”。而今一些

① 《太平天国文书汇编》卷 2《干王洪仁玕颁新政諠谕》，北京：中华书局，1979 年，第 97 页。

② ［法］加勒利·伊凡原：《太平天国初期纪事》，上海：上海古籍出版社，1982 年，第 34 页。

③ 潘钟瑞：《苏台麋鹿记》，《中国近代史资料丛刊·太平天国》（第 5 册），第 279 页。

④ ［日］菊池秀明：《末代王朝与近代中国：清末中华民国》，桂林：广西师范大学出版社，2014 年，第 27 页。

人，因头痒而不愿留发，系忘记先祖之仇而成为不孝之人。①

在《钦定军次实录》中，洪仁玕规定：“凡欲脱满洲鞑子妖魔之轭，投诚天朝，仍为中国花民者，必须留发，以诠父母鞠育之恩，以顺上帝生成之恩，切不可薙之，致有逆天不教之罪。”②有人曾在太平军中见一对联：“留发留发，留得尔民真面目；改官改制，改还我国旧衣冠。”③ 咸丰元年，乌兰泰至武宣疏陈军情：“立有伪王伪官，留发易服，众至万余，凶勇诡谲。”④ 太平军规定军民必须蓄发，“如有私剃，责罚甚严”⑤。太平天国曾颁布文告曰：“凡剪发剃胡刮面，皆是不脱妖气，斩首不留。”⑥“在太平军与清军激战的地点，人们面临选择支持清朝的长辫，或是太平军官兵的长发，发型甚至能决定人的生死。”⑦ 常熟一人剃发，在蠡墅被太平军发现，“缚去欲斩首”。有人求情道：“杖已足矣，焉用杀为?”太平军官员接受之，将斩首改为杖刑五十棍，但是“方三棍而骨已碎”。⑧ 在浙江地区，“有一乡人剃发过市”，被太平军发现后，拿至军中，“曹头目令笞之数十，

---

① 洪仁玕：《钦定英杰归真》，《中国近代史资料丛刊·太平天国》（第2册），第580页。

② 洪仁玕：《钦定军次实录》，《中国近代史资料丛刊·太平天国》（第2册），第603页。

③ 陆云标：《庚申年陈墓镇记略》，《太平天国资料》，北京：知识产权出版社，2013年，第131页。

④ 《中兴别记》卷2，《太平天国资料汇编》（第2册上），北京：中华书局，1979年，第22页。

⑤ 知非：《吴江庚辛纪事》，《近代史资料》（第4号），北京：科学出版社，1955年，第39页。

⑤ 张德坚：《贼情汇纂》卷8，《中国近代史资料丛刊·太平天国》（第3册），第231页。

⑦ ［日］菊池秀明：《末代王朝与近代中国：清末中华民国》，桂林：广西师范大学出版社，2014年，第62页。

③ 《太平天国史料专辑》，上海：上海古籍出版社，1979年，第32页。

其人不服，怒目相视，投之以机。曹大怒杀之，掷其首于河”①。咸丰十一年，太平军出稽山。“剃发者刃之，蓄发者掳之。”② 同治元年八月，余姚等地被太平军收复，“因百姓尽剃发，杀死无算”③。曾经历过太平天国运动的传教士经过观察后发现：“叛党为了表示已经摆脱外族的压迫，于是剪去辫子，蓄起全发。”④ 西方一些驻华使官在公文中报道：“革命军……其头部装束与明朝人相同，即是满头蓄发，长至两三寸，惟背后不垂辫或拖尾。”⑤

在语言方面，他们认为，满人文化完全异于中国。满人创造“京腔”，变更了中国语音，“是欲以胡言、胡语，惑中国也”⑥。满人常言巴图鲁、贴木儿等词汇，在太平军眼里系“鬼号”，“未知作何解意者”⑦。所以洪秀全特下诏令，将史书中“一切鬼话、妖怪话、妖语、邪语，一概删除净尽，只留真话、正话”⑧。对于清朝皇帝的年号，都要冠上“犬”字作为偏旁。⑨ 洪仁玕认为如此做，是为了体现太平天国“新”朝性质。“倘我天朝之人

① 佚名：《寇难琐记》卷3，载《江浙豫皖太平天国史料选编》，南京：江苏人民出版社，1983年，第196页。

② 隐名氏：《越州纪略》，《中国近代史资料丛刊·太平天国》（第6册），第772页。

③ 冯氏：《花溪日记》卷下，《中国近代史资料丛刊·太平天国》（第6册），第707页。

④ ［法］加勒利·伊凡原：《太平天国初期纪事》，上海：上海古籍出版社，1982年，第34页。

⑤ 《英国政府蓝皮书中之太平天国史料》，《中国近代史资料丛刊·太平天国》（第6册），第886页。

⑥ 《太平天国资料》（第1册），台北：文海出版社，1976年，第162页。

⑦ 洪仁玕：《钦定英杰归真》，《中国近代史资料丛刊·太平天国》（第2册），第575页。

⑧ 《太平天国文书汇编》卷1《天王诏旨·删改诗韻诏》，北京：中华书局，1979年，第39页。

⑨ 《太平天国文书汇编》卷2《干王洪仁玕拟出师北伐檄文》，北京：中华书局，1979年，第151页。

仍依妖之俗例，拜邪魔、信邪说、叛皇天、恃己力，一切妖样而行，又何敢自称为新乎？”① 在人伦方面，太平军领袖们认为满人淫乱中国，将汉人变成了胡人，甚至变成禽兽，“今乃变中国之人为禽兽之形”。在《贬妖穴为罪隶论》中，太平军将满人贬为非人类之列。“夫中国神州也，人也；胡虏妖魔也，非人也。”② 为了划清汉人与满人之间的界限，洪秀全等人在解释满人的起源时，谴责满人的祖先是牲畜。“予细查满鞑子之始末，其祖宗乃一白狐一赤狗交媾成精，遂产妖人。种类日滋，自相配合，并无人伦风化。乘中国之无人，盗据华夏。御座之设，野狐升据；朝堂之上，沐猴而冠。”③ 虽然说满人为狐狗交合之产物，是一种夸张的诋毁性宣传，纯属荒谬之言，但却反映出太平军领袖反满情绪和特殊的民族思想。

他们认为，满人入主中原，不仅扰乱中华，而且“重奸邪而背真道”。满人集团卖官鬻爵，却无视十年寒窗苦读之汉族读书人。满人拥有免税之特权，不知平民百姓之劳苦。“兵柄尽属满洲，英雄束手，大权都归妖总，博士低头。月俸少而刻剥多，职卑尤苦，阳受官而阴削职，文札难凭。”④ 在政治制度方面，满人另定条例，“使我中国之人，无能脱其网罗，无所措其手足，是尽中国之男儿而胁制之也”⑤。清廷在任何时候均持有满汉畛域之戒心，“状元不招亲，是视汉人为寇。不封王、不爵位，是

① 洪仁玕：《钦定英杰归真》，《中国近代史资料丛刊·太平天国》（第 2 册），第 589 页。

② 武建文：《贬妖穴为罪隶论》，载《影印太平天国文献十二种》，北京：中华书局，2004 年，第 283 页。

③ 《颁行诏书·奉天讨胡檄布四方谕》，载《太平天国印书》，南京：江苏人民出版社，1979 年，第 109—110 页。

④ 《太平天国文书汇编》卷 2《干王洪仁玕颁新政諠谕》，北京：中华书局，1979 年，第 97 页。

⑤ 《太平天国资料》（第 1 册），台北：文海出版社，1976 年，第 162 页。

忌汉人有柄。不将兵、不树帅，是畏汉人有权。名虽君臣，实则陌路”①。在政治方面，用严刑酷法镇压人民，“二百余年，浊乱中国，钳制官兵，刑禁法维，无所不至”。这导致英雄豪杰无法施展抱负，为清廷所控制，最后不得不屈尊其下。“兵柄尽属满洲，大权尽归妖总。”② 清廷尽管任用汉人为官，但是，“凡有美缺要任，皆系满人补授。而冲繁疲难者，则以汉人当之”。满人之升迁调除，极为顺当，且“各踞显要”，而汉人再有才能，“非贿不行”。在兵制方面，满人均领双饷，而汉兵只有一份饷银。一遇有战事，“汉兵前驱，满兵后殿”。战后，“肝脑涂地，尸首堆山者，惟汉兵最多”。因此，在民间有此俗语：乡勇为挡死牌，汉兵为替死鬼。当论功领赏之时，“满兵多得而汉兵无与焉”③。汉兵用生命建功立业，但是鞑妖军中功名没有标准，“任是红蓝白顶皆是虚无假借，故俗以军功顶戴谓之‘太平消’”④。清廷重用满人，但他们大多是无能之辈，“上则贪，下则污”⑤。乾隆朝奸臣和珅，“揽权卖官鬻爵，荼毒等于鲸鲵”。嘉庆、道光两朝，穆彰阿丝毫不逊色于和珅，“贿赂公行，世人谓为尚和下穆”⑥。在这种情况之下，确有一批汉族士人和官吏归附太平军。“前者因满人政治腐败断阻其上进之路，后者自觉其被夺官

① 《太平天国轶闻》卷 4《太平天国诏》，台北：文海出版社，1973 年，第 5 页。

② 《太平天国文书汇编》卷 2《干王洪仁玕拟出师北伐檄文》，北京：中华书局，1979 年，第 152 页。

③ 《太平天国诗文钞 · 布告天下檄》，台北：文海出版社，1973 年，第 308—309 页。

④ 《太平天国文书汇编》卷 2《干王洪仁玕等劝谕清朝官兵弃暗投明檄》，北京：中华书局，1979 年，第 149 页。

⑤ 《太平天国资料》（第 2 册），《安民告示》，台北：文海出版社，1976 年，第 703 页。

⑥ 洪仁玕：《诛妖檄文》，《太平天国资料》（第 2 册），台北：文海出版社，1976 年，第 623 页。

褫职，殊不公允，是以咸来归附也。”①

在经济方面，数百万满人搜括数亿汉人民脂民膏，随意挥霍，而广大汉人却生活在饥寒交迫的生死线上。“鞑妖每岁剥中国脂膏数百万回，满洲以为花粉之费，每岁耗费鸦片烟土银几千万，于今二百余年矣。中国金银几几剥尽，而我中国花民动以贫困……无有以十八省之大，被满洲三省所制为辱，更无有以五百万万之众，受制鞑奴之三百余万为羞者。噫！人心至此，忘其身之为花，甚矣！”② 这正如黄濬所分析的一样，“专制之朝，家天下，故私财随时可为天子所有，其中自含平日驱官以婪得于民……此理尤以世受豢养之八旗为宜然，以清代满洲大官，泰半以榨取民财为职”③。在《钦定英杰归真》中，洪仁玕也谈到满人以少制多，以弱凌强，将满人称之为“狗”。“中土十八省之大，受制于满洲狗之三省。以五万万兆之花人，受制于数百万之鞑妖。”这是何等的耻辱！由于满人盘剥汉人，导致的结果是：“二百年，中国之民富者安得不贫？贫者安能守法？不法安得不问伊黎省或乌隆江或吉林为奴为隶乎？兴言及此，未尝不拍案三叹也。”④

故而，太平军的领袖们由此推出：顺治元年，八旗入关，“扰乱中国”“盗窃神器”。号召全体汉人，“尊中国，攘北狄，以洗二百载之蒙羞”⑤。《奉天讨胡檄》中，杨秀清等太平天国将

---

① 《英国政府蓝皮书中之太平天国史料》，《中国近代史资料丛刊·太平天国》（第6册），第885页。

② 洪仁玕：《钦定军次实录》，《中国近代史资料丛刊·太平天国》（第2册），第605页。

③ 黄濬：《花随人圣庵摭忆》（中册），《咸丰初年之勒捐高官》，北京：中华书局，2008年，第447页。

④ 洪仁玕：《钦定英杰归真》，《中国近代史资料丛刊·太平天国》（第2册），第570页。

⑤ 洪仁玕：《颁新政宣谕》，载《太平天国史料》，台北：文海出版社，1976年，第144页。

领视满人为非人类。所以，太平天国等人力图恢复汉人江山，“同心戮力，扫荡胡尘……上为上帝报瞒天之仇，下为中国解下首之苦，务期肃清胡氛，同享太平之乐”①。此文全盘否定八旗入主中原的合法性，这种否定建立在两个基础之上：一是八旗为胡为妖，中国为神州。二是八旗荼毒中华，中国人应该奋起反抗，推翻满人的统治。同时，又宣扬中国为汉人之中国的思想。“夫天下者，中国之天下，非满洲之天下也。宝位者，中国之宝位，非满洲之宝位也。子女玉帛者，中国之子女玉帛，非满洲之子女玉帛也。”在此，太平军将满人排除在中国之外，未将汉人与中国等同。② 所以，将满人赶出中国，是理所当然的。他通过诗歌，直接表达出“驱除鞑虏”的思想。③

手持三尺定山河，四海民众共饮和。
擒尽妖邪投地网，收残奸宄落天罗。
东南西北敦皇极，日月星辰奏凯歌。
虎啸龙吟光世界，太平一统乐如何。

咸丰十一年，洪仁玕奉洪秀全之旨，至安徽、浙江一带催兵时，作诗一首，名为《谕民诗》。④

庐居暂借作王居，寄谕我民别夏夷。
中国纲常如未坠，军师安肯运军机？

同治三年，天王病逝，随即天京失陷，太平天国运动失败。洪仁玕在南昌就义时，再次表明自己坚定的“反满”志向，以反元英雄文天祥作为自己的理想人格：“但思人各有心，心各有

① 杨秀清：《奉天讨胡檄》，载《檄文经典》，济南：泰山出版社，2004年，第185—186页。

② 《太平天国诗文钞·布告天下檄》，台北：文海出版社，1973年，第307—308页。

③ 洪秀全：《吟剑诗》，广来选编《近代名家名人文库：洪秀全、洪仁玕》，呼和浩特：内蒙古人民出版社，2009年，第5页。

④ 洪仁玕：《钦定军次实录》，《中国近代史资料丛刊·太平天国》（第2册），第601页。

志。故赵宋文天祥败放五坡岭，为张宏范所擒，传车送穷者，亦只知人臣之分当如此，非不知人力之难与天抗也，予每读其史传及正气歌，未尝不三叹流涕也。今予亦只法文丞相已。”①

在《天王诏书》中，洪秀全向世人展现未来天国之景象，杀尽满人，恢复汉人江山之后，大家一起唱着凯歌，共享太平。②

爷排天国在中华，中国原来天国家。
故此中华名爷讳，爷未降前即属爷。
胡妖入窃爷天国，爷故命朕来诛他。
物非他有怎畀人？无天无日罪同蛇。
上帝基督带作主，既斩蛇虎狗妖邪。
爷哥降带坐江山，同世一家奏凯还。

这些言论和诗歌，不仅仅涉及了满汉矛盾的旧伤，而且将日趋弥合的旧伤重新撕裂，呈现了太平天国领袖们强烈的“反满”意识和政治目标。尽管这些“反满”思想是基于和继承了传统华夷观念，并没有太多的新意。但是，洪秀全等人将满人所代表的反动势力和负面形象，定性为“妖”“魔”，从而证明“反满”的合法性与正义性，这在中国历史上是独一无二的。时人在诗文中也谈到“贼见旗人恒切齿，目为妖魔专杀此”③。太平军将所有的满人视为敌人，满人不分身份和地位，均要屠杀殆尽。

“道光咸丰时之洪秀全、杨秀清等，皆树反清复明之旗帜，是为单纯的民族主义，又可谓一民主义。”④ 洪秀全从天地会那里继承了反清复明的民族意识，儒学中的“华夷之辨”为他反

① 洪仁玕：《洪仁玕自述》，《中国近代史资料丛刊·太平天国》（第2册），第847页。

② 洪秀全：《天王诏旨》，《中国近代史资料丛刊·太平天国》（第2册），第678页。

③ 马寿龄：《金陵癸甲新乐府》，《中国近代史资料丛刊·太平天国》（第4册），第728页。

④ 冯自由：《二民主义与三民主义》，《革命逸史》（第2集），北京：新星出版社，2011年，第280页。

清提供了重要理论依据和思想源泉。另外，洪秀全深受朱元璋反元成功的启迪。1850 年，他以诗明志：“近世烟氛大不同，知天有意启英雄。神州被陷从难陷，上帝当崇毕竟崇。明主敲诗曾咏菊，汉皇置酒尚歌风。古来事业由人做，黑雾收残一鉴中。”诗中喻义，各地匪党横行，起伏不定，如同乌云。等他们自相残杀，两败俱伤之时，自己再起兵成为霸主。这一战略和朱元璋之计划，如出一辙。因为朱元璋早年曾写诗云：“百花发时我不发，我一发时都吓煞。要与西风战一场，满身披就黄金甲。”① 洪秀全攻破南京之后，“群上颂称明代后嗣”，马上拜谒明太祖陵，举行盛大祀典。“不肖子孙洪秀全得光复我大明先帝南部疆土，登极南京，一遵洪武元年祖制。”② 为了激发汉人的反满情绪，洪秀全甚至冒充自己为明朝后裔。“洪秀全又一姓朱，则向有此说，乃其诡托前朝后裔，洪字即系假洪武字样，以为煽惑之由，因系众口传闻之词，未经入奏。况此等凶邪名姓，本无一定。洪秀全又曰姓朱，但未闻有朱九涛之名。”③ 太平军攻下一地之下，会四处张贴告示。他们往往自称“大明太平天国”④。而洪仁玕曾在《论史》一文中，对历史上高举“华夷之辨”的英雄大加赞赏，对朱元璋更是推崇备至。“粤稽史册，秦汉以来，无有过于光武、洪武之创业者。何也？光武能恢复汉室，洪武能用夏变夷，二人皆起自布衣；虽汉高亦起自布衣，除秦之暴，太宗有除隋之乱，然以下伐长，陷亲不义，借戎兵，伤骨肉，而不得掩失也。……其余卑卑不足道者，类皆以下伐长，以花乱花，始役之

---

① ［瑞典］韩山文：《太平天国起义记》，《中国近代史资料丛刊 · 太平天国》（第 6 册），第 869 页。

② 《清史稿》卷 475《洪秀全传》，北京：中华书局，2010 年，第 12867 页。

③ 《赛尚阿等奏洪秀全并非朱九涛广西亦无李丹折》，《军机处录副》咸丰元年九月二十三日。

④ 黄本铨：《枭林小史》，《中国近代史资料丛刊 · 太平天国》（第 6 册），第 546 页。

而终弃之者也。究之光武复汉，仍属当然；而洪武尊花，超乎三代，尤为春秋大义所必褒，今古人心所必予者也。”[①] 在洪仁玕笔下，朱元璋之地位远高于李世民。因为李世民凭借自己的实力“伤骨肉”，以至于“陷亲不义”。而朱元璋则不然，他出身草莽，而且“尊花”“复汉”，坚持春秋大义，恢复汉人江山，故而李世民不能和朱元璋比肩。美国人传教士晏玛分析太平军之所以勇敢且有豪侠之情，是因为他们有自己的信仰。“直捣南京，以恢复汉族旧江山——明朝。”[②]

洪秀全等人的“反满”思想，让素有儒学大师曾国藩等人束手无策，在《讨粤檄文》一文中，曾国藩反复强调为保民、文化、名教而战。“对于洪、杨之种族革命思想，避而不论。”[③] 只有张德坚等文人，认为太平天国利用上帝教“反满”，“几欲变中华为夷俗”[④]。咸丰帝在诗歌中不痛不痒地批判太平军为妖贼，扰乱中国衣冠。[⑤]

侍臣何必劝加餐，梦寐为怀民未安。
弥望苍生登衽席，何来蠢贼乱衣冠。
万年欲奠神禹鼎，一日须新汤□盘。
嗟尔群臣皆结舌，空群故事待金銮。
大江南北乱离中，岂是妖氛气力充。
守土居然皆走鹿，斯民能不赋哀鸿。

① 洪仁玕：《军次实录》，《中国近代史资料丛刊·太平天国》（第2册），第605—606页。

② ［美］晏玛太：《太平军纪事》，《中国近代史资料丛刊·太平天国》（第6册），第924页。

③ 郭廷以：《近代中国的变局》，北京：九州出版社，2012年，第102页。

④ 张德坚：《贼情汇纂》卷9《贼教》，《中国近代史资料丛刊·太平天国》（第3册），第251页。

⑤ 杨钟羲：《雪桥诗话三集》卷12，北京：人民文学出版社，2011年，第2052页。

九重自揣勤思虑，三载何曾奏□功。
凌阁至今犹汉代，丹青何以绘诸公。

三

太平天国掀起的“反满”思想影响是巨大的。自清中叶以来，满汉矛盾在表面上呈现消弭之势，但是在满与汉各自的历史记忆与情感世界中却并没有完全消失。“自清现治世，诸夏变为夷狄，有明遗老逸民，思攘夷大义，为虏埋没，则相与结合诸党会，冀存微旨，以收功将来……太平洪氏用集大成，光复之声，果不泯坠也。”[①] 在江浙地区，死者在入棺之前，还是会穿上明代流行的汉人服饰，才能入土为安。[②] 章太炎的父亲在临终时叮嘱：“吾家入清已七八世，殁皆用深衣敛。吾虽得职事官，未尝诣吏部。吾即死，不敢违家教，无加清时章服。”[③] 在四川、湖南一带，“死者必着唐巾，丧必着唐冠”[④]。

在太平天国运动爆发之前，大量谶语在民间流行，说明朝即将复国。“先是民间发生道门，传布一种预言，使广西叛乱带有先知们所预见、并为信徒们所期望的性质，从而赋予这次事变某种威信。纷纷传说本甲子第四十八年亦即 1851 年初，按照谶记，明朝即当复国。”[⑤] “反满的潜在民族精神一直没有熄灭，随时都

---

① 宋教仁：《〈中国秘密社会史〉叙》，陈旭麓主编《宋教仁集》，北京：中华书局，2011 年，第 400 页。

② 郭世佑：《辛亥革命与近代民权政治的艰难》，《辛亥百年：回顾与反思》，北京：社会科学文献出版社，2012 年，第 192 页。

③ 章太炎：《章太炎自述 1869—1936》，北京：人民日报出版社，2012 年，第 146—147 页。

④ 望帝：《四川讨满洲檄》，陈夏红编《辛亥革命实绩史料汇编 · 起义卷》，北京：中国大百科全书出版社，2011 年，第 121 页。

⑤ ［法］加勒利 · 伊凡原：《太平天国初期纪事》，上海：上海古籍出版社，1982 年，第 19 页。

可能再度燃起，最后终于在 19 世纪爆发。”[①] 经过太平天国运动，这种历史记忆又被唤起和加强。钱穆对太平天国颇有微词，但他不得不承认此次运动是一场民族革命。[②] 即使是一些文人，在不经意间坦露满汉之别的思想，称旗籍女性为“鞑婆”[③]。一些西方人，在亲历过此次动乱之后，也将太平天国运动定性为汉满两个民族之间的战争。[④] 瑞典传教士韩山文认为：“清室存亡当视北京之能守与否为断，盖如其不守则清军将被击破而清廷与汉族人之最后的小小关系一概斩绝矣。”[⑤] 英国政府的官方文件对太平天国运动也是如此定性。[⑥]

经过十几年的太平天国“反满”宣传，满汉关系比起其前，的确紧张了很多。一位在两湖地区传教的意大利传教士发现太平军的“反满”受到广泛的欢迎，“太平军在所到之处，都宣称他们是把整个国家从鞑靼人统治中拯救出来的拯救者……对于那些渴望建立一个汉族朝代的人来说，他们非常欢迎这种对满族人的辱骂”[⑦]。法国军官埃利松在第二次鸦片战争期间就观察到：“他们在心底里是反对这些统治者的，他们的潜意识里埋藏着数百年

① ［美］吉尔伯物·罗兹曼：《中国的现代化》，南京：江苏人民出版社，2005 年，第 45 页。

② 钱穆：《中国历代政治得失》，北京：生活·读书·新知三联书店，2006 年，第 148 页。

③ 王文镕：《癸丑纪闻录》，《天平天国史料专辑》，上海：上海古籍出版社，1979 年，第 492 页。

④ ［英］呤唎：《太平天国革命亲历记》，北京：中华书局，1962 年，第 106 页。

⑤ ［瑞典］韩山文：《太平天国起义记》，《中国近代史资料丛刊·太平天国》（第 6 册），第 874 页。

⑥ 《濮亨致革命军首领书》（一八五三年四月二十八日），《中国近代史资料丛刊·太平天国》（第 6 册），第 908 页。

⑦ Clarke Prescott and J. S. Gregory, *Wester Reports on the Taiping*, Honolulu: The University Press of Hawaii, 1982, p. 30.

来世代相传的怨恨。”[①] 徐中约认为，太平天国早期的胜利因素之一，“首先，他们反对满洲异族统治的民族和种族革命，博得广泛的同情”[②]。当太平天国失败之后，呤唎仍然深信不疑地认为：太平天国运动会像不死鸟一样，从灰烬中再次光荣地复活起来。[③] 另外，太平天国的“反满”思想和屠满政策，强调传统的“华夷之辨”思想，强化了汉人的自我认同和对满人的仇视情绪。太平天国运动对满人而言，打破了鸦片战争时期，官民合作、满汉合作的和谐景象。这促使满人开始重新定义自我地位和身份，“时无变也，变于人心而已。清自洪、杨事平而疑忌汉族之心转甚”[④]。太平天国高举“反满”主义大旗，将满人纳入“胡”“虏”，甚至是非人类——“妖”“狗”的范畴，这也强化了满人不同于汉人的认同感和归属感。当太平军兵临南京城下之时，“旗兵志切同仇”[⑤]。杭州城沦陷之后，杭州将军瑞昌关闭驻防内城，召集全体满人，悲壮地说：“不见江宁、京口之往事乎？率驻防之兵以御贼，是驱群羊而攻猛虎也。虽然，战亦死，不战亦死。与其延颈以就死，不如战也。”当太平军攻打驻防城时，“老弱乘郭，妇女饷军”[⑥]。满人后代回忆，太平军运动激发了“八旗将士的同仇敌忾，绝不弃城投降，必将决一死战的孤心”[⑦]。柯娇燕强调地方驻防旗人之所以在文化和心态上，没有放弃自己是旗人的事实。其中，很重要的原因是诸次社会动荡的磨难，特别是太平天国运动增强了他们与汉人的差异性，以及作

① ［法］埃利松：《翻译官手记》，上海：中西书局，2011 年，第 223 页。

② ［美］徐中约：《中国近代史：1600—2000，中国的奋斗》，北京：世界图书出版公司，2008 年，第 188 页。

③ ［英］呤唎：《太平天国革命亲历记》，北京：中华书局，1962 年，第 664 页。

④ 夏仁虎：《旧京琐记》，北京：北京古籍出版社，1986 年，第 80 页。

⑤ 《清史稿》卷 398《祥厚传》，第 11806 页。

⑥ 夏燮：《粤氛纪事》，北京：中华书局，2008 年，第 341 页。

⑦ 富察・建功：《晚清侍卫追忆录》，故宫出版社，2011 年，第 345 页。

为旗人内生的民族和文化认同感。① 太平天国运动迫使清朝统治者擢用大量汉族士人为封疆大吏，直接的结果是汉族势力在地方急剧膨胀。太平天国的“反满”运动唤醒了沉睡已久的“华夷之辨”思想，加大了旗籍官员与汉族官员之间的民族分化。现代学者在日本发现一份“反满”文献《灭汉种策》中谈道：“凡我八旗子弟，抛弓矢，厌戎马，骄矜之气，流为苟安之习。强悍之风，变做怠惰之人，而其时的汉人，却生生息息，养他的元气，补他的疮痍，蠢蠢动动，生机复活。至宣宗暮年，长发贼起于广西，蔓延十三省，动了二十年的兵，伤我骨肉，残我手足，大有如河堤一决，不可收拾之势。而咱们反为其噍类者矣。”②

其次，太平天国“反满”思想如导火索，点燃了全国性“反满”斗争的火焰。这正如英国人所观察到的：“现在除去一省之外，其余各省都有些叛乱——并不一定是太平军。”③ 由于太平天国革命初期的成功，定鼎南京，天下草莽英雄均大受鼓励，纷起效尤，揭竿而起，响应太平军。④ “咸丰三年春二月，粤匪陷江宁，寻陷扬州、镇江，海滨诸不肖雕悍少虑，皆蠢蠢思动，长吏模棱为治，无敢严诘，遂立名号，闽人曰建党，粤人曰广党，统邑庙者曰庙党，复有塘桥党、百龙党诸色。名为保聚，实无籍游民，乘机扇乱，甚或昼劫，而邻邑响应者亦不数也。”⑤ 捻军的兴起与发展、太平天国运动之兴起直接相关，“捻之起也，始于山东游民，及咸丰三年洪秀全陷安庆、金陵、安徽全省大

---

① Pamela Kyle Crossley, *Orphan warriors*: *Three Manchu Generations and the End of the Qing World*, New Jersey: Princeton University Press, 1990, p. 238.

② 《灭汉种策》，载《福建论坛·人文社会科学版》2006 年第 10 期，第 128 页。

③ ［英］富礼赐：《天京游记》，《中国近代史资料丛刊·太平天国》（第 6 册），第 957 页。

④ 唐德刚：《晚清七十年》，长沙：岳麓书社，2006 年，第 141 页。

⑤ 朱作霖：《上海寇变纪略》，载《太平天国史料专辑》，上海：上海古籍出版社，1979 年，第 91 页。

震。捻党乘势起于宿州、亳州、寿州、蒙县诸地，横行皖齐豫一带，所到掠夺，官军不能制。其有奉命督师者，辄被逆击，屡败衄，以故其势益猖。及咸丰七年冬，其游骑遂扰及直隶之大名府等地，北京戒严"①。全国各地在太平天国"反满"思想的鼓动之下，云南、贵州、陕西等地武装起义此起彼伏。这样武装力量互相影响，共同牵制着清廷的八旗军和其他军队，使清军在各地农民军打击之下，首尾不能相接，顾此失彼，分散镇压力量，间接支援了太平天国运动。有的农民军，特别是在太平天国运动晚期，与太平军实现了联合，共同应对清军的围剿。"时捻匪蠭起，粤寇与之联合，或令分扰，或令前驱，以牵制我军。"②

再次，为后来的革命人士提供了一条反清的革命思路。"历朝成功，谋士功业在战士之上。读书人不赞成，虽太平天国奄有中国大半，终亡于曾国藩与儒生之领兵。"③ 在中国近代史上，太平天国运动可以视为民族主义所激发的革命运动。"洪、杨之事，而至今未已，此皆种族之见之未泯者也。"④ 太平天国运动之后，"革命之思想……深印人心"⑤。在政治上，太平军的"反满"运动，对其后反对清王朝的民族革命有重大的启迪和推动作用。美国人贾希尔认为："太平天国的革命是一种突起——所以宣布旧中国之死亡及可怕的劳工时期之开始，结果乃为中华民国之诞生。太平军虽败亡而消灭多时，但其革命的支流则仍灌注于中国之将来。"⑥ 邓慕韩认为，太平天国运动起到承上启下之作

---

① 梁启超：《李文忠公事略》，北京：中国人民大学出版社，2012 年，第 151 页。

② 《清史稿》卷 475《洪秀全传》，北京：中华书局，2010 年，第 12878 页。

③ 刘成禺：《先总理旧闻录》，《国史馆馆刊》第 1 期，1947 年 12 月。

④ 《释仇满》，《经世文潮》1903 年第 1 期，上海图书馆藏，第 33 页。

⑤ 贾逸君：《中华民国政治史》，《民国丛书》（第 2 编第 22 号），上海：上海书店，1989 年，第 15 页。

⑥ 萧一山：《清代通史》（第 3 册），上海：华东师范大学出版社，2006 年，第 251 页。

用，保存了“反满”之火种：“吾粤于宋有崖门山之痛史，于明有流花桥之遗冢，近有洪、杨崛起，其所闻所见皆足以使粤人惊心动魄，而起种族兴亡之感。且有以反清复明相号召之三合会，二百余年潜伏各地，一触即发。”① “太平天国虽失败，仅失败于宗教之神权主义，而非失败于民族主义。后来中外学者表彰洪氏，加以赞扬，几无不以民族革命为立场。”② 太平天国的反满革命，不断激励后来革命者前赴后继。“太平军余部转入地下加入了天地会，使种族及民族主义式的反满革命思想得以延续。太平天国也成为民主革命的先行者孙中山的灵感之泉源。”③ 章太炎在为章士钊之著作《孙逸仙》题词时，用诗歌的形式把孙文和汉高祖刘邦进行类比，将他的革命理想和事业置于洪秀全的继承和发展。④

索虏昌狂泯禹绩，有赤帝子断其嗌。
掩迹郑洪为民辟，四百兆人视兹册。

无论是进军天京、北伐西征，还是后来挺进苏浙，太平军所到之处除了宗教，宣传的都是“反满”主义。它们前承明清之际的“反满”抗清事业，后继辛亥时期“驱逐鞑虏，恢复中华”，构成了有清一代革命者的思想主线。包括孙中山等革命先贤都受到太平天国“反满”主义的影响。⑤ 1904 年，当刘成禺《太平天国战史》成书之后，孙中山欣然为该书写序：“可谓扬

---

① 邓慕韩：《乙未广州革命始末记》，《辛亥革命实绩史料汇编·起义卷》，北京：中国大百科全书出版社，2011 年，第 3 页。

② 萧一山：《清代通史》（第 3 册），上海：华东师范大学出版社，2006 年，第 247 页。

③ ［美］徐中约：《中国近代史：1600—2000，中国的奋斗》，北京：世界图书出版公司，2008 年，第 188 页。

④ ［日］宫崎滔天：《三十三年之梦·林启彦序》，桂林：广西师范大学出版社，2011 年，第 11 页。

⑤ 秦晖：《走向帝制：从晚清到民国的历史回望》，北京：群言出版社，2015 年，第 120 页。

皇汉之武功，举从前秽史一澄清其奸，俾读者识太平朝之所以异于朱明，汉家谋恢复者不可谓无人。”[①] 1906 年，《民报》第五号将朱元璋、洪秀全和孙中山画像并列。[②] 孙中山在即将担任中华民国临时大总统的前夜，仍强调中国同盟会建立之目标，“使曩者朱明之绪无绝，太平之师不熸”[③]。李泽厚认为，孙中山之民族主义，从现实渊源而言是太平天国等农民革命“反满”要求的继承与提高。[④] 与孙中山齐名之革命元勋——黄兴曾坦言：“我革命的动机，是在少时阅读太平天国杂史而起。”在后来的革命过程中，他从太平天国运动中吸取经验教训，防止革命内部为争权夺利，发生分裂，最后使革命功败垂成：“我当时联络的弟兄，以两湖等处的会党为多。这些的弟兄，大半是承太平天国余绪的后人，我联络他们，首先引这事（天京事变）为鉴戒……我取名轸字，就是前车既覆、来轸方�的意思。也就是我们革命党弟兄，不要再蹈太平天国兄弟覆辙的革命要件。”[⑤] 革命志士姚洪业原名为宏业，“尝自谓慕朱洪武、洪秀全之为人，乃改名洪业”[⑥]。何香凝也曾谈到自己走上革命之道路与太平天国有深厚的渊源关系，“我们家里有参加过太平天国运动的人，我自小即常常听到别人谈到反清的事。结婚之后，我又听仲恺常常谈及时事，逐渐加深了我对‘天下兴亡，匹夫有责’的认

---

① 《〈太平天国战史〉序》(1904)，《孙中山全集》(第 1 卷)，第 259 页。

② 《民报》(第 2 册)，北京：中华书局，2006 年，第 620—622 页。

③ 《中国同盟会意见书》(1911 年 12 月 30 日)，《孙中山全集》(第 1 卷)，第 577 页。

④ 李泽厚：《中国近代思想史论》，天津：天津社会科学院出版社，2004 年，第 289 页。

⑤ 《与李贻燕等的谈话》(1912 年 5 月)，湖南省社会科学院编《黄兴集》，北京：中华书局，2011 年，第 211—212 页。

⑥ 邹鲁：《中国国民党史稿》，《民国丛书》(第 1 编第 26 号)，上海：上海书店，1989 年，第 1271 页。

识”[1]。李烈钧家族中，有多人曾参加过太平天国运动，“面部或手部均有针刺‘太平天国’四字”。年轻的李烈钧曾多次对此问及长辈，每每听说他们反清故事时，“心怦怦欲动焉”[2]。曹亚伯系湖北兴国州人，性格率真，疾恶如仇。“自幼居乡，每聆乡中父老述太平军当年起兵杀贼遗事，辄眉飞色舞，油然萌种族思想。”1905年，他参加同盟会写盟书时，自书籍贯为兴国州。有广西人不知其地，以为曹亚伯在开玩笑。曹亚伯反问道：“君不知太平天国大败清军时有兴国州人包打洪山之事乎?”[3] 江浙地区是辛亥革命思想兴起地，这与当年太平天国运动在此经营多年有关。陶成章就曾经讲过，“明之末也，浙东沿海义师抗拒最烈……及太平天国之师入浙，浙人恢复之思想复活，而会党之势乃又炽矣”[4]。当我们仔细研究、反思以孙中山为首革命党的政治纲领时，我们会发现同盟会的民族革命与太平天国的民族革命理论，大体上是相同的。“民族精神，无疑是这二大革命领导人用来广结群众，打击执政当局的最有力武器。”[5]

最后，太平军的反满思想与清廷政权崩溃和合法性丧失有着直接的联系。“人们普遍赞同前香港总督 J. F. 戴维斯爵士在其著作中记载的一种在亚洲广为流传的看法：太平天国起义及1840年远征暴露了清王朝的软弱无能，这是有目共睹的。”[6] 法国汉学家格鲁塞认为：“太平天国革命爆发。大约15年的时间，这场

---

① 何香凝：《我的回忆》，《辛亥革命回忆录》（第1集），北京：中华书局，1961年，第12页。

② 周元高：《李烈钧集》（下册），北京：中华书局，1996年，第813页。

③ 冯自由：《兴国州人曹亚伯》，《革命逸史》（第2集），北京：新星出版社，2011年，第228—229页。

④ 汤志钧：《陶成章集》，北京：中华书局，1986年，第335页。

⑤ 朱浤源：《同盟会的革命理论》，中央研究院近代史研究所印行，1985年，第49页。

⑤ ［法］帕吕：《远征中国纪行》，上海：中西书局，2011年，第6页。

内战把华中地区蹂躏得一片狼藉，几乎标志着大清帝国的末日。”① “从北到南，从广州到北京，帝国内部叛乱此起彼伏……这种恐惧钻进了每个人以及中国官员的心里……在广州、在上海、在天津。革命每一天都获得胜利，政府没有能力阻止。”② 太平天国与清廷对峙十余年，割据一方，在这种情况之下，清王朝的统治能够拖到1911年，“实在是一个异数”③。清廷虽然成功地镇压了太平天国运动，但是中央也付出了沉重的政治代价：在太平军“反满”思想的影响下，满洲统治者默许和承认一些政治和社会秩序的变革。如厘金的出台本是为了镇压太平天国起义而实施的非常税，后来它却成为支持汉人督抚割据地方的摇钱树。④ 访问过太平天国的英国领事敏锐地观察到：“我亦不见得清廷能恢复其从前之势力和地位……由这些大乱之中将有些势力崛起以拨乱为治者——这可从中国历史多次证明。”⑤ 钱穆认为：“太平天国是失败了，而清政权，也就从此逐渐转移到中国人手里。中国人出任封疆大吏的也多了，军队变成湘军与淮军，便逼出清政府以后之变法。”⑥ 徐中约则指出：“它促使政府的权力从满洲人转到了汉人。在太平天国之后，湘军和淮军的官佐因功而擢升至重要地位，从前由满人占据的重要督抚位置，现在落入了

---

① ［法］勒内·格鲁塞：《中国大历史：从三皇五帝到大清王朝》，哈尔滨：哈尔滨出版社，2011年，第343页。

② ［法］贝齐亚：《中国之役：1859—1861》，上海：中西书局，2011年，第101页。

③ 杨军、张松：《多元一体：当代中国的历史解说》，北京：世界知识出版社，2013年，第193页。

④ ［美］吉尔伯物·罗兹曼：《中国的现代化》，南京：江苏人民出版社，2005年，第31页。

⑤ ［英］富礼赐：《天京游记》，《中国近代史资料丛刊·太平天国》（第6册），第957页。

⑥ 钱穆：《中国历代政治得失》，北京：生活·读书·新知三联书店，2006年，第149页。

汉人之手。”[1] 这些变化导致了清王朝合法性的日益丧失，最终导致了大清王朝的覆灭。“太平运动揭露了皇帝制度的宗教性质，这对 1911 年的革命有着重大的意义。”[2] 许多仁人志士认为武昌起义一声炮响，大清帝王很快地土崩瓦解了，革命之所以在如此短的时间内取得胜利，一方面是革命党人前赴后继的努力，另一方面和太平天国运动有着内在的联系。田桓就说过，西方有谚语：“罗马不是一天建成的”，中国也有类似的话：“种瓜得瓜，种豆得豆”。“果实是从种子中得来的，蕲州光复的种子是由同盟会播下的，而同盟会的种子则是太平天国革命留传下来的。因为有了这种合乎人群需要的因素，推动了大势的归趋，一旦武昌倡义，影响所及，自就发生一连串的连锁反应。”[3]

总而言之，太平天国“反满”思想一方面继承中国传统“华夏之辨”观念，另一方面又吸收了近代西方民族主义思想，从而消解清政府的统治合法性，建构自己起义的正当性。这些对于太平天国的兴起与发展起至关重要的作用，它一方面奠定太平天国造反的思想基础，另一方面为太平军将士提供了革命的精神支柱。

---

① ［美］徐中约：《中国近代史：1600—2000，中国的奋斗》，北京：世界图书出版公司，2008 年，第 197 页。

② ［美］托马斯·H. 赖利：《上帝与皇帝之争——太平天国的宗教与政治》，上海：上海人民出版社，2011 年，第 16 页。

③ 田桓：《湖北蕲州起义前后》，《亲历辛亥革命：见证者的讲述》（下册），北京：中国文史出版社，2010 年，第 1333 页。

第三部分

综述与书评

崧泽文化命名的学术史考察

中央民族大学历史文化学院　姜　骋

摘　要：崧泽文化是新石器时代晚期长江下游环太湖地区的一支考古学文化，它上承马家浜文化，下启良渚文化，对于研究该地区的文化谱系以及文明化进程具有十分重要的意义。本文对崧泽文化命名的学术史进行了回顾与总结，在肯定取得的研究进展的同时，也指出在学术讨论中暴露的一些问题，并就其原因进行了分析。

关键词：崧泽文化；命名；学术史

崧泽文化是新石器时代晚期长江下游环太湖地区的一支考古学文化，它上承马家浜文化，下启良渚文化，对于研究该地区的文化谱系以及文明化进程具有十分重要的意义，因而长期以来备受学术界的关注。然而，自20世纪50年代以来，学术界对相关遗存文化属性的看法莫衷一是，这些争论既推动了考古学文化命名一类问题的研究，又暴露了一些新问题。

以往关于崧泽文化命名讨论的过程，多包含在相关研究的综述中①，尚缺少更进一步的梳理和专门的分析，故本文试图对此

---

① 中国社会科学院考古研究所：《新中国的考古发现和研究》，北京：文物出版社，1984年，第143—144页；刘斌：《崧泽文化的分期及与良渚文化的关系》，吉林大学边疆考古研究中心编《庆祝张忠培先生七十岁论文集》，北京：科学出版社，2004年，第271—272页；张江凯、魏峻：《新石器时代考古》，北京：文物出版社，2004年，第164页；黄文浩：《崧泽文化研究》，南京师范大学社会发展学院硕士学位论文，2008年，第1页；许鹏飞：《试论崧泽文化的分期与类型》，吉林大学边疆考古研究中心硕士学位论文，2009年，第1页；张敏：《崧泽文化三题》，《东南文化》2015年第1期；许鹏飞：《宁镇地区及环太湖地区新石器时代考古学文化研究》，吉林大学文学院博士学位论文，2015年，第32—33页。

作一个系统回顾。

20 世纪 50 年代末 60 年代初，吴兴邱城遗址和上海青浦崧泽遗址的发现与发掘拉开了崧泽文化属性研究的序幕。以 1979 年崧泽文化命名的提出为分界点，可将相关问题的探讨分为以下两个阶段。

一、崧泽文化遗存的发现及其文化属性的初步认识（1954—1978 年）

早在 1954 年发掘的仙蠡墩遗址[①]就曾经出土过崧泽文化的遗物[②]，而对崧泽文化属性的讨论则始于吴兴邱城遗址[③]以及上海青浦崧泽遗址[④]的发现与发掘。[⑤]

1960 年，尹焕章、张正祥认识到刘林遗址与大汶口、景芝有密切关系[⑥]，随后，曾昭燏、尹焕章进一步认为可将刘林文化

---

① 江苏省文物管理委员会：《江苏无锡仙蠡墩新石器时代遗址清理简报》，《文物参考资料》1955 年第 8 期。

② 20 世纪 50 年代发掘仙蠡墩遗址后，学者们并未马上认识到其中有崧泽文化的遗存，最早认识到这批遗存属性的是严文明，参见严文明：《中国史前的稻作农业》，《农业发生与文明起源》，北京：科学出版社，2000 年，第 9 页。

③ 梅福根：《浙江吴兴邱城遗址发掘简介》，《考古》1959 年第 9 期。

④ 黄宣佩：《上海市青浦县崧泽遗址的试掘》，《考古学报》1962 年第 2 期。

⑤ 吴兴邱城遗址与崧泽遗址属崧泽文化最早发掘的一批遗址。1957 年发掘吴兴邱城遗址，发掘者发现上文化层的陶器与下文化层有显著区别；1961 年试掘崧泽遗址，发掘者认为中层遗物的特征接近邱城遗址中层，刘林遗址下层，是属于新石器时代晚期的一种原始文化遗存。可见，从这两个遗址发掘开始，学者们对崧泽文化相关遗存的文化属性就进行了探索，而之后曾昭燏、尹焕章、张翔、纪仲庆等学者，均从这两个遗址入手，对崧泽中层一类遗存的文化属性进行讨论。因此，吴兴邱城遗址以及崧泽遗址的发掘可视为崧泽文化属性研究的开端。

⑥ 江苏省文物工作队：《江苏邳县刘林新石器时代遗址的第一次发掘》，《考古学报》1962 年第 1 期。

遗存看作一种新的文化类型。[①] 不同于曾、尹二人将邱城遗址中层归入良渚文化，张翔恰恰认为邱城遗址中层的遗存与刘林文化有关，可归入青莲岗文化晚期或良渚文化前期，或者另立别名。[②]

1964 年，刘林遗址在第二次发掘中被归为青莲岗文化江苏北部的一个类型[③]，之后，吴山菁进一步明确把刘林类型的遗存归入青莲岗文化江北类型（主要分布在苏北的徐淮平原和山东中部以南），而将崧泽、邱城、越城归入江南类型（主要分布在苏南、浙北地区）。[④] 但是，此前夏鼐就提出了大汶口文化的命名[⑤]，而安志敏也已提出“所谓‘刘林’和‘花厅村’类型，便与山东的大汶口文化基本一致，至少像这类遗址似不应再归入青莲岗文化”[⑥]。因此，把青莲岗文化分为江北类型和江南类型的做法造成了一定程度的混乱。值得注意的是，“长江南北岸的青莲岗文化，在文化面貌上也不尽相同”[⑦]。这一观点的提出，以及后来草鞋山遗址的发掘[⑧]，为正确认识崧泽类型遗存的文化属性和太湖流域的原始文化序列做了重要的铺垫。

1977 年，夏鼐提出应将从前所谓青莲岗文化的崧泽期遗存

---

① 曾昭燏、尹焕章：《江苏古代史上的两个问题》，《江海学刊》1961 年第 12 期；尹焕章、张正祥：《对江苏太湖地区新石器文化的一些认识》，《考古》1962 年第 3 期。

② 张翔：《试论新石器时代遗址的类型》，《考古》1964 年第 9 期。

③ 南京博物院：《江苏邳县刘林新石器时代遗址第二次发掘》，《考古学报》1965 年第 2 期。

④ 吴山菁：《略论青莲岗文化》，《文物》1973 年第 6 期。

⑤ 夏鼐：《中国原始社会史的研究》，《中国原始社会史文集》，天津：历史教学社，1964 年，第 10 页。

⑥ 安志敏：《略论我国新石器时代文化的年代问题》，《考古》1972 年第 6 期。

⑦ 安志敏：《略论我国新石器时代文化的年代问题》，《考古》1972 年第 6 期。

⑧ 南京博物院：《江苏吴县草鞋山遗址发掘简报》，文物编辑委员会编《文物资料丛刊》（3），北京：文物出版社，1980 年，第 1—24 页。

归入马家浜文化。[①] 同年召开的长江下游新石器时代文化学术讨论会[②]，是前期研究的总结和发展。与会者对长江下游地区新石器时代编年序列的认识基本取得一致，而对以崧泽中层墓葬为代表的一类遗存的文化属性则有四种不同意见：一种主张归入良渚文化[③]，另一种主张归入青莲岗文化[④]，第三种主张归入马家浜文化[⑤]，还有一种主张把它作为马家浜文化向良渚文化的过渡阶段。[⑥] 会上苏秉琦还就长江下游的区、系、类型问题发表了重要意见，认为可进一步将该区域分为微山湖——洪泽湖以西的苏、鲁、豫、皖四省临境地区，以南京为中心的宁镇地区以及太湖——钱塘江地区。[⑦] 这一讲话的影响之一是推动了崧泽文化的命名进程。

本阶段伊始所能依靠的考古材料非常有限，不仅由于遗址的

---

① 夏鼐：《碳-14 测定年代和中国史前考古学》，《考古》1977 年第 4 期。

② 长江下游新石器时代文化学术讨论会通讯员：《长江下游新石器时代文化学术讨论会纪要》，《文物》1978 年第 3 期。

③ 吴汝祚：《太湖地区的原始文化》，文物编辑委员会编《文物集刊》（1），北京：文物出版社，1980 年，第 91—92 页。

④ 南京博物院：《青莲岗文化的经济形态和社会发展阶段》，文物编辑委员会编《文物集刊》（1），北京：文物出版社，1980 年，第 40 页；南京博物院：《青莲岗文化的类型、特征、分期和年代》，文物编辑委员会编《文物集刊》（1），北京：文物出版社，1980 年，第 33—35 页；南京博物馆：《太湖地区的原始文化》，文物编辑委员会编《文物集刊》（1），北京：文物出版社，1980 年，第 95 页。

⑤ 牟永抗、魏正瑾：《马家浜文化和良渚文化——太湖流域原始文化的分期问题》，《文物》1978 年第 4 期；张之恒：《关于我国东部沿海地区新石器时代文化系统的区分》，文物编辑委员会编《文物集刊》（1），北京：文物出版社，1980 年，第 138 页。

⑥ 黄宣佩、张明华：《关于崧泽墓地文化的几点认识》，文物编辑委员会编《文物集刊》（1），北京：文物出版社，1980 年，第 112 页；蒋赞初：《对于长江下游新石器时代文化几个问题的再认识》，文物编辑委员会编《文物集刊》（1），北京：文物出版社，1980 年，第 144 页。

⑦ 苏秉琦：《略谈我国东南沿海地区的新石器时代考古——在长江下游新石器时代文化考古学术讨论会上的一次发言提纲》，《文物》1978 年第 3 期。

数量较少，也在于发掘报告的详尽程度有所欠缺。尽管“青莲岗文化”的提出，打破了仰韶文化、龙山文化一统天下的局面，但以崧泽中层墓葬为代表的文化遗存却并没能作为独立的考古学文化被认识。究其原因，在研究的方法论方面是值得反思的，试评述如下：

1. 吴山菁将青莲岗文化的江南类型分为马家浜期、北阴阳营期和崧泽期，主要强调两个依据：其一，在南京北阴阳营遗址可以找到北阴阳营期叠压在马家浜期之上的地层关系；其二，从葬制和出土物来看，北阴阳营期与马家浜期较为接近，而崧泽期与马家浜期相比就有较大的距离。① 张之恒则对这样的划分及其依据与吴山菁进行商榷。他认为北阴阳营遗址第四层及其灰坑不可能比处于同一层的墓葬更早，因此也就不存在“北阴阳营期”叠压在“马家浜期”之上的地层关系。② 但是，根据之后北阴阳营遗址的发掘报告，H68 和 H70（即张之恒所指的灰坑）均开口于四层下，且出土的腰沿釜和带鸡冠耳陶罐应是该遗址最早的遗存。③ 因此，H68、H70 和第四层的墓葬并不处于同一层，且前者确实比后者要早。那么，吴山菁所说的地层关系其实是存在的，而张之恒的说法与实际情况存在差异可能是掌握材料的问题，④ 只是结合第四层出土的陶器和墓葬中出土的陶器基本一致，而灰坑中出土的腰沿釜、带鸡冠耳陶罐与马家浜文化的同类器有明显区别这两种情况，H68、H70 与“马家浜期”的文化内涵并不一致。

---

① 吴山菁：《略论青莲岗文化》，《文物》1973 年第 6 期。

② 张之恒：《关于我国东部沿海地区新石器时代文化系统的区分》，文物编辑委员会编《文物集刊》（1），北京：文物出版社，1980 年，第 139 页。

③ 南京博物院：《北阴阳营——新石器时代及商周时期遗址发掘报告》，北京：文物出版社，1993 年，第 8 页。

④ 当时能看到的北阴阳营遗址的材料只有《南京市北阴阳营第一、二次的发掘简报》，其中并没有对 H68、H70 的介绍，可见张之恒掌握的材料还有当时尚未发表的内容，具体情况不得而知。

2. 严文明、吴绵吉主张将“马家浜期”和“崧泽期”合在一起，并提出草鞋山文化的命名，其依据类似，主要是：（1）苏北山东地区与苏南浙北地区的文化面貌不同；（2）苏北山东和苏南浙北的居民分别与夷族和越族有关；（3）吴县草鞋山遗址比较典型。[①] 就第二点而言，族属与考古学文化的含义并不等同，而且夷族和越族的外延也比较广，随着疆域的变化曾有多次变更，考古学文化各个因素的来源也比较复杂，因此，在得到考古学文化的起源、内涵、发展阶段和地区类型的充分认识之前，与文献上的族属作对应有一定难度。而第三点，草鞋山遗址虽然包含马家浜期和崧泽期的全部内容，但姚仲源认为，苏南—浙北地区经正式发掘的遗址就地层关系而言，多为马家浜文化向良渚文化过渡阶段的二叠层关系，真正能反映属于马家浜文化本身早晚叠压关系的，仅有马家浜遗址上下层一例。[②] 而且一般认为，考古学文化以第一次发现的典型遗址的小地名命名，[③] 即除了典型性以外还强调“第一次发现”。马家浜遗址早在1959年就进行了发掘[④]，夏鼐和牟永抗等学者也认识到了马家浜独特的文化面貌。[⑤] 反观草鞋山遗址，虽然发现于1956年并进行了多次调查，但是真正

---

① 严文明：《论青莲岗文化和大汶口文化的关系》，文物编辑委员会编《文物集刊》（1），北京：文物出版社，1980年，第116—124页；吴绵吉：《长江南北青莲岗文化的相互关系》，文物编辑委员会编《文物集刊》（1），北京：文物出版社，1980年，第125—130页。

② 姚仲源：《二论马家浜文化》，中国考古学会编《中国考古学会第二次年会论文集》，北京：文物出版社，1982年，第134页。

③ 夏鼐：《关于考古学上文化的定名问题》，《考古》1959年第4期。

④ 浙江省文物管理委员会：《浙江嘉兴马家浜新石器时代遗址的发掘》，《考古》1961年第7期。

⑤ 夏鼐：《碳-14测定年代和中国史前考古学》，《考古》1977年第4期；牟永抗、魏正瑾：《马家浜文化和良渚文化——太湖流域原始文化的分期问题》，《文物》1978年第4期。

的发掘要到 1972 年。[1] 且当严文明、吴绵吉提出“草鞋山文化”的名称时，已经到了 1980 年。因此，从典型性与发现的时间来看，草鞋山遗址并不符合考古学文化命名的条件。

3. 吴汝祚将崧泽中层墓葬为代表的遗存归入良渚文化，其主要依据是“崧泽中层类型反映了社会分工的出现，私有制的产生，社会经济生活的变化等等，它区别于处于母系氏族社会时期的马家浜文化，对良渚文化奠立了基础”[2]。然而，文中对“社会分工的出现”“私有制的产生”等论证极少，仅有的论述也值得商榷。比如，对于马家浜处于母系氏族社会的依据是“马家浜文化遗址内，出土的兽骨相当多，反映了狩猎经济占有一定比重，而农业生产不发达，妇女的采集经济占有重要地位，男子的狩猎经济居于次要的地位”，另外还引证了相关民族学材料。该论证建立在马克思、摩尔根的理论基础之上，这样的做法在当时的学术界非常盛行。即使不以目前的眼光来评价，也能发现吴汝祚的论证过程不甚充分。他引证的民族学材料与大洋洲的美拉尼西亚人有关，他们的生存环境或许与马家浜人相去甚远，如果不控制变量就会缺乏对比意义。而且，该地区当代的原始社会及其文化也经历了数百年甚至上千年的发展及文化上的变异，有关现象与长江下游环太湖地区的史前社会是否具有可比性？由高级理论演绎得出结论的方法究竟在多大程度上有助于考古学遗存属性的判断？这些问题都需要进一步讨论。

总之，随着更多遗址被发现（特别是草鞋山遗址），以及“青莲岗文化”、大汶口文化、马家浜文化命名等问题的热烈讨论，促使区、系、类型学说、文化因素分析法的逐渐形成和完善，同时这些理论又反过来指导相关研究，使得人们对崧泽中层一类遗存

---

① 南京博物院：《江苏吴县草鞋山遗址发掘简报》，文物编辑委员会编《文物资料丛刊》（3），北京：文物出版社，1980 年，第 1—24 页。

② 吴汝祚：《太湖地区的原始文化》，文物编辑委员会编《文物集刊》（1），北京：文物出版社，1980 年，第 88 页。

的内涵有了初步的认识，并开始将其视为长江下游原始文化编年序列中的一环。

二、崧泽文化的命名及相关问题的讨论（1979 年至今）

1979 年，汪遵国和黄宣佩在中国考古学会第一次年会上首次提出了“崧泽文化”的命名。[①] 1981 年中国考古学会第三次年会召开，黄宣佩又根据更充实的材料对崧泽文化的分期及其与马家浜、良渚文化的区分进行论述，明确了该文化的基本特征。[②] 1984 年，王仁湘进一步对“崧泽文化”的命名做了阐述。主要依据是：（1）以崧泽中层墓葬为代表的遗存在广大地区都有发现，与马家浜文化、良渚文化的分布范围一致；（2）通过地层关系，得出马家浜到崧泽，再到良渚的时代序列；（3）崧泽与马家浜文化之间存在缺环，而良渚文化与崧泽相比出现了许多新特点；（4）“北阴阳营期”与“崧泽期”相比，在陶系、埋葬形式以及某些器形上存在不同；（5）崧泽与刘林遗址的文化面貌迥然不同。[③] 该论证过程，严格按照考古学文化的定义展开，是比较科学的。

而对相关考古资料的表述和分析正是以 1984 年为分水岭，前后表现出相当大的差异，反映出学术界认识的改变。1984 年以前，有的考古简报将以崧泽中层墓葬为代表的遗存称为“崧泽

① 汪遵国：《太湖地区原始文化的分析》，中国考古学会编《中国考古学会第一次年会论文集》，北京：文物出版社，1979 年，第 112 页；黄宣佩：《关于良渚文化若干问题的认识》，中国考古学会编《中国考古学会第一次年会论文集》，北京：文物出版社，1979 年，第 127 页。

② 黄宣佩：《略论崧泽文化的分期》，中国考古学会编《中国考古学会第三次年会论文集》，北京：文物出版社，1984 年，第 28—33 页。

③ 王仁湘：《崧泽文化初论——兼论长江三角洲地区新石器文化相关问题》，《考古》编辑部编《考古学集刊》（4），北京：中国社会科学出版社，1984 年，第 278—306 页。

类型（指江南青莲岗文化崧泽类型）"[1] 或"崧泽文化类型"[2]，牟永抗和姚仲源则将这类遗存分别归入马家浜文化或马家浜文化到良渚文化的过渡阶段。[3] 1984 年后，考古发掘报告几乎都开始采用"崧泽文化"的命名，牟永抗、姚仲源也认可了这种提法。即使仍有少数学者持不同意见（有的人后来转变看法赞同"崧泽文化"），[4] 也显然无法撼动崧泽文化作为独立考古学文化的共识。

耿曙生曾认为，以崧泽中层墓葬为代表的遗存属于马家浜文化，依据是：（1）江南、江北两地区的文化面貌有极大的差异；（2）太湖流域与宁镇山脉地区的同期文化（主要是指北阴阳营和马家浜、崧泽），在生产工具、典型陶器及葬制上也有显著区

① 南京博物院：《江苏吴县草鞋山遗址发掘简报》，文物编辑委员会编《文物资料丛刊》（3），北京：文物出版社，1980 年，第 1—24 页；南京博物院：《江苏武进寺墩遗址的试掘》，《考古》1981 年第 3 期；南京博物院：《江苏吴县张陵山遗址发掘简报》，文物编辑委员会编《文物资料丛刊》（6），北京：文物出版社，1982 年，第 25—36 页。

② 武进县文化馆、常州市博物馆：《江苏武进潘家塘新石器时代遗址调查与试掘》，《考古》1979 年第 5 期；黄宣佩、张明华：《青浦县崧泽遗址第二次发掘》，《考古学报》1980 年第 1 期。

③ 牟永抗：《试论河姆渡文化》，中国考古学会编《中国考古学会第一次年会论文集》，北京：文物出版社，1979 年，第 107 页；姚仲源：《二论马家浜文化》，载中国考古学会编《中国考古学会第二次年会论文集》，北京：文物出版社，1982 年，第 136 页。

④ 耿曙生：《试论马家浜文化的分布和分期》，《苏州大学学报》（哲学社会科学版）1985 年第 2 期；董楚平：《吴越文化新探》，杭州：浙江人民出版社，1988 年，第 74 页；方向明：《马家浜——良渚文化若干问题的探索》，浙江省文物考古研究所编：《纪念浙江省文物考古研究所建所二十周年论文集》，杭州：西泠印社，1999 年，第 42—48 页；叶书宗、马洪林、李敏彦：《长江文明史》，上海：上海教育出版社，2001 年，第 10 页；张江凯、魏峻：《新石器时代考古》，北京：文物出版社，2004 年，第 164—168 页。从耿曙生：《太湖地区的原始文明》，《苏州大学学报》（哲学社会科学版）1992 年第 4 期；方向明：《崧泽文化玉器及其相关问题的研究》，《东南文化》2010 年第 6 期等文章看，他们已经改变了看法，认同崧泽文化是独立的考古学文化。

别；(3) 江北、太湖流域、宁镇山脉地区分别属于东夷族、越族和荆蛮族的活动范围；(4) 马家浜类型和崧泽类型之间的缺环可以由草鞋山遗址的第七层填补。[①] 其中第三点跟上一阶段的严文明相似，而第四点，草鞋山遗址第七层的六座墓葬除了头向和马家浜期相同以外，其余都比较接近崧泽期。而墓葬头向朝北也并非马家浜期的特征，崧泽遗址中层一期墓葬的头向即以北向为主。[②] 况且，这些墓葬材料十分有限，并不足以填补马家浜期和崧泽期之间的缺环。

总之，20 世纪 80 年代学术氛围转好，发现了更多遗址，随着山东地区新石器时代考古学文化谱系的建立，该谱系以及长江下游地区的“马家浜文化—崧泽文化—良渚文化”的考古学文化序列，取代了青莲岗文化的“江北类型”和“江南类型”。[③] 连同上个阶段对正确的方法论及理论的积累，崧泽文化是长江下游环太湖地区的一支独立考古学文化已经成为学术界的共识。

---

① 耿曙生：《试论马家浜文化的分布和分期》，《苏州大学学报》(哲学社会科学版) 1985 年第 2 期。

② 上海市文物保管委员会：《崧泽——新石器时代遗址发掘报告》，北京：文物出版社，1987 年，第 14 页。

③ 张敏：《青莲岗文化的回顾与反思——兼论考古学文化区与民族文化区的相互关系》，山东大学东方考古研究中心编《东方考古》(第 8 集)，北京：科学出版社，2011 年，第 119 页。

评《唐代丝绸之路与中亚史地丛考》

中央民族大学历史文化学院　郑　豪

摘　要：《唐代丝绸之路与中亚史地丛考》一书以“唐朝与中亚的交往”为研究中心，系统考辨了《大唐西域记》（卷1）《新唐书·地理志》《新唐书·西域传》《册府元龟·外臣部》4篇文献，以阿拉伯—伊斯兰舆地文献、中亚考古材料与唐代汉文史籍相对勘，首次对唐代汉文史籍的相关记载加以系统研究，对一系列问题提出了个人的看法。

关键词：唐代；中亚史地；丝绸之路；许序雅；语音勘同

中亚，是一个多文化、多民族的交融之地。它位于欧亚大陆的腹心，是欧亚大陆陆上交通的要冲和多种文化的交汇地区。历史上，它通过著名的“陆上丝绸之路”，将中国与西亚、南亚乃至非洲、欧洲等地区联系在一起，形成一条跨越欧亚的商贸走廊；在今天，它凭借独特的地理优势与丰富的能源储量，在国际经济和文化交流中占据着独特的地位。今日的中国想要在全球化的国际环境中与中亚建立更为密切的联系，更好地实施“一带一路”的国家战略，就必须走进中亚，了解它曾经辉煌灿烂的过去，以及与中国交往的种种史实。在此情形下，由中国社会科学院历史研究所内陆欧亚学研究中心主办出版的“欧亚备要”丛书，选择若干较优秀、尤急需者修订重印，其学术价值和现实意义，可谓不言而喻。其中，许序雅所著《唐代丝绸之路与中亚史地丛考》一书，就是本套丛书中较有代表性的一种。

本书题为《唐代丝绸之路与中亚史地丛考》，副标题是《以唐代文献为研究中心》，表明了本书的研究对象与研究主体，即以唐代文献（包括汉文史籍和阿拉伯—伊斯兰舆地文献）的考辨为基础，围绕“唐朝与中亚的交往”这一中心开展研究。作者有意将有关唐朝与中亚交往的研究归结到文献研究这一点上来，既凸显出唐代文献研究的重要性与必要性，又有效地减少了研究的难度，在一定程度上增强了文献研究的客观性与准确性。

一

在学界有关中亚史地的研究中，《大唐西域记》是一部备受研究者称颂的著作。作为唐代最早记述中亚史地的文献，玄奘在《大唐西域记》中留下了有关撒马尔罕等中亚城市的珍贵记录，历来受到研究者的重视，在学术界影响深远。然而，此书在留下大量翔实可靠记载的同时，又留下了数不清的难题。如梵文的“四十七言”问题，中亚及印度古地名的翻译问题，已有季羡林等学者撰文予以澄清。[①] 但是，关于此书所记中亚行程和旅程问题，仍然存在不少疑问。以往的学者在面对上述疑问时，或过于确信汉文史籍的记载，仅仅根据汉文史料来研究中亚史地，反而指证中亚考古材料之不确；或未能充分注意到汉文史籍因袭抄补的情况，对于相关记载的讹误未能加以辨别，以致“以讹传讹”、因循成旧。

鉴于此，本书作者以“唐朝与中亚的交往”为研究中心，系统考辨了《大唐西域记》（卷 1）、《新唐书 · 地理志》《新唐书 · 西域传》《册府元龟 · 外臣部》4 篇文献，以阿拉伯—伊斯

① 季羡林：《玄奘〈大唐西域记〉中的“四十七言”问题》，原刊《文史知识》1991 年第 1 期，第 53—58 页；收入（唐）玄奘、辩机原著，季羡林等校注《大唐西域记校注》，中华书局，2000 年，第 1117—1123 页。

兰舆地文献、中亚考古材料与唐代汉文史籍相对勘，首次对唐代汉文史籍的相关记载加以系统研究，对一系列问题提出了个人的看法。下面，笔者试图对作者的研究思路与研究方法做一说明。

前文已经指出，玄奘《大唐西域记》等汉文史籍在有关中亚史地的记载上不免讹误，而在中亚史地的研究中，汉文史籍的记述有时甚至会成为中亚诸国史地状况的唯一记录。因而在使用这些汉文史籍时，务必要对其记述的真伪做准确的衡量，才能确立起汉文史籍的可信度。然而，有关汉文史籍对于7—9世纪中亚史地研究的价值，予以高度评价者多，而细致研究者少。这种未能充分评估汉文史籍记载真伪的研究，实际上恰恰削弱了唐代汉文史籍记载的重要性。而在史学研究中，史料真伪的重要性是毋庸置疑的。如果不能准确衡量史料记载的可靠性，对相关文献未能予以系统梳理和研究，那么史学研究必然会成为空中楼阁。

本书作者首先从怀疑汉文史籍记载的角度出发，充分发挥自身的研究优势，利用域外文献资料（主要是阿拉伯—伊斯兰舆地文献）进行对勘和研究。作者指出，由于伊斯兰世界宗教上的需要（主要表现在穆斯林每日五次礼拜的朝向、赴麦加朝圣、寻求知识的圣训之鼓励等方面），征收赋税的需要及经商的需要等原因，阿拉伯—伊斯兰舆地文献在道里、方位的记述方面内容丰富、翔实可靠，因而史料价值很高，由此确立起汉—阿史料对勘的重要基础。在使用阿拉伯—伊斯兰舆地文献时，作者也并非完全轻信之，而是指出其记载也有流于荒诞之处。特别是对于边远地区的记载，或限于当时的知识水平，或出于猎奇心理，不能完全加以采信。同汉文史籍类似，阿拉伯—伊斯兰舆地文献也存在因循相袭的情况。后代作者经常随意抄袭前人的著述而不加以说明，致使许多记载缺乏必要的准确年代。但是，汉文史籍在年代记述上的相对准确，又为汉—阿史料的对勘提供了可能。作者在遵循“有疑则考，中外互证，其余从略”的研究原则的基础上，以域外文献资料和中亚考古材料验证汉文史籍记载的可信度，建立起中亚史地研究新的参照系，对于玄奘、贾耽等人所记中亚行程、方位予以辨析和指正，针对前辈时贤的许多认识提出了新见。

另外，作者深知，要在短时间内对浩如烟海的汉文史籍做出系统的研究，是一项难以完成的艰巨任务。作者在系统梳理唐代史地文献的基础上，以《大唐西域记》（卷 1）《新唐书·地理志》《新唐书·西域传》《册府元龟·外臣部》4 篇文献为中心，兼及其他汉籍记载，以此开展研究。此种研究方法具有一定的合理性。首先，这 4 篇文献是有关“唐朝与中亚的交往”记载方面最为集中的文献。其次，这 4 篇文献既相互关联，又各有侧重，在史实的记述、立场与观点方面都具有相当的代表性。如《大唐西域记》是唐代最早记录西域史地的文献，主要反映的是唐初中亚地区的情形；而《新唐书·地理志》则主要记述了 8 世纪末期中西交通的状况。两篇文献结合起来，正好可以反映有唐一代丝绸之路的走向以及中亚史地的相关情形。《新唐书·西域传》《册府元龟·外臣部》则主要保存了唐人对中亚诸胡的认知以及中亚九姓胡与唐朝交往的基本史实，特别是有关九姓胡朝贡的记载，更能体现出唐人在对外交往中所持的立场与观点。再次，这 4 篇文献大多具有前期整理工作的基础。《大唐西域记》已有季羡林等人的校注本，《新唐书》则有中华书局 1975 年出版的标点本，而《册府元龟》（作者使用的是中华书局 1960 年影印明本）也“基本不需要版本校勘”，这为本书作者的研究减少了许多版本整理校勘方面的工作，大大减轻了研究的工作难度（但实际上，由于作者选取《册府元龟》版本的不当，校勘的工作不是减少了而是增多了，说详见下）。最后，从学术史的回顾来看，无论是在史料的搜集、整理、翻译和研究方面，还是在有关唐代西域历史地理的研究方面，抑或是在唐朝与中亚关系史的研究方面，以往学者如法国学者沙畹（E. Chavannes）、伯希和（P. Pelliot），英国学者亨利·裕尔（H. Yule）、吉布（H. A. R.

Gibb），俄国（苏联）学者巴托尔德（V. Barthold）、克利亚什托尔内、A. M. 别连尼茨基（A. M. Беленидкий），美国学者白桂思（Ch. I. Beckwith），日本学者松田寿男、白鸟库吉、桑山正进、伊濑仙太郎，中国学者张星烺、岑仲勉、季羡林、周连宽、姜伯勤、张广达、薛宗正、余太山、王治来、黄时鉴、王小甫，或是由于研究者自身的语言限制，不能使用汉文史料或者阿拉伯—伊斯兰舆地文献；或是未能对汉文史料的可信度予以考辨，因袭旧说，以讹传讹；或是选题、体例所限，没有对唐代汉文史籍中有关中亚史地的记述加以整理和研究。前人研究的不足与留下的学术空白，为本书的考辨提供了进一步研究的空间与可能。

二

由于有关"唐朝与中亚的交往"的研究已经达到相当水平，因而作者在展开讨论时，并不是平铺直叙，而是以问题为中心，有重点地论述。本书主体可分为以下五个部分：

第一部分，即导言。作者回顾了"唐朝与中亚的交往"这一课题的学术史，并提出本书的研究问题（以唐代文献为研究中心），指明研究方法（中外对勘，多闻阙疑），辨析基本概念（如"西域""中亚"等），交代各章研究的基本问题及学术贡献。

第二部分，即第一章。在本章中，作者将研究重点集中在"7世纪的中西交通"这一问题上，仔细考辨了《大唐西域记》（卷一）所记中亚诸城的方位及行程。作者认定，玄奘和阿拉伯地理学家所记中亚诸城存在不一致之处，或者方位不一（如千泉与Abarjaj〔或Barjaj〕），或者难以相互勘同（如笯赤建与〔下〕努舍疆、新城）。玄奘所记碎叶—怛逻斯—白水城、从赭时到飒秣建国、飒秣建国以西的行程及里程均存在较大错乱与疑问。相比之下，阿拉伯—伊斯兰舆地文献的记载更为可靠。作者在论证时，非常注重援引苏联的考古成果，如关于碎叶故城、赭时都城的认定，并强调在没有其他可靠证据的情况下，不能轻易否认苏联的考古成果，显示出作者对于考古资料的重视。作者指出，玄奘、贾耽、《新唐书》的记载各有出入，在某些方面，贾耽和《新唐书》的记载相对准确，但又不完全可信。中外史籍记载的不一致表明：7—8 世纪，碎叶至怛逻斯的交通路线曾发生过变化。

第三部分，即第二章。作者将考察重点后移至 8—10 世纪，并把研究视野转向碎叶以西，对阿拉伯—伊斯兰舆地文献、贾耽《皇华四达记》《新唐书·地理志》等汉文史籍所记中西陆路交通道路进行了细致的梳理。作者的研究表明：7—8 世纪，西域的交通路线发生了较大的变化；贾耽、《新唐书》所记里程和路线不免有误。在研究中亚道里时，作者主张：在碎叶以西地区，当以阿拉伯—伊斯兰舆地文献为准；在碎叶以东地区，则以汉文史籍和出土文书所记为宜。这种审慎的学术态度，显示出作者对于中亚史地研究的深入见解，也展示出中亚史地研究的复杂性与艰巨性。

第四部分，即第三章。作者对《新唐书·西域传》所记中亚史地一一予以考辨，对于汉文史籍所称“昭武九姓”——康国、安国、东安、东曹、西曹、中曹、石国、米国、何国、史国、火寻、宁远的方位、道里、政治状况、宗教信仰、与唐朝的关系等问题加以辨析。作者还充分使用了审音勘同的方法，对安国的历史变迁，昭武的词源、含义，中曹、东曹、西曹的区别等问题提出了自己的见解。在系统整理相关汉文史籍的记述的基础上，作者将北朝至唐汉文史籍记载的史源关系，通过列表的形式揭示出来：《北史·西域传》是《隋书·西域传》《新唐书·西域传》《册府元龟·外臣部》的主要史源，而《新唐书·西域传》在此之外，还有其他的史源补充；《新唐书·地理志七》与

《新唐书·西域传》存在不同的史源；《通典》所记其他诸书皆不一致，应有独自的史源（如杜环《经行记》）。作者通过汉—阿文献的对勘，确定了《新唐书·西域传》所记史实的相对年代与中亚诸国的方位，同时也表明唐人对于中亚诸国的认识程度深浅不一。通过多种史料的对勘与探讨，作者认为：唐朝在中亚地区采取了册命本地王公为官的方式，有效地实现了对中亚的羁縻统治，这表明在贞观末年至永徽年间，唐朝声威已到达中亚，从一个侧面支持了648年唐朝设置碎叶镇的观点。不过，作者在此所列出的史源关系明显有误。众所周知，唐武德四年（621），令狐德棻提出修撰梁、陈、北齐、北周、隋五朝史的建议。次年，唐廷命史臣开始编修。贞观三年（629），重修五朝史，魏徵“总知其务”。贞观十年（636），《隋书》的帝纪、列传部分和其他四朝史同时完成，合称“五代史”。而《北史》是在删并《魏书》《北齐书》《周书》《隋书》的基础上编撰而成的，成书时间是唐高宗显庆四年（659）。既然《北史·西域传》的成书时间明显晚于《隋书·西域传》，前者怎么可能成为后者的史源呢？由此可见，仅凭诸书所记中亚诸国道里，即得出《北史·西域传》是《隋书·西域传》主要史源的结论，实在是非常危险的。

第五部分，即第四章。作者认为，解决中亚诸胡与唐朝的政治关系及其演变的关键，是如何找准中亚诸胡与唐朝关系的表现形式。而最能体现此种关系的表现形式，就是中亚诸胡的朝贡与唐朝的册封羁縻。作者以《册府元龟》为基本资料，参考其他史籍的记载，列出自武德七年（624）六月至大历七年（772）十二月148年间中亚诸胡朝贡与唐朝册封的年表。在分析朝贡频率的基础上，作者将中亚诸胡的朝贡分为3个时期：第一时期（武德至永徽时期，618—655）、第二时期（显庆至先天时期，656—712）、第三时期（开元至大历时期，713—779），并认为中亚诸胡的朝贡频率、时机与西域的政治形势和唐朝国势的盛衰存在紧密的联系。这一论述，应当说是对陈寅恪关于“外族盛衰之连环性及外患与内政之关系”的观点在具体史实方面的补充①。最后，作者还分析了朝贡、贡使、贡品及其政治、经济意义，指出此时的朝贡反映出藩属国与宗主国的关系，并具有对外关系的意义。作者通过对中亚诸胡的朝贡与唐朝的册封羁縻的分析，认为唐朝与大食的关系不能定性为同盟友好关系，唐朝曾利用突骑施抗击大食；天宝十载（751）怛逻斯之战后，西域政局的大致稳定，与唐朝在战后的外交努力分不开，从而对白寿彝、余太山、王小甫等学者的观点提出质疑。不过，王小甫《唐吐蕃大食政治关系史》关于开元、天宝年间唐、大食政治关系性质的论述，是从唐朝与葱岭以西中亚各国的关系，当事人的态度，中亚各国对唐朝请求背后的经济、宗教、文化因素，以及开天年间西域地区四股政治势力的关系多个角度立论的，且能直接使用阿拉伯文史料予以论证②。本书作者从中亚诸胡的朝贡与唐朝的册封羁縻的角度对上述观点予以质疑，似乎还不能完全令人信服。关于开元、天宝年间唐、大食政治关系的性质，还有进一步探讨的必要。

本书还附有《布哈拉考述》一文，对汉文史籍所记“安国”（即今乌兹别克斯坦布哈拉市〔Bukhara〕）的城市沿革、6—10世纪的政治发展做了较为详细的介绍。最后是参考文献举要、后记和再版后记。

---

① 陈寅恪指出：“北突厥或东突厥之败亡除唐为敌外，其主因一为境内之天灾及乱政，二为其他邻接部族回纥薛延陀之兴起两端，故授中国以可乘之机。否则，虽以唐太宗之英武，亦未必能致如是之奇迹，斯外族盛衰连环性之一例证也。”参看陈寅恪：《唐代政治史述论稿》下篇《外族盛衰之连环性及外患与内政之关系》，生活·读书·新知三联书店，2001年，第334—335页。

② 王小甫：《唐吐蕃大食政治关系史》，北京大学出版社，1992年，第177—179页。

三

从总体而言，本书的体例、注释等较为符合学术规范，在史料的选取上颇为讲究，所引古籍，大多使用学界公认的权威版本，有点校者则尽量使用（如《大唐西域记》使用季羡林等人的校注本）。但不知为何，尽管本书已是作者最新的修订本，但在引述《册府元龟》时，作者仍然使用中华书局 1960 年影印明末王国琦重刻本，而没有同时参考中华书局 1989 年影印的《宋本册府元龟》。必须指出，在有关中外关系史的《外臣部》《奉使部》方面，残本宋本显然优于明本，且明本无法取代宋本。试举两例以见宋本的特殊价值。如第 138 页，作者引武德九年（626）十二月康国国王屈术支遣使朝贡之事，《明本册府元龟》卷 970《外臣部 · 朝贡三》作“屈木友”，《旧唐书》卷 198《西戎传 · 康国》作“屈术支”，《新唐书》卷二三八《西域下 · 康国传》作“屈木支”，而《宋本册府元龟》卷 970《外臣部 · 朝贡三》作“屈木支”，相比而言，写作“屈木支”显然更为妥当。又如，第 148 页，作者在表中列入天宝十三载（754，按：原文“载”作“年”，误）四月宁远国遣使朝贡之事，《明本册府元龟》卷 975《外臣部 · 朝贡四》缺一“远”字，然查《宋本册府元龟》，原文虽然漫漶不清，但依稀可见“四月，宁远”字样。作者煞费苦心地指出《明本册府元龟》在文字上的讹误，其实当中的许多问题，都可以在《宋本册府元龟》中予以释疑。[①] 由于本书是十余年前旧作的修订与

① 关于此问题，荣新江在评介吴玉贵所著《突厥汗国与隋唐关系史研究》时已经有所指出，但似未引起学界的充分关注。参看荣新江：《书评：吴玉贵〈突厥汗国与隋唐关系史研究〉》，载荣新江主编《唐研究》第 5 卷，北京大学出版社，1999 年，第 499—504 页；收入作者《中古中国与外来文明》，生活 · 读书 · 新知三联书店，2001 年，第 399—405 页；《中古中国与外来文明》（修订版），生活 · 读书 · 新知三联书店，2014 年，第 361—367 页。

再版，作者在修订时仍未能对此问题予以关注，实属遗憾。

本书注释也有不当之处。如第 156 页，同样是引用《唐会要》，注释④标明卷数、页码，而注释②仅标明卷数，缺少页码，前后不一致。本书亦偶有误书、误排之处。如第 26、第 42 页，作者引张广达《碎叶城今地考》，作“阿克·贝欣姆（Ak-Beshim）”，然而翻检张广达原文，译作“阿克·贝西姆”①，作者引述时有误。参考文献的引用与编排也存在一定的问题。作者在修订时补入钟焓《安禄山等杂胡的内亚文化背景》② 等最新论著，表现出作者学术视野的扩大，同时也表明作者似有意从传统的西域史地研究领域进入具有整体视野的欧亚研究领域。然而遍检全文，却未见任何引用。这说明本书在修订之时，虽然增补了许多内容，如有关碎叶、白水城的论述，对康国历法的考证，以及对朝贡年表和统计表做了相应的调整，但实际对于学界有关成果的吸收还较少，不够充分。

中外学界有关“唐朝与中亚的交往”的研究，起点较高，成果众多，又广泛涉及多种语言，研究起来十分不易，要想取得突破更是难上加难。总体而言，本书在审音勘同的基础上系统梳理了唐代文献的相关记载，深化了学界有关唐代中亚史地的认识。但是，中外关系史确实是一个非常艰深的学术领域，稍有不慎，即有可能犯错。在进行研究时，我们不仅要善于利用多种语言文献，还要在文献的史源、版本等方面多下功夫。而对于具体问题的观察，也不能局限于某一角度，而要尽力将问题放到整个中外关系史的宏观视野中去考虑。如何从整体性的欧亚视角出发，对“唐朝与中亚的交往”问题的研究予以创新和超越，在国家提出“一带一路”战略的今天，实是一个新的问题与挑战。

---

① 张广达：《碎叶城今地考》，《北京大学学报》1979 年第 5 期，第 70—82 页；收入作者《文书、典籍与西域史地》，广西师范大学出版社，2008 年，第 1—22 页。

② 钟焓：《安禄山等杂胡的内亚文化背景——兼论粟特人的“内亚化”问题》，《中国史研究》2005 年第 1 期，第 67—84 页。

论述历史与超越文本：重读内藤湖南《中国史通论》*

中央民族大学历史文化学院
蒋爱花　吴杰华　刘香玉　张　慧
张堪辰　李云霄　李凤艳　陈敏学

摘　要：内藤湖南（1866—1934）是日本近代中国学的重要学者，"京都学派"创始人之一。《中国史通论：内藤湖南博士中国史学著作选译》（上、下册）是他的代表作之一，本文是一篇针对该书中的史实错误或理解偏差予以考证的文章。主要内容按照时间顺序分为七个部分。尽管在论述历史方面，内藤湖南的著作细节或可商榷，但却树立了一方思想的界碑，《中国史通论》给我们提供了一份超越文本的典范。

关键词：内藤湖南；中国史通论；史实错误；超越文本

一、内藤湖南：东京学派的创始人

内藤湖南（1866—1934）是日本近代中国学的重要学者，"京都学派"创始人之一。他提出了"宋代近世说"为核心的中国历史时代划分学说，以及"中日文化同一体""文化中心移动

---

* 本文是中央民族大学历史文化学院研究生课程"中国古代史专题"课堂讨论的文稿整理版，参与该课堂讨论的同学除作者外，还有马静、徐岱东、高文明、钟慧杰。

说”的中日文化关系论。《中国史通论：内藤湖南博士中国史学著作选译》（上、下册）是他的代表作之一。[①] 在该书中，内藤氏对于中国历史进行了详细划分。第一期上古。从开辟到东汉中期（？—2 世纪中期），这是中国文化独立形成、发展，并向外部扩展的时代；第一过渡期：东汉中期到西晋（2 世纪后期—4 世纪初期），这是中国文化向外扩展的停止时期。第二期中世：五胡十六国到唐中期（4 世纪初期—9 世纪初期）；这一时期是外部异民族觉醒，其势力侵入中国，反作用于中国内部的时期。第二过渡期：唐末到五代（9 世纪中期—10 世纪 60 年代）。这是外来势力极盛的时期。第三期近世：宋代以后到清代，这是中国固有文化复兴和进步的时代。这时期此前的贵族没落了，君主得以建立独裁政治，与此相应，中国官僚群体最后形成，开始出现平民主义倾向，文化回归到庶民手中，形成中国特色的近代。

学术界对于内藤湖南的研究成果颇多，多关注其“唐宋变革论”的理论贡献，或者与“东京学派”对中国古代史的分期划分进行比较研究。比如，日本内藤湖南研究会主编《内藤湖南的世界》，关注了内藤湖南的人生经历与学术背景[②]；张广达在新出的《史家、史学与现代学术》中有“内藤湖南的唐宋变革说及其影响”一章，是从个人的治史风格和知识结构，以及个人风格形成的社会环境和学术生态的角度予以说明[③]。2016 年，美国学者傅佛果（Joshua A. Fogel）新著《内藤湖南》，将内藤的双重身份界定为“公共事务评论家”（publicist）[④]。此外，还有学者关注到内藤湖南对中古史学的影响，比如刘红光《试论钱穆和内藤湖南对中

---

① ［日］内藤湖南：《中国史通论》，夏应元选编并监译，北京：社会科学文献出版社，2004 年。

② ［日］内藤湖南研究会：《内藤湖南的世界》，西安：三秦出版社，2005 年。

③ 张广达：《史家、史学与现代学术》，桂林：广西师范大学出版社，2008 年。

④ ［美］傅佛果著，陶德民、何英莺译：《内藤湖南》，南京：江苏人民出版社，2016 年。

国史的比较研究》①。

内藤湖南认为，唐和宋在文化上有显著差异。唐代是中世的结束，而宋代则是近世的开始，其间包括了唐末之宋代一段过渡时期。此后的学者宫崎市定在《东洋的近世》一书中也强调，东洋的近世和宋王朝的统一天下一起开始。若对京都学派和东京学派关于唐宋变革论做一细致划分，如下表所示：

<table>
<tr><td rowspan="6">分　歧</td><td></td><td>京都学派</td><td>东京学派</td></tr>
<tr><td>殷周</td><td rowspan="2">古代</td><td rowspan="3">古代</td></tr>
<tr><td>战国秦汉</td></tr>
<tr><td>六朝隋唐</td><td>中世</td></tr>
<tr><td>宋元明清</td><td>近世前期</td><td>中世</td></tr>
<tr><td>清末民国</td><td>近世后期</td><td>近世</td></tr>
<tr><td rowspan="4">共　识</td><td colspan="3">政治：隋唐贵族制度衰废；宋代强大的君主独裁制兴起</td></tr>
<tr><td colspan="3">经济：普通地主出现，小农私有制、商业革命、货币经济、都市的成长</td></tr>
<tr><td colspan="3">社会：社会流动增强，“平民”兴起，士大夫阶层的成立</td></tr>
<tr><td colspan="3">文化：知识的普及，“贵族”文化转为“平民”文化</td></tr>
</table>

通读《中国史通论》，可见作者史学基础扎实，引用史料众多。我们折服于一位活跃于20世纪初的东洋史学者能有如此深厚的史学功底，对史料的引用信手拈来。《中国史通论》中不乏新颖、独特的视角和观点，比如重视门阀的自尊心、不以年代而以内涵来划分近世、将两税法与贵族政治联系起来等，都令人耳目一新。他还重视对比和类比，将唐宋的某些制度进行对比，关注“唐宋变革论”；将中日历史上的某些现象进行类比，以探求历史发展的规律。但是这毕竟是一本发表于20世纪初的演讲稿的整理版本，某些史实的错误需要厘清。下文将按照时间顺序予

① 刘红光：《试论钱穆和内藤湖南对中国史的比较研究》，《思茅师范高等专科学校学报》2008年第8期。

以整理，不当之处还望识者正之。

二、《中国史通论》指瑕

（一）中国上古史

初读内藤湖南的《中国史通论》，略有些不甚通畅之感，想来除翻译方面原因之外，与中日学术间的差异也不无关系。秦以前的史料较为缺乏，且真伪需要考辨商榷，本书在最初几章中皆将记载所谈时代的最为重要的史料放在章首，并加以评析。可以说每章的内容基本都是在借对史料的评析来述说历史。似乎是由于日本学界对史料研究精益求精的传统，内藤先生对史料的考证也极为详细，但在很多地方似乎过分深入。如在对三皇五帝的叙述中，内藤先生对“三”“五”这类数字予以了过多的重视，这类对数字的敏感而产生的许多观点，在中国学人的研究中是不常见到的。数字背后所隐藏的意义是否有如许重要，我们以为值得商榷。日本与中国有一定的文化渊源，在文字上也有一定的相似之处，但在很多方面还是有不少隔阂，因此日本学者在研究中国史时容易走入一些偏途。这些观点虽然也会有一定的借鉴意义，但在阅读时还是应该审慎。

对古代中国的许多传说，内藤先生虽并不赞同希尔特将中国古代传说分为神话传说和儒家传说的观点，但他还是敏锐地观察到了诸多传说的特点，即所描述内容越早的传说，形成的时间反而越晚。书中所用的例证自然是所描述时代最早的盘古开天辟地的传说。

书中特别提到了王国维《殷周制度论》一文，并对此文予以赞许。内藤先生撰写书中讲稿的时代大致在 20 世纪初，与王国维撰写《殷周制度论》一文之时代大致相当，故能得见此文并予以回应，足见内藤先生对于中国学术界的关注。王国维之文章虽为经典，但新中国成立后史学界一尊郭沫若为翘首，郭先生于商周史亦颇有论述，故王文流行不似民国之时。本书基本赞同王文观点，但在继承制度上，内藤先生认为，在周以前实际并不存在严格的继承制度。我国学界的主流观点是周以前并未有严格的父子相承制度，但是继承制度基本确立同一家族的亲属之间。内藤先生则认为这一制度并不存在，周以前虽有父子相承或兄弟相承，但原因是儿子或兄弟是能力出众的人物，可以担当首领之任。如果非亲属之人有更好的能力，首领之位一样会交给这些人。

对于“殷夏革命论”，内藤氏提出了怀疑，并对桀纣的暴君身份提出了再探讨。似乎是由于本书乃是面向一般日本读者的著作，内藤先生在书中多处将日本早期历史与中国历史进行对照。内藤先生在书中对中华文化极为推崇，个人以为这也是内藤先生能在中国有如此高的声望的重要原因。可惜的是，这种对中华文化的推崇并没有影响到此后日本政界对大东亚的策略。

在第一章第一节中，内藤先生提到了“历史自觉”这一观念。在他看来，至少在《春秋》之前的诸多著作都不能算是有历史自觉的作品，“只有把记录和传说都加以汇总的时候，才会产生历史的自觉”①。甲骨文及金文仅是因事而起的简单记载。“卜问辞和繇还都不能称为历史，只不过是职业上的记录。”② 只有到了孔子时，才开始进行有意识的记录汇总工作，这就是《尚书》和《春秋》。但是这种历史自觉并不普及，即便到了司马迁撰写《史记》的年代仍然如此。内藤先生对司马迁予以极高的评价，但也对《史记》提出了质疑，即《史记》包含有很多并非记录而是传说的内容，这些事件是否真实值得商榷。同时内藤先生认为，中国的学者不加质疑便“把它与纯粹记录同样对待”，应用于研究之中，似乎并不妥当。内藤先生这一看法对今

① 《中国史通论》，第15页。

② 《中国史通论》，第16页。

天的学术研究无疑仍有重要的指导意义，笔者深表赞同。

《汉书》亦被多次提及，内藤先生以为《汉书》虽有不如《史记》之处，但“毕竟是以纯粹记录为本写成的”①，值得称道。实则《汉书》中许多内容本为承继《史记》而来，并无过多改动，可否称之为以纯粹记录为本，似乎有待商榷。“可能是出自偶然，它恰恰在中国文化史即将变为东洋史的东汉中期问世。”② 依据内藤先生关于中国古代史的分期理论，秦汉时期正是中国文化整合完毕并开始向四周扩散的时代。此处这段话似乎是想说明，严格的具有历史自觉的著作与文化整合形成存在有一定的关系。

第一至第六章对当时周边地区的各民族叙述不多，可能与内藤先生的文化史观有关。因这一时期大致仍属中华文化的形成时期，尚未波及周边地区，自然也没有周边各民族的回应，所以对周边民族也就不多论及。

（二）汉代初期

1. 萧何死在刘邦之前：作者在第 168 页写道：“高祖是最能体现与生俱来中国人特色的人物，尤其是他具有虽无学识，却丝毫不加以掩饰的特点。当他听闻萧何去世时，正处于非常困难时期，《史记》形容其困窘为‘如失左右手’。”这是非常有意思的由于文化差异而造成的误解。

《史记》：“何闻信亡，不及以闻，自追之。人有言上曰：‘丞相何亡。’上大怒，如失左右手。”③ 这里显然是作者对古文的理解错误，没有理解“逃亡”的意思。

2. 景帝之妃窦太后。第 170 页原文：“武帝初期，尽管景帝之妃窦太后犹在”，而事实上并非如此，窦太后为景帝之母。

3. 第 174—175 页原文：“公主因卫青原是从仆加以拒绝，

① 《中国史通论》，第 17 页。

② 《中国史通论》，第 17 页。

③ 司马迁：《史记》，北京：中华书局，1959 年，第 2611 页。

但卫青此时已是功名在身的大将军，故强以之（平阳公主）为妻。”如果参考《史记》的记载，事情的发展则变换了方向。《史记》中记载：“主与左右议长安中列侯可为夫者，皆言大将军可。主笑曰：‘此出吾家，常使令骑从我出入耳，奈何用为夫乎？’左右侍御者曰：‘今大将军姊为皇后，三子为侯，富贵振动天下，主何以易之乎？’於是主乃许之。言之皇后，令白之武帝，乃诏卫将军尚平阳公主焉。”① 这里起主导作用的是公主，卫青从始至终也没有强娶。

4. 第163页原文：“文帝在位期间就有后元年年号之说。”中国通常不把汉文帝前元和后元称为中国最早的年号，认为这只是纪年方面的改进，不具备年号的真正意义。公元前113年，汉武帝以当年为元鼎四年，正式创立年号，并追改以前为建元、元光、元朔、元狩，每一年号六年。

（三）汉代中后期

1. 社会状况的改变。第233页，作者认为武帝以前所有的社会状况仅仅是自然发生、发展起来的，几乎不存在为政者有目的地加以人为改变的迹象。这种说法否定了汉武帝以前包括始皇在内的大一统的开拓和一系列自上而下的政治建设，如三公九卿等。过分强化了社会状况自身的顺延力，忽视了人在历史中的作用，这与我们的传统看法不同。

2. 多余财富的产生。第234页，作者认为连年战乱之后，一旦进入和平时期，往往会出现多余的财富，这是因为战乱时期总是在为战乱做特殊的准备，所有不急用的费用被节约下来，一旦进入和平时期，原来的节约照旧，只有支出减少了，如此多余财富便产生了，而我们传统一般认为战后或者是推翻旧王朝建立新王朝之初，统治者都会推行一系列的休养生息、恢复生产的措施，用以恢复战争的破坏，这样一段时间后，才出现了国富民

① 司马迁：《史记》，北京：中华书局，1959年，第1983页。

强。作者的这种视角是很有启发性的。

3. 奢侈现象。关于两汉奢侈现象的描述，作者举出了很多的例子，比如作者说到霍光儿子和妻子的奢侈生活时说，他们的车座是刺绣的，乘坐的车舆上镀有黄金，车轮用皮革包裹等；这在《汉书 · 霍光传》中有相关记载与预言："茂陵徐生曰：霍氏必亡。夫奢则不逊，不逊必侮上。侮上者，逆道也，在人之右，众必害之。"① 说到昭宣帝时期则说，饮食变得奢侈，要吃不少时令的水果和蔬菜，器具开始出现银口、金耳等。我们先不看这些例子是否属实，单就例子本身而言是没有什么特别之处的，这在之前和之后的每个朝代王室以及臣属的生活中都是常有的，不足以说明两汉生活的奢侈。

4. 工艺技术。第 236 页，作者认为宣帝时期人才辈出，文学、法理、器械、工艺、技术等都取得了很大的进步，这是元帝时期比不上的，是中国工艺登峰造极的时期，并在之后历史上也有数次达到了这样的水平，如唐宋，但都没有宣帝这次深入民间。我们传统上认为像技术工艺等都是代代相沿的，后代在前代基础上不断的发展和进步，或许会由于战乱政变之类的原因而有短暂的低落期，但在本质上是上升的，而不是说达到一个高峰就无法超越。另一方面，唐宋时期的工艺技术很多都是起自民间的，没有理由说宣帝时期更高。

5. 学问之罪。（1）第 245 页作者讲了很多内容，他认为汉武帝的教育政策为做学问的人开了利禄之路，学者以学问为生、争名逐利，失去了学者应有的节操。作者认为汉武帝的这种普及学问的政策毒害是不对的，这种观点与我们传统对于学问普及的褒扬的态度完全不同，值得我们思考。（2）第 241 页说到，当时所谓的学问就是背诵经书，对经书的解释内容也要加以背诵，以

① （东汉）班固等：《汉书》卷 68《霍光传》，北京：中华书局，1962 年，第 2957 页。

背诵数量的多少来决定被任命官吏的等级。这一说法让人很难接受，因为汉代是有完整系统的官、吏、郎、举孝廉等制度，这在钱穆的《中国历代政治得失》一书中有很形象的介绍。（3）内藤湖南还认为学问的兴盛造成了很大的弊端，在前汉（西汉）造成了外戚的专权、宦官的专横，在后汉（东汉）造成了宦官为害，与名士冲突，形成党锢之祸。通常，党锢之祸我们都是从政治斗争和集团利益来理解和诠释的，作者从文化层面入手，正应了作者一向所倡导的文化史观，给我们提供了一个很独特的视角和思考方法。（4）作者说学问的另一毒害，就是伦理学方面的毒害，名士因为学术源流，形成门派，并各自为了名誉地位，内争外斗，没有节制（苦节），过分追求名誉，以党锢为荣等，这造成了魏晋时期士风的清淡，随心所欲。由此可见，作者对魏晋士风是持批评态度的，认为过于“随心所欲”。而我们传统认为魏晋士风与儒家不同，政治的黑暗和战争的频繁使得思想方面得到了极大的解放，士人普遍追求自由独立和开放，文学、思想、书法、音乐都有很大的发展。

（四）魏晋南北朝时期

1. 关于“清谈”。内藤氏在第296页中写道：“一家中的礼仪受到格外的重视。这种风尚从后汉到六朝是一致的。尽管魏晋时期有清谈之人，但这只是一时的小波澜。”可见他将“清谈”视为不尊重礼仪。而我们意识中的“清谈”是魏晋时就一些玄学问题（本和末、有和无、自然和名教等）析理问难、反复辩论的文化现象。“清谈”是相对于俗事之谈（国事、民生等）而言，专谈老庄、周易。“清谈”气氛一般很随便，在激动的时候，往往助以手势，身体摆动，甚至起舞，引吭；谈到酣醉地步时，便无所顾忌了，口出粗言也是有的。内藤湖南重视“清谈”的形式，而忽略了“清谈”的内容。

2. 关于“清议”。在第299页，作者对“清议”下的定义是：“在故乡进行的对品行的评价。”而我们所理解的“清议”

是与东汉末年的“党锢之祸”联系起来的。东汉后期，宦官专政导致政治黑暗，仕途被垄断。太学生与官僚士大夫结合，激浊扬清，对当时的政治进行评价，作者理解的“清议”，更像是“举孝廉”。

3. “反对录用门阀意见的失败”的原因。在第302页，作者认为“当时的社会现实，忌讳推行新制度，安于守旧，这样就使这个制度延续了数百年”。固然一种新观点的提出都会遭到守旧势力的阻挠，但这只是反对录用门阀意见的失败的原因之一，当有更深层的原因，如君权衰微等。

4. 关于“财婚”。作者在第310页讲道：“有时，贵族也会出现门第衰败。于是，就去搞今天所说的钱权婚姻。也就是贵族为追求财产，与地位低下的门第通婚。”但我们更常看到的是，门第即使衰败，在社会上的地位仍是很高的，所以很少出现与地位低下的门第通婚的现象。“财婚”经常发生在门第低下但却有经济实力的贵族，去向门第较高但经济上不如前者的贵族求婚。

5. 关于“朋党”。作者在第330页论述“朋党性质的变化”时说：“唐的朋党，不过是以贵族为中心，专以权力斗争为事。到宋代，则以政治上的主张，或由学问上出身的不同而结为朋党。这说明，政权自离开贵族之手，由婚姻或亲戚关系而结成的朋党渐衰，而由政治上的见解，或由共同利害的原因结为党派。”笔者认为，内藤先生关于唐宋两代“朋党”性质的说法不确切。不止有唐一代的“朋党”，任何朝代的“朋党”都多少带有争权的目的。唐的“朋党”也不是专以权力斗争为事，他们也会提出一些自己党派的政治主张。当然，唐的“朋党”也不全然是由婚姻或亲戚关系而结成的，还有座主门生的关系等。

6. 关于九品中正制的提出者。作者在第297页写道：“九品中正制法实施的确凿事实，据说始于魏文帝在延康元年的上奏。”需要补充的是，九品中正制是魏文帝采纳的吏部尚书陈群的建议。

7. 关于“近世”的表述。在第 323 页写道：“在中国，具有那样内涵的近世，当起于宋代以后，而至宋代为止，是从中世走向近世的过渡期。”从这句话，我们不能明白“近世”是何时，“中世走向近世的过渡期”又是何时。当我们阅读完本书可知道，作者想表达的是：中国的“近世”，当起于宋代以后，而至清代。宋代是从中世走向“近世”的过渡期。

8. 关于“贵族政治全盛期”的表述。在第 323 页写道：“在中国，贵族政治是从六朝开始，止于唐朝中期，为其全盛时期。”从这句话，我们不能明白“贵族政治全盛期”是何时。读完本书可知道：贵族政治是从六朝开始，止于宋朝。而何时是“贵族政治全盛期”，作者在书中却没有明确地表达出来。

9. 关于“均田制”的翻译。在第 336 页有“早在唐朝以前就实行了班田制”。“班田制”是日本学习中国唐朝的“均田制”。“班田制”与“均田制”虽然实质相同，但中国历史上所实施的土地制度却是“均田制”。

（五）宋代

1. 司马光完全反对王安石变法。第 411 页中说：“在反对王安石变法的人中，有的只是反对王安石的部分政策，而司马光是彻底的反对。”在这里，内藤湖南提到司马光彻底反对王安石的变法，而且未做任何说明。

首先，在这之前的很多学者都认为，司马光并非反对进行改革。南开大学尹佳涛的博士论文《历史与现实之间的政治思考——司马光政治哲学研究》中认为：“司马光反对因循守旧，在熙宁以前就形成了对旧体制进行改革的想法。但他不赞成激烈的变法，而是主张渐进式的因革损益，在肯定宋初体制的前提下进行除弊的工作。司马光与王安石的政治分歧，不是两条根本路线之间的对立，而是儒家阵营内部关于改什么和怎么改的争论。”顾全芳认为：司马光也认识到当时农业上存在问题，对宋朝的“三冗”问题提出过深刻和尖锐的批评，也提出要扭转朝廷因循守旧的恶劣风气，而且司马光和王安石都想把国家治理好，只是因为在如何治理国家方面，存在方式上的分歧，才出现矛盾。①

其次，司马光并不是全面反对王安石的所有变法，认为一无是处。《宋史》卷 327《王安石列传》中提到王安石变法的改革措施，“安石令其党吕惠卿任其事。而农田水利、青苗、均输、保甲、免役、市易、保马、方田诸役相继并与，号位新法，遣提举官四十余辈，颁行天下”。而通览《宋史》卷 336《司马光》，很容易发现，针对具体的变法措施，司马光明确且激烈反对的是青苗法和免役法，并不是要全面废除所有的变法措施。司马光在神宗面前与吕惠卿争论的是青苗法的利弊。王安石第一次罢相之后，宋神宗想任用司马光，“光辞之曰：‘陛下所以用臣，盖察其狂值，庶有补于国家。若徒以禄位荣之，而不取其言，是以天官私非其人也。臣徒以禄位自荣，而不能救生民之患，是盗窃名器以私其身也。陛下诚能罢制置条例司，追还提举官，不行青苗、助役等法，虽不用臣，臣受赐多矣。’”② 而在宋神宗驾崩之后，司马光掌权之后，亦只言“若安石、惠卿所建，为天下害者，改之当如救焚拯溺”。这说明司马光只是要对变法措施中“为天下害者”加以“改之”，而不是要全面废除改革措施。实际也是如此。在《司马光传》中，明确提到废除的变法措施有青苗法、保甲法、免役法、市易法、保马法，而并没有提到废除农田水利法、均税法与方田法。其原文如下：

遂罢保甲团教，不复置保马；废市易法，所储物皆鬻之，不取息，除民所欠钱；京东铁钱及茶盐之法，皆复其旧。或谓光

① 顾全芳：《评王安石变法期间的“顽固派”》，《学术月刊》1986 年第 6 期；《司马光的政治思想》，《河南大学学报》（社会科学版）1984 年第 4 期；《司马光与王安石变法》，《晋阳学刊》1984 年第 2 期；《重评司马光与王安石变法》，《学术月刊》1990 年第 9 期。

② （元）脱脱：《宋史》卷 336《王安石传》，北京：中华书局，1977 年，第 10765 页。

曰："熙、丰旧臣，多憸巧小人，他日有以父子义间上，则祸作矣。"光正色曰："天若祚宗社，必无此事。"于是天下释然，曰："此先帝本意也。"

元祐元年复得疾，诏朝会再拜，勿舞蹈。时青苗、免役、将官之法犹在，而西戎之议未决。光叹曰："四患未除，吾死不瞑目矣。"折简与吕公著云："光以身付医，以家事付愚子，惟国事未有所托，今以属公。"乃论免役五害，乞直降敕罢之。诸将兵皆隶州县，军政委守令通决。废提举常平司，以其事归之转运、提点刑狱。边计以和戎为便。谓监司多新进少年，务为刻急，令近臣于郡守中选举，而于通判中举转运判官。又立十科荐士法。皆从之。①

在《中国史通论》第412页，作者承认司马光在录用官员的时候，采用了王安石的考试制度。既然对王安石变法措施有所保留，就不能说司马光完全反对王安石变法。综合以上材料可知，司马光对宋朝存在的一些弊端亦有所察觉，他本人也有一定的改革倾向，对于王安石变法并非全盘否定，而是有所保留。

2. 岳飞在接到十二道金牌诏书时士兵是否已经厌战？第429页提到："在太行山脉中有很多'土匪'乘战乱之机势力壮大起来，岳飞把他们手边，让其在背面袭击金军，为光复国都。但岳飞率领的士兵实际也已厌战，想回自己的故乡。中国的历史中说岳飞接到十二道金牌诏书，无可奈何只得回府；可事实上，听说回去的士兵们争先恐后打点行装。"但是内藤先生并未对士兵厌战所依据的材料加以说明。《宋史》卷365《岳飞列传》记载岳飞进军朱仙镇②后，形势对宋军十分有利，其原文为：

先是，绍兴五年，飞遣梁兴等布德意，招结两河豪杰，山砦

① （元）脱脱：《宋史》卷336《司马光传》，北京：中华书局，1977年，第10768页。

② 邓广铭在《〈鄂王行实编年〉中所记朱仙镇之捷及有关岳飞奉诏班师诸事考辨》中认为岳飞并没有到达朱仙镇。

韦铨、孙谋等敛兵固堡，以待王师，李通、胡清、李宝、李兴、张恩、孙琪等举众来归。金人动息，山川险要，一时皆得其实。尽磁、相、开德、泽、潞、晋、绛、汾、隰之境，皆期日兴兵，与官军会。其所揭旗以“岳”为号，父老百姓争挽车牵牛，载糗粮以馈义军，顶盆焚香迎候者，充满道路。自燕以南，金号令不行，兀术欲签军以抗飞，河北无一人从者。乃叹曰：“自我起北方以来，未有如今日之挫衄。”金帅乌陵思谋素号桀黠，亦不能制其下，但谕之曰：“毋轻动，俟岳家军来即降。”金统制王镇、统领崔庆、将官李觊崔虎华旺等皆率所部降，以至禁卫龙虎大王下忔查千户高勇之属，皆密受飞旗榜，自北方来降。金将军韩常欲以五万众内附。飞大喜，语其下曰：“直抵黄龙府，与诸君痛饮尔！”

方指日渡河，而桧欲画淮以北弃之，风台臣请班师。飞奏：“金人锐气沮丧，尽弃辎重，疾走渡河，豪杰向风，士卒用命，时不再来，机难轻失。”桧知飞志锐不可回，乃先请张俊、杨沂中等归，而后言飞孤军不可久留，乞令班师。一日奉十二金字牌，飞愤惋泣下，东向再拜曰：“十年之力，废于一旦。”飞班师，民遮马恸哭，诉曰：“我等戴香盆、运粮草以迎官军，金人悉知之。相公去，我辈无噍类矣。”飞亦悲泣，取诏示之曰：“吾不得擅留。”哭声震野，飞留五日以待其徙，从而南者如市，亟奏以汉上六郡闲田处之。

这里面也并没有提到“士兵争先恐后打点行装”这样的现象。① 而且在这样的大好形势之下，说士兵厌战是有点令人惊讶的，虽然说这也是有可能的。若能获知作者支撑“士兵厌战”的材料是非常重要的，但作者并未提及。

（六）元代

1. 关于乃蛮问题。内藤先生认为“这时期在外蒙古非常有

① 李心传等编《建安以来系年要录》也无相关记载。

势力的部落是乃蛮部。成吉思汗不断攻击乃蛮部，把它从外蒙古驱逐走了，由此王罕的势力变大了”。但是据史书记载，1203 年成吉思汗与克烈部发生战争，灭了克烈部王罕，因此威胁到了乃蛮部太阳汗的利益，自称草原上不能有两个太阳，成吉思汗于 1204 年出兵灭乃蛮。

2. 定宗继位问题。作者认为：“可到定宗时没有这种民意，尽管得到忽里勒台的推荐，但在他实现继位过程中有些不太光明磊落的地方。特别是蒙古本国还有成吉思汗的末子拖雷，在蒙古人意识中拖雷应该是正统的继承人。窝阔台为第二代可汗，对此原本就有不同意见，所以太宗死后到定宗继位，可汗的位置空了六年之久。”笔者认为定宗继位所遇到的问题并不是拖雷系，拖雷系力量的显现则是在定宗死后。

窝阔台生前与贵由关系并不融洽，想让三子阔出继位，可是阔出在 1236 年侵宋中死亡，于是窝阔台有意立阔出长子失烈门，贵由母乃马真氏不从。窝阔台死时（1241），贵由在西征的归途中，乃马真为防大权旁落召集诸王赴都城和林参加忽里台大会，当时诸王属拔都威望最高，可他与贵由不和，拒不赴会，于是乃马真称制，朝政一片混乱。直到 1246 年拔都才派其弟出席选汗大会，贵由才得以继位。而当时的拖雷系情况是，拖雷死后，其妻及诸子为自保遵纪守法，行事低调，暗中积蓄力量，当时并无争汗之意。此外，《元史》也只提到失烈门这一原因。

3. 元代科举问题。内藤先生认为“在元朝，偶尔也举行过科举选拔，但不举行的时候多，只是仁宗时代和顺帝末年举行过”。据记载，元代科举制度正式颁行于元仁宗皇庆二年（1313），此前窝阔台时曾举行过一次“戊戌选试”，此后 40 年未再开科，1335 年（后至元元）罢科举，元顺帝后至元六年（1340）复科举取士制，一直到灭亡。终元之世，共举行科举 16 次，累计取士共 1200 余人。所以说元代科举只在仁宗和顺帝末年举行过是不恰当的，中间的泰定帝年间也举行过科举。

4. 元代国号问题。内藤先生认为，这时（至元八年，1264）蒙古国号为大元国。诏书中说，取《易经》中“元亨利贞”之元，而定国号为“大元国”。目前，关于国名的来源皆说取自《易经》：“大哉，乾元。”

5. 元朝灭亡原因。内藤氏认为：“蒙古统治了近百年后被中国人赶出来。其原因何在呢？第一是天灾。”事实上，我们认为天灾只是外因，一个王朝的覆灭其根本原因还是在于自身。蒙思明《元代社会阶级制度》在分析王朝灭亡原因时曾写道：“中国历史上之朝代更易，虽曰私家政权之转移，而一般民众亦未尝不参与其间；试观每一朝代之灭亡，除由外族侵逼者不计外，要必由于贫苦民众之反抗；乃历考秦、汉以来之史迹屡验不爽者也。盖人民至饥寒交迫，求生不得之时，自必铤而走险；若值政权强固之日，固可为武力所镇压，倘遇政治腐化之际，则常由贫民之反抗而旧朝以忘，新朝代兴；元室之败亡，亦无以异是。”①

6. 元代儒户问题。元代儒户问题一直是学界争论较多的问题，《中国史通论》中提到“元朝臣民分十个等级，排在最后的是九儒和十丐。儒学家只是比乞丐稍高一点的阶级”。近来学者多不完全肯定“九儒十丐”的说法，仅认为元代儒人地位特别低落，是中国历史的特殊时代。事实上，不仅属于贱民阶层的娼、丐的地位绝不能与儒相比拟，就是民户及各种服役户计如军、站、匠、灶等所受的待遇也不如儒户。儒户所受的优遇约略和僧、道、也里可温、答失蛮相当。

7. 张氏关系问题。内藤氏认为：“张世杰是由金国归顺元国的大将张柔的堂兄弟……张氏一族分成两支，另一支为首的是张柔之子张弘范，他正好与张世杰相反，为灭亡南宋战斗到最后。”笔者查阅了相关资料。

① 蒙思明：《元代社会阶级制度》，上海：上海人民出版社，2006 年，第 174 页。

《元史·张柔传》："张柔字德刚，易州定兴人，世力农。"《宋史·张世杰传》："张世杰，范阳人。少从张柔戍杞，有罪，遂奔宋。隶淮兵中，无所知名。"只要论证出定兴和范阳不是同一地方便可大致推出二者的关系。

《金史·地理志》："涿州，中。刺史。辽为永泰军。贡罗。户一十一万四千九百一十二。县五、镇一：范阳倚。晋县。有湖梁河。有刘李河。镇一政满。固安晋县。新城。定兴大定六年以范阳县黄村置，割涞水、易县近民属之。有巨马河。"

由《元史·地理志》卷58可知，易州定兴在金朝属于涿州，而张世杰的祖籍涿州范阳在《宋史·地理志》卷90记载："涿州。唐置，石晋以赂契丹。宣和四年，金将郭药师以州降，赐郡名曰涿水，升威行军节度。县四：范阳，归义，同安，新城。"即《金史·地理志》里的范阳。

由上可知，易州定兴和涿州范阳属于不同的地方，二者虽然祖籍地不同，但是属于同一州，鉴于可能有兄弟居住临县的可能，所以也不能断定张世杰和张弘范没有任何关系。

（七）清代

内藤先生对史料十分注重，在论述清朝的政治特点时，均有相关史料来佐证。他对清朝史的基本情况有较清晰和正确的认识，尤其是在清代文学、史学、艺术方面的认识更体现出内藤先生的深厚史学功力。由于时代原因，他刻意强调日本在对中国文化承袭和保留，对西方文化的吸收和借鉴方面都要比清朝更为有优势。因为一些史料传抄有误或考证不足的缘故，内藤先生在某些问题上认识有失误。

1. 有关朱批的问题。第505页，作者写道："清代的各代皇帝都非常长于文事……在臣下的上奏上所写的朱批，能自己写的天子大多数自己写，而明代天子所写的朱批，里面还有俗语和口语中的俚语等，清代则决不用这些词语，全部都是典雅的、优美的汉文。"实际上，在明代后期，尤其是万历皇帝统治后期，因皇帝荒废政事，司礼监的宦官掌握了朱批的权力，所以明代皇帝的朱批并非完全处于皇帝亲笔，清朝皇帝在奏折批示之后，往往也会让专门的部门誊写、录入、备份、存档。因此，只从朱批来比较明代皇帝和清代皇帝的文采孰优孰劣，有失偏颇，而且清朝皇帝的朱批口语话也很强。

2. 元、清文化的问题。作者在第 539 页写道："蒙古人是在了解了这些文明（西域地方的文明）之后才来到中国，看到中国文明的，可以说，元代是等同对待中央亚细亚文明和中国文明的。而在对人的待遇方面，中国人还低于中央亚西亚的人。到清朝……与元代稍不同的是：满洲人在满洲时就接受了中国文明的非常大的影响。在征服中国之前，满洲人所征服的只是蒙古等地方。因此，满洲人对中国文明的佩服远比元代时高得很多。"需要说明的是，元和清在对待中国文化上的态度不一，并非只是由于两者征服地域先后不一的关系，而清代虽接受中国传统文化上比元代更深更广，但是也注重保持本民族的语言、文化。

3. 钦天监的设立。作者在第 546 页写道："康熙时的南怀仁终于取得了最大的成功……从那时起，设了钦天监管天文，有一中国人任钦天监正外，一定同时也让一外国人当钦天监正，这成了制度。"事实并非如内藤氏说的那样，清代的钦天监是沿袭明代而来。明初沿置元代就有的司天监、回回司天监，后改称钦天监，有监正、监副等官，明末有西洋传教士参加工作。清沿明制，有管理监事王大臣为长官，监工、监副等官满、汉并用，并有西洋传教士参加。乾隆初曾定监副以满、汉、西洋分用。后在华西洋人或归或死，遂不用外国人入官。

4. "乾隆玻璃"的问题。作者在第 553 页写道："但波士顿的东西（玻璃）确实不是西洋人造的，而是中国人在中国造的，这是无疑的，它叫乾隆玻璃，但实际上是不同时代所做的……但西洋人相信那是当时中国风格的玻璃，是比今天的玻璃更好的玻璃。"考古学的资料证明，中国早在隋代的李静训墓已发现存在玻璃制品。但是内藤湖南因没有有关乾隆玻璃方面的文献记载就不能表示其怀疑，当然这是不能苛求内藤先生的。

5. 学术的问题。作者在第557页写道："但在中国，民间几乎不做与学问有关的事，相反，是学术有多余的麻烦事。因此，只有天文、术学十分发达，出现大量这方面的天才，也给经学、史学带来影响，但这对于人民的文明，在根本上并没有起很大的影响。"中国当时的人民绝大多数是农民，世代不受教育，学术在这些人中自然没有实际的意义，内藤的说法显得过于概括。

6. 有关火器的问题。作者在第530页写道："中国当时主要还是使用弓箭……而朝鲜人此时也使用日本的这种步枪了……因此俄国在顺治年间来到满洲北部边境时，清朝就从朝鲜征集步枪射手，把他们派遣到满洲去。"而在545页则又写道："有一支毛文龙的部队，他们投降了清朝……因为是属于中国明朝的军地，自然是有火器的……这样，清朝终于也能使用上西洋的火器了。"毛文龙死于崇祯二年（1629）六月初五，随后其部下归降了满洲，而顺治登基的时间是1638年，清朝同俄国交恶的时间是在1656年前后，所以，满洲尚未改清之时就已经开始使用火器，为何时过近三十年后清朝在与俄国交战时却又向朝鲜借用步枪射手，令人不解。

三、余　论

《中国史通论》是根据内藤湖南七八十年前的讲义和演讲稿整理而成，面向的又是日本读者，难免会有一些我们认为的不细致之处，而且学术的发展日新月异，新的成果和结论不断产生，这方面不可过分吹毛求疵。该书是翻译过来的日本人著作，无论翻译者如何高明，都不可能完全还原出作者的原意，所以语句方面读起来不免拗口，其意思表达可能与作者本意有些许出入，这也是不可苛求著者和译者的。然而瑕不掩瑜，这些丝毫不影响该书的价值，书中作者以文化史观为基点，以上古、中世、近世为线索，给我们提供了大量独特新颖的视角和思考方法，开阔了我们的视野，使其近一个世纪之后的今天仍有其生命力，这是值得我们借鉴的。

内藤先生是日本明治维新以后，日本中国史学的开创与奠基时期京都学派的主要奠基人之一。他在中国史学方面的开创性建树，至今仍为日本中国史学界广泛承袭，对日本甚至国外的中国史学都产生了相当深远的影响。在论述历史方面，内藤先生的著作细节或可商榷，但却树立了一方思想的界碑，《中国史通论》给我们提供了一份超越文本的典范。

《皇明名臣经济录》的地位价值刍议

中央民族大学历史文化学院　李　巍

摘　要：明代中后期，经世文辑录盛行，黄训所辑《皇明名臣经济录》，成书于嘉靖年间，内容丰富，结构规范，在经世类著作中成书年代较早，开明代经世文编纂之先河，对此后的经世文编在内容、体例上有着直接或间接的影响。它在文献学、史学史、学术史上具有一定地位，对明史研究亦有一定的文献价值。

关键词：《皇明名臣经济录》；黄训；经世文编

《皇明名臣经济录》（以下简称《名臣经济录》），五十三卷，明黄训辑，约成书于嘉靖二十年（1541）前。本文拟对该书及其地位价值略作论述，使其能够在史学研究中更好地实现其价值。

一、作者及《皇明名臣经济录》

黄训，字学古，号鉴塘，又号黄潭，世称黄潭先生，安徽歙县潭渡人，明嘉靖八年己丑科三甲进士。①

黄训生于弘治三年（庚戌年，1490）。黄训自叙“敬皇帝二

① 朱宝炯、谢沛霖：《明清进士题名录索引》，台北：文海出版社，1981年。

年己酉先生举于乡，明年训始生”[①]。敬皇帝系指明孝宗朱祐樘谥号，“明年”为弘治三年（庚戌年，1490）。又言：“岁乙巳，始来新安过我潭渡黄氏……庚戌复来，余始生。”[②]“少时，从父商所就学”[③]，弱冠，就读于始创于南宋大儒朱熹的紫阳书院。

嘉靖八年中进士，实年36岁。嘉靖九年出任嘉兴令，颇有政声。《嘉兴县志》记载，黄训“为嘉兴令，为政温良，不干声誉，升为兵部主事”[④]。嘉靖十一年被召进京，初拟擢给谏，后改任兵部主事。事情原委，据《歙县志》载：黄训“试嘉兴令，却样金三千，后遂为例。以政最，召至京，当道拟擢训给谏，其从者讵索兼金。训曰：‘是污我一生矣，宁不得’，从者中之。拟授知州，文选力争，竟授郎署”[⑤]。嘉靖十四年起为兵部职方司郎中，嘉靖二十年出任湖广按察司副使（正四品），分巡荆襄道。卒于赴任途中，享年50岁，“辛丑之官湖广，舟至东昌安平镇，疾作而逝”[⑥]。

黄训一生清廉，死之日“囊无一帛，人服其清”。他著述颇丰，付梓著作除《皇明名臣经济录》53卷外，尚有《黄潭先生文集》10卷，《黄潭先生读书一得》4卷，《大学衍义肤见》和《书经简端录》等。另据万表《皇明经济文录》序，黄训尚著有《九边十三省录》等，并称该书为《名臣经济录》“未刻之半”，该书《千顷堂书目》《明史·艺文志》中未见记载，后是否刊行，未考。

《名臣经济录》约成书于作者任职兵部职方司期间。胡宗宪

---

① 黄训：《寿外父约斋先生七十序》，《黄潭先生文集》卷1，明嘉靖刊本。

② 黄训：《寿王水经序》，《黄潭先生文集》卷3，明嘉靖刊本。

③ 《歙县志》卷25《文苑传》，嘉靖三十年本。

④ 罗炌修、黄承昊纂：《嘉兴县志》卷19，《宦绩》，明崇祯本。

⑤ 《歙县志》卷25《文苑传》，嘉靖三十年本。

⑥ 黄宾虹：《歙潭渡黄氏先德录》，民国七年铅印本，《清代民国名人家谱选刊续编》，国家图书馆地方志家谱文献中心编，北京：燕山出版社，2007年。

所作《黄潭文集》序中称“先生时为兵部郎，以暇日纂集国朝名世章疏曰《经济录》，余向得读而面质焉……”① 张瀚《皇明疏议辑略》序也提到《名臣经济录》“前职方郎中徽山黄君，采国初名臣奏议及诸司故牍而成”②。

黄训之为文“不溺于古之空文，……蕴而为道德，发而为经济，以适于今之用”③。其编纂《皇明名臣经济录》的初衷，饶天民在嘉靖二十八年（1549）所做的序中称，是为“经济”而作，为“理乱之数”，以资“鉴戒”，为“今之所以知昔，后之所以知今”，所录标准一为“立言”，一为“实用”。故“取国初迄正德末诸名臣所建白著述，凡言而可行，行而可久，及纪实而可鉴戒者，咸编辑成书，故以《经济录》名”。

《名臣经济录》的资料来源主要有三：一是作者平时收录之邸报所载奏议奏疏；二是官府内保存之奏疏奏议；三是所读名臣的自著文集。故人称“名臣经济录”系黄训“采国朝名臣奏议及诸司故牍而成，儒先私议及文集有关政理者亦多取之”④。黄训在辑录文稿时，除了偶尔稍作变动外，几乎不易一字，全部照录。

《名臣经济录》体例主要依明中央机构设置及其职责进行分类编纂，共分10门，以开国、保治、内阁、吏、户、礼、兵、刑、工部、都察院·通政司·大理寺的顺序安排，其中《开国》1卷、《保治》10卷（卷2至卷11）、《内阁》4卷（卷12至卷15）、《吏部》4卷（卷16至卷19）、《户部》5卷（卷20至卷

---

① 胡宗宪：《黄潭先生文集》序，明嘉靖刊本。

② 张瀚：《皇明疏议辑略》序，明嘉靖三十年大名府刻本，四库全书存目丛书史72，济南：齐鲁书社，1996年。

③ 黄宾虹：《歙潭渡黄氏先德录》，民国七年铅印本，《清代民国名人家谱选刊续编》，国家图书馆地方志家谱文献中心编，北京：燕山出版社，2007年。

④ 张瀚：《皇明疏议辑略》序，明嘉靖三十年大名府刻本，四库全书存目丛书史72，济南：齐鲁书社，1996年。

24)、《礼部》7卷（卷25至卷31）、《兵部》13卷（卷32至卷44)、《刑部》三卷（卷45至卷47)、《工部》5卷（卷48至卷52)、《都察院·通政司·大理寺》共1卷（卷53)。除《开国》《内阁》《都察院·通政司·大理寺》没有子目外，其余每门又各有子目。以"九卿"等中央机构为编纂体例，始自元代官修《大元圣政国朝典章》，但个人所编经世类文中，《名臣经济录》为首例。

其内容主要为洪武至嘉靖十一朝间"名臣"的经济、经世言行辑录。凡历150余年，计576篇。该名臣言行按形式分为四类：奏疏、论说、传状和行实。在编纂中采用混编形式。《四库全书总目》称《名臣经济录》"是编所载，如陶安传、刘基行状、赛义墓志、李东阳年谱诸篇兼纪言行，汉府、赵府、石亨、曹吉祥之变诸篇，并录时事，以及谢铎《焉用彼相》之类，旁及杂文；丘濬《大学衍义补》之类，至节取所著之书，不纯为奏议之体。故但以《经济录》为名"①。

名臣奏议和大臣关于国事、时务的论说构成了全书的主体。其中又以奏疏类数量最多，其次为名臣私论，甚至包括私人往来书信。传状、行实类篇幅最少，只收录少数名臣事迹和重大史事。所收录名臣奏议、论说，内容涉及制度、政策利弊，或治国方策等。涵盖了时政、职官、礼仪、宗庙、宗室、漕运、海运、荒政、课税、钱法、盐法、财政、科举、军务、边防、马政、兵饷、武器、刑法、水利、治河等关乎国家运行和社会发展的各领域。

关于版本流传情况，黄训53卷本《名臣经济录》成书后，尚未刊刻，即有御史陈九德将其删次整理成18卷本，并独立出版。清代编修四库全书时，将黄训本收录"诏令奏议"类，经过删削整理后，形成钦定四库版本，与此同时，将陈九德18卷

① 永瑢、纪昀主编：《四库全书总目提要》，海口：海南出版社，1999年。

本列为“禁毁书目”。因此，现流传同名《名臣经济录》主要就有明刊本53卷本（黄训本）、明刊本18卷本（陈九德本）和清修四库全书53卷本（四库本）三种。

二、《名臣经济录》的历史地位

黄训《名臣经济录》开创了明中期以后经世文的编纂时代，对此后的经世文内容、体例产生深远影响。其在中国历史文献学、史学史、学术史上的地位是毋庸置疑的。就该书被近现代学者作为文献广泛征引研究的情况来看，它在明史研究中的价值同样意义非凡。

《名臣经济录》开明代经世文编纂之先河。在它之前，明代经济、经世文编类只有明成化年间杨一清刊行宋代马季机编《经济文衡》一书。奏疏题材有永乐十四年（1416）成祖谕辑的《历代名臣奏议》350卷。《历代名臣奏议》由杨士奇、黄淮等应诏编纂，该书分64门，辑明朝以前历代奏疏八千余篇，举凡历代政治得失、典制沿革、用人赏罚，无不收录，历史价值很高，但其中所录奏议，为明前历代，尤以宋人奏议为主，共7000篇左右。这两种文编只是单纯的奏议，内容非明朝当代，较多的是一种借鉴意义，而非时政意义。《名臣经济录》的编纂，只取本朝名臣奏疏事例，既与《历代名臣奏议》在内容上相衔接，又开本朝人撰本朝奏疏的先例。即此两点，四库馆臣亦给予了充分肯定。

明永乐间敕黄淮等编《历代名臣奏议》，至元而止，虽门目浩繁，不无冗杂，而两千年訏谟硕画，历历可徵。是编所载，如陶安传，刘基行状、蹇义墓志、李东阳年谱诸篇兼记言行，汉府、赵府、石亨、曹吉祥之变诸篇，并录时事，以及谢铎《焉用彼相》之类，旁及杂文；丘濬《大学衍义补》之类，至节取所著之书，不纯为奏议之体。故但以《经济录》为名，其实奏议居十之九，与淮等所编时代相接，颇足以资考镜。①

《名臣经济录》一经问世，就引起政界和学界的极大轰动，被视为“条系一代治体”，“一代治体攸系”的经世之书，“学士大夫争相传写”②。受其影响，此后明朝士人编录经世文书的风气大开，当时即有人模仿《明臣经济言》内容体例编录新书，之后又分化成两种编纂风格，一种是辑录单纯的名臣奏议，多以“奏议”“奏疏”为名，另一种是以经世致用为目的、以名臣奏议奏疏为主要内容的经世文编类，多以“经世”“经济”为名。③至明末陈子龙、徐孚远等编《明经世文编》，堪称明代经世文编纂之登峰造极。《名臣经济录》至《明经世文编》的近百年间，两种风格的经世文著作共有数十部问世。

在《名臣经济录》编纂完成不久，陈九德发现其价值所在，遂将其 53 卷删次为 18 卷，名称未变，并率先刊行于世。随后，又有张瀚鉴于其书“成于草创中间，去取颇涉猥杂”，而陈九德删削本的情况是“陈逊斋侍御近以其本刻于吴”，“虽稍加删定，然前弊亦未尽刊”④，故二本“并有遗恨”，于是他就“开局于元城书院，延二三宿儒采撷会萃，刈芜删繁”，“视旧本所斥十之五，所增补者十之三”⑤，即又在《名臣经济录》的基础之上编著而成《皇明疏议辑略》。张瀚（1510—1593），字子文，明仁和（今杭州）人。嘉靖十四年（1535）进士，授南京工部主事，历任庐州、大名知府，另著有《松窗梦语》8 卷。

《皇明疏议辑略》共 37 卷，虽然内容多取之《经济录》，但

① 永瑢、纪昀：《四库全书总目提要》，海口：海南出版社，1999 年。

② 张瀚：《皇明疏议辑略》，《四库全书存目丛书》，山东：齐鲁书社，1996 年。

③ 杨艳秋：《明代后期的〈经世文〉汇编》，《聊城大学学报》（社会科学版）2005 年第 1 期。

④ 张瀚：《皇明疏议辑略》晁瑮序，《四库全书存目丛书》，山东：齐鲁书社，1996 年。

⑤ 张瀚：《皇明疏议辑略》晁瑮序，《四库全书存目丛书》，山东：齐鲁书社，1996 年。

体例不再“以九卿分门”，而是仿《宋名臣奏议》（宋赵汝愚编），分作《君道》《圣学》《修省》《厘正》《纳谏》《史职》《铨选》《考课》《财计》《赋役》《征榷》《漕运》《荒政》《礼仪》《律历》《陵庙》《祀典》《制科》《学校》《武备》《征伐》《抚治》《马政》《御边》《议狱》《屯田》《河渠》《营缮》《风纪》《纠劾》三十门。于嘉靖三十年大名府刻本刊行。

由于张瀚为嘉靖朝人，《皇明疏议辑略》“当时有所避忌，所载亦不能尽备”①，故所收奏疏只到正德年间。于是又有张卤编《皇明嘉隆疏钞》22卷作为其补充，“是编止嘉靖隆庆间，前此《经济录》及《疏议辑略》所载者今不重录，聊续其所未备”②。《皇明嘉隆疏钞》的体例内容是“门类先朝廷后庶事，略效《经济录》及《疏议辑略》例，至各类诸疏前后并不编年，论爵一随抄謄早暮序入尔”③。张卤（1523—1559），另编有《皇明制书》。“卤，字召和，仪封人，嘉靖乙未进士，历官右副都御史，调南京太常寺卿。是编专录嘉靖、隆庆两朝臣僚奏疏，分三十七类，凡四百余篇。盖续张瀚《疏议辑略》而作。故类例虽稍有出入，而大致略相仿佛云。”④

稍后，又有贾三近《重刻嘉隆疏钞》，又名《皇明两朝疏钞》20卷，内容仍是嘉靖、隆庆两朝名臣疏奏。以上奏议类经世文均为直接受黄训《名臣经济录》编纂影响。

受《名臣经济录》影响编辑的尚有《两朝疏钞》。《两朝疏钞》12卷，顾尔行编纂。顾尔行，归安人，万历甲戌进士，官大名府推官。《两朝疏钞》直接受张瀚《疏议辑略》影响，而

---

① 永瑢、纪昀：《四库全书总目提要》，海口：海南出版社，1999年。

② 张瀚：《皇明嘉隆疏钞》凡例，《四库全书存目丛书》，山东：齐鲁书社，1996年。

③ 张卤：《皇明嘉隆疏钞》凡例，《四库全书存目丛书》，山东：齐鲁书社，1996年。

④ 永瑢、纪昀：《四库全书总目提要》，海口：海南出版社，1999年。

《疏议辑略》又是主要参考《名臣经济录》。序中可以看出这一关系，“初，张瀚撰《疏议辑略》，所载止武宗以前，故尔行复录世宗、穆宗朝诸疏，以续其书”①。

之后吴亮刊行《万历疏钞》50 卷，为万历朝奏议，上接嘉靖、隆庆两朝。天启间，有孙维诚编《皇明奏疏类钞》32 卷，崇祯间有朱东观刻《奏疏》9 卷，及张溥《历代名臣奏议》等，至此，疏议类编辑涵盖了明代历朝。

明代主要疏议辑录

辑录者	书名	成书或刊刻年代
张瀚	《皇明疏议辑略》37 卷	嘉靖
孙旬	《皇明疏钞》70 卷	嘉靖
欧阳一敬、魏时亮	《历代名臣奏议辑略》40 卷	隆庆
贾三近	《皇明两朝疏钞》20 卷	万历
张卤	《皇明嘉隆疏钞》22 卷《嘉隆新例附万历》6 卷	万历
顾尔行	《皇明两朝疏钞》12 卷，辑嘉靖、隆庆两朝奏疏	万历
朱吾弼、李云鹄等	《皇明留台奏议》20 卷	万历三十三年刻本
吴亮	《万历疏钞》50 卷	万历三十七年刻本
张位、赵志皋	《新刻熙朝内阁评选六子纂要》12 卷	万历二十一年刻本
汪少泉	《皇明奏疏类钞》61 卷	万历十六年刊刻本
毛堪	《台中疏畧》4 卷	万历四十二年刻本
孙维城	《皇明奏疏类钞》32 卷	天启
秦骏生	《皇明奏议备选》16 卷	天启
吴道行	《不愧堂刻奏疏》6 卷、《皇明疏钞》《熙朝奏疏》6 卷	崇祯
朱东观	《奏疏》9 卷、《祯朝诏疏》10 卷	崇祯

① 永瑢、纪昀：《四库全书总目提要》，海口：海南出版社，1999 年。

续表

辑录者	书名	成书或刊刻年代
王以宁	《西台疏草》1卷，《北畿疏草》1卷，《东粤疏草》5卷，《南国疏草》1卷	崇祯
倪元璐	《奏牍》6卷	崇祯
张溥	《历代名臣奏议》319卷	崇祯八年
毕自严	《度支奏议》119卷，《四话奏疏》1卷，《留计疏草》2卷，《饷抚疏草》7卷	崇祯
董其昌	《神庙留中奏疏汇要》40卷	清抄本
赵承恩	《明名臣奏议选》	清同治
周永春	《丝纶录》6卷	不详

据粗略统计，《名臣经济录》之后的明代经济经世文编著作也有几十部，著名的有万表的《皇明经济文录》，陈其愫的《皇明经济文辑》，陈子龙的《经世文编》等。

万表编录的《皇明经济文录》，直接综合黄训《皇明名臣经济录》《九边十三省录》和张瀚《皇明疏议辑略》等书而成，“初得徽刻前武选郎中黄君训所集《名臣经济录》，录其若干篇；次得广西金事章君辟所藏《九边十三省录》，录其若干篇，闻此亦黄君所集，殆未刻之半也；并录往岁所辑《潜暇录》，又若干篇，亦已成书；近得大名新刻《疏议辑略》，今督学浙江副使阮公鹤所集，又录其若干篇，合四伙以成复续采群集以益之”①。万表（1498—1556），字民望，号九沙山人、鹿园居士，定远（今安徽）人，一说浙江鄞县人。生于明孝宗弘治十一年，卒于世宗嘉靖三十五年。大名新刻《疏议辑略》即张瀚《皇明疏议辑略》，因为该书为阮鹗委托张瀚所辑，“北畿督学侍御函峰阮

① 万表：《皇明经济文录》万表自序，明嘉靖甲寅刻本。

公……出以授予大名太守元洲张公，曰……子盍为我图之”[①]。

万表《皇明经济文录》体例与《名臣经济录》基本相同，“门类则承黄君之旧而少为减并，末增两直隶九边十三省”[②]。内容仅卷一就收录黄训经济录《刘基行状录》、桂彦良《上太平治要十二策》、解缙《大庖西上封事》、叶居升《上高皇帝封事》、许士廉《革中书省对》五篇文章，且不易一字，仅《万言书》更名为《上高皇帝封事》，内容未变。

可以说，《名臣经济录》既开编纂明经世文之风，其后经世文多受其影响，体例虽不尽相同，但内容相似，目的相近，“经世致用”目的没有实质变化。

明代经济经世类著作

编者	书名	成书年代或刊刻年代
黄训	《皇明名臣经济录》53 卷	嘉靖
陈九德	《皇明名臣经济录》18 卷	嘉靖
万表	《皇明经济文录》	嘉靖
李伸	《经济文集》，元李士瞻著	嘉靖
黄仁溥	《皇明经世要略》5 卷	万历刻本
郑善夫	《经世要谈》	万历
冯应京	《皇明经世实用编》28 卷	万历
刘仲达	《刘氏鸿书》108 卷	万历
万廷谦	《经世要略》	万历三十八年刻本
郑壁	《经世宏策》	万历
俞琳	《经世奇谋》	万历
冯琦	《经济类编》	万历

---

① 张瀚：《皇明疏议辑略》晁瑮序，《四库全书存目丛书》，山东：齐鲁书社，1996 年。

② 万表：《皇明经济文录》万表自序，明嘉靖甲寅刻本。

续表

编者	书名	成书年代或刊刻年代
项德桢	《名臣宁攘要编》	万历
陈其愫	《皇明经济文辑》	天启
张文炎	《国朝名公经济文钞》	天启
顾九畴	《经济类考约编》	天启
陈仁锡	《八编经世类纂》	天启
颜季亨	《经世急切时务》	天启
陈子壮	《昭代经济言》《经济宏词》	天启
陈子龙等	《皇明经世文编》	崇祯
张燧	《经世挈要》	崇祯
张链	《经济录》	崇祯
吴中龙	《广古今议论参》30 卷	崇祯
刘廷元	《国朝明臣言行略》4 卷	崇祯
杨廷枢	《后场经济类编》	崇祯
叶绍泰	《名文宝符》	明香谷山房刻清印本
徐开任	《明名臣言行录》95 卷	清康熙间刊刻
徐纮	《明名臣琬琰录》24 卷续录 22 卷	不详
贺中南	《明经济名臣录》	不详
王世贞	《二三场经济考》	不详

明中后期所编的以“经济”“经世”为名的经世文，大部分是为了“经济经世”而作。但也有极少部分的目的是为科举考试，为考生能在考场写出高水平的经济文章。但不论何种目的，内容都相似，在此不加区分。

明代经济经世类，表奏类文编超过之前历代。经世文的大量出现固然与明后期“实学”兴起的大背景有直接关系①，但这类

① 向燕南、王家范：《从“主于道”到“主于事”：晚明史学的实学取向及局限》，《学术月刊》2009 年第 3 期；杨艳秋：《明代后世的“经世文”汇编》，《聊城大学学报》（社会科学版）2005 年第 1 期。

著述的大量出现，追根溯源，皆滥觞于此书，或者受到黄训及其经济录的很大影响，足见《名臣经济录》贡献之大。

三、《名臣经济录》的时代价值

（一）文献价值

《皇明名臣经济录》具有较高的文献价值，是一部重要的历史文献。首先，它提供了一种经世文编的新的编纂体例，按政府机关设置划分，对职能归类。这一体例，以后明代经济文集，多有沿用，直到清代，成书于道光六年（1826）的《皇朝经世文编》仍分为学术、治体、吏政、户政、礼政、兵政、刑政、工政八类，类下又分子目。这种编纂体例丰富和发展了经世文类著作的编纂与发展。

其次，保存了明前中期150年间重要大臣的奏疏、言行、生平等珍贵文献资料，这些文献一部分与“名臣”自著文集互为校勘，可以提供考证这一时期政治、军事、经济和社会情况，重大问题的决策、执行及制度运行层面的史事；同时，一部分“名臣”因无专著传世，《名臣经济录》也有传存散佚之功。

再次，《名臣经济录》以其资料全面、内容丰富为后人研究提供例证和相关研究材料，故在明史研究的各个领域广为征引。如关于明代“歇家”的记载，《名臣经济录》即有多处，如卷7倪岳《灾异陈言疏》载：“各司府州县纳户初到南京，不能熟知道路，未免寻人指引，别无官房住歇，未免寻讨歇家，此人情所不无者。……今跟子歇家，止是晒晾、驰载、粜买等项，多取工钱。”卷13商辂《题修灾弥德疏》中言：“今闻西厂将广西勘事郎中武清自通州、听选方面官刘富自歇家俱到厂，监禁数日，辄又释放。”卷14杨廷和《嘉靖登基诏草》“私自净身之人，多有在京潜住，希图收用，着锦衣卫、缉事衙门、巡城御史严加访拿问，今后各处军民敢有私自净身者，本身及下手之人处斩，全家发烟瘴地而充军，两邻及歇家不举首者俱治以罪”等[1]，提供了丰富的史料。对于研究整个明清时期歇家及其相关的社会经济问题有重要的参考意义。

可以说，《名臣经济录》内容如同一个庞大的资料库，方便后人做研究时从中提取自己所需要的文献。

（二）资政价值

以“经世济民”为目的而编纂的《名臣经济录》，黄训著述的目的就是“资政”，即为当时的官员治国政、理民事提供借鉴。因此该书也能够为后世的执政者提供治理国家和地方的经验借鉴，同时也为研究者提供了参政、议政的思考凭借。

简单地说，经济录的资政意义主要体现如下：

一是有利于全面了解明代政治。奏议的许多内容从侧面反映了明代政治场面的真实情况，如某个事件发生的前因后果，来龙去脉，当政者对该政治事件如何考量，如何议处，甚至能反映当时官场生态和君臣关系，暴露出政权内部正史所讳言的一面。有些建议和主张至今仍有一定的参考价值。

二是有利于了解名臣的人品人格。所辑文章的作者有王祎、桂彦良、解缙、王鏊、李贤、夏时正、张懋、彭韶、王恕、杨士奇、方孝孺、倪岳、李东阳、王守仁、杨傅、商辂、杨廷和、丘濬、宋濂、杨一清、何乔新、刘基、杨荣等。明史有本传者近三分之二，为实至名归之名臣，但明史中本传少者数十字，多者亦仅千字。属于高度概括，字里行间看出之为人，之功底，之见解，之胸怀等，通过其文章能使其更加立体化、生动化、形象化。奏疏中所反映出的名臣们正直坦荡的为人之道、忧君爱国的浩然正气、正派灵活的处世方法，值得品味。

三是有利于领略中国传统文化的风采，明代文臣一般由科场

---

① 胡铁球、霍维姚：《“歇家”概况》，《宁夏大学学报》（哲学社会科学版）2006年第6期；胡铁球：《明清歇家研究》，上海：上海古籍出版社，2015年。

而进，多有才华，专制制度下，帝王的态度对政策的制定实施和事情的发展起着决定性作用，臣子的主张和方略必须得到皇帝的支持才有可能变成现实，故在写奏疏时，大臣们需充分考虑如何行文才能更好地得到皇帝的肯定和支持，另外“天威莫测”，逆耳之言难听，大臣进言，稍有不测，甚至会危及自身，因此在成文时都表现得积极而慎重，既要表达自己的观点主张，又不能过于直白，还要严格按照当时公文的格式，可以说每一篇奏疏都倾注了作者大量的心血和思考，来之不易。其文字之精妙，堪称字斟句酌的典范。黄训为明代官僚阶层的普通一员，其所具有的经世思想，亦是时人的普遍思想。但其将其经国之心、济民之情用编辑《名臣经济录》的形式表达出来，并成功引领一个潮流，确是难能可贵。

《苗防备览》与湘西苗疆研究*

吉首大学法学与公共管理学院、中山大学人类学系　吴晓美

摘　要：20世纪二三十年代，随着国内“边政学”的兴起和人类学、民族学等西学传入，近代意义上的湘西苗疆研究形成制度史和民族史两种传统。清人严如熤所撰《苗防备览》是湘西苗疆研究的必读文献，大量来自亲身调查的第一手资料使该书具有一种天然的“田野感”，与之相关的研究亦不可避免地带有人类学印记。学界对于《苗防备览》的关注和研究大体可分为三部分：第一部分对原书之介绍、较释和整理；将之作为湘西苗疆制度史和民族史研究史料的研究；将之作为当下应用型研究的背景材料和资源对象的研究。经过30余年的努力，引介和整理工作基本完成；第二部分的研究无论在资料分析还是理论上都有所创见，使得湘西苗疆研究在中国西南乃至边疆研究中占有重要一席；第三部分的研究能够发挥“服务地方”的应用价值，但水平尚待提高。

关键词：《苗防备览》；湘西苗疆研究；制度史；民族史

湘西地区自东汉以来便是中央王朝边疆治理的重要区域，相关记载不绝于史。尤其是清代乾嘉苗民起义之后，以湘西溆浦人

---

* 本文为国家社会科学基金“《苗防备览》整理与研究”阶段性成果（项目编号：11BMZ014）；湖南省哲学社会科学基金“沅水流域妈祖信仰的社会影响研究”阶段性成果（项目编号：14YBX021）；湖南省民族学重点优势特色学科建设成果。

严如熤《苗防备览》为开端的一系列边疆研究著作之问世，掀起苗疆研究历史上的第一个高潮。[①] 20世纪二三十年代，为应对国家的内忧外患，学界兴起“边政学”研究；同时，伴随西学传入，民族学、社会学、人类学等学科的研究者亦开始关注中国的边疆民族。这样的背景之下，湘西地区近代意义上的研究形成了制度史和民族史两种传统。[②]《苗防备览》作为了解湘西的进入式必读文献，不仅深刻影响湘西地区其他地方文献的书写[③]，在整个研究脉络中也有着不可替代的意义。本文期望通过对《苗防备览》相关研究成果进行梳理，管窥湘西苗疆研究的大致面貌。由于在这些研究中，《苗防备览》仅作为一种材料被使用，不论如何强调其重要性，都无法涵盖湘西苗疆所有的研究成果，因而本文仅做抛砖之用，尚祈方家指正。

《苗防备览》全书共22卷，涵盖舆图、村寨（上、下）、险要（上、下）、道路（上、下）、风俗（上、下）、师旅、营汛、城堡、屯防、述往（上、中、下）、要略、传略、艺文（上、中、下）、杂识等14门，融汇作者长年经营苗疆的观察与家乡情感，对理解当地社会与文化有着无与伦比的价值，不仅被誉为“清代官苗疆者必备手册”[④]，亦是当代学者研究湖南苗疆绕不过的重要文献。早在20世纪40年代，该书便为民族学家凌纯声、芮逸夫所重视，被列为《湘西苗族调查报告》的重要参考文

---

① 谭必友：《清代湘西苗疆多民族社区的近代重构》，兰州大学博士学位论文，2004年。

② 谢晓辉：《延续的边缘——从宋到清的湘西》，香港中文大学博士学位论文，2007年。

③ 湘西地区清代以来的地方志深受《苗防备览》影响，例如谢晓辉发现清光绪年间《古丈坪厅志》就大段抄录《苗防备览》中关于“大小章犵狫”的记述。详见谢晓辉博士论文《延续的边缘》第194页。

④ 张应强：《边墙兴废与明清苗疆社会》，《中山大学学报：社会科学版》2001年第2期。

献。[1] 书中记述之资料多来自实地调查，作者身为清朝统治阶级幕僚的“他观”立场与作为本地人的“自观”立场相交织，使得全书透露着一种浑然天成的“现场感”，以至于作者严如熤被称为“‘田野派’学者”[2]。关于《苗防备览》的研究，大致可分为三个部分：一是对原书的介绍、较释和整理；二是将其作为苗疆地方史或民族史重要史料的研究；三是将其作为背景材料和资源开发对象的应用型研究。

一、对《苗防备览》的介绍、较释和整理

早在20世纪80年代，历史学家周春元就呼吁湘、黔、川学界同仁联合起来，对《苗防备览》开展研究和解读。遗憾的是，这一呼声应者寥寥，所著之《〈苗防备览〉提要和整理意义》[3]一文，也是在周先生逝世之后的1984年才得以发表。该文对严如熤其人、《苗防备览》成书及刊刻的历程进行了简单梳理，并对全书22卷内容进行提要性介绍，指出《苗防备览》整理的意义：“第一，保存了清中叶民族压迫与阶级压迫的一些原始资料；第二，反映了那时民族关系紧张情况，是研究民族关系史的必要参考书；第三，该书是统治阶级对待苗族之‘严密防范’‘剿抚兼施、欺骗屠杀，无所不用其极’野蛮态度的活的见证；第四，该书‘纵的历史，横的地理，结合起来考察苗疆，统治阶级了如指掌’；第五，该书为湘、川、黔三省地方史志研究的必备参考书；第六，这一段历史是中国通史和清史研究的一个组成部分；第七，国务院整理古籍规划列为其中一项。”同时，周先生还提示该书的缺点：“第一，辑者的立场观点反映在资料上是反动的，

---

① 凌纯声、芮逸夫：《湘西苗族调查报告》，上海：商务印书馆，1940年。

② 李汉林、张振兴：《“田野派”学者严如熤》，《吉首大学学报（社会科学版）》2012年第5期。

③ 周春元：《〈苗防备览〉提要和整理意义》，《史学史研究》1984年第4期。

必须批判；第二，地图绘制不够科学，只能作示意图理解；第三，干支纪年不适合现在习惯，须加注公元与帝王年号。”周先生的评价带有强烈的意识形态印记，尤其是对严如熤“统治阶级”立场的批判，深刻影响了接下来近二十年的研究基调，导致《苗防备览》中所呈现的对于地方的情感及民族平等观念被忽视。尽管如此，该文所提示的研究要点如史料价值、族群关系、国家与地方、编纂者立场等，对后世研究依然具有重要的指导意义，可视为《苗防备览》整理研究的开端。

《苗防备览》之成书与严如熤生长与湘西本地“理苗世家”，及其参与镇压乾嘉苗民起义和苗疆善后重建工作的人生经历密切相关。从其后来的著作《论施南贼匪书》《平定三省乱民善后事宜》《再陈平定三省乱民善后事宜疏》中，能够清楚看出治理苗疆的经验深深影响了其后来的仕宦生涯和学术思想[①]，这一经世思想甚至影响了陶澍、魏源等人，使得湘学在清代占有重要一席，严氏本人也被尊为“道咸经世派的先驱”[②]。因此，对《苗防备览》的介绍和研究，无法忽略对严如熤本人及其思想的研究。作为清代重要的思想家，学界对严如熤其人多有研究，形成了一批对其生平、著述及学术思想阐述的成果。如蓝勇[③]对严如熤其人及其著作进行了详尽的介绍和价值评价，认为严如熤作为镇压白莲教起义和苗民起义是代表“统治阶级”，具有“消极的劣根性一面”，同时也承认严氏是一个“十分有作为而富有同情心的官员”；美国学者 Daniel McMahon 的博士论文 *Restoring the*

---

① 谢晓辉：《湘西之开发与族群——以〈苗防备览〉为中心》，中山大学硕士学位论文，2004 年。

② 鲁西奇、罗杜芳：《道咸经世派的先驱——严如熤》，《武汉大学学报》（人文科学版）2002 年第 6 期；Daniel McMahon. *Statecraft Values in Early Nineteenth Century China*：*Yan Ruyi's*（1759-1826）*Activist Historiography*. Journal of Oriental Studies，Vol. 38，No. 1/2（May 2005），pp. 16-37.

③ 蓝勇：《严如熤及其经世文献的价值》，《清史研究》1996 年第 4 期。

Garden: *Yan Ruyi and the Civilizing of China's Internal Frontiers*, 1795-1805[①]以严如熤毕生在湖南—贵州—四川、湖北—陕西—四川边疆和广东海疆的活动及相关著作为主要对象，对其治边思想、实践和边疆教化效果等问题进行全面系统的研究，该文淡化了对严如熤进行阶级立场批判的倾向，依笔者看来是较为公允的。但由于其以英文呈现，在中国学界的影响力相当有限。另外，谢晓辉2004年所提交之硕士论文《湘西之开发与族群——以〈苗防备览〉为中心》[②]亦有专章讨论严如熤与《苗防备览》。陶月舒、易永卿[③]通过对《蜀輶日记》《苗防备览》《三省边防备览》等著作的研究，呈现陶澍与严如熤二人的忘年友谊，以及"安民、恤民，民为邦本"的经世思想，同时对上述著作的价值进行充分的肯定；黄守红[④]将《苗防备览》列为湘学研究最重要的著作之一，通过对书中记述分析研究严如熤的治理思想，对该书及严如熤本人进行了充分的肯定；梁妮所提交之硕士论文[⑤]和唐景珏在2013年至2015年间所发表的一系列论文中[⑥]，对严如熤其人、作品及其与湘陕书院关系的考证，并透过其作品对其臣

① Daniel McMahon. *Restoring the Garden*: *Yan Ruyi and the Civilizing of China's Internal Frontiers*, 1795-1805. PhD dissertation, University of California, 1999. 该文在下文重复出现处不另行注释。

② 谢晓辉：《湘西之开发与族群——以〈苗防备览〉为中心》，中山大学硕士学位论文，2004年。该文在下文重复出现处不另行注释。

③ 陶用舒、易永卿：《"夜雨共寻园内韭 春风曾读别来书"——论陶澍与严如熤》，《湖南城市学院学报》2007年第5期。

④ 黄守红：《清代中期湘学研究》，湘潭大学博士学位论文，2013年。

⑤ 梁妮：《严如熤与〈苗防备览〉》，陕西师范大学硕士学位论文，2014年。

⑥ 唐景珏、马妮：《严如熤其人及其作品研究综述》，《安康学院学报》2013年第1期；唐景珏：《严如熤与清代湘陕书院关系考略》，《安康学院学报》2013年第5期；唐景珏、马妮：《简论严如熤〈汉台咏史〉》，《安康学院学报》2014年第5期；唐景珏：《严如熤农事诗论略》，《求索》2015年第1期；唐景珏：《从严如熤史论文看其臣道思想》，《安康学院学报》2015年第4期。

道思想进行研究；刘桂海[1]以汉中为中心，研究严如熤的经世文献；赵正一[2]对严如熤《苗防备览》成书和版本考述；等等。

作为故乡的湘西，可谓严如熤和《苗防备览》研究之重镇，武陵山片区的高校更是将之作为重点研究对象。谭必友[3]认为，《苗防备览》是清代嘉庆以后苗疆研究的核心，在其之后，“出现了许多新著，将苗疆学推向历史上的第一个研究高潮”，并将“严如熤”作为其博士论文《清代湘西苗疆多民族社区的近代重构》的重要名词进行特别解释。作者经过比对，指出芮逸夫、凌纯声 20 世纪 40 年代实地调查与《苗防备览》所记之村寨相吻合，肯定该书资料的现场感。文中还反复强调该书对后世研究的参考价值，并直引书中史料 2 条讨论苗疆军事屯防事宜。土家族学者陈廷亮[4]整理抄录《苗防备览》所记之土家语词汇并进行考释，认为全书所记 140 个土家语词汇中，有 58 个词汇记音有误或不准确。造成这些错误或不准确的原因，乃是身为汉人的严如熤不懂土家语或土家语在汉语言文字中找不到对应的词汇来记录。尽管如此，《苗防备览》“对清代前期湘西土家族风土人情特别是对土家族语言的记载，对于今天研究清代湘西土家族历史、文化、语言、风俗等方面”仍具有重要的价值。2011 年，著名人类学家、吉首大学人类学与民族学研究所杨庭硕审订，罗

---

① 刘桂海：《严如熤经世文献研究：以汉中为中心》，《陕西理工学院学报》（社会科学版）2015 第 2 期。

② 赵正一：《严如熤〈苗防备览〉成书和版本考述》，《黑龙江史志》2014 年第 3 期。

③ 《清代湘西苗疆多民族社区的近代重构》一书已于 2007 年由民族出版社出版，2009 年再版。另，谭必友长期从事湘西苗疆研究，其与贾仲益主编之《湘西苗疆珍稀民族史料集成》34 册，于 2013 年由学苑出版社出版，为湘西苗疆研究做出巨大的贡献。

④ 陈廷亮：《〈苗防备览〉所记土家语词汇较释》，《中南民族大学学报》（人文社会科学版）2010 年第 6 期。

康隆、张振兴编著之《〈苗防备览·风俗考〉研究》[1] 出版。全书35万字，对《苗防备览》中风俗部分进行注解、考订，对错漏之处做了修正与补充，本着“走进历史田野”的理念，尽量回到当时情境下去解读历史，以求更加接近“历史的真相”；同时还关注到自然、地理、气候等生态环境因素对苗区风俗的影响，力求更加公正看待苗民和苗俗。该书的出版，标志着对《苗防备览》全面整理和研究的开始。

同年，由吉首大学人类学与民族学研究所李汉林主持的国家社科基金项目“《苗防备览》整理与研究”得以立项。此后，该项目团队陆续发表了部分研究成果，《苗防备览》研究取得了较好的进展。李汉林、张振兴分析了严如熤“理苗世家”的家学渊源，及其实地调查的“田野”行事方式，对其作品中所体现的经世思想进行剖析和和充分肯定，将之称为“‘田野派’学者”[2]；李汉林[3]对严如熤生平、活动及著作进行爬梳整理，编制出“严如熤年谱”；李汉林、刘翀、张振兴[4]对严如熤其人、《苗防备览》成书及传世版本进行整理，并将书名拆分为“苗”“防”“备览”三大主题进行解析：第一，基于实地调查与感受，对“苗”族群文化特征及分布地域的认知与界分；第二，在此基础上对湘黔苗疆历史的梳理与苗疆“防治”对策的张举；第三，也就是全书的主旨与目的，为“后之有事苗疆者得有稽考，用备采择”的“备览”。该文还总结出《苗防备览》的价值可分为资料性和思想性两个方面，赞誉资料翔实的同时，也肯定了严

① （清）严如熤著，罗康隆、张振兴编著：《〈苗防备览·风俗考〉研究》，贵阳：贵州人民出版社，2011年。

② 李汉林、张振兴：《“田野派”学者严如熤》，《吉首大学学报》（社会科学版）2012年第5期。

③ 李汉林：《严如熤年谱简编》，《民族论坛》2014年第9期。

④ 李汉林、刘翀、张振兴：《〈苗防备览〉题解》，《吉首大学学报》（社会科学版）2014年第4期。

如熤在对待苗民立场上的公正性，颠覆了以往学者对严氏朝廷“爪牙”、与民众阶级对立的定位。肯定严氏深入苗疆“田野”，搜集第一手资料的贡献，以及尊重民族文化差异、促进民族互助融合的思想。2013 年由黄守红点校的《严如熤文集·苗防备览》① 出版，极大方便了读者阅读和利用。

对严如熤其人、学术思想及《苗防备览》成书历程、刊刻版本和主要内容的介绍，可谓《苗防备览》研究之先声。从笔者搜索到的文献来看，20 世纪 80 年代有识之士呼吁开始研究，之后关注者寥寥无几，到最近五年才引起重视。经过以上学者的整理和阐释，基础的引介工作大体完成。对该书及作者价值评价中阶级立场的淡化，体现出湘西苗疆研究的去意识形态化发展动向，学术研究走向了成熟。

二、作为制度史和民族史史料的《苗防备览》

耕耘湘西苗疆研究十余年的谢晓辉经过系统梳理湘西研究的文献之后指出，湘西地区近代意义上的研究形成了制度史和民族史两种传统。湘西地区的制度史研究主要关注土司制度和边防屯政，《苗防备览》作为一部治苗、理苗的专门性志书，自然能够为相关研究提供有益的参考。同时，书中所记之地理环境、民风民俗，以及围绕乾嘉苗民起义而凸显的族群关系为民族史研究者所重视，相关研究可谓精彩纷呈。引用本书之文献不计其数，由于笔者能力有限，本文仅选取大量引用或被引史料在文章中发挥重要作用者进行综述，少量、零散引用且在行文中作次要论据处理者，无法一一述及。

① （清）严如熤著，黄守红点校：《严如熤集·苗防备览》，长沙：岳麓出版社，2013 年。

1.《苗防备览》与土司制度、边防屯政研究

关于《苗防备览》与土司制度的研究有早期黄冕堂[①]引用卷8、卷9、卷16、卷22多处史料，讨论清代苗疆与中原之关系，认为二者的互动有着千年历史，这一过程中“推动关系发展的决定因素是人民，但统治阶级的某些政策如明清时代的‘改土归流’也起着一定的积极作用”。谢晓辉在其硕士论文中以《苗防备览》为中心讨论了包括羁縻与土司制度的建立、卫所屯田与堡哨边墙、改土归流与苗疆秩序之重建等内容。其博士论文则进行了更加深入的研究，全文大量引用正史史料和湘西地方文献，其中包括《苗防备览》中史料34条，指出尽管士大夫们孜孜以求将之“内化”，湘西依然始终与“我们概念中的中心、中央”保持某种距离：由唐宋的“五溪蛮地”、明清的苗疆边墙，到沈从文的边城，再到现代的湘西土家族苗族自治州这样一个“延续的边缘”。《苗防备览·述往中》《经制》开篇所载：“后晋天福五年庚子，楚王马希范立铜柱以镇蛮”被认为是“溪州铜柱”作为“镇蛮”象征的渊源，“溪州铜柱”也因此广为制度史研究者所关注。谢文通过抄录和分析镌刻于“溪州铜柱”上的铭文，指出：“铜柱上的誓约，并没有因改朝换代而减轻其诸种意蕴与效用。……自宋代以来，不少土著酋长非常有兴趣讲自己的官职姓名刻录与铜柱之上。”该文深刻揭示了湘西土司为保存自身存在的价值而利用地方社会矛盾，斡旋于朝廷与基层社会之间，以及围绕土地而发生的军屯与土司之间的矛盾冲突，是对湘西苗疆研究难得的佳作。

《苗防备览》对于苗疆边防屯政研究史料的主要成果有：李良品、李思睿[②]引用卷14中反映土司对辖区内民众实行政治压迫和经济掠夺的史料，讨论“改土归流”过程中国家权力在乡村

① 黄冕堂：《略论清代苗疆地区与中原的关系》，《文史哲》1980年第2期。

② 李良品、李思睿：《改土归流：国家权力在西南民族地区乡村社会的扩张》，《青海民族研究》2015年第2期。

社会的扩张。张振兴[①]引述《苗防备览》卷14、卷15、卷20、卷2、卷8等多处史料数条，结合其他史料的分析，认为明廷在湘西苗疆因地制宜、因俗设置，依托土司制度，以军事震慑为表征，开展实质性的招抚和教化。其所做的调整，皆因全国局势变迁，“依据苗疆独特的区域文化特征而不得不采取的变通。这样的变通背后潜藏的正是有明一代治苗政策‘因俗设置’之实质”。吴述松引述卷21以讨论明清两代边疆政策的变化。[②]

作为杰出的地理学家，严如熤所著《苗防备览》首先引人注目的莫过于卷首的数张地图。这些地图所标识之村寨、道路、屯防、险要关隘细致入微，令人叹为观止。尽管周春元对之有“不够科学”的批评，但对于如今史料与田野调查并重的学者而言，舆图之价值是不容置疑的。其中“苗疆全图”对于“湘西苗疆”范围的界定有着重要的参考，当代学者多以此为基础来确定研究区域。张应强依据该图所示，将“苗疆”的地域范围圈定为“主要包括今湘西麻阳、凤凰、辰溪、吉首、泸溪、花垣、古丈，黔东铜仁、松桃，四川秀山等地，属沅水上游辰水、武水、酉水诸支流流域”[③]。谭必友、谢晓辉、龙先琼、张振兴、彭春芳等诸位所提交之以苗疆社会开发及治理为研究内容的学位论文中，这一范围界定大体重叠。[④]“湘西苗疆”作为一个地理概念可算是在严如熤所绘制之“苗疆全图”的基

① 张振兴：《从哨堡到边墙：明代对湘西苗疆治策的演递》，《吉首大学学报》（社会科学版）2014年第2期。

② 吴述松：《清水江两百年争江案判决与乾隆以蛮治蛮新政》，《北方民族大学学报》（哲学社会科学版）2014年第1期。

③ 张应强：《边墙兴废与明清苗疆社会》，《中山大学学报》（社会科学版）2001年第2期。

④ 龙先琼：《近代湘西的开发与社会变迁研究》，湖南师范大学博士学位论文，2011年；张振兴：《清朝治理湘西研究（1644—1840）》，中央民族大学博士学位论文，2013年；彭春芳：《明清时期湘西苗疆“边墙”研究》，广西师范大学硕士学位论文，2007年。

础上达到基本的共识。当然，与前文梳理之作者及文献整理一样，界定湘西苗疆范围是为了开展相关研究。

伍新福[1]结合但湘良《湖南苗防屯政考》和《苗防备览》所记，划定“苗疆”的范围，考评清王朝控制和统治湘黔边“苗疆”及其“生苗”的“苗防”政策措施。认为清朝统治者在明代的军事圈围、封锁和隔离政策的基础上，重视在“苗疆”建治设官、兴教办学、实行“化导”政策，并根据时势做相应的调整。对于屯堡碉卡和“边墙”，作者认为其有“防”的作用，但主要的功能是军事镇压和攻战；“边墙”所区分的只是苗、汉生活区域和田土耕种范围，是明、清王朝在自己疆域内对不同辖区和统治区的划分，以分而治之。作者写作该文以批驳当下将苗疆边墙作为“南方长城”胡乱改造以促成旅游开发的乱象，旨在挖掘苗疆边墙真正的文化蕴涵，保护传统遗址。遗憾的是，在商业利益的驱使下，苗疆边墙被作为“南方长城”的开发命运终究没能得以改变。政府、媒体和商业机构的这一举措，引发了学界的反对浪潮，许多苗疆边墙的研究和论证会议召开，其中中山大学张应强早年所发表之《边墙兴废与明清苗疆社会》一文，至今仍是苗疆边墙研究的经典之作。作者引用《苗防备览》卷8、卷17、卷21、卷12、卷22中多条史料，围绕明清两代苗疆边墙的兴废历程，指出边墙作为明清两代经营苗疆的重要手段，旨在界分民苗、防御“苗患”。而若将之置入更大的社会历史背景来考察，则可以“折射出明清数百年间苗疆社会变迁的某些重要侧面”：明代修筑边墙以拱卫“黔中通滇孔道”的目的显而易见；到了清代，沅水作为军队及其给养的主要通道依然延续，但随着上游清水江的疏浚，沅水作为西南经济大动脉的作用更加突出；乾嘉苗变以后，边墙与数以千计的屯堡碉卡组成一道将“生苗”圈限于腊

① 伍新福：《清代湘黔边“苗防”考略》，《贵州民族研究》2001年第4期。

尔山台地的屏障，边墙在某种程度上成为王朝向生苗区渗透的桥头堡和中继站。同时，作者还指出，边墙并不足以区分“生苗”和“熟苗”身份，在特定的具体条件之下这二者是可以互换的，生熟两界民间的商贸活动也在自然而然地进行。可见，边墙的性质和实际功能与长城有着本质的区别，且明清两代边墙的意蕴大不相同。作者以此澄清一些研究者对边墙认识的舛误和偏颇，并批驳商业机构、媒体盲目将边墙与长城拉上关系的做法。

此外，还有一些关于明清苗疆地区社会开发与治理方面研究的硕、博论文亦对《苗防备览》多有征引，如罗运胜[①]直引 12 条，对沅水流域相关地域之历史沿革、边防屯政、地理和居住环境、民风民俗等内容进行分析，讨论其经济开发与社会变迁之关系；龙先琼直引 6 条，内容涉及明清时期苗民居住情况、族群分布等；张振兴直引 11 条，内容涉及“湘西苗疆”范围划定，对于红苗的生活风俗、居住环境、教化情况描述，苗疆边墙的修建相关；彭春芳直引 40 条讨论明清湘西苗疆边墙的历史。《苗防备览》作为史料的影响力不仅限于湘西地区，在大西南苗族、土家族以及国家边疆治理史等领域也颇受重视。李良品、谭清宣[②]梳理了近 30 年以来清代苗疆[③]“屯防”研究，重要史料中《苗防备览》便在其列。贵州苗疆的相关研究亦多有征引，下文会有所呈现。

---

① 罗运胜：《明清时期沅水流域经济开发与社会变迁》，武汉大学博士学位论文，2010 年。龙先琼、张振兴、彭春芳学位论文前文已注释。

② 李良品、谭清宣：《近三十年清代苗疆“屯防”研究综述》，《军事历史研究》2009 年第 4 期。

③ 张应强《边墙兴废与明清苗疆社会》一文中指出，历史文献中的苗疆是一个较为含混的地理概念，在不同的上下文中所指相去甚远。目前学界对“湖南苗疆”和“贵州苗疆”所涵盖的不同范围有较为明晰的划分，《苗防备览》直接指向的地理区域为湖南苗疆，而李、谭之文所涉及的是广义上的苗疆。

2.《苗防备览》与族群认同、族际互动及区域社会整合研究

苗疆社会之所以吸引全世界研究者的目光，是其作为帝国边缘地带所呈现的特殊的社会秩序和文化质性。① 明清时期，苗疆地区由土地而引发的阶级矛盾和族群冲突此起彼伏，《苗防备览》中有关地方阶级关系、族群互动方面的记录，成为苗疆民族史研究重要的第一手资料。其研究涉及民族特质、土民与客民、族群认同与族际互动等议题。相关成果有：翁家烈②引用《苗防备览》中关于苗族人物事迹和族群性格的记述，讨论“战争与苗族”的话题。清代随着汉民的不断迁入，苗疆地区土客矛盾日益凸显，继而引发冲突，乾嘉苗民起义之后成为官方反思的重点，《苗防备览》中亦多有涉及。袁轶峰③征引卷22、卷21、卷13中数处史料，讨论苗疆地区苗民与客民以土地为中心的冲突，以及随着客民的增多、国家控制力的加强，苗民势力渐弱，汉民“反客为主”的历史过程。

然而，作为有着切身体验的当地人，严如熤对乾嘉苗民起义所做的反思绝不仅限于起义者喊出的“驱逐客民，夺还苗地”的口号。《苗防备览》所呈现的族群关系，比官方和士大夫想象的“土/客”“苗/汉”二元模式要复杂得多。在村寨、险要、道路等处，严氏对族群的标识除了“苗”“民”之外，还有“犵

① 苏堂栋与柯娇燕、萧凤霞合编《帝国之于边缘》一书，收入其关于18世纪苗疆社会族群的研究 *Ethnicity and Miao Frontier in the Eighteenth Century* 一文中引用《苗防备览》史料2处，讨论苗汉通婚及王朝教化方面的问题。详见 Donald S. Sutton. *Ethnic and the Miao Frontier in the Eighteenth Century*. Pamela Kyle Crossley, Helen F. Siu, and Donald S. Sutton. *Empire at the Margins: Culture, Ethnicity, and Frontier in Early Modern China*. pp. 190-228, University of California Press, 2006.

② 翁家烈：《战争与苗族》，《苗学研究会成立大会暨第一届学术讨论会论文集》，1989年，第30—40页。

③ 袁轶峰：《反客为主：清代黔西南民族区域的客民研究》，华中师范大学博士学位论文，2013年。

猪”“土”等标识，而更加引人注意的是《要略》中的自传式叙述《招降大小章犵猪始末》[①] 一文。Daniel McMahon 博士论文及 2000 年所发表之 *Identity and Conflict on A Chinese Borderland*：*Yan Ruyi and Recruitment of the Gelao During* 1795-1797 *Mao Revolt*[②] 以该篇为中心，结合严氏其他著作及苗疆地方史料，对 1795—1797 年间苗疆叛乱的背景、作者其人以及大小章犵猪的族源进行考证，叙述了招降大小章犵猪的经过，并对其族群属性、地区属性及文化属性进行分析。认为严如熤作为当地学者，对苗疆族群的性质和地方习惯法有着不同于王朝士大夫的认识，而恰恰是这一点使其和一心归顺清廷的犵猪人不能得到前来平定苗乱的中央王朝官员的充分信任。严氏在湖南籍地方官员姜晟、毕沅的信任之下，以“吃血盟誓”的方式与犵猪结成同盟，并在福康安病逝之后，倚靠犵猪的力量平定叛乱。其对犵猪的正面描述不仅使犵猪人赢得王朝的理解和信任，也为其自身赢得了威望，为后来的政治前途和学术成就奠定了坚实的基础。另有谢晓辉硕士论文对此辟专章论述，以招募大小章犵猪为例，展现苗疆社会各人群之间身份认同及界线的游移与模糊。其在博士论文中对“生苗”“顺苗”、土民、客民等身份进行更加深入的分析，还延续了作者在硕士论文中对《苗防备览》中招降大小章犵猪的关注，辟专节讨论，并进一步指出严氏对此所做的努力，不仅扭转了乾嘉苗民起义的战局，使之最终被镇压下去，《苗防备览》对犵猪的正面描述，也深刻影响了官方的记载和认同，进一步强化了该族

---

① 招降大小章犵猪被认为是严如熤治理苗疆最重要的贡献之一，陶澍为其所撰写的墓志铭《布政使卫陕西按察使乐园严公墓志》一文对之大书特书，《清史稿》中为其所作之传记亦将此作为主要功绩加以叙述。详见《严如熤集·乐园文钞》卷首，严如熤著，黄守红点校，长沙：岳麓出版社，2013 年；《清史稿》卷 361《严如熤传》，北京：中华书局，1977 年。

② Daniel McMahon. *Identity and Conflict on A Chinese Borderland*：*Yan Ruyi and Recruitment of the Gelao During* 1795-1797 *Mao Revolt*. Later Empire China，Vol. 23，No. 2（2002），pp. 53-86.

群的自我认同。

在官方文献及士大夫记述中，苗人的贫困和“未开化”形象深入人心，这种想象促使官方一些生硬隔离政策的生成。苏堂栋（Donald S. Sutton）① 以《苗防备览》中所记之苗汉之间的经济、婚姻交往来讨论苗疆地区的族际交往及官方隔离律法的影响，指出苗人中从事渔业者相当富有，甚至成为汉人的高利贷债主，并非官方想象之贫困、未开化的弱势群体形象。同时，苗汉通婚所造成的族群同化与隔离的讨论也相当精彩。谢晓辉在博士论文中同样认为苗人并非如汉人士大夫想象的那样贫穷，苗民起义的领导者相当富有，而且识字会书写，甚至拥有“百户”“寨长”等基层官员身份。由此，他们认为乾嘉苗民起义并非统治者所认为的苗民不堪汉人压迫的自发反抗，而是一场有组织的运动。

那么，乾嘉苗民起义真正的原因和推动力是什么？在《*Ethnic Revolt in the Qing Empire*：*The*“*Miao Uprising*”*of* 1795－1797 *Reexamined*》一文②中，苏堂栋以《苗防备览》《清代前期苗民起义档案史料》和《朱批奏折民族类苗族》为主要史料，结合亲身访谈，做出了精彩的回答。该文研究了乾嘉苗民起义的社会背景——清代湘西苗疆的社会面貌；包括族群身份、社会关系、阶级出身、经济和受教育情况等因素在内的起义领袖人物特征；分析了乾嘉苗民起义的主要特征——癫苗，认为出身较优越、经济状况较好的苗民领袖发起起义，及苗民一呼百应的推动力与神灵和苗王信仰有关；以“汉奸”为重要对象，讨论了乾嘉苗民起义的族群特征；对作为国家与地方、苗人与汉人的“中

① Donald S. Sutton. *Violence and Ethnicity on a Qing Colonial Frontier*：*Customary and Statutory Law in the Eighteenth-Century Miao Pale*. Modern Asian Studies，Vol. 37（2003），pp. 41－80.

② Donald S. Sutton. *Ethnic Revolt in the Qing Empire*：*The*“*Miao Uprising*”*of* 1795－1797 *Reexamined*. Asian Major，third series，Vol. 16，No. 2（2003），pp. 105－152.

间人”如拥有官方身份或汉苗混血的“百户”、土人、犵狫等族群在苗民起义及苗疆地方治理中所发挥的作用进行分析，并讨论了外来朝廷官员，姜晟、毕沅等湖南籍地方官和湘西本地学者严如熤基于对这些族群的不同认识所采取的不同治理之策及其后果；最后，文章还将乾嘉苗民起义置入更大的语境中探讨，呈现了清廷对之进行血腥镇压的动机和意义，同时将文献所记载之官方文本与亲身访谈所获得的民间传说文本相结合，分析苗民对于自身历史在精神与理性之间的矛盾纠结。对苗民起义的真正原因，作者没有下绝对的定论，而是引用《苗防备览》中卷 22 中关于汉人官兵及商人通过向苗人放高利贷，最终将大量肥沃的土地收入囊中的记录，以及各卷中关于“汉”“苗”区分的记述，指出乾嘉苗民起义中族群冲突是一个突出的特征，而并非完全如官方文献或传统制度史家所认为的是当地苗民与汉人地主之间的阶级矛盾，后者受到和谐民族关系定位的影响，并与前马克思主义的农民运动相联系。与这个问题相关的，谭卫华①从乾嘉苗民起义起事之初清政府失利的原因着手，将卷 8、卷 22、卷 11 及卷 17 中的多条史料与其他相关材料进行综合分析，认为清军失利的原因有三：一是不适应苗疆地理环境；二是内部因军饷不足、制度不健全、管理不善等原因，整体战斗力下降；三是起事苗民利用自身的特质，运用亲属网络、民间信仰、习惯法等方式，形成了有组织、有号召能力的队伍。

在以上的研究中，苏堂栋认为，乾嘉苗民起义是苗族形成的关键时期。Robert D. Jenks指出，湘西地区各部族并没有因“苗民”起义而融为一体，而是被正确地贴上了多民族的标签。也就是说，苗民起义使得官方对苗疆族群“苗/汉”二元认知被打破，不同的族群被区分了出来，“苗”作为一个族群得以形成。这种情

① 谭卫华：《乾嘉苗民起事之初清政府失利原因探析》，《民族历史研究》2015 年第 3 期。

形从1864年开始的十年内，对相邻的贵州大部分地区形成重要影响。这与严如熤及《苗防备览》对当地族群的描述是分不开的，因而在对贵州地区“咸同苗乱”的研究中，Jenks直接引用《苗防备览》卷8中苗人村寨组织形式，以及卷21中对“生苗”和“熟苗”的描述。[①]

最后，关于湘西苗疆社会秩序与族群身份建构的研究，还有一组极为精彩的讨论文章值得一述。2000年，苏堂栋于《近代中国》（*Modern China*）上发表 *Myth Making on an Ethnic Frontier The Cult of the Heavenly Kings of West Hunan*（1715-1996）[②]，选取包括《苗防备览》在内的苗疆地区文献中关于白帝天王信仰的不同版本传说进行神话学分析，将之与地方官员、汉族知识分子、苗人、土人联系起来，认为在人群构成复杂的湘西地区，不同信众心目中的白帝天王形象和作用是不同的。湘西地区不同时期所缔造的白帝天王信仰故事，鲜明地呈现了“神话之所以灵验，是因为它的某个版本满足了此群体的意识与需求”这一觋则，各族群采用不同的元素完成了神话的本地化建构。这一过程所展现的是在湘西这个动荡多变的社会中，社会秩序和族群身份如何被建构出来。2008年，为回应2007年《近代中国》第33卷第1期“中国的仪式、文化标准化与正统行为：华琛理论再思考”专号，《历史人类学刊》第一、第二期合刊推出“国家建构与地方社会专号”，其中有谢晓辉《苗疆的开发与地方神祇的重塑——兼与苏堂棣讨论白帝天王传说变迁的

---

① Robert D. Jenks. *Insurgency and social Disorder in Guizhou*: *The* “*Miao*” *Rebellion* 1854-1873. University of Hawaii Press, 1994, pp. 34-35.

② Donald S. Sutton. *Myth Making on an Ethnic Frontier*: *The Cult of the Heavenly Kings of West Hunan*, 1715-1996. Modern China, Vol. 26, No. 4 (Oct., 2000), pp. 448-500. 该文已由申晓虎翻译成中文，发表于《民族学刊》2013年第3期。

历史情境》[1]。该文将《苗防备览》及其他地方志所记载的白帝天王信仰传说，加入作者田野搜集到的文本进行综合分析，认为苗疆改土归流前，具有土官性质的杨氏控制鸦溪、武溪一带，天王是其权威在神圣世界的表达。土官通过母亲建立与神圣力量/正统的联系。18 世纪开发苗疆，地方官忽视地方叙述传统，将天王与史籍记载联系起来；而地方传说则通过杨家将建立天王的正统性及对国家的认同，并通过父姓谱系将地方与王朝联系起来，构建了亦神亦祖的天王。19 世纪，白帝天王因受到王朝敕封而正统性获得国家认同；来自不同群体的地方精英则通过族谱建构、将地方传说编入方志等方式建立与国家/天王的联系以表达认同，而这些策略又强化了后世史籍中地方叙述的脉络。这组文章在对地方社会秩序和族群认同的共同研究旨趣，以及对白帝天王是理解湘西社会的关键这样的共识之上，从不同的角度进行讨论：苏文基于对白帝天王是一种超越族群界限的区域性信仰的敏锐认识，对天王传说进行功能性解读；谢文则透过传说文本分析，以华琛的“标准化”理论解释作为帝国边缘的湘西如何融入国家正统，其对于“隐现的女性传统”的揭示亦让人眼前一亮。

三、作为当下应用型研究背景材料和资源对象的《苗防备览》

“延续的边缘”处境和沈从文浪漫忧伤的描绘，使得湘西地区因符合大众想象中的“异域”而成为著名的旅游目的地。在当代旅游开发、发展民族文化产业及“非遗”背景下，《苗防备览》所记之湘西各族风俗引起了应用型研究者的注意。首先是

① 谢晓辉：《苗疆的开发与地方神祇的重塑——兼与苏堂棣讨论白帝天王传说变迁的历史情境》，《历史人类学刊》2008 第 1、第 2 期合刊。

苗疆边墙被地方政府包装成“南方长城”加以旅游宣传的做法激起学界的强烈反应，一些学者撰文反对这一做法，著名者如张应强《边墙兴废与苗疆社会》和伍新福《湖南苗防屯政考》等，前文已详述。另有一些应用型研究成果，多引用《苗防备览》尤其是卷8和卷9中关于风俗的记录作为研究背景材料或“开发利用”的资源。这类成果来自不同学科，大多零散而不深入，但它们能够体现《苗防备览》在湘西研究中广为关注的现实，以及在社会发展中的应用价值，因而本文认为有必要选取部分进行介绍。例如，田泥在研究湘西苗传道教时引用《苗防备览》作为苗疆社会大背景的材料介绍①；唐景珏将之作为讨论婚姻、饮食等古代风俗的史料加以引用②；杨亭引用其中史料对土家族非物质文化遗产的审美文化生态开展研究③；蒋立松引用其中史料，结合在黔东南 *J* 村的田野调查，研究苗族“鼓社祭”中的族群认同整合问题④；罗婉红对文化生态视域下湘西苗族鼓舞的变迁与调适研究⑤；熊晓辉对苗族“椎牛祀”文化特征的分析⑥；等等。

此外，吉首大学民族学与人类学研究所也产生了一些建立在湘西地方性知识基础之上的研究成果。例如，张振兴在研读《苗防备览》过程中发现，当下的湘西特产葛根在该书中没有得到重

① 田泥：《论湘西的苗传道教》，《吉首大学学报》（社会科学版）2015 第4期。

② 唐景珏：《山地族群内婚制对族群性维系的影响——基于重庆秀山苗族村的田野调查》，《贵州民族研究》2015年第8期。

③ 杨亭：《土家族非物质文化遗产的审美文化生态的研究》，《文化遗产》2014年第1期。

④ 蒋立松：《苗族“鼓社祭”中的族群认同整合》，《原生态民族文化学刊》2015年第2期。

⑤ 罗婉红：《文化生态视域下湘西苗族鼓舞的变迁与调适》，《贵州民族大学学报》（艺术版）2015年第2期。

⑥ 熊晓辉：《苗族“椎牛祀”的文化特征》，《重庆三峡学院学报》2016年第1期。

视，而实际上这是当地苗民最重要的粮食作物，它与当地生态环境相适应，衍生出一系列别具特色的生计方式和生活习俗，并因此影响当地人群关系，乃至朝廷镇压苗民起义的成败。同时，该文亦提出，湘西葛的种植应继续推广，其作为主粮、酿酒及生物燃料的价值，并提倡“像历史上的苗民一样，采取多产业的复合经营模式，将畜牧业、种植业、食物制作加工行业多元组合，建成一整套产业配套，从而可以使古老的葛种植业焕发出新的生机，为当代我国的建设事业做出重大的贡献”①。杨庭硕在《苗族宗教祭辞中所涉地理标识探析》一文中亦认同此观点。②

四、结 语

通过以上回顾可以看到，近代意义上的湘西苗疆研究产生于国内“边政学”和西方社会学、民族学与人类学传入的背景之下。《苗防备览》本身的“田野感”，使得无论是制度史还是民族史的相关研究，都不可避免地带有人类学倾向，纯粹的传统史学研究大约只能在对严如熤其人、《苗防备览》成书、版本及内容的引介和整理领域进行。对于《苗防备览》的引介、较释和整理工作始于20世纪80年代，21世纪以来，随着国内苗疆研究的不断壮大，陆续有学者开始发掘与解读《苗防备览》，真正系统和较有规模的研究兴起于近五年。经过30余年的努力，引介、点校、整理工作已基本完成，并在价值评价方面实现了去意识形态化，为进一步的研究铺平了道路。在研究方面，《苗防备览》作为史料的研究可追溯至20世纪30年代凌纯声、芮逸夫的湘西苗族调查研究。此后由于各种原因，该书没有得到足够的重视。

① 张振兴：《论葛藤与湘西苗疆苗族文化之关系——兼论对当代的借鉴价值》，《原生态民族文化学刊》2012年第2期。

② 杨庭硕：《苗族宗教祭辞中所涉地理标识探析》，《贵州大学学报》（社会科学版）2015年第4期。

《苗防备览》作为一部针对“苗”的专门性志书，其为研究者所关注的内容包括：国家的边疆治理、地方族群与社会，以及关照当下的应用价值。其中前二者拥有较高的水平，这些成果不仅鲜活地呈现了湘西苗疆的社会面貌，在理论上也颇有创见。这得益于相关学者对史料的睿智解读和走向田野的力行精神，他们的努力，使得湘西苗疆研究在中国西南乃至整个边疆研究中占有重要一席。对于第三部分应用型取向的成果，当下的研究水平亟待提高。吉首大学近年以“扶贫攻坚”为目标而开展的与民族文化生态及经济方面相结合的研究正在起步，期待能够涌现出真正服务地方，亦有一定理论价值的成果。

最后需要说明的是，苗族是一个世界性民族，其研究也是世界性的。湘西苗疆研究所吸引的海外学者远远超过本文所述及，《苗防备览》在海外不少图书馆均有馆藏，相关研究亦多有重视。由于笔者资料搜集能力有限，在语言方面亦是无法阅读中、英文以外的文献，对于日、韩等语种的研究成果无法述及。文中所提及之苏堂栋、Denial McMahon、谢晓辉、谭必友等长年耕耘湘西苗疆或湖南地方社会史研究的学者，屡有高水平作品问世。除此之外，湘西土司的研究成果亦源源不断。因本文以《苗防备览》相关研究为切入点，对以上成果中未引用者没能述及。因此，笔者提示有志于湘西苗疆研究的同人应进一步关注以上研究动态，也期待本文之砖，能够引出更完整系统的湘西研究动态述评之玉。

后　记

《民族史研究》第13辑共收入论文29篇，按内容共分三部分，如目录所见。收入的稿件除6篇约稿外，均为自由来稿。全书各部分的内容大体按时间先后来安排。编辑过程中，充分尊重作者的学术观点和行文风格，主要在字句和格式上做了统一。限于学识与能力，本人在组稿和编稿过程中难免存在一些问题，欢迎读者批评与交流。

本辑“中国与周边国家关系史”专题的出版，得到中央民族大学宋敏副校长等领导的热情鼓励和大力支持，得到学院领导和老师们的全力支持。我院徐永志教授对本辑论文做了学术鉴定，我的研究生蔡亚龙、李永超、任阳等同学协助做了部分编务工作。在此一并表示感谢。

自去年11月13日通过学院网站和微博、微信等平台公开征集稿件以来，得到学术界的热情响应，到5月31日截稿共收到57篇来稿，作者来自近20所高校、科研机构和社会团体，有的还寄来不止一篇论文。因为选题或篇幅的原因，向未能入选的论文作者表示诚挚的感谢，也表达由衷的歉意。诚请大家继续关注和支持《民族史研究》第14辑的征稿信息。

彭　勇

2016年9月6日